Umschlaggestaltung: Johan Walentek unter Verwendung zweier Dias von Heinz und Conti.

ISBN 3-613-01433-5

1. Auflage 1992

Satz und Druck: Rung-Druck GmbH & Co., 7320 Göppingen.
Bindung: E. Riethmüller, 7000 Stuttgart 1.
Printed in Germany.

K. P. Backfisch
Dieter S. Heinz

Das Reifenbuch

Motorbuch Verlag
Stuttgart

Inhaltsverzeichnis

Seite

Seite

Reifenwissen – Durchblick zahlt sich aus

Es war höchste Zeit für die Zusammenfassung aller reifenspezifischen Informationen für den Autofahrer. Jetzt liegt sie vor Ihnen: Das Reifenbuch. Die jahrelange intensive Beschäftigung mit dem Thema sowie zahlreiche Gespräche mit interessierten Fahrzeugeignern ließen dringenden Bedarf erkennen. Das Reifenbewußtsein generell ist freilich noch immer sträflich unterentwickelt. Viel zu oft orientieren sich Reifenkäufer nur am Preis, nicht jedoch an der Qualität. Dabei weisen die Gebrauchseigenschaften von Reifen bisweilen erhebliche Unterschiede auf. Reifen sind ein entscheidendes Element der Fahrsicherheit: Auch das beste Fahrwerk kann nur so gut sein wie der Reifen.

Aber Reifen kosten Geld, die klar im Aufwärtstrend liegenden Breitreifen gar reißen kräftige Löcher ins Budget. Vor allem bei Breitreifen-Interessenten wächst deshalb der Wunsch nach mehr Information, um die ansehnliche finanzielle Investition beim Kauf auch vorteilhaft anlegen zu können. Dazu soll dieses Buch einen wesentlichen Beitrag leisten. Ein wichtiges Anliegen war auch die Verdeutlichung aller Zusammenhänge zwischen Reifen und Fahrsicherheit. Überdies zeigen Historie und technische Entwicklung von Reifen mitunter geradezu faszinierende Züge, nicht nur für Technik-Freaks.

Die Erfahrungen aus gut 20 Jahren eigener Reifen-Vergleichstests und Fahrzeugtests wurden in diesem Buch verarbeitet. Zudem haben wir in dieser Zeit etlichen Reifen- und Automobil-Entwicklern über die Schulter geschaut und uns in zahllosen, auch kontrovers geführten Gesprächen, bei kompetenten Fachleuten informiert. Gerade das umfangreiche Insider-Wissen hat uns dazu veranlaßt, alle Erkenntnisse kritisch zu prüfen und vorsichtig zu interpretieren. Dieses Buch enthält, in verständlicher Form, alles über Reifen.

Die Informationsflut auf dem Automobil-Sektor ist gewaltig, einiges davon hat zum Gelingen dieses Buches beigetragen. Wir danken insbesondere den Presseabteilungen, Managern, Technikern und Marketing-Strategen der Reifenindustrie für ihre mitunter recht großzügige Informationsbereitschaft, Hilfe und Unterstützung. Dank auch an die Presse-Kollegen bei den Automobilherstellern.

Besondere Anerkennung aber schulden wir einigen »Mitarbeitern«, ohne deren massive Informations- und Materiallieferungen dieses Buch auch inhaltlich wesentlich dünner geräten wäre:

Zunächst Dr. Gerhard Senger, Chef der Reifenentwicklung im Conti-Konzern. Er besitzt die auch bei Technikern leider seltene Gabe, komplizierte technische Sachverhalte verständlich zu präsentieren. Seine Vorträge, die Gespräche mit ihm waren und sind für uns Motor-Journalisten immer gewinnbringend. Klaus Köfler, Leiter der Reifenprüfabteilung bei Audi, hat uns über Jahre an seinem fundierten Wissen beteiligt. Albert Dijks, Entwicklungs-Chef bei Vredestein, öffnete für uns sogar sein Privatarchiv. Hans-Hartmut Münch, Leiter der Michelin-Öffentlichkeitsarbeit, Peter Schmidt, Leiter der Presseabteilung der SP-Reifenwerke (Dunlop) und Fred Maass, Leiter der Presseabteilung der Deutschen Goodyear, zeigten mehr Engagement und Kooperation, als wir erwarten konnten. Herzlichen Dank.

Klaus Peter Backfisch — Dieter S. Heinz

Alles über Reifen – vom Zubehör zum Konstruktionselement

Reifen sind – zum Leidwesen der Autofahrer – Verschleißartikel. Der mehr oder minder regelmäßige Ersatz reißt bisweilen kräftige Löcher in den Geldbeutel. Oft genug werden deshalb auch die Angebote des Reifenmarktes allein am Preis gemessen, denn technische Unterschiede interessieren nicht oder werden bestenfalls als gering eingestuft. Wozu auch, Reifen sind doch eigentlich alle gleich. Tatsächlich?
Falsch! Derlei Verhaltensweisen und Beurteilungen sind zwar durchaus üblich, zeugen aber von einem erheblichen Informations-Defizit. Wobei das fehlende Reifenbewußtsein mitunter direkt beim Blick aufs Auto deutlich wird: Abgefahrene Alt-Reifen mit zu geringem Luftdruck weisen darauf hin, daß der Autobesitzer seinen Pneus tatsächlich keinerlei Bedeutung beimißt. Es ist diesen Zeitgenossen offensichtlich unklar, daß Reifen ein ganz entscheidendes Element der aktiven (also vorbeugenden, Unfälle verhindernden) Fahrzeug-Sicherheit sind. Jeden Tag und völlig selbstverständlich verlangt der Autofahrer vom Reifen klaglose Funktion, bei Temperaturen um den Gefrierpunkt, im Winter auch bei –30°C, bei sommerlicher Hitze, im Regen, in jeder Kurve, bei Tempo 200, und das auch dann, wenn er öfter über Bordsteine gerumpelt ist.

Der Reifen: Ein recht kompliziertes Produkt und wesentliches Element der Fahrzeug-Sicherheit.

Glücklicherweise hat die intensive Aufklärung der Automobil- und Reifenindustrie, vor allem aber der (guten) einschlägigen Fachzeitschriften dazu geführt, daß das Reifenbewußtsein in den letzten Jahren zugenommen hat. Die Autofahrer sind etwas kritischer geworden und besser informiert, auch in Sachen Reifen. Schließlich will man für sein sauer verdientes Geld nicht irgendein, sondern ein möglichst hochwertiges und qualitativ einwandfreies Produkt kaufen. Und wer gar mit Breitreifen liebäugelt, muß noch tiefer in die Tasche greifen, wobei die Gefahr einer falschen Entscheidung keineswegs geringer wird, nur teurer. Reifenwissen fördert zweifellos die Fahrsicherheit, verhindert zudem aber böse Überraschungen – auch mit dem TÜV oder Behörden – und spart im Ernstfall Geld. Deshalb empfiehlt sich, sollte die Umrüstung auf Breitreifen und Leichtmetallräder anstehen, vorher ein langer Blick in die Kapitel »Reifentechnik« einerseits und »Räderumrüstung« andererseits.
Reifen scheinen, auf den ersten Blick, auch herstellungstechnisch recht harmlose Produkte zu sein: einheitlich rund und schwarz, in irgendeiner Form gebacken aus Gummi. Daß dem nicht so ist, werden die folgenden Kapitel zeigen. Dazu nur eines vorweg: Reifen bestehen aus rund zwei Dutzend Einzelteilen, die konstruktiv sorgfältig aufeinander abgestimmt und bei der Produktion ebenso akkurat zusammengefügt werden müssen.
Für den Autofahrer von entscheidender Bedeutung ist überdies die Erkenntnis, daß seine vier Pneus die einzige Verbindung zwischen Fahrzeug und Straße bilden. Oder etwas dramatischer: Sein Leben liegt gewissermaßen in den nur etwa handtellergroßen Reifenpartien, die der Fachmann als Aufstandsflächen bezeichnet. Sie übertragen alle auftretenden Kräfte in Längsrichtung (bremsen, beschleunigen) und Querrichtung (Kurven), erfüllen mithin eine überaus wichtige und sicherheitsrelevante Funktion. Diese Aufgabe läßt sich eben mit der Reifenwahl und -Pflege entscheidend beeinflussen. Es ist deshalb naheliegend und empfehlenswert, im eigenen Interesse immer auf die Qualität und den guten Zustand der Reifen zu achten. Nähere Informationen liefert dieses Buch.
Erstaunlicherweise hat der Staat bei uns recht wenig Interesse am Reifen. Während ansonsten jedes Detail am Auto strengster Prüfung unterliegt, bevor es verwendet werden darf, selbst der nachträglich angebrachte grüne Streifen im oberen Teil der Windschutzscheibe, gibt es praktisch keine staatlichen

Reifenbauvorschriften. Bissiger Kommentar eines Reifenentwicklers: »Im Grunde kann jeder Dilettant Reifen produzieren oder runderneuern und sie auf dem deutschen Markt anbieten, den Staat kümmert das wenig.« Nur Unfälle darf es keine geben, die der Reifenqualität anzulasten sind. Erst die vom Staat beauftragten Prüfer der privaten Organisationen TÜV oder DEKRA befassen sich mit Reifen, allerdings nur mit Größe und Zustand. Es gibt zwar deutsche Normen nach DIN und vom WdK (Wirtschaftsverband der deutschen Kautschukindustrie), europäische Vorschriften (ETRTO = Europäischer Ausschuß der Reifenhersteller) oder auch US-amerikanische (DOT = Department of Transportation) aber bei uns sind sie weitgehend unverbindlich. Das KBA (Kraftfahrt-Bundesamt) bei dem für jedes Fahrzeug eine Betriebserlaubnis inklusive der Bauteile beantragt werden muß, befaßt sich nicht mit Reifenprüfungen. Qualität ist demnach in erster Linie eine Angelegenheit der Hersteller, der Fahrzeugproduzenten und der Autofahrer!

Das Angebot an Reifen ist nahezu unüberschaubar, selbst Fachleute haben mitunter ihre Probleme damit. Das liegt zum einen an der Tatsache, daß in der Bundesrepublik rund 60 Firmen – Hersteller und Importeure – im Geschäft sind. Zum anderen hat die Flut unterschiedlicher Reifen-Dimensionen und -Kategorien inflationäre Ausmaße angenommen. Was die recht verwirrenden Reifenbezeichnungen, Größenangaben und Beschriftungen auf der Reifenflanke bedeuten, wie sie zu entziffern sind – alles ist im Reifenbuch zu finden.

Viele Automobiltypen verlangen heute eigens zu fertigende Reifen-Größen und -Ausführungen. Das verteuert den gesamten Herstellungsprozeß, von der Konstruktion bis zur Produktion, dessen Kosten in der Erstausrüstung kaum eingefahren werden können. Nur auf dem Ersatzmarkt verkaufen die Reifenproduzenten mit Gewinn. Das allerdings hat auch seine Grenzen – die Konkurrenz ist stark und zahlreich.

Beim Einkauf gilt es zu beachten, daß die ungebun-

Reifen-Rat: Dieses Buch liefert erstmals umfassende Information zu allen Reifenfragen, das spart Zeit, Geld und schafft den richtigen Durchblick. Reifen sehen zwar alle ähnlich aus, verfügen aber über durchaus unterschiedliche Eigenschaften.

Nicht nur aus einem Stück
Das vielschichtige Innenleben eines PKW-Reifens

(1) **Laufstreifen:** Profil und Mischung beeinflussen die Eigenschaften.

(2) **Base:** Senkt den Rollwiderstand.

(3) **Nylonbandagen:** Erhöhen Hochgeschwindigkeitstauglichkeit.

(4) **Stahlcord-Gürtellagen:** Steigern die Fahrstabilität.

(5) **Karkasse:** Fesselt den Reifenfülldruck.

(6) **Innenseele:** Ersetzt den Schlauch.

(7) **Seitenteil:** Schützt Karkasse vor Beschädigungen.

(8) **Kernprofil:** Dient Lenkpräzision und Fahrstabilität.

(9) **Kern:** Sorgt für festen Sitz auf der Felge.

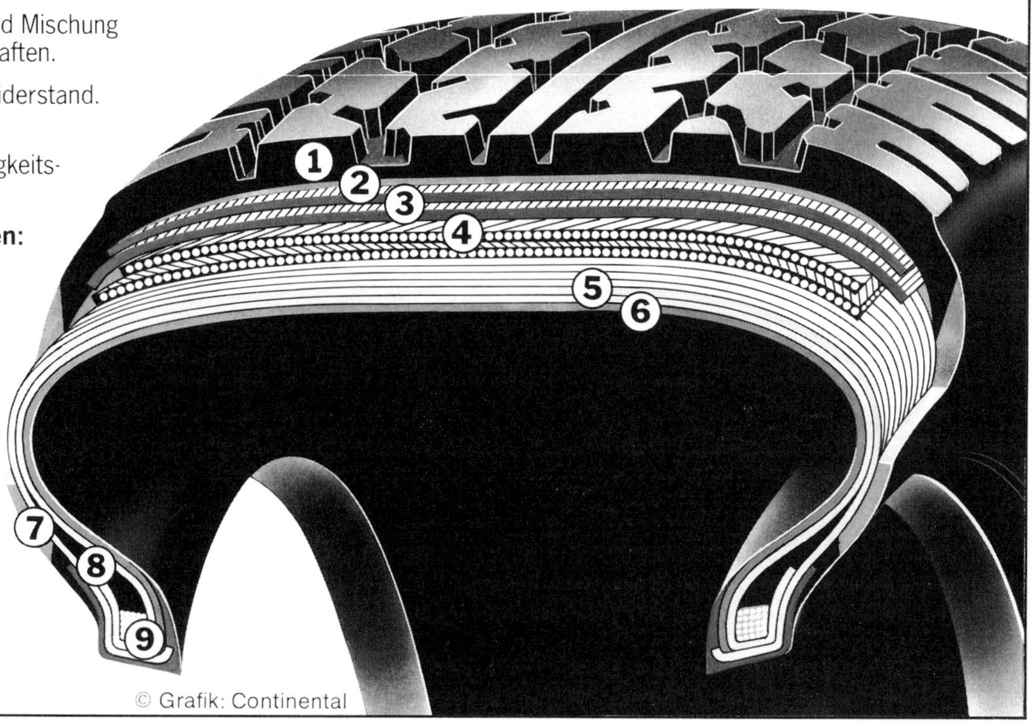

© Grafik: Continental

denen Verkaufspreise von Händler zu Händler oft stark differieren, auch bei gleichem Fabrikat. Verbindliche Marktpreise zu nennen, ist unter diesen Umständen nicht möglich. Um kostengünstig einzukaufen, sollten deshalb immer mehrere Angebote eingeholt werden. Je mehr, desto besser. Wobei zu berücksichtigen ist, ob der genannte Preis jeweils nur für den Reifen gilt oder möglicherweise schon Montage und Auswuchten enthält.

Etliche Reifen-Fabrikate lassen sich, trotz aller Unterschiede im Einzelfall, eher als Hochpreis-Angebote einstufen. Andere liegen mehr im unteren Preissegment. So sind vor allem Michelin-Produkte meist etwas teurer, ähnliches gilt für Goodyear, Continental (Conti), Uniroyal, Dunlop und Pirelli. Namhafte Hersteller also, mit einem relativ hohen Marktanteil. Das stimmt freilich nicht immer, sondern richtet sich auch nach Reifengröße und -Typ, den spezifischen Marktverhältnissen und der jeweiligen Händler-Kalkulation.

Übrigens: Selbstverständlich erhält ein Händler, der große Stückzahlen abnimmt, entsprechend höhere Rabatte vom Hersteller, kann anders kalkulieren und er wird dieses günstig eingekaufte Fabrikat natürlich wärmstens empfehlen.

Bisweilen freilich tauchen auch recht preisgünstige Markenreifen auf, ein gerne mitgenommenes Schnäppchen. Auch hier allerdings ist Vorsicht geboten, mangelnde Fertigungsqualität steht zu befürchten. Die beste Reifenqualität (1a) erhält meist der Erstausrüster, der prüft nämlich nach und läßt Reifen mit ungenügendem Rundlauf beispielsweise wieder zurückgehen. Der Ersatzmarkt erhält die gleiche Qualität oder die nächste Stufe (1b), die ebenfalls keine Probleme bereitet. Darunter liegende Stufen der Fertigungsqualität werden entweder überhaupt nicht ausgeliefert oder in weit entfernte Märkte exportiert.

Es ist allerdings möglich, daß derartige Ware gegen den Willen der Reifenhersteller wieder auf dem deutschen Markt landet. Dazu gibt es dunkle Kanäle, die der Reifenindustrie mitunter erhebliche Probleme bereiten. Obskure Quellen liefern derartige Billigangebote (Re-Importe), die für den Kunden vom teureren Qualitätsprodukt nicht ohne weiteres zu unterscheiden sind. Ein ungewöhnlich billiger Markenreifen jedenfalls kann von zweifelhafter Herkunft sein, das damit verbundene Risiko läßt sich schwer einschätzen.

Es ist schlicht fatal, sich beim Kauf von Neureifen ausschließlich am Preis zu orientieren. Schließlich gibt es immer mehr oder minder drastische Qualitätsunterschiede, auch darüber informieren wir. Vor allem die großen und bekannten Hersteller treiben einen enormen Forschungs-, Entwicklungs- und Versuchsaufwand, der sich spürbar in der Produktqualität (und im Preis) niederschlägt. Sie haben ein extrem hohes Anforderungsprofil und verfügen über ein Know-how, das irgendwelche obskuren Niedrigstpreis-Anbieter einfach nicht aufbringen können. Der ADAC hat nach einem Vergleichstest von Billigreifen deshalb festgestellt: »Die meisten sind ihr Geld nicht wert.«

Erstausrüstungsfreigaben der Automobilhersteller sind generell ein wichtiges Qualitätsmerkmal. Einen Reifen, der bei einem der hierzulande etablierten Autoproduzenten ab Werk lieferbar ist, darf man gewiß als hochwertig einstufen. Das hängt mit den strengen und umfangreichen Freigabe-Untersuchungen dieser Werke zusammen, bei denen hohe Maßstäbe angelegt werden. Besonders hart und gefürchtet übrigens sind die Bedingungen von Audi, BMW, Mercedes-Benz, Porsche und VW. Der Umkehrschluß – nicht freigegebene Marken oder Typen sind schlecht – ist allerdings so nicht haltbar. Es gibt etliche Gründe, warum ein Reifenproduzent nicht oder nicht mit allen Produkten in die Erstausrüstung

Reifen-Qualität: Hochgeschwindigkeits-Breitreifen sind ausgesprochen teuer – um so wichtiger ist die richtige Wahl.

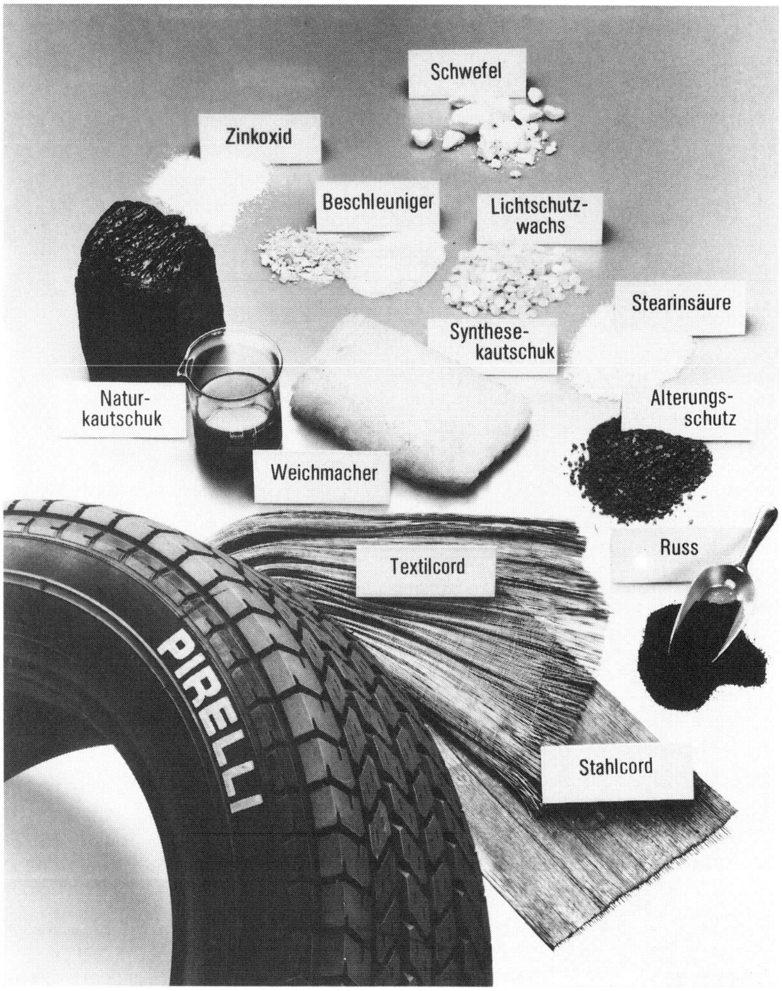

Bestandteile: Verschiedene Materialien müssen sorgfältig aufeinander abgestimmt werden.

Aufwand: Konstruktion, Entwicklung und Versuch arbeiten längst mit leistungsfähigen Großrechnern.

geht, den dort erzielbaren Minimalpreis etwa. Tatsache allerdings ist auch, daß miese Reifen bei den genannten Automobilherstellern keine Chance haben, auch wenn sie zu Dumpingpreisen angeboten werden.

Produktqualität beim Reifen heißt zum Beispiel: Pannensicherheit, hohe Laufleistung, einwandfreier Rundlauf (dafür ist insbesondere Michelin bekannt), Strukturfestigkeit, Runderneuerungsfähigkeit, weitreichende Alterungsbeständigkeit und gesicherte Schnellauffestigkeit. Wobei etwa die Hochgeschwindigkeitsfestigkeit bei einem Pneu der S-Kategorie für maximal 180 km/h (Beispiel: 175/70 R 13 S) auf den ersten Blick als nicht sonderlich wichtig erscheint.

Tatsächlich aber müssen auch bei einem derartigen Reifen Festigkeits-Reserven vorhanden sein (geprüft wird deshalb bis in weit höhere Geschwindigkeiten). Etwa dann, wenn im Sommer bei hohen Außentemperaturen und vollgeladenem Fahrzeug auf der Autobahn mit hohem Tempo gefahren wird. Ist unter diesen Bedingungen auch noch ein zu geringer Reifen-Luftdruck vorhanden, dann werden diese Reserven bis zum Äußersten gefordert. Ein exotisches Billig-Produkt ist derlei Belastungen kaum gewachsen, ein Defekt mit seinen oft bösen (und teuren) Folgen steht zu befürchten. Und die DEKRA hat in einer Analyse der Unfallursachen festgestellt, daß dafür bei jedem zehnten Pkw technische Mängel verantwortlich waren. Reifendefekte stellten dabei mit 47 % die häufigste technisch bedingte Ursache. Das sollte selbst jenen zu denken geben, für die Reifen nur eine lästige Geldausgabe sind.

Überaus wichtige Kriterien der Reifenqualität indes sind auch das spezifische Fahrverhalten und die Fahrsicherheit. Insbesondere nasse Straßen gelten (zu Recht) als tückisch, deshalb müssen die Nässeeigenschaften eines Reifens ein möglichst hohes Niveau erreichen. Zwar sollte es auch auf trockener Straße nicht vorkommen, daß in Kurven oder bei Ausweichmanövern plötzlich das Heck ausbricht, aber auf Nässe passiert das früher und wird dann ausgesprochen gefährlich. Und bei mangelhaften Nässeeigenschaften sind auch längere Bremswege wahrscheinlich. Wenn bei voller Verzögerung aus 60 km/h Bremswegdifferenzen von zwei Metern vorhanden sind, dann kann das im Ernstfall und mit dem schlechteren Reifen einen Totalschaden bedeuten.

Aufmerksamkeit verdient zudem die Aquaplaningsicherheit der Reifen (insbesondere Breitreifen). Das Aufschwimmen der Pneus bei starkem Regen oder in Wasserpfützen ist von verschiedenen Faktoren abhängig (Wasserhöhe, Gewicht, Geschwindigkeit, Reifenqualität, Profilhöhe) und tritt früher oder später bei jedem Reifen auf. Er verliert den Bodenkontakt, das Fahrzeug läßt sich nicht mehr lenken oder abbremsen. Bei entsprechenden konstruktiven Vorsorgen indes wird dieser Zustand vergleichsweise spät erreicht, das schafft Sicherheit. Aber: Reifen mit totaler Aquaplaningsicherheit gibt es nicht, die Vernunft des Fahrers und eine angepaßte Geschwindigkeit bei

Fahreigenschaften: Das prinzipiell sichere Fahrverhalten eines Automobils kann mit ungeeigneten Reifen erheblich verschlechtert werden, denn auch das beste Fahrwerk ist nur so gut wie der Reifen.

wasserbedeckter Straße sind unerläßlich.
Die Modelle der Automobilhersteller werden ständig verbessert und optimiert, auch im Fahrverhalten. Teilweise aufwendige Fahrwerkskonstruktionen – insbesondere bei den Hinterachsen – und sorgfältige Fahrwerksabstimmungen finden sich zunehmend. Selbst Vierradlenkungen werden offeriert oder aktive Fahrwerke mit elektronisch geregelter Federung/Dämpfung. Ziel ist es, ein für den Kunden überraschungsfreies Fahrverhalten zu erreichen, das Auto soll unter allen Umständen vorhersehbar reagieren und beherrschbar bleiben. Ein wesentlicher Faktor dabei ist der Reifen, seine Dimension und Beschaffenheit, seine Fahreigenschaften, seine Produktqualität. Denn: Auch das beste und aufwendigste Fahrwerk ist nur so problemlos, sicher und komfortabel wie der mit ihm kombinierte Reifen!

Der Reifen ist tatsächlich längst kein Zubehör mehr, sondern ein integriertes Konstruktionselement. Das heißt, daß mit einem ungeeigneten Reifen das prinzipiell gutmütige Fahrverhalten (Handling) eines Autos beträchtlich verschlechtert werden kann. Da wird die Lenkung teigig und unpräzise, die Fahrstabilität leidet, in Kurven kommt starkes Untersteuern (Überschieben der Vorderräder) oder Übersteuern (Ausbrechen des Hecks) auf, der Geradeauslauf stimmt nicht mehr, Reifengeräusche nerven, das Auto scheint langsamer geworden zu sein und braucht mehr Sprit (hoher Rollwiderstand), selbst der Komfort verändert sich mitunter nachhaltig.
Um das dem Auto konstruktiv vorgegebene Niveau der Fahreigenschaften zu behalten, empfiehlt es sich also durchaus, bei einem Reifenwechsel auf Qualität (und die Freigaben der Autohersteller) zu achten und

Nässe-Eigenschaften: Nasse Straßen sind besonders gefährlich, ein guter Reifen schafft Sicherheit.

Sommerreifen: Die Spezialisten für trockene und nasse Fahrbahn sowie für hohe Temperaturen.

Winterreifen: Die Spezialisten für Schnee und Eis sowie tiefe Temperaturen.

nicht einfach ausgesprochene Billigprodukte zu bevorzugen. Denn beim Reifen stehen Preis und Produktqualität immer noch in einem recht direkten Zusammenhang. Breite Leichtmetallräder am Auto schaffen zwar optische Reize, sie mit einem minderwertigen Reifen zu kombinieren allerdings wäre rausgeworfenes Geld.
Zum reinrassigen Sommer- oder Winterreifen gibt es auch noch eine durchaus interessante und empfehlenswerte Alternative: Ganzjahresreifen. Sie sind eine relativ neue Reifenspezies, nicht zu verwechseln mit Sommerreifen, die – fälschlicherweise – allenthalben als wintertauglich gelten. Ganzjahresreifen dagegen lassen sich nicht nur im Sommer, sondern unter allen Fahrbahnbedingungen, auch bei Schnee, Matsch und Glätte, dann vorzüglich einsetzen, wenn der Kauf von Winterreifen bislang nicht in Frage kam. Auch Allwetter-Reifen werden, inklusive Vor- und Nachteilen, in diesem Buch ausführlich beschrieben.
Für die Laufleistung und Lebensdauer von Reifen hat der Luftdruck entscheidende Bedeutung und er sorgt mit für ein stabiles Fahrverhalten des Autos. Schon zwei oder drei Zehntel zu wenig verkürzen die Laufleistung erheblich, vom Einfluß auf die Defektanfälligkeit und die Fahrsicherheit ganz zu schweigen. Es ist nicht damit getan, einen Qualitätsreifen zu kaufen,

Hochleistungsreifen: Fahrzeuge mit kräftiger Motorisierung verlangen eine besonders hohe Reifenqualität und sorgfältige Reifenwahl, deshalb sind die Werksfreigaben der Automobilhersteller wichtig.

Conti CTS: Auch im drucklosen Zustand fahrfähig.

Pirelli P ZERO - Reifenaufbau

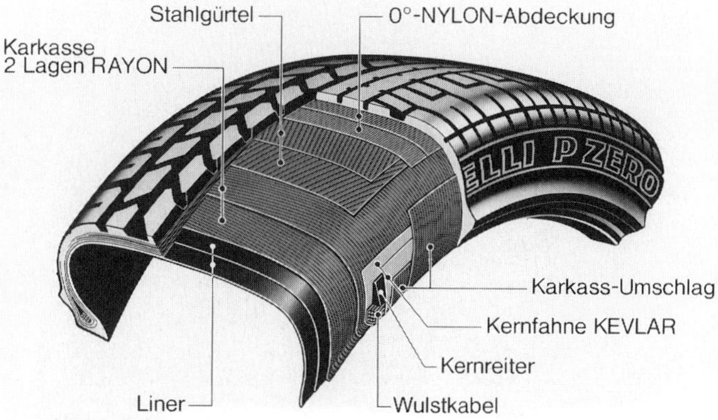

Reifenaufbau: Hochwertige Materialien wie Kevlar werden heute verwendet.

etwas Beachtung und Pflege sind ebenfalls notwendig. Die Kapitel über »Fahrpraxis« sowie »Defekte und Probleme« enthalten dazu wertvolle Hinweise.
Fast alle Sommer-, Winter- und Ganzjahresreifen werden heute selbstverständlich als Stahlgürtelreifen gefertigt, es gibt bei Hochleistungsreifen allerdings auch einige Aramid-Konstruktionen (Kevlar). Es ist freilich nur wenige Jahre her, seit der Stahlgürtel-Radialreifen Standard wurde. Wie die Reifen-Historie zeigt – auch sie hat ihr eigenes Kapitel – war es ein recht langer und mühevoller Weg bis zum Hochleistungsreifen der 90er Jahre.
Als Erfinder des Luftreifens gilt der irische Tierarzt John Boyd Dunlop, der 1888 auf diese Idee kam und sie realisierte. Gegenüber der bis dahin üblichen Bereifung von Rädern, bestenfalls Vollgummi, ein erheblicher Fortschritt. Schon 1845 allerdings hatte der Engländer Robert Thomson den Einfall der luftgefüllten Kautschukschläuche, er geriet jedoch völlig in Vergessenheit. Personen und Firmen, wie Dunlop, Goodyear, Pirelli, Continental und vor allem Michelin waren Pioniere der ersten Jahre und prägten die Entwicklungsgeschichte des Reifens bis heute.
Zitat aus den Kindertagen des Automobils (Meyers Großes Konversations-Lexikon, 1906):
»Jeder Motorwagen, der einigermaßen schnell laufen soll, muß mit Luftgummireifen (Pneumatiks) versehen sein. Ein solcher besteht gewöhnlich aus einem dünnwandigen Luftschlauch, der von einem Laufmantel umgeben ist; letzterer wird um das Rad gespannt und verleiht ihm einen sehr elastischen Gang. Das Streben der verschiedenen Fabriken geht dahin, größte Elastizität, größte Dauerhaftigkeit, einfachste Montage und Fortfall der Gleitgefahr zu erzielen.«
Generationen von Ingenieuren und Tüftlern widmeten sich der Verbesserung des Reifens – mitunter produzierten sie groteske Fehlentwicklungen. Ein wichtiger Markstein jedenfalls war 1948 die Konstruktion des

Links – Werbung: Reifen-Sicherheit damals.

Unten – Fortschritt: Der luftgefüllte Reifen erst ermöglichte vernünftige Fahreigenschaften und Komfort.

Fahrvergnügen: Nur der qualitativ hochwertige Reifen sorgt für die notwendigen Voraussetzungen.

Entwicklung: Die Konkurrenzfähigkeit neuer Reifengenerationen verlangt einen extrem hohen Aufwand.

Breitreifen: Steigende Absatzzahlen und in Verbindung mit Leichtmetallrädern eine Augenweide.

Wintereignung: Sommer-Breitreifen sind für Winter-Fahrten ins Gebirge absolut untauglich.

Stahlgürtelreifens von Michelin. Damit wurde der noch in den 70er Jahren durchaus gebräuchliche Diagonal-Reifen (ohne Gürtel) und der Textilgürtelreifen abgelöst.
Die Entwicklungsgeschichte des Reifens ist beileibe nicht im Endstadium. Das beweisen neue High-Tech-Produkte der konventionellen Art, insbesondere aber geradezu revolutionäre Reifensysteme, Conti CTS beispielsweise. Die Anforderungen der Automobilhersteller verändern sich, eine Anpassung an die aktuellen Umwelt- und Verkehrsbedingungen ist notwendig. Überdies stellen auch die Autofahrer immer deutlichere und höhere Ansprüche.
Die leistungsfähigen Reifenhersteller sind sich über diese Verhältnisse im klaren und arbeiten mit einem Stab hochqualifizierter Spezialisten in Forschung, Entwicklung, Versuch, Produktion und Marketing intensiv an besseren Produkten, die auch den Fahrerinnen und Fahrern noch mehr aktive Sicherheit vermitteln, deren Reifenbewußtsein sträflich unterentwickelt ist. Es wird allerdings in absehbarer Zeit keinen Reifen geben, der allen Wünschen gerecht wird. Dafür ist er ein viel zu kompliziertes Gebilde. Seine Einzelkomponenten aber werden mit erheblichem Aufwand weiter optimiert, mit noch günstigeren Ergebnissen.
Ein Spitzen-Pneu, der vor zehn Jahren auf den Markt kam, ist einem neu vorgestellten Reifen dieser Kategorie in sämtlichen Eigenschaften meist gravierend und hoffnungslos unterlegen. Der Autofahrer profitiert davon, mit kürzeren Bremswegen, mehr Grip bei Nässe, höherer Aquaplaningsicherheit, gutmütigen Fahreigenschaften, präzisen Lenkreaktionen, feinem Abrollkomfort, geringem Rollwiderstand, niedrigem Geräuschpegel.

High-Tech-Breitreifen: Ein Spitzenprodukt, das höchsten Ansprüchen genügen muß und ein attraktives Profil-Design haben sollte.

Reifengeschichte – der lange Weg

Die Entwicklung des luftgefüllten Reifens ist lang und zunächst mit der mühevollen Gewinnung des natürlichen Basismaterials Kautschuk verbunden. Ohne Kautschuk kommt bislang kein Reifen aus. Dieses Material, aus dem Saft tropischer Bäume gewonnen, war offensichtlich schon den alten Ägyptern, Griechen und natürlich den südamerikanischen Indianern bekannt. Sie haben, so ist überliefert, den Gummibaum Cau-utchu genannt, was so viel heißen soll, wie »weinender Baum«. Der Weg des Kautschuks nach Europa unterlag einer wechselvollen und für die alte Welt keinesfalls glanzvollen Geschichte.
Die Kautschuk-Verwendung als Reifenbaustoff begann mit den Vollgummi-Laufstreifen für Räder aller Art. Bei der Erfindung und Nutzung des luftgefüllten Reifens durch den in Belfast/Irland lebenden Tierarzt John Boyd Dunlop im Jahre 1888 war Kautschuk die Grundlage. Wobei zunächst ausschließlich Naturkautschuk verwendet wurde, bis 1917 die erste industrielle Herstellung synthetischen Kautschuks bei Bayer in Leverkusen begann. Die Verarbeitung dieses Kautschuks in Reifen allerdings wurde erst sehr viel später üblich. Beide Kautschuksorten sind heute noch im Reifen zu finden. Wobei vor allem mit Kunstkautschuk – den es in vielerlei Ausführungen gibt (siehe Kapitel »Reifenentwicklung«) – die Reifeneigenschaften stark beeinflußt werden können.
Die Reifengeschichte ist mit vielen Namen verbunden, besonders erwähnenswert sind zweifellos Dunlop, Goodyear und Michelin. Aber jeder der heute noch existenten amerikanischen und deutschen Reifenhersteller hat irgendwann die Entwicklung bedeutend beeinflußt und vorangetrieben. Andere allerdings sind inzwischen ganz verschwunden oder sie haben sich aus dem Reifengeschäft zurückgezogen – die Gummiwerke Phoenix beispielsweise. Daß es

Reifengeschichte: Von der luftgefüllten Kautschukwurst bis zum High-Tech-Produkt vergingen mehr als 100 Jahre. Ein langer Weg, gepflastert mit Irrtümern, Fehlentwicklungen, teuren Lernprozessen, dem Schweiß etlicher Generationen von Reifentechnikern und genialen Ideen.

Automobil-Frühgeschichte: Ein Vorausläufer mit roter Warnflagge war vorgeschrieben.

Fahrer-Alltag: Ständige Reifenwechsel gehörten früher zur unausweichlichen Routine.

im Laufe vieler Jahrzehnte auch recht groteske Reifen-Entwicklungen gab, ist zwar überliefert – die Spezialisten der Reifenindustrie amüsieren sich gesprächsweise gerne darüber –, aber Unterlagen sind nicht mehr vorhanden oder sie liegen wohlverwahrt in irgendeinem Archiv. Man könnte meinen, daß heutzutage Flops ausgeschlossen sind. Tatsächlich aber müssen einige neue Reifenentwicklungen der letzten Jahre und aus jüngster Zeit (siehe Kapitel »Rad-/Reifen-Systeme«) zwar als technisch faszinierend, gemessen am bisherigen Markterfolg freilich als zumindest fragwürdig gelten.

Tatsache ist, daß der luftgefüllte Autoreifen die Massen-Motorisierung erst möglich gemacht und zweifellos kräftig gefördert hat. Während dabei früher irgendwelche Tüftler mit Phantasie, einfachsten Experimenten und wenig Aufwand mitunter erstaunliche Ergebnisse erzielten, sind längst wissenschaftliche Methoden, Computerprogramme und hochkarätige Spezialisten notwendig, um einen Reifen zu konzipieren und zu fertigen. Zur Pionierzeit, um die Jahrhundertwende, war man schon zufrieden, wenn ein Reifen wenigstens ein paar hundert Kilometer hielt und ohne Panne auskam. Traktion, Seitenführung, Fahrstabilität waren keine relevanten Begriffe, Rutschfestigkeit schon eher und mit Aquaplaning hatten die schmalen Pneus, zumal bei den geringen Geschwindigkeiten, ohnehin nicht zu kämpfen.

Wie der Reifen 1904 eingeschätzt wurde, zeigt das folgende Zitat. Es gab noch das alte System mit fester Verbindung von Reifen und Felge, aber auch der demontierbare Reifen mit Schlauch war schon bekannt:

»Als Bereifung hat der Pneumatik (Preßluftreifen) seine Vorgänger, den Vollgummireifen und andere antipneumatische Systeme völlig verdrängt. Man unterscheidet das Einkammersystem mit dem amerikanischen Schlauchreifen, der zugleich als Luftbehälter und Laufgummi dient und in die Holzfelge eingekittet ist, sehr leicht im Gewicht, aber schwer zu reparieren, und das Zweikammersystem, bei dem ein in sich geschlossener innerer Schlauch, die eigentliche Luftkammer, und ein zu dessen Schutz und Einkleidung dienender Mantel zu unterscheiden ist. Letzterer hat an beiden Seiten Wülste, die sich bei luftleerem Zustand des Reifens unter den Vorsprüngen (Ohren) der Felge hervorziehen lassen, bei vollem Reifen jedoch hineinpressen und eine automatische Befestigung bilden.

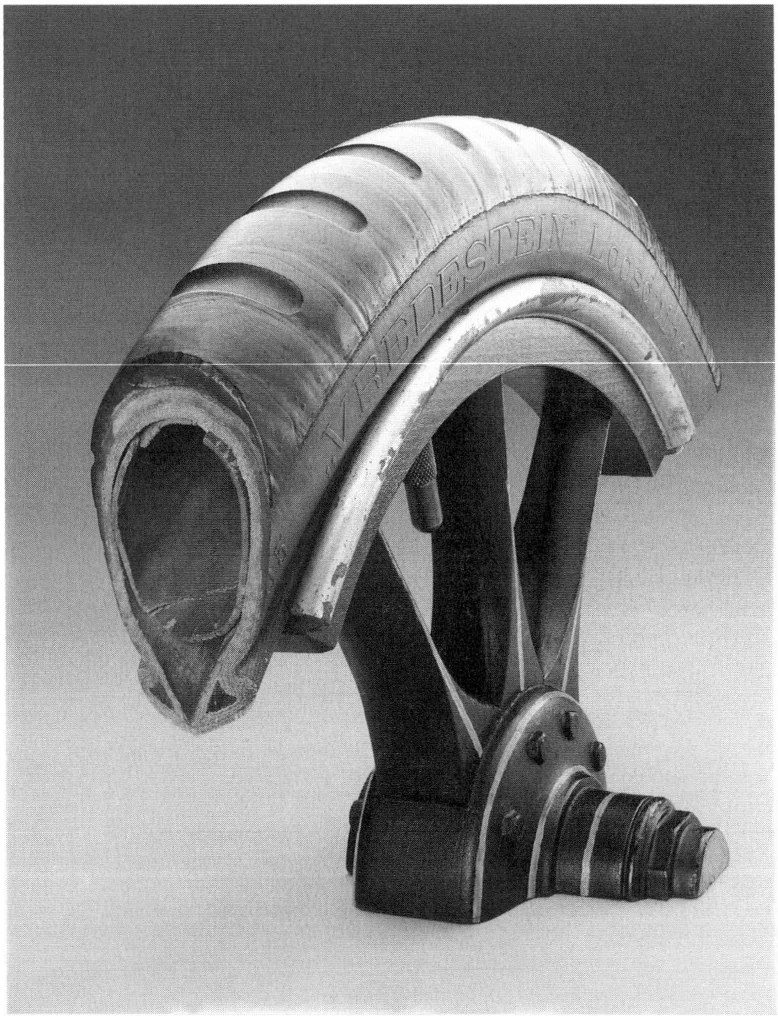

Musterstück: Automobilreifen auf einer Flachbettfelge aus den ersten Jahren der Entwicklung.

Der Mantel hat innen eine mehrfache, wenig nachgiebige Gewebeschicht, um der Ausdehnung des Schlauches Grenzen zu setzen, außen eine Gummischicht, die in der Lauffläche zum Schutze gegen spitze Fremdkörper bedeutend verstärkt ist. Diese äußere Gummilage besitzt zum Schutze gegen das Ausgleiten meist Längsriefen verschiedener Form. Die Füllung des Schlauches geschieht mittels Luftpumpe durch ein Ventil, das sich nach jedem Pumpenstoß automatisch wieder abdichtet. Die bekanntesten Ventile sind das Dunlopventil und das Rückschlag- oder Gloriaventil.
Die Verletzungen, die ein Entweichen der Luft zur Folge haben, sind meist so geringfügig, daß sie schnell durch Aufkleben eines Stückchens Gummi auf die betreffende Stelle des abgenommenen oder auch nur teilweise herausgezogenen Schlauches geheilt werden; auch treten sie verhältnismäßig so selten ein, daß sie gegen die sonstigen Annehmlichkeiten des Luftreifens nicht in Betracht kommen.« (Reifen-Kapitel, Meyers Großes Konversations-Lexikon, 1904.)
Um die Wirkung des luftgefüllten Autoreifens auf die damaligen Zeitgenossen deutlich zu machen, ein weiteres Zitat, aus dem Jahr 1906. Wenn man diesen Bericht liest, er steht immerhin in einem nüchternen Lexikon, dann kann man sich über den schwelgenden Stil der Autoren nur wundern. Und es wird deutlich, warum der Motorwagen derart begeisterten An-

Automobil-Ausstellungen: Damals nur für die »besseren Kreise«.

Reifen-Werbung um 1900: Der »Bib« von Michelin schluckt unbeeindruckt Scherben und Nägel. »Nunc est bibendum« – jetzt wird getrunken.

Jahrhundertwende: »Die harten Stöße der Straße werden werden bei der tiefen Schwerpunktlage des Fahrzeugs durch die Pneumatiks und Federn fast vollständig aufgenommen.«

klang fand. Nicht einmal die Werbeabteilung eines Automobilherstellers der Oberklasse würde sich heutzutage erlauben, derartige Beschreibungen für ihr Produkt zu verwenden:

»Das Fahren im Motorwagen bewirkt wie jede mechanische Gymnastik eine regere Tätigkeit des gesamten Organismus, besitzt aber den sonstigen gymnastischen Methoden gegenüber bemerkenswerte Vorzüge. Der Zimmergymnastik gegenüber kommt insbesondere frischer Luftstrom in Betracht, der in angenehmer Weise Haut- und Lungentätigkeit anregt und damit eine höchst vorteilhafte Entlastung der innern, mit Blut vielfach übersättigten Organe herbeiführt.

Das Reiten erscheint vielen Leuten zu scharf, das Fahren in gewöhnlichen Wagen ohne Luftreifen als zu hart; demgegenüber besteht das Fahren im Motorwagen in einem sanften und leichten Dahinschweben, das sich in gleich angenehmer Weise fühlbar macht, wie etwa das Kahnfahren auf stillem Wasser. Die harten Stöße der Straße werden bei der tiefen Schwerpunktlage des Fahrzeuges durch die Pneumatiks (Reifen) und Federn fast vollständig aufgenommen, so daß sich nach einer langen Fahrt nicht etwa wie beim Ausstieg aus einer gewöhnlichen Droschke oder einem Eisenbahnwagen das Gefühl der Ungelenkigkeit und Steifigkeit einstellt, sondern das einer angenehmen Ermüdung, wie sie sich etwa nach einer lustigen Klettertour durch gesteigertes Schlaf- und Hungergefühl bemerkbar macht.

Mit der wohltuenden Ausspannung durch die landschaftliche Szenerie und der Entlastung der inneren Organe geht Hand in Hand eine höchst vorteilhafte Einwirkung auf die Nerven; allerdings sind hierbei einige Vorbedingungen zu erfüllen: nicht langsam dahinbummeln, aber auch nicht rasen, sondern ein Mitteltempo, und zwar systematisch morgens und mittags, im Sommer und Winter, bei jedem Wetter, wenn nötig mit Brille, Lederhandschuhen, Pelz etc. ausgerüstet. Infolge der wohltuenden Wirkung auf die Nerven finden wir gerade unter den Gehirnarbeitern enthusiastische Anhänger des Motorwagens.« (Motorwagen, Hygienisches. Meyers Großes Konversations-Lexikon, 1906.)

Die zitierten »Gehirnarbeiter« freilich bewegten sich seinerzeit auf extrem harten, meist ungefederten Motorwagen, mit ebenso knochenhart aufgepumpten Reifen (zwischen 5 und 8 bar waren damals üblich!). Und glatte Asphalt-Fahrbahnen waren ebenso unbekannt. Wie die Lexikon-Autoren dabei auf »sanftes und leichtes Dahinschweben« kommen, bleibt uns heute reichlich unverständlich. Offensichtlich waren die Ansprüche unserer Vorväter an Fahrkomfort sehr bescheiden. Wobei das empfohlene »Mitteltempo« mit dem Automobil seine Aktualität bis in unsere Tage nicht verloren hat.

Mütter und Töchter – die großen Sechs

Die Reifenentwicklung hat seit den Kindertagen des Automobils – analog zu dessen Verfeinerung – enorme Fortschritte gemacht und ist längst nicht am Ende. Der Konkurrenzdruck auf dem internationalen Reifenmarkt sowie der hohe Aufwand für Entwicklung und Produktion indes haben bei den Reifenproduzenten zu starker Konzentration mit einschneidenden Veränderungen geführt. Einige mußten ganz aufgegeben und Goodyear, bis vor wenigen Jahren unangefochten größter Reifenhersteller der Welt, wurde inzwischen von Michelin mit einer Reihe von Töchtern abgelöst. Nachdem sich Bridgestone den anderen US-Reifengiganten Firestone einverleibt hat, teilt sich Goodyear mit den Japanern jetzt Platz zwei in der Weltrangliste.

Welt-Reifenmarkt: Die sechs Großen teilen sich insgesamt rund 80 Prozent des Kuchens, mehrere Dutzend kleinerer Hersteller müssen sich mit relativ bescheidenen und regional unterschiedlichen Anteilen zufrieden geben.

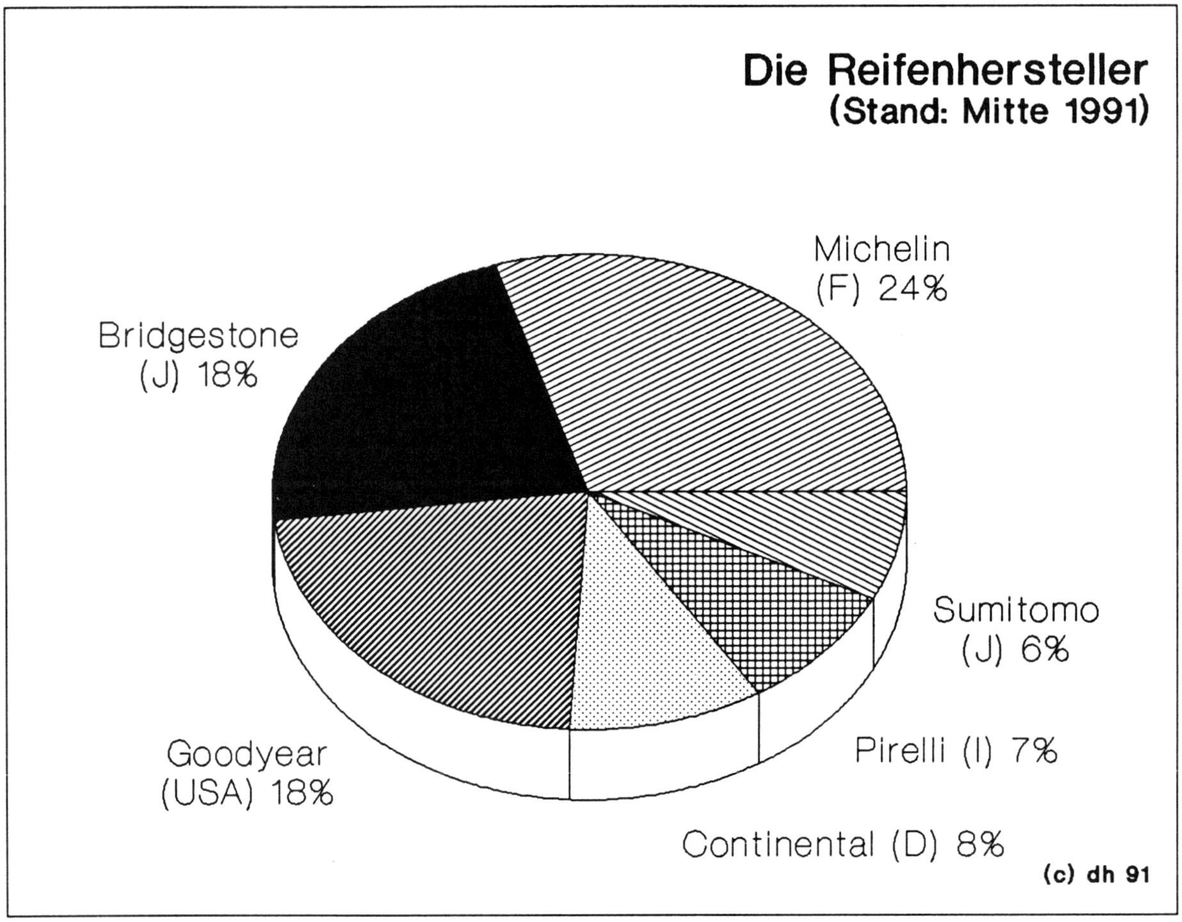

Wer mit wem – die Marktführer

- Michelin (F): Kléber (F), Uniroyal/Goodrich (USA), Okamoto/Riken (J) – ca. 24 Prozent Weltmarktanteil
- Bridgestone (J): Firestone (USA) – ca. 18 Prozent Weltmarktanteil
- Goodyear (USA): Fulda (D), Kelly-Springfield (USA), Lee (USA) – ca. 18 Prozent Weltmarktanteil
- Continental (D): Uniroyal-Englebert (D), Semperit (A), General Tire (USA) plus Minderheitsbeteiligung bei Gislaved (S)/Viking (N) – ca. 8 Prozent Weltmarktanteil
- Pirelli (I): Armstrong (USA) – ca. 7 Prozent Weltmarktanteil
- Sumitomo (J): Dunlop (SP Reifenwerke/D), Ohtsu (J), Avon (GB) – ca. 6 Prozent Weltmarktanteil

Dies entspricht dem Stand im Herbst 1991, doch der Konzentrationsprozeß ist wohl auch damit noch nicht abgeschlossen; es steht zu erwarten, daß weitere Reifenhersteller und -Marken verschwinden oder ihre Eigenständigkeit verlieren. Bei Drucklegung dieses Buches beispielsweise waren ernste Bemühungen von Pirelli im Gange, sich mit der Conti zusammenzuschließen oder sie zu übernehmen.

Der Produkt-Trend bei Reifen ist eindeutiger: Breitreifen sind gefragt. Der europäische Breitreifen-Markt für die Geschwindigkeits-Kategorien H (bis 210 km/h), V (bis 240 km/h) und ZR (über 240 km/h) hat sich von 1985 bis 1991 verdoppelt. In gut sechs Jahren stieg das Volumen in diesem Segment von 23,3 auf 45,8 Millionen Reifen. Und dieser Trend wird sich – unter bisherigen gesamtwirtschaftlichen Verhältnisse – weiter fortsetzen, verbunden mit der vermehrten Vorstellung leistungsstarker Automobile und den gewachsenen Ansprüchen der Verbraucher. Der Markt ist kräftig in Bewegung, Reifen-Forschung und -Entwicklung laufen auf Hochtouren. Bei Betrachtung der Reifen-Zukunft ist tatsächlich nur eines sicher: er bleibt rund.

Reifenindustrie: Früher war die Reifen-Herstellung harte Knochenarbeit, inzwischen haben Automaten den Menschen zumindest teilweise ersetzt. Handarbeit allerdings ist immer noch unverzichtbar.

Reifengeschichte – Daten und Taten

450 v. Chr.: Erste Erwähnung von Kautschuk als Gummi-Arabicum, einem selbst ausgeflossenen Baumsaft. Von Ägyptern und Griechen in der Malerei verwendet.
1535: In einer spanischen Zeitschrift wird Gummi-Elasticum beschrieben. Die spanischen Eroberer Südamerikas hatten ein Ballspiel bei den Eingeborenen in Mexiko und auf Haiti kennengelernt. Die Bälle bestanden aus einem federnden Material, das in Mexiko »Cahuchu« genannt wurde. Es war der eingetrocknete Saft von Gummibäumen.
1736: Erster Kautschuk (Caoutchouc) in Europa. Der französische Gesandte Charles de Condaminé schickte ein Röllchen dunklen »Harzes« an die Akademie in Paris ein. Es stammte aus dem Saft der »Hevea brasiliensis«, eines südamerikanischen Baumes.
1768: Fresneau, französischer Ingenieur, lernte den Gummibaum kennen und machte sich als erster Europäer den Kautschuk zunutze. Er stellte wasserdichte Schläuche her.
1770: Der englische Naturforscher Priestly stellte einen Radiergummi her. Daraus wurde die englische Bezeichnung für Kautschuk, India-Rubber, abgeleitet (India = Westindien, Rubber = Reiber).
1791: Erstes englisches Kautschukpatent an Peal vergeben. Es betrifft die Herstellung wasserdichter Stoffe.
1801: Ackermann erhält als erster Deutscher ein englisches Kautschukpatent. Es lautet auf »durch Kautschuklösung wasserdicht gemachte Stoffe«, sogenannte »waterproofs«. Bei Hitze war das Material jedoch nicht beständig, bei Kälte hart und spröde.
1831: Der Amerikaner Hayward entdeckt die Vulkanisation. Kautschuk verliert durch Bestreuen mit Schwefel seine Klebrigkeit, wird durch Hitzeeinwirkung haltbar und elastisch. Aus Kautschuk wird elastischer Gummi.
1835: Charles Goodyear erwirbt die Rechte des Vulkanisationsverfahrens und verbessert es.
1839: Goodyear entdeckt, daß sich die Vulkanisation von Kautschuk durch Zusatz von Schwefel und Bleiweiß und durch intensive exakt bemessene Wärmeeinwirkung steuern läßt.
1841: Hancock entdeckt die Hartgummi-Vulkanisation.
1845: Der Engländer Robert Thomson erfindet den luftgefüllten Reifen und meldet ein Patent an, das jedoch wieder völlig in Vergessenheit gerät. Immerhin liefen einige Fahrzeuge auf Thomson-Pneus, die zum Teil mehrere Luftkammern (Schläuche) enthielten,

Kautschuk: Die erste Erwähnung des Gummi-Grundstoffes findet sich als »Gummi Arabicum« bei Beschreibungen der alten Ägypter.

Charles Goodyear: Er entwickelte ab 1835 im wesentlichen das Verfahren, durch Vulkanisation aus plastischem Kautschuk elastisches Gummi zu machen.

Naturkautschuk: Getrockneter Baum-Saft. 1535 erste Erwähnung in den Berichten spanischer Eroberer Südamerikas, Indios spielten mit Bällen aus einem unbekannten Material.

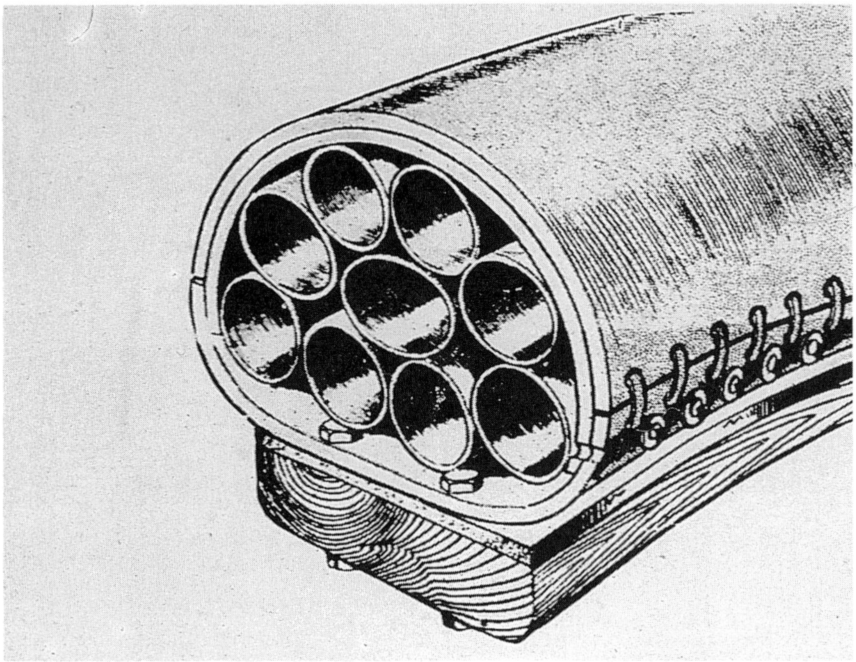

Thomson-Reifen 1845: Mehrere luftgefüllte Schläuche sind mit einem Mantel umgeben. Das Patent des Engländers geriet rasch wieder in Vergessenheit.

gewissermaßen die Vorläufer etlicher Konstruktionen von pannensicheren Reifen.

1850: Herstellung von Hartgummi (Ebonit) durch Goodyear nach dem Hancock-Verfahren. Das Material läßt sich sägen, feilen und polieren.

Ab 1850 erobert sich der »Parakautschuk« aus Brasilien eine Monopolstellung, da der Gummibaum »Hevea brasiliensis« die ertragreichste Pflanze ist. Die Ausfuhr von Hevea-Samen aus Brasilien wird bei Todesstrafe verboten. Bei steigendem Kautschuk-Verbrauch in Europa und den USA beginnt die Zeit der unermeßlichen Gewinne für die Kautschuk-Pflanzer und -Gesellschaften, aber auch die Leiden der Sammler, Indios oder verschleppte Afrikaner. Sie werden versklavt und mit brutalsten Mitteln zu höherer Produktion gezwungen, ganze Familien und Stämme wurden ausgerottet – dem Profit zuliebe.

1870: England will die Vormachtstellung Brasiliens als Kautschuk-Lieferant brechen. Hoocker schlägt vor, den ertragreichen brasilianischen Gummibaum in die englischen Kolonien mit ähnlichen klimatischen Bedingungen zu verpflanzen.

1876: Henry Wickham entwendet unter Lebensgefahr etwa 70 000 Samen in der Nähe des Dorfes Itaitu/Brasilien, von denen rund 2 800 sorgfältig in englischen Treibhäusern angezogen werden, aufgehen und dann nach Ceylon, Kalkutta und Singapur verschifft werden.

1880: Erste Anfänge der Produktion von englischem Plantagen-Kautschuk in den Kolonien.

1886: Carl Benz zeigte sich öffentlich mit seinem ersten Automobil. Nur wenige Monate zuvor hatte Gottlieb Daimler seinen neukonstruierten 1,1 PS-Leichtmotor in einen Kutschwagen eingebaut. Die ersten Motorkutschen rollten auf eisenbewehrten Holzrädern oder auch auf Vollgummireifen.

1888: Der in Schottland geborene und in Belfast/Irland lebende Tierarzt John Boyd Dunlop erfindet den ersten brauchbaren luftgefüllten Reifen, läßt ihn patentieren und sorgt für eine Produktion. Der Reifen besteht aus einem Gummischlauch mit Fußballventil und einer darübergespannten Leinwand.

1890: Patent für Reifen mit Stahlseil im Wulst auf einer Tiefbettfelge und der Klemmbackenreifen von Bartlett. Beide vereinfachen Montage und Demontage.

1895: Erster Einsatz von Pneumatik-Reifen in einem Langstreckentest. Die Gebrüder André und Edouard Michelin nehmen am Autorennen Paris-Bordeaux-Paris mit dem Peugeot-Motorwagen namens »Eclair« (Blitz) teil. Sie kämpfen mit 50 Pannen und 22 sehr umständlichen Reifenwechseln, aber sie kommen an. Erster Dunlop-Reifen mit Gürteleinlage (US-Patent) im gleichen Jahr.

1896: Geschlossene Dampfpresse für die Vulkanisierung von Reifen (Dougthy, USA).

1898: Die ersten luftbereiften Automobile sind auf dem Markt.

1899: Continental hat erstmals Autoreifen im Programm. Preis: 269 Mark, Lebensdauer: 500 km. Mit

Dunlop-Reifen 1888: Die Nachbildung des ersten Experimental-Reifens. Auf einer kreisförmigen Holzscheibe befand sich ein Schlauch, mit Sackleinen fixiert.

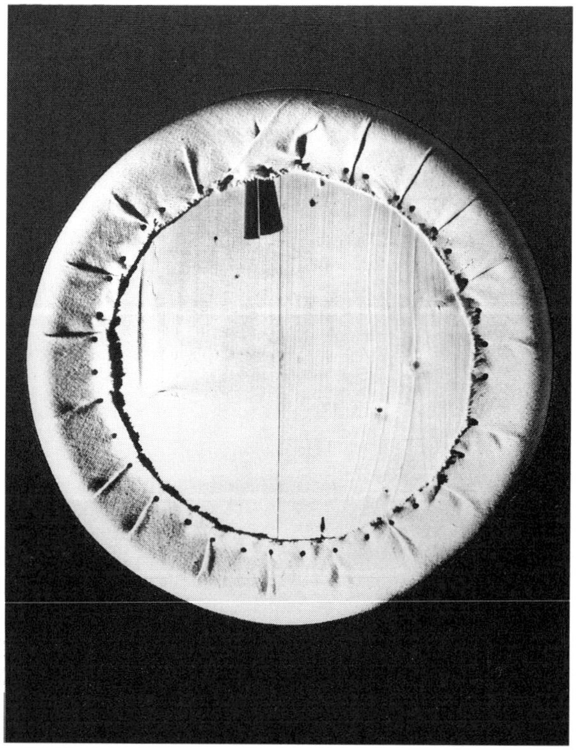

Carl Benz 1887: Er (rechts) und Gottlieb Daimler schufen die ersten Automobile. Bereifung: eisenbeschlagene Holzräder. Der luftgefüllte Pneu lieferte die Voraussetzungen der Massenmotorisierung.

Moderner Breitreifen: Als wesentliche Gemeinsamkeit mit dem Original von 1888 bleibt die Luftfüllung. Was wohl der alte Dunlop von diesem Gebilde halten würde?

Reifen-Erfinder: John Boyd Dunlop himself erprobt den luftgefüllten Pneu auf einem Fahrrad. Die ersten Automobile mit luftgefüllten Reifen gab es um 1895, drei Jahre später ab Werk.

Gebrüder Michelin: André und Edouard 1895 beim Autorennen Paris-Bordeaux-Paris auf einem Peugeot-Motorwagen namens Eclair (Blitz) mit luftgefüllten Pneus. Etwa 50 Reifenpannen wurden dabei gezählt.

Rekord-Fahrzeug: Der Belgier Camille Jenatzy durchbrach mit einem Elektrofahrzeug und speziellen Michelin-Reifen 1899 die damals unglaubliche Grenze von 100 km/h. Übliches Tempo: ca. 15 km/h.

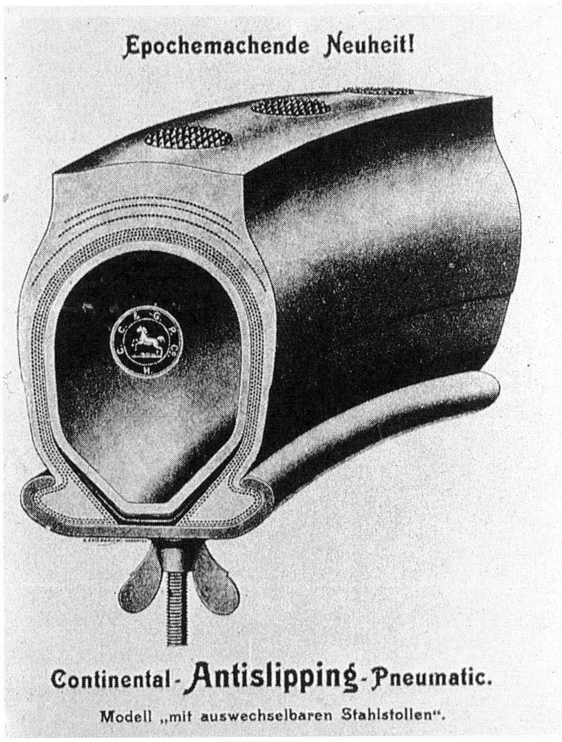

Reifen-Hit 1905: Continental-Pneu auf einer Flachbettfelge mit Klemmbefestigung. Statt Profileinschnitten hatte der »Antislipping-Pneumatic« auswechselbare Stahlstollen in der Lauffläche.

Reifen-Werbung: Um schneller als die Eisenbahn zu sein, mußte damals tatsächlich ein heißer Reifen gefahren werden. Mit Michelin-Pneus soll das problemlos möglich gewesen sein.

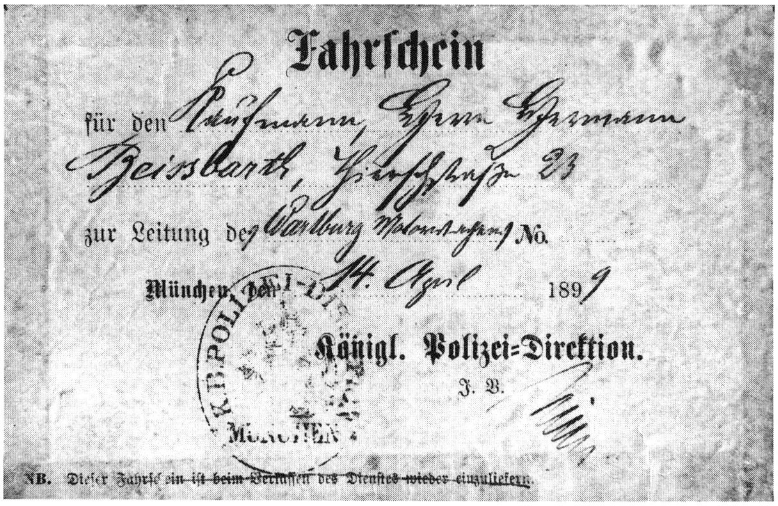

Fahrschein

für den Kaufmann, Herrn Hermann Beissbarth,

zur Leitung des Wartburg Motorwagens No.

München, den 14. April 1899

Königl. Polizei-Direktion.

I. V.

NB. Dieser Fahrschein ist beim Verlassen des Dienstes wieder einzuliefern.

Zeitdokument: Dieser Führerschein der königlich-bayerischen Polizei-Direktion von 1899 berechtigte zur »Leitung« eines Wartburg-Motorwagens. Über eine eventuelle Fahrprüfung ist nichts bekannt.

Millionen-Ding: Das Ford-Modell T wurde zwischen 1908 und 1927 in fast 16 Millionen Exemplaren verkauft, das macht die erstaunlichen Produktionsziffern der damaligen »Reifenindustrie« deutlich.

Hilfe spezieller Michelin-Reifen wird die magische Geschwindigkeits-Grenze von 100 km/h mit einem Automobil überschritten. Der Belgier Camille Jenatzy fuhr dabei ein Elektromobil.

1904: Autoreifen erhalten Querrippenprofile. Die Zugabe von Ruß (bis heute üblich) erhöht die Gummi-Festigkeit und sorgt für längere Lebensdauer. Die bisher weißlich bis gelben Reifen werden schwarz.

1905: Continental in Hannover bringt Autoreifen mit Metallnieten als Gleitschutz auf den Markt, ein Vorläufer der Spikes. Goodyear präsentiert eine neue Flachbettfelge, die sich später weitgehend durchsetzt.

1906: Die von Michelin entwickelte abnehmbare Felge macht den aufgepumpten Reservereifen möglich. Rad und Felge werden mit Schrauben und Flügelmuttern zusammengehalten.

1907: Fernfahrt Peking-Paris. Die Sieger Prinz Scipione Borghese und Luigi Barzini verbrauchen dabei nur zehn Pirelli-Reifen.

1908: Bestand an Motorwagen im Deutschen Kaiserreich: 34 244, davon 65 mit über 40 PS.

1909: Der Deutsche Dr. Fritz Hofmann entwickelt den ersten künstlichen (synthetischen) Kautschuk. Ausgangsmaterial: Steinkohle.

1913: Erstmals übersteigt die Produktion von Plantagenkautschuk die Wildkautschukgewinnung. Grey und Sloper erhalten ein Gürtelreifenpatent.

1914: Dreifach-Sieg von Mercedes-Benz beim letzten Grand Prix vor dem ersten Weltkrieg auf Continental-Reifen.

1915: Pirelli baut die ersten luftgefüllten Flugzeugreifen.

1917: Bei Bayer in Leverkusen wird erstmals synthetischer Kautschuk industriell hergestellt. Verwendung: Batteriekästen für deutsche U-Boote. Goodyear stellt den ersten Lkw-Luftreifen vor.

1918: England glaubt an eine Weltmonopolstellung für Naturkautschuk, während die USA (sie verbrauchen drei Viertel der Weltproduktion) Gegenmaßnahmen treffen. Beispielsweise gründen Firestone und Ford Plantagen in Afrika und in Brasilien. Altreifen werden runderneuert oder bei der Neureifen-Produktion zugesetzt.

1921: John Boyd Dunlop stirbt am 24. Oktober im Alter von 80 Jahren in Dublin.

1922: Dunlop-Premiere auf der Internationalen Automobil-Ausstellung (IAA): Erster Autoreifen mit Stahldraht im Wulst, zum sicheren Sitz auf der Felge. Erste Michelin-Versuche damit datieren von 1920. Ab 1924 und bis heute Produktionsstandard.

1923: Cordgewebe (Baumwolle) wird für den Unterbau des Reifens als tragende Struktur verwendet. Und Michelin leitet mit dem Niederdruck-Ballonreifen »Confort« eine neue Ära ein. Der Reifen wird mit 2,5 bar gefahren und hält gut 15 000 Kilometer, bis dahin waren harte 4,5 bar üblich.

1925: Wiederaufnahme der Arbeiten an der Kautschuksynthese bei Buna (Deutschland) und in den USA. Noch ist bei Autoreifen nur Naturkautschuk in

Vorsorge: Tourenwagen vom Anfang dieses Jahrhunderts. Wichtigstes Zubehör waren jede Menge Reservereifen. Die Pneus sind bereits schwarz, wurden also nach 1904 unter Zugabe von Ruß produziert.

Neuerung 1921: Continental brachte als erster deutscher Hersteller Reifen mit einem Unterbau aus Baumwoll-Cord auf den Markt. Geringere Pannenanfälligkeit und bessere Haltbarkeit waren die Folge.

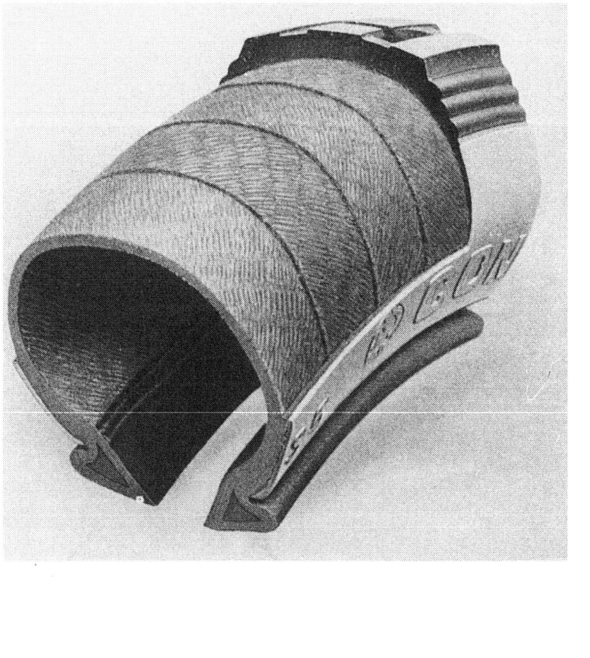

John Boyd Dunlop: Der Reifen-Erfinder starb am 24. Oktober 1921 in Dublin. Inzwischen gab es den Reifenhersteller mit seinem Namen, mit dessen kommerziellem Erfolg der Tierarzt allerdings nichts zu tun hatte.

Fortschritt 1917: Goodyear stellt den ersten luftgefüllten Lkw-Reifen auf einer teilbaren Felge vor. Bis dahin rumpelten die Lastwagen auf Rädern umher, die mit Vollgummi-Bereifung versehen waren.

Michelin: Die Gebrüder André (links) und Edouard Michelin gehörten zweifellos zu den wichtigsten und kreativsten Reifen-Pionieren. Ihre Felgen- und Reifen-Entwicklungen erhielten zahlreiche Patente.

Rasante Entwicklung: Automobile und Reifen erreichten in den 20er Jahren immer neue und höhere Leistungsgrenzen. Fritz von Opel fuhr 1928 auf der Avus mit dem RAK 2 satte 230 km/h.

Automobil-Produktion: Noch im ersten Jahrzehnt dieses Jahrhunderts führte Henry Ford die Fließband-Fertigung ein. Hier das Modell T mit weißen Reifen, ohne die spätere Ruß-Zugabe.

Links – Neuerung 1918: Erster Michelin-Reifen mit zwei Wulstkabeln aus Stahlseilen. Damit war der sichere Sitz des Reifens auf einer Tiefbett-Felge gewährleistet, die Klemmbefestigung überflüssig. Rechts – Ballon-Reifen 1928: Ein Continental-Reifen mit laufrichtungsgebundenem Profil, Markstein einer ernsthaften Profil-Entwicklung. Die steile und eckige Schulter blieb bis in unsere Tage.

Gebrauch. Dunlop baut eine Reifenprüfmaschine zur Kontrolle der Hochgeschwindigkeitsfestigkeit, womit bis zu 320 km/h simuliert werden können.
1927: Neuer Weltrekord auf Dunlop-Reifen: Beeindruckende 326,6 km/h.
1930: Die bereits üblichen Profilblöcke auf der Lauffläche von Autoreifen werden bei Dunlop erstmals in den Abständen variiert, ein geringeres Ablaufgeräusch ist die Folge. Das Verfahren wird, natürlich verfeinert und computerberechnet, bis heute praktiziert.
1932: Michelin stellt den »Super-Confort« vor, der mit nur 1,5 bar Luftdruck auskommt und bis zu 30 000 km Laufstrecke bieten soll.
1933: Der Unterbau des Reifens, das Cordgewebe, wird erstmals aus Rayon (Kunstseide) statt aus Baumwolle gefertigt. Die Nylonfaser wurde von Du Pont (USA) erfunden.
1934: Michelin bietet den »Super-Confort« mit dem legendären Stop-Profil an, das erstmals Lamellen besitzt und einen ungewöhnlich guten Nässegrip hat.
1936: Synthesekautschuk kommt erstmals in Deutschland auf den Markt, allerdings nur kleine Mengen.
1937: Erscheint der Michelin »Pilote« als erster Niederquerschnittsreifen (geringere Flankenhöhe im Verhältnis zur Reifenbreite (0,88), heute nicht mehr gebräuchlich)
1939: Beginnt bei Buna die Großproduktion von künstlichem Kautschuk, die allerdings durch den Zweiten Weltkrieg gestoppt und erst 1958 vom Bunawerk Hüls wieder aufgenommen wird.
1943: Continental erhält das Patent für den schlauchlosen Reifen – heute eine Selbstverständlichkeit.
1945: In den USA gibt es den neuen Synthesekautschuk »Cold Rubber«, der in praktisch allen damaligen Reifen vorhanden war.
1946: Michelin erhält das Patent für den Stahlgürtelreifen, der gleichzeitig als Radialreifen gefertigt wird (radiale Karkassenfäden, also im rechten Winkel zur Laufrichtung), den Michelin X.
Die Idee stammt aus dem Jahr 1941. Eine offensichtlich revolutionäre Entwicklung, die aus patentrechtlichen Gründen von den anderen Reifenherstellern jedoch erst 15 Jahre später übernommen werden konnte. Bis dahin baute man Diagonalreifen weiter und Pirelli entwickelte Textilgürtelreifen mit radialer Karkasse.
1948: Schlauchlose Reifen »tubeless« werden in den USA von Goodrich vorgestellt.
1950: Die ersten Matsch- und Schnee-Reifen (M+S) werden eingeführt. Sie sind grobstollig und laut, aber unter winterlichen Fahrbahnbedingungen besser als alle anderen Reifen.
1951: Der Naturkautschuk dominiert immer noch im weltweiten Verbrauch mit 68 Prozent (1,9 Mio. Tonnen) gegenüber Synthesekautschuk (0,9 Mio. Tonnen).
1953: Textilgürtelreifen werden eingeführt. Pirelli stellte als Pionier dieser Gattung den »Cinturato« vor.

Klassiker: Der legendäre Michelin X mit Stahlgürtel-Lagen und radialer Karkasse. Bemerkenswert waren seine vergleichsweise hohe Lebensdauer und die gegenüber den üblichen Diagonalreifen gute Wintertauglichkeit.

Rennwagen 1936: Automobilrennen waren längst Bestandteil der technischen Weiterentwicklung, auch auf dem Reifensektor. Dieser Auto Union mit Kompressor hatte sechs Liter Hubraum, verfügte über 16 Zylinder mit 520 PS und lief maximal 340 km/h.

Mercedes-Benz 500 K: Mit Reihen-Achtzylinder-Motor und Kompressor lieferte dieses schwergewichtige Cabriolet (1935) 160 PS und lief 160 km/h. Für die damaligen Diagonalreifen von Continental eine außerordentlich schwierige Aufgabe.

Winterreifen: Die ersten speziellen Matsch- und Schnee-Reifen hatten einen Diagonal-Unterbau, und die verwendeten Gummimischungen waren – verglichen mit heutigen Winterreifen – nicht sonderlich wirksam.

BMW 328 Mille Miglia: Ende der dreißiger Jahre gehörte dieser Sportwagen gewissermaßen zu den High-Tech-Produkten der deutschen Automobil-Industrie. Er gewann das legendäre und als reifenfressend bekannte italienische Straßenrennen.

Vom Ballon- zum Breitreifen

Mercedes Silberpfeil: Mitte der fünfziger Jahre beherrschte Mercedes-Benz mit diesem Rennwagen (hier gefahren von Fangio in Monte Carlo) die Grand-Prix-Szene. Für die Reifenhersteller auch damals ein interessantes Experimentierfeld.

Reifen-Entwicklung: Die Reifenschulter wurde im Laufe der Jahre immer runder, die Reifenflanke geriet zunehmend flacher. Die Serie 70 (Höhe gleich 70 Prozent der Breite) gilt als erstes Breitreifen-Format, ist inzwischen aber eine recht bescheidene Standard-Größe.

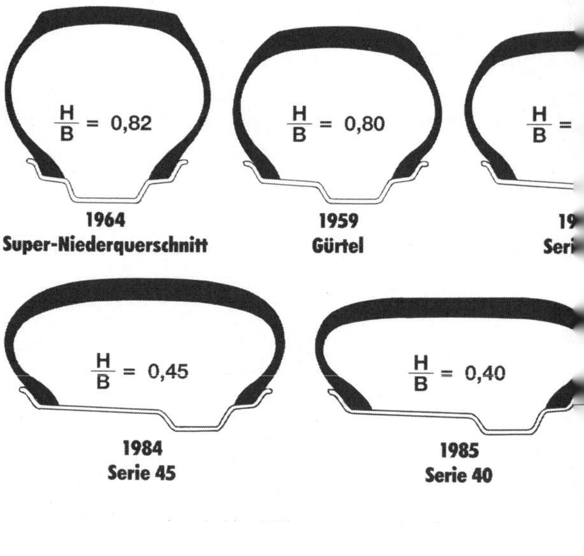

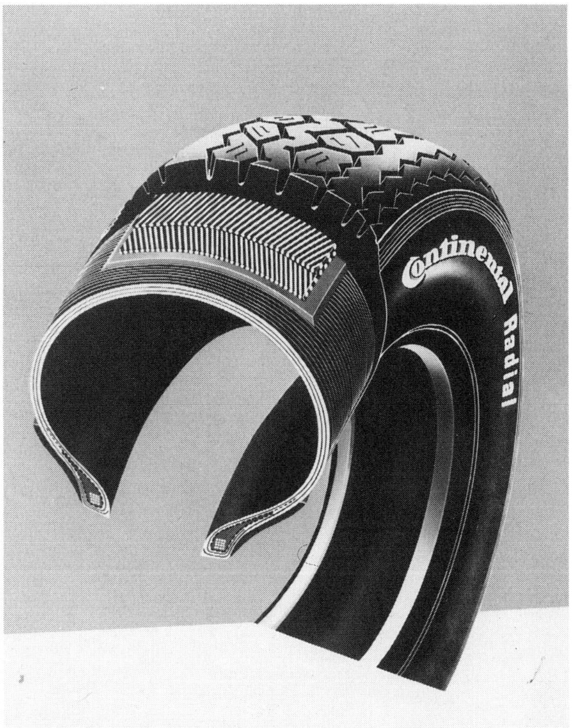

Conti-Textilgürtelreifen: In den fünfziger und bis in die sechziger Jahre etablierte sich bei uns der Textilgürtelreifen mit radialer Karkasse.

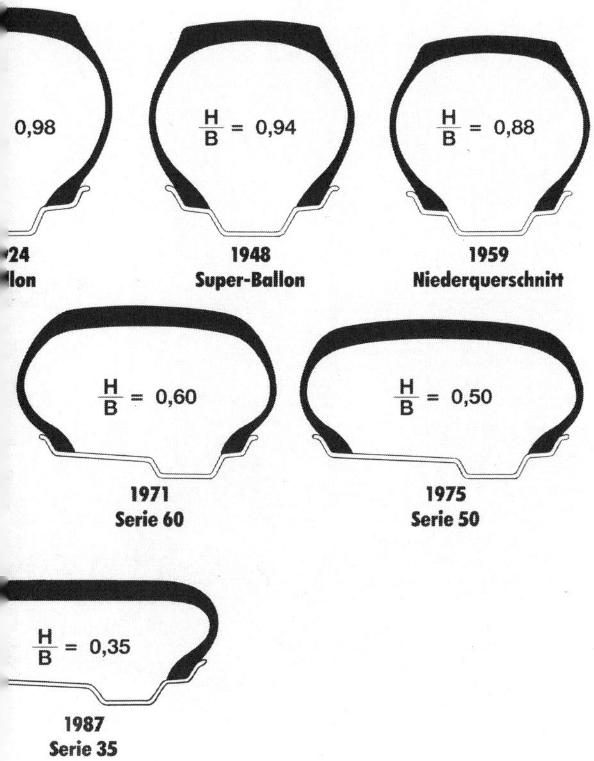

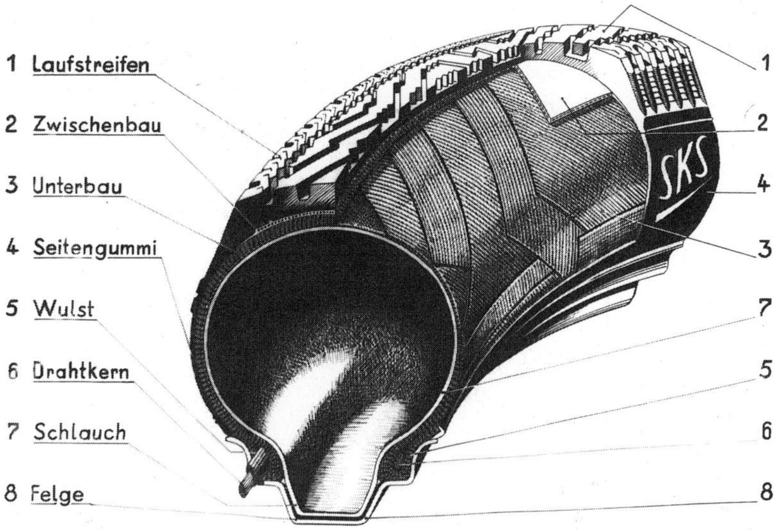

Diagonalreifen: Bei diesem betagten Conti-Reifen sind die diagonal von Wulst zu Wulst verlaufenden Karkassen-Lagen gut erkennbar.

Breitreifen: Der Pionier dieser Reifengattung ist eindeutig Pirelli. Entgegen aller Voraussagen der Konkurrenten setzten sich Breitformate mit immer noch zunehmender Tendenz durch.

1959: Die ersten Rundschulter-Reifen kommen auf den Markt. Pirelli stellt auf dem Turiner Autosalon den BS3 vor, einen Reifen, dessen Lauffläche (drei Ringe) auswechselbar ist, es gibt ein Sommer- und ein Winterprofil sowie die Möglichkeit, zusätzlich einige Spikes einzusetzen.
1961: Porsche bietet in der Erstausrüstung jetzt Textilgürtelreifen an. Die ersten Winterreifen mit Spikes kommen auf den Markt.
1962: Reifen erhalten eine Karkasse aus Polyester-Cord.
1963: Goodyear hat als damals weltgrößter Reifen- und Gummiproduzent insgesamt eine Milliarde Reifen hergestellt.
1964: Der erste »Super-Niederquerschnittsreifen« wird vorgestellt 0,82). Die Flankenhöhe beträgt also bei allen Größen nur 82 Prozent der jeweiligen Laufflächenbreite. Ein Reifenquerschnitt, der auf der Reifenflanke bisher nicht besonders ausgewiesen und bei heutigen Gürtelreifen nur noch für schmale Größen angeboten wird. Beispiel: 155 R 13 S. Dunlop stellt erste intensive Untersuchungen zum Aquaplaning-Effekt am Reifen an, die auch Konsequenzen bei der Profilentwicklung haben.
1965: Der asymmetrische Gürtelreifen wird vorgestellt: Michelin XAS. Goodyear liefert erstmals Rennreifen für die Formel 1 und ist bis heute einziger Lieferant ohne Unterbrechung.
1966: Goodrich bringt den Falt-Reservereifen, der heute noch verwendet wird, vor allem bei Porsche-Modellen und beim Audi Cabrio. (Lieferant: Vredestein).
1968: Goodyear stellt den Bias-belted-Reifen vor. Er hat eine Diagonal-Karkasse und einen Glasfiber-Gürtel. BMW montiert den ersten gemäßigten Breitreifen der Serie 70 von Pirelli.
1971: Pirelli liefert den ersten Hochleistungs-Breitreifen der Serie 60, den CN 36 an Ford, Opel und Porsche.
1972: Dunlop hat den Sicherheitsreifen »Denovo« fertig.
1973: Die Öl-Krise mit Tempo-Limit und Sonntags-Fahrverbot. Metzeler (inzwischen nur noch Produzent von Motorrad-Reifen) stellt den »Haftreifen« vor, einen Winterreifen der neuen Generation ohne Spikes und mit blau eingefärbter Lauffläche. Kléber bringt den V10 mit Cablon-Gürtel aus faserverstärkten Kunststoffen auf den Markt, einen später überaus populären Textilgürtelreifen der S-Kategorie.
1974: Porsche liefert nur noch Stahlgürtelreifen in der Erstausrüstung. Pirelli läutet gegen erhebliche Widerstände endgültig die Breitreifen-Ära ein. Der Pirelli P7 als Reifen der Serie 50 wird für Porsche gebaut. 1976 wird der P7 in 195/50 R 15 V selbst auf VW Golf und Scirocco freigegeben und im Scirocco-Cup eingesetzt. Pirelli sorgte damit für die Initialzündung des heute überaus bedeutsamen und ständig wachsenden Breitreifen-Marktes.

Falt-Reservereifen: 1966 von Goodrich vorgestellt, wird der platzsparende Not-Reifen heute von Vredestein für Porsche und Audi geliefert.

Nostalgie: Der Käfer als meistgebautes Auto der Welt (über zwanzig Millionen Exemplare) wurde auf Wunsch mit den hier abgebildeten und zeitweise äußerst beliebten Weißwand-Diagonalreifen bestückt.

Pirelli CN 36: Zu seiner Zeit der sportliche Stahl-Gürtelreifen schlechthin, bei Porsche ab Werk lieferbar.

Kléber V 10: Ein populärer und vielgefahrener Textilgürtelreifen der siebziger Jahre, er hatte den Ruf eines sportlichen Reifens.

1975: Der Michelin TRX-Reifen hat Premiere. Ein System von Felge (abgeschrägtes Felgenhorn) und Reifen mit Größenbezeichnungen nach einer neuen Millimeternorm, das bessere Fahreigenschaften liefern soll und als System-Erweiterung TDX im Pannenfall beschränktes Weiterfahren ermöglicht. Ab 1975 gilt das Verbot von Winterreifen mit Spikes für die Bundesrepublik Deutschland. Weiter benutzt werden dürfen sie in der Schweiz, Österreich und in Skandinavien. Im gleichen Jahr beginnen erste Versuche mit gegossenen Polyurethanreifen für Pkw bei LIM in Österreich.
1976: Der Kautschukverbrauch ist weltweit ständig gestiegen und das Verhältnis Synthese-/Naturprodukt hat sich völlig umgekehrt. 8 Mio. Tonnen Kunstkautschuk machen 70 Prozent Anteil aus, gegenüber 3,5 Mio. Tonnen Naturkautschuk.
1977: Goodyear bringt in den USA erstmals einen Ganzjahresreifen auf den Markt, er heißt »Tiempo«. Inzwischen wird diese Reifen-Spezies dort überwiegend gefahren. Ein Renault Turbo fährt in diesem Jahr zum ersten Mal einen Grand Prix der Formel 1 mit Radial-Rennreifen von Michelin (bis dahin gab es nur Diagonal-Rennreifen).
1980: Der erste echte Ganzjahresreifen wird bei uns präsentiert, der Goodyear All Weather. Für Leute, die grundsätzlich keine Winterreifen kaufen, eine durchaus vernünftige und für alle Wetterbedingungen geeignete Lösung. Wie seine Nachfolger hat er an der Reifenflanke eine M+S-Kennzeichnung. Der Ganzjahresreifen kann also auch auf Straßen gefahren werden, für die Winterreifen vorgeschrieben sind.
1982: Michelin bringt den ersten modernen Winterreifen mit Lamellen auf den Markt. Das sind feine Einschnitte im Profil, quer zur Laufrichtung, womit im Schnee eine erhebliche Anzahl zusätzlicher Eingriffskanten geschaffen werden. Eine Profiltechnik, die heute Standard ist.
1983: Dunlop stellt ein neues Rad-/Reifen-Sicherheitssystem vor: TD/Denloc. Die Denloc-Rille in der Felge und eine entsprechend ausgeformte Wulstzehe am Reifen verhindern das Abspringen des Reifens von der Felge bei plötzlichem Druckverlust und damit ein Ausbrechen des Fahrzeugs. Das TD-System wird von Michelin übernommen. Beide Firmen bieten spezielle TD-Reifen in Millimeternorm an, die austauschbar sind, aber nicht auf Standard-Felgen passen. Auf der IAA in Frankfurt wird das Juhan-Zwillingsrad für Pkw vorgestellt.
1985: Continental hat ein neues und völlig unkonventionelles Rad/Reifen-System entwickelt: Das Conti-Reifen-System CTS (Conti-Tire-System). Der Reifenwulst sitzt nicht mehr zwischen Hump und Felgenhorn sondern greift um die Felge herum (siehe Abbildungen). Auch nach völligem Druckverlust kann weitergefahren werden. Eine revolutionäre Idee mit interessanten technischen Entwicklungsmöglichkeiten (bessere Fahreigenschaften, mehr Fahrkomfort, weniger Rollwiderstand und Systemgewicht). Die Durchsetzung im Markt blieb allerdings bislang aus, der Mercedes-Benz SL wurde als erstes Fahrzeug mit CTS (als Mehrausstattung) ab Werk angeboten.
1990: Conti kreiert den AquaContact, einen Hochleistungs-Breitreifen mit zweigeteilter Lauffläche und tiefer Mittelrille. Die Vorteile liegen vor allem in einer gegenüber anderen Breitreifen erhöhten Aquaplaning-Sicherheit und einer gänzlich ungewohnten Optik.
1991: Vredestein hat einen Breitreifen entwickelt, der vorerst in zwei Größen auf den Markt kommt: 195/50 R 15 T und 205/50 R 15 T. Neu ist die Geschwindigkeitsklasse T (bis 190 km/h) für Breitreifen, die in diesen Größen ansonsten nur in H (bis 210 km/h) und V (bis 240 km/h) angeboten werden. Die Beschränkung auf T eröffnet bei entsprechend motorisierten Fahrzeugen die Möglichkeit, einen vergleichsweise preiswerten Breitreifen zu fahren, der obendrein auch noch eine schneetaugliche Laufflächenmischung (Ganzjahreseigenschaften) besitzt.

Porsche 959: Exklusiv für diesen in einigen hundert Exemplaren gebauten Hochleistungs-Sportwagen entwickelten Bridgestone und Dunlop unter hohem Aufwand Breitreifen für extreme Beanspruchung.

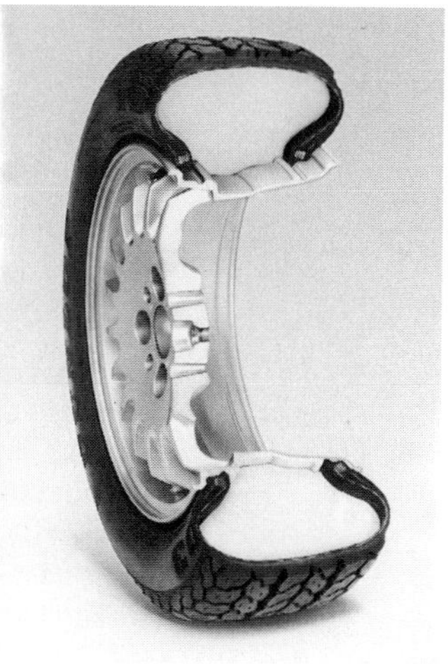

Von links: Typischer Winterreifen mit Spikes (Phoenix). Erster Ganzjahresreifen in Deutschland (Goodyear All Weather). Erster Lamellen-Winterreifen (Michelin X M+S 100). Pannensicherer Reifen, der im drucklosen Zustand nicht von der Felge springt (Dunlop-Denloc-TD).

Conti CTS: Neues und revolutionäres Rad-Reifen-System, mit dem auch im Pannenfall noch weitergefahren werden kann. Es wurde beim Mercedes-Benz Roadster auf Wunsch zuerst angeboten.

Conti AquaContact: Extreme Breitreifen-Formate mit breiter Mittelrille zur besseren Wasserabführung unter Aquaplaning-Bedingungen. Eine interessante technische Innovation mit Show-Effekt.

Reifenaufbau – drunter und drüber

Der Aufbau eines modernen Stahlgürtelreifens ist bei allen Herstellern im Prinzip gleich. Was differiert, sind Details, insbesondere bei Hochleistungsreifen für leistungsstarke und entsprechend schnelle Automobile. Jeder Konstrukteur beeinflußt die Fahreigenschaften auf seine Weise, Ähnlichkeiten indes finden sich immer – alle Spezialisten kochen mit Wasser. Zudem ist das technische Know-how bei den großen und namhaften Reifenherstellern auf einem vergleichbar hohen Niveau. Denn: Stillstand in Forschung, Entwicklung und Versuch, die Auswahl minderwertiger Materialien oder gravierende Mängel bei der Produktion hätten ein rasches Ende der Zulieferung für die Auto-Erstausrüstung zur Folge.

Entgegen einer weitverbreiteten Vorstellung werden Reifen nicht aus Gummi in einer Art Kuchenform gebacken, sondern aus einer Menge Einzelteilen zusammengesetzt, um in der Vulkanisationsform ihre endgültige Gestalt zu erhalten (siehe Kapitel »Reifenherstellung«). Der Gußreifen aus Kunststoff wurde zwar schon verwirklicht, aber er konnte sich gegen konventionell gebaute Reifen bislang nicht durchsetzen. Grund: Fahr- und Laufeigenschaften, insbesondere bei Nässe, sind nicht akzeptabel, auch Tragfähigkeit und Temperaturbeständigkeit lassen zu wünschen übrig. Die PU-Reifen wurden in Ihrer letzten Version allerdings verstärkt, mit Gürtel, Gummilauffläche und Wulst(kabel) versehen, sie nähern sich damit im Bauaufwand dem üblichen Gummireifen stark an. Vergleichsweise besser sind laut TÜV-Bayern bei PU-Reifen der Rollwiderstand, die geringere Erwärmung, die Hochgeschwindigkeitstauglichkeit und das Reifengewicht. Gegossene Reifen aus Polyurethan (PU) werden von LIM Kunststoff-Technologie in Kittsee/Österreich für Ackerschlepper und landwirtschaftliche Fahrzeuge sowie für Elektrofahrzeuge angeboten, wobei der geringe Rollwiderstand der Kunststoff-Reifen positive Auswirkungen hat.

Mobilität: Der Reifen, das weitgehend unbekannte und unterschätzte Produkt, besteht aus rund zwei Dutzend sorgfältig abgestimmten Komponenten.

Dunlop verwendet bei einem modernen, hochwertigen Stahlgürtelreifen bis zu 16 verschiedene Gummimischungen und rund 25 unterschiedliche Komponenten. Eine Menge Einzelteile, bei deren Auswahl, Zusammensetzung, Form, Beschaffenheit und Wirkung nichts dem Zufall überlassen bleibt. Jede dieser Reifenkomponenten hat natürlich eine bestimmte Aufgabe, beeinflußt andere Materialien und bestimmt die Reifeneigenschaften insgesamt mit.

Vor allem wird bei näherer Betrachtung des Reifenaufbaus und seiner Bestandteile ein Problem deutlich, das Reifenkonstrukteure und -Entwickler allemal in Atem hält und ihre Arbeit erheblich erschwert: die Zielkonflikte. Das Rezept: Nehme ein bestimmtes Bauteil und optimiere damit eine oder mehrere Reifeneigenschaften, dann kannst du sicher sein, daß andere wichtige Anforderungen an den Reifen sofort nicht mehr erfüllt werden. Zielkonflikte wirklich gut zu lösen, ist trotz bestem Know-how, Computer-Technologie und modernster Materialien eine der nettesten Aufgaben für Reifenspezialisten. Im Grunde freilich ist jeder Reifen in seiner produzierten Form nichts anderes als ein einziger Zielkonflikt und dessen (mehr oder weniger gelungene) Lösung. Reifen zu konzipieren, zu entwickeln und zu produzieren ist wenig anspruchsvoll (siehe etliche Billigprodukte), sie mit einem hohen Niveau sämtlicher sicherheitsrelevanter Gebrauchs- und Produkt-Eigenschaften auszustatten, verlangt wesentlich mehr Engagement, Wissen und finanzielle Kapazität für Forschung, Entwicklung, Versuch und Fertigung.

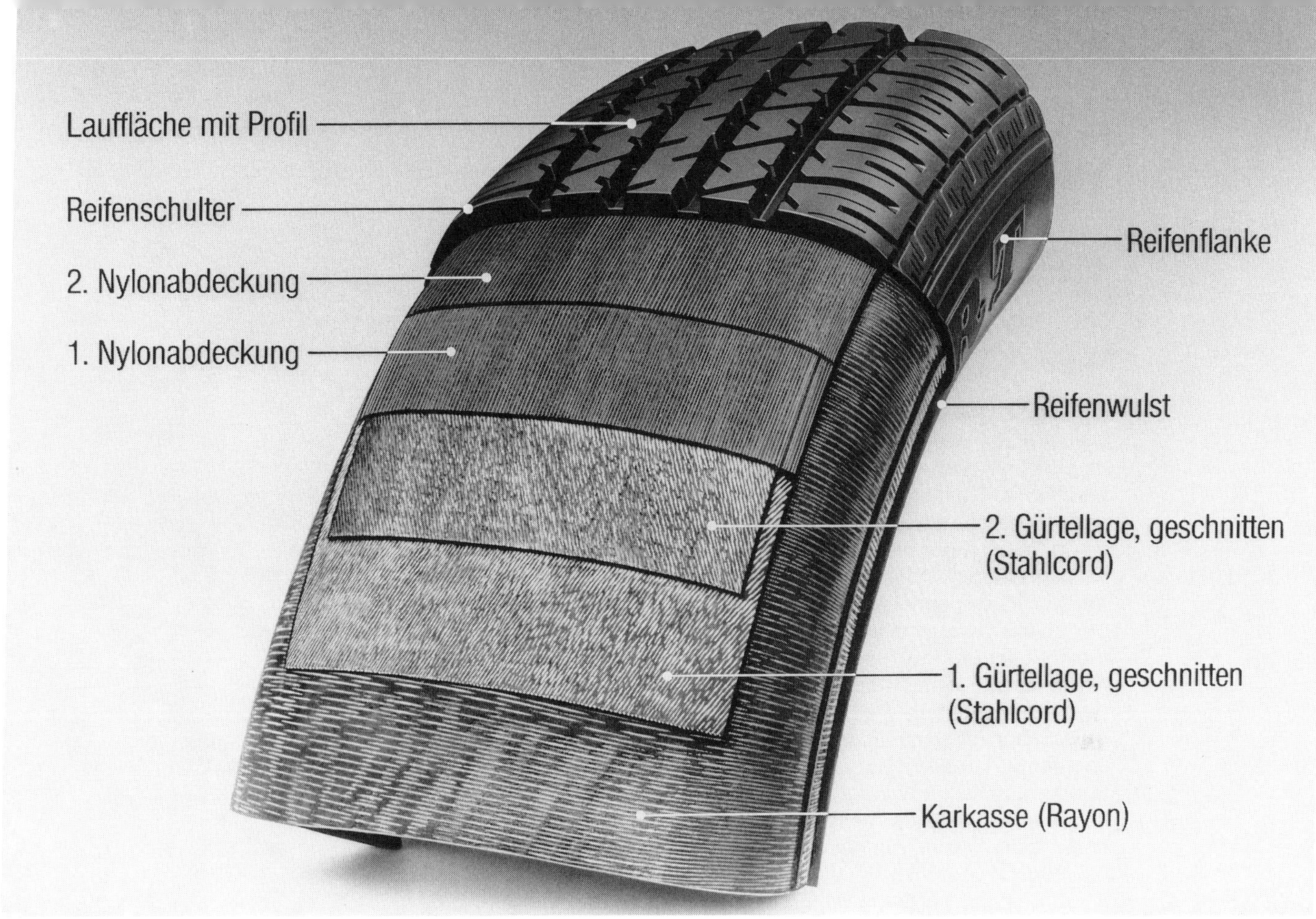

Reifenaufbau: Bis zu 16 verschiedene Gummimischungen sind in einem modernen Pneu enthalten, dazu Materialien wie Kevlar, Nylon, Rayon und Stahlcord im festen Verbund.

PU-Reifen: Der in einem Stück gegossene Kunststoff-Reifen war für Automobile nicht verwendbar. Hier die Weiterentwicklung der LIM-Konstruktion mit Gummi-Laufstreifen.

Reifen-Profil: Der gesamte Reifen-Aufbau, seine Zusammensetzung und die Materialauswahl beeinflussen die jeweiligen Gebrauchseigenschaften. Die Profilgestaltung ist wichtig, aber nicht alleine entscheidend.

Der Reifen – seziert und erklärt

Die Lauffläche

Der Aufbau des Reifens, von außen nach innen, beginnt mit dem am meisten beachteten Teil, der Lauffläche. Die darin enthaltenen Einschnitte, Rillen und Lamellen wären eigentlich völlig überflüssig, wenn Reifen ausschließlich für trockene Fahrbahnen benutzt würden. Typisches Beispiel: Der Renn-Slick, der tatsächlich ohne Profil auskommt, kleine Löcher oder Einkerbungen dienen lediglich als Abnutzungs-Indikatoren. Bei feuchtem Untergrund, vor allem bei Nässe, ist ein derartig spezieller Trockenreifen allerdings unbrauchbar. Der Reifen hat keine Traktion mehr, kann deshalb auch keine Kräfte übertragen und schwimmt sofort auf – Aquaplaning. Die Qualitäten der Lauffläche werden sehr stark vom Unterbau (Gürtel, Karkasse), der Wulst- und Seitenpartie, ganz entscheidend aber von der Profilgestaltung und der Laufflächen-Gummimischung bestimmt. Die Laufflächenmischung bestimmt die Fahreigenschaften, vor allem auf Nässe, allein zu etwa 50 Prozent, vorausgesetzt, sämtliche übrigen Reifen-Komponenten sind richtig optimiert.

Reifen-Lauffläche: Das Profil besteht aus dem Positiv-Anteil (Gummi-Blöcke) und dem Negativ (Rillen und Einschnitte), die wohlausgewogen auf der Lauffläche verteilt werden müssen. Zu viel Positiv schafft Aquaplaning-Probleme, zu viel Negativ vermindert die Laufleistung und hebt den Geräuschpegel.

Profilunterschiede: Der Slick kommt ohne Profil aus (die Einschnitte sind Abnutzungsindikatoren), der Regenreifen weist zur Wasserableitung einen hohen Negativ-Anteil auf. Straßenreifen sind ein Kompromiß und müssen auf alle Bedingungen vorbereitet sein.

Michelin Racing-Reifen

SB Slick	TB Medium (Allwetter)	PB Regenreifen
Einsatz auf absolut trockenem Untergrund	Einsatz auf feuchtem bis leicht nassem Kurs	Für nassen Kurs mit Wasserfilm auf dem Untergrund

Das Profil

Profilblöcke (Profil-Positiv) und -Rillen (Profil-Negativ) sind wohlausgewogen auf der Lauffläche verteilt. Schmale Reifen haben meist vergleichsweise hohe Postiv-Anteile (um 70%), ausgesprochene Breitreifen dagegen müssen mit weniger auskommen (um 60%). Das liegt an der wichtigen Aufgabe des Negativs, möglichst viel Wasser aufnehmen und schnell abtransportieren zu müssen. Zu kleine Profilblöcke wiederum sind instabil, sie verformen sich zu früh und zu stark, was dem Fahrverhalten nicht bekommt und Geräusche verursacht. Ein wesentlicher Teil des Reifengeräusches resultiert tatsächlich aus Blockbewegungen beim Aufschlagen auf die Fahrbahn und beim Verlassen der Aufstandsfläche. Das Profilbild unterliegt zwar heutzutage, insbesondere bei Breitreifen, durchaus einem Design, es soll also sportlich oder attraktiv wirken, hat aber in erster Linie ein wichtige technische Funktion. Die Anordnung, Größe und Aufteilung der Profilblöcke wird per Computer optimiert, um Lautstärke und Geräusch-Spektrum (Frequenzverteilung) angenehm zu gestalten. Anforderungen an die Lauffläche insgesamt:

- maximale Kraftübertragung
- hohe Kilometerleistung
- gleichmäßige Abnutzung
- kurzer Bremsweg
- hohe Kurvenstabilität
- guter Naßgriff
- hohe Aquaplaningsicherheit
- Haftung auf Schnee und Eis
- geringe Geräuschentwicklung
- Selbstreinigung
- ansprechendes Profilbild

Die in den letzten Jahren, vor allem bei Hochleistungs-Breitreifen häufig vorgestellten richtungsge-

Profilbild: Leistungsfähige Großcomputer helfen den Entwicklungsingenieuren bei der Profilauswahl und geben erste Auskunft über spätere Gebrauchseigenschaften. Hier ein laufrichtungsgebundener Breitreifen, dessen Profil im Detail abgespeichert ist.

bundenen Profile (nur eine vorgegebene Laufrichtung, mit Pfeilen an der Seitenflanke gekennzeichnet, der Reifen darf nicht gedreht werden) haben durchaus Vorteile, aber nicht nur. Ein Nachteil, der den Autofahrer freilich weniger interessiert, ist die Tatsache, daß bei der Erstausrüstung am Band Probleme auftreten können. Die Autohersteller, insbesondere, wenn sie Großserien fertigen, sind deshalb über den laufrichtungsgebundenen Reifen nicht sonderlich erfreut, lehnen ihn teilweise bislang ab. Prinzipielle Leistungsvorteile laufrichtungsgebundener Profile: Geringere Geräuschentwicklung, bessere Traktion bei Nässe, höhere Aquaplaningsicherheit. Auch bei laufrichtungsgebundenen Winterreifen zählen Vorteile auf nasser Fahrbahn und im Schnee. Auch der Michelin-Lamellenreifen, bei dem im Fahrbetrieb Veränderungen an den Profilkanten für bessere Schnee-Traktion sorgen ist laufrichtungsgebunden. Eine weitere Spezialität sind asymmetrische Profile. Bekannte Beispiele: der Michelin XAS und der Hochleistungs-Breitreifen Pirelli P Zero. Hier soll die unterschiedliche Profilstruktur einerseits gute Aquaplaning-Vorsorgen schaffen (Reifenprofil innen offen), andererseits in Kurven bessere Fahreigenschaften ermöglichen (Profil-Außenseite geschlossen).

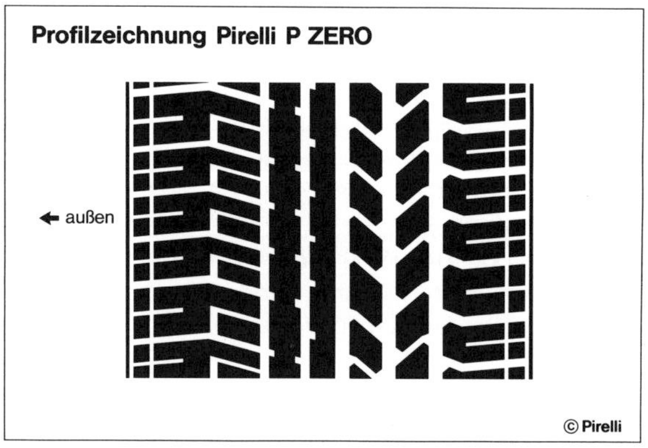

Asymmetrisches Profil: Bei diesem Hochleistungsreifen ist die äußere Reifenschulter sehr dicht mit hohem Positivanteil (vorteilhaft in Kurven). Ab Laufflächenmitte öffnet sich das Profil, um bessere Nässeeigenschaften zu bekommen.

Die Schulter

Seitlich der Lauffläche befinden sich die Reifenschultern, deren Form früher eher eckig und kantig war, heute abgerundet ist (Rundschulterreifen). Dies ist ein entscheidender Gewinn beim Fahrverhalten, denn eckige Schultern kippen bei der Reifenverformung unter Seitenkräften (in Kurven) um, die Haftreibung kann abrupt abreißen. Bei Winterreifen tragen entsprechend profilierte Schultern erheblich mit zum Verzahnungseffekt zwischen Reifenprofil und Schnee oder Matsch bei. Und generell müssen Reifenschultern »offen« sein (Kanäle, Rillen), um das Wasser abführen zu können. Zu offen freilich ist auch schlecht, weil sich Schulter-Profilblöcke ungleichmäßig abnutzen können, was zur sogenannten Säge-

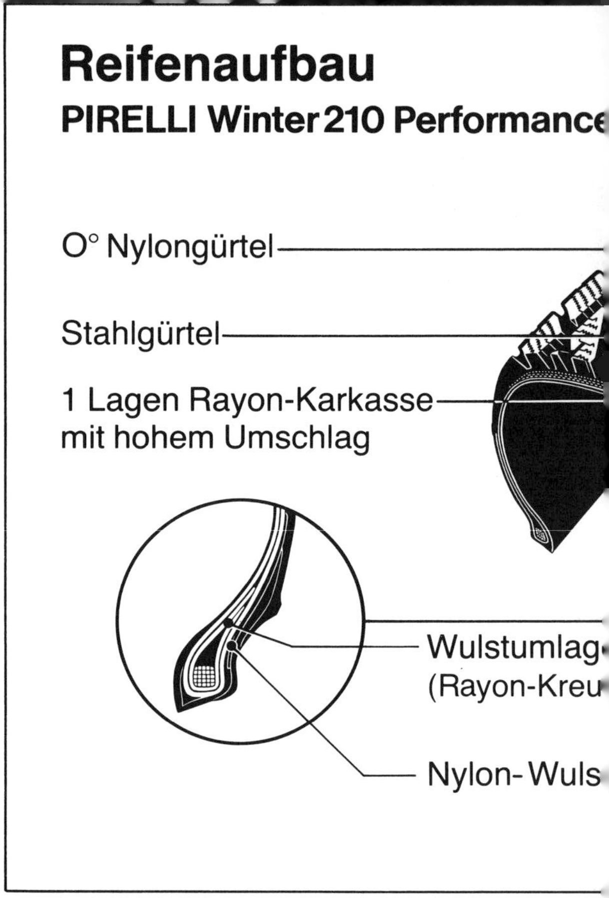

Oben – Reifenunterbau: Der zweilagige Stahlgürtel ist zur Sicherung der Hochgeschwindigkeits-Festigkeit mit zwei Nylonlagen abgedeckt. Der gesamte Unterbau bis in den Wulstbereich sorgt zusammen mit dem Profil und den Gummimischungen für die Gesamteigenschaften des Reifens.

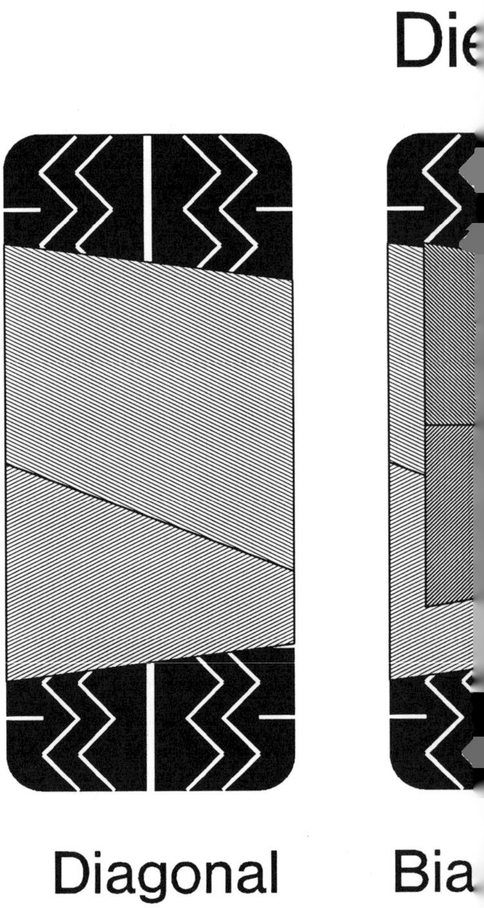

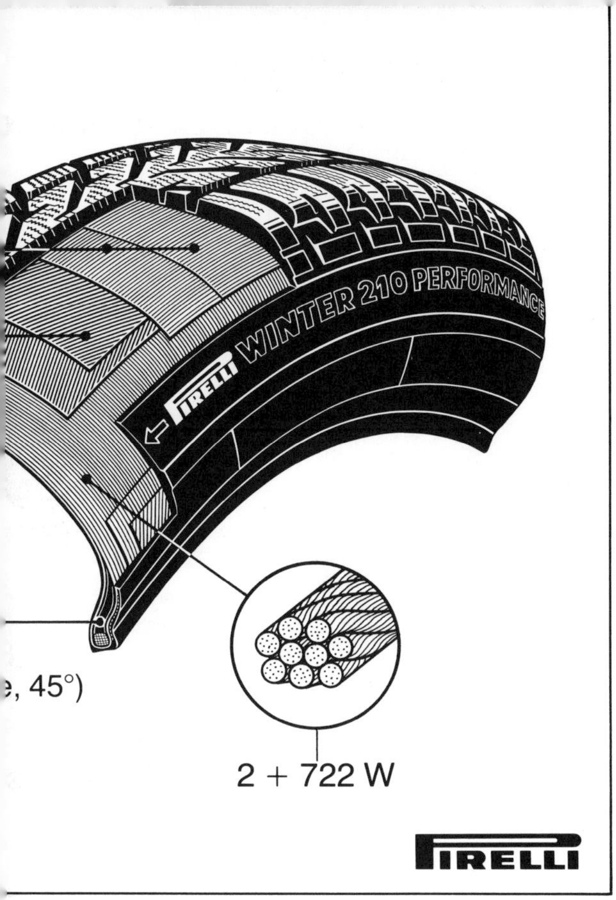

Unten – drei Prinzipien: Der Diagonal-Reifen hat eine von Wulst zu Wulst schräg verlaufende Karkasse. Beim amerikanischen Bias-belted wird die Diagonal-Karkasse mit einem Gürtel kombiniert. Der Radial-Gürtelreifen hat eine quer (radial) zur Drehrichtung verlaufende Karkasse mit darüberliegendem Gürtel.

eifenbauarten

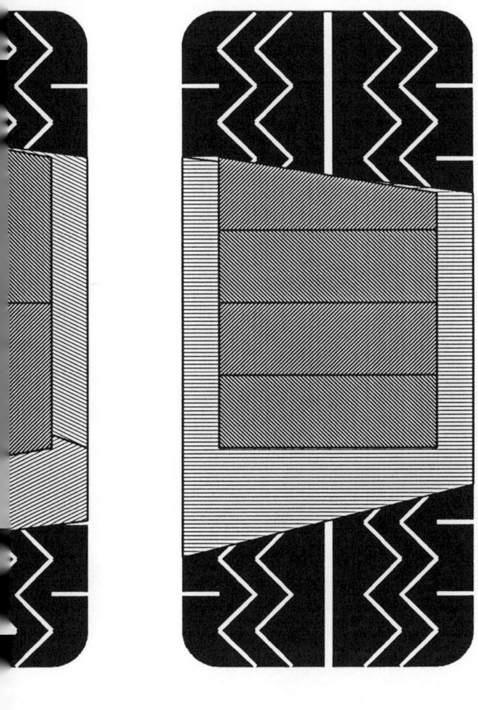

zahnbildung führt und Geräusche verursacht. Hinzu kommen Schienen-Empfindlichkeit und schlechter Geradeauslauf in Spurrillen. Überdies bestimmt der Schulterbereich die Fahreigenschaften in Kurven wesentlich mit (siehe oben).

Der Gürtel

Gefertigt aus Stahlcord (verdrillten Stahldrähten) liegt der Gürtel unter der Lauffläche rund um den Reifen. Es gab und gibt auch andere Gürtelmaterialien, aus Textil- oder Glasfiberfäden sowie Aramidfasern (Kevlar) und Kombinationen. Doch der Stahlgürtel hat sich auf breiter Front durchgesetzt. Die Stahlfäden liegen nicht exakt in Laufrichtung, sondern in einem recht spitzen Winkel dazu. Der Gürtel ist für einen geringen Rollwiderstand verantwortlich, sorgt für eine gute Lenkreaktion und Stabilität. Die Gürtellagen, mindestens zwei oder mehr, werden an den Seiten gefaltet oder geschnitten und können mit einer oder mehreren Nylonabdeckungen versehen sein. Gürtel von Hochleistungsreifen sind gänzlich abgedeckt – teilweise auch mit Aramidfasern. Das bekommt vor allem der Schnellauffestigkeit und der Dauerhaltbarkeit. Der Stahlcord wird bei hochwertigen Reifen vorbehandelt, etwa mit Messing überzogen, um ihn vor Rost zu schützen und eine bessere Verbindung mit dem Gummi zu erreichen. Der in Mitteleuropa nicht mehr aktuelle Textilgürtelreifen hatte ähnliche Gürtelkonstruktionen aus Kunstfasern.
Der feste Materialverbund im Reifen übrigens ist ein enorm wichtiges Kriterium, um angesichts hoher Kräfte, die auf den Reifen einwirken, Ablösungserscheinungen auszuschließen, die unweigerlich Defekte zur Folge hätten. Und Gürtelablösungen bei hohen Geschwindigkeiten gehören zum Horror-Szenario eines Reifenfachmannes. Bei der Vorbehandlung des Gürtelcords ist es deshalb auch üblich, daß er zunächst mit Kautschuk beschichtet wird, um später einen festen Verbund mit den umgebenden Gummischichten zu erreichen (siehe Kapitel »Reifenherstellung«). Wichtig ist überdies: Stahlgürtel können rosten. Deshalb muß ein Reifen, der eine so tiefe Verletzung an der Oberfläche hat, daß Feuchtigkeit (auch aus der Luft) an den Stahlcord gelangen kann, sofort aus dem Verkehr gezogen werden (siehe Kapitel »Defekte und Probleme«).

Die Karkasse

Sie ist wesentlicher Bestandteil des tragenden Reifenunterbaues, sie verleiht Festigkeit, sorgt für Zusammenhalt. Die gummierten Cordfäden, früher aus Baumwolle, heute meist aus Kunstfaser (im wesentlichen Rayon) liegen in einer oder mehreren Lagen und radial, also im rechten Winkel zur Laufrichtung. Deshalb auch die Bezeichnung Radialreifen, was mit einem Gürtelreifen gleichzusetzen ist, auch wenn es sich konstruktiv um verschiedene Dinge handelt. Die früher üblichen und in unseren Breiten kaum mehr anzutreffenden Diagonalreifen (allenfalls für spezielle Einsatzzwecke, nicht mehr für Pkw) hatten eine ein- oder mehrlagige Karkasse, deren Fäden eben in verschiedenen Winkeln (diagonal) von Wulst zu Wulst verliefen. Und: Diagonalreifen hatten keinen Gürtel unter der Lauffläche. Es gibt zwar einen Mischtyp, den amerikanischen Bias-belted-Reifen (Diagonalkarkasse, meist mit Glasfibergürtel), aber bei uns konnte sich diese Lösung nie durchsetzen. Die Vorteile des Diagonalreifens waren: einfache Konstruktion und damit auch günstiger Preis, hohe Seitenwandfestigkeit, relativ geringes Gewicht, gute Reparaturfähigkeit.

Die Innenseele

Damit wird jene Gummischicht bezeichnet, die bei schlauchlosen Reifen gewissermaßen den Schlauch ersetzt. Die Innenseele sorgt für die Abdichtung des luftgefüllten Innenraumes, der vom Reifen und der ebenfalls völlig dichten Felge gebildet wird. Eine Verletzung oder Sprödigkeit dieser Gummischicht hat (neben anderen Ursachen) zwangsläufig Luftverlust zur Folge.

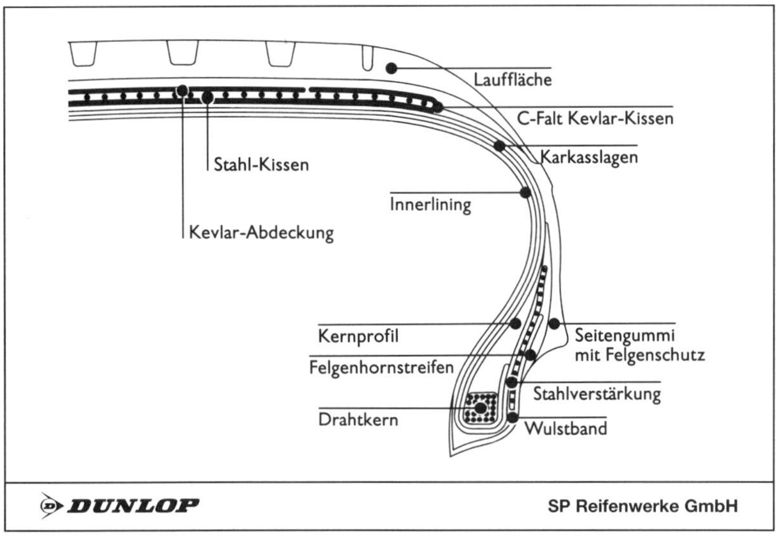

Aufbau-Unterschiede: Im Detail differiert der Reifenaufbau, je nach Hersteller und Geschwindigkeits-Kategorie. Hochleistungsreifen sind besonders aufwendig.

Oben – Fahreigenschaften: Die vom Reifenhersteller verwendeten Materialien, das eingesetzte Know-how und die hauseigene Entwicklungs-Philosophie bestimmen die Gebrauchseigenschaften. Zudem erfolgt immer häufiger eine fahrzeugbezogene Abstimmung für die Erstausrüstung in der Automobilindustrie.

Unten: Reifen-Seitenwand: Sie ist gegen Beschädigungen ausgesprochen empfindlich, ihre konstruktive Gestaltung beeinflußt Fahreigenschaften und Komfort.

Die Seitenwand

Mit der Reifenflanke, einem sehr empfindlichen Teil des Reifens, sind Fahreigenschaften und Komfort beeinflußbar. Beim forschen Überfahren von Bordsteinen etwa, werden die hier liegenden Karkaßfäden gequetscht und brechen sofort oder später. Ein Defekt, der sich erst nach Monaten oder Jahren auswirken kann, der Fahrer erinnert sich an das »ohnehin sanfte« Bordsteinmanöver längst nicht mehr. Die Seitenwand kann außen mit einer Scheuerleiste versehen sein, zudem aber dient sie der Aufnahme sämtlicher Reifeninformationen. Größe und Typ, Herstellungsdatum und Geschwindigkeitsklasse beispielsweise sind dort zu lesen. Wie diese etwas verwirrende Beschriftung gelesen wird und was daraus zu entnehmen ist, findet sich im Kapitel »Reifenkauf«. Eine Reifenbezeichnung allerdings hat direkt mit der Seitenwand zu tun, mit ihrer Höhe im Verhältnis zur Reifenbreite. Beispiel: 175/70 R 13 S. Dabei deutet die Zahl 70 nach dem Schrägstrich an, daß die Höhe der Reifenflanke nur 70 Prozent der Reifenbreite beträgt. Man redet von einem Reifen der Serie 70. Noch geringere Flankenhöhen gibt es bei Breitreifen der Serie 65 und noch kleiner. Breitreifen bis Serie 35 gar sind heute zu finden. Dabei wird das Fahrverhalten zwar stabiler und die Lenkreaktionen des Reifens geraten präziser, der Komfort aber nimmt mit schwindender Flankenhöhe ab.

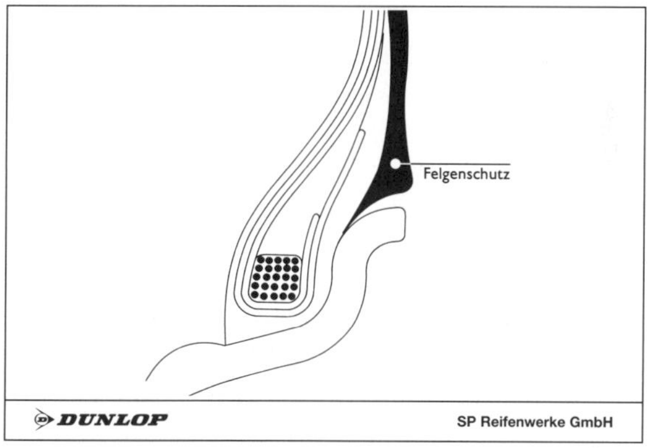

Felgenschutz: Soll Leichtmetallräder vor Bordsteinkontakt bewahren.

Der Wulst

Von Fachleuten auch Reifenfuß genannt, enthält der Wulst einen oder mehrere Drahtkerne mit den darum gelegten Enden der Karkassenfäden. Der Wulst hat zunächst die Aufgabe, für einen sicheren Sitz des Reifens auf der Felge zu sorgen. Die innere Spitze des Wulstes wird Wulstzehe, der am Felgenhorn anliegende Teil wird Wulstferse genannt. Über dem Wulstkern, findet sich, spitz zulaufend in Richtung Lauffläche, der Kernreiter. Mit ihm lassen sich die Reifenverformung bei Seitenkräften (Kurve), die Lenkreaktionen des Reifens, aber auch der Einfederungskomfort entscheidend beeinflussen.

Reifentechnik – Anforderungen und Lösungen

Den idealen Reifen gibt es bis heute nicht, es sei denn, es handelt sich um eine Entwicklung für spezielle Einsatzzwecke. Das Beispiel des profillosen Renn-Slicks macht dies deutlich: Er taugt ausschließlich für trockene Fahrbahnen, dort bietet er allerdings eine optimale Kraftübertragung. Für einen Straßenreifen indes gelten auch noch andere Anforderung – Nässetauglichkeit, Komfort, hohe Laufleistung etwa – er muß also eine Art Allround-Charakter haben, wobei bestimmte Eigenschaften durchaus im Vordergrund stehen können, je nach Geschwindigkeitsklasse, Automobiltyp, Anforderungen der Automobilhersteller, Know-how und Entwicklungs-Philosophie des Reifenproduzenten.
Jeder Reifen hat als Aufgabe die Tragfähigkeit des Fahrzeuggewichtes sicherzustellen sowie möglichst hohe Antriebskräfte, Bremskräfte und Seitenkräfte zu übertragen. Und zwar (je nach Reifentyp) auf trockener Fahrbahn, bei Feuchtigkeit, Nässe (Aquaplaningsicherheit), auf Schnee und Eis. Die weiteren Anforderungen:

- Hochgeschwindigkeitsfestigkeit
- Dauerfestigkeit
- Verletzungsunempfindlichkeit
- Abriebfestigkeit
- geringer Rollwiderstand
- Runderneuerungsmöglichkeit
- Geräuscharmut
- Federungseigenschaften
- gutmütiges Fahrverhalten
- einwandfreier Rundlauf
- Alterungsbeständigkeit
- problemlose Montierbarkeit
- günstiger Preis

Schon diese Aufzählung, die sich weiter untergliedern läßt, macht deutlich, welchem Anforderungs-

Kompaktklasse: Die Gebrauchseigenschaften des Reifens müssen auf diese Fahrzeugklasse und den hier weitverbreiteten Frontantrieb zugeschnitten sein, wichtig sind problemloses Fahrverhalten und hohe Laufleistung.

komplex ein Reifen zu genügen hat. Er ist gewiß kein simples Bauteil. Und: Einen Reifen herzustellen ist kein Problem, die Voraussetzungen dazu sind bekannt. Die Kunst liegt vielmehr in Auswahl und Abstimmung der Einzelkomponenten, um möglichst hohe Produktqualität zu realisieren, das erfordert umfangreiches Know-how und ist gutgehütetes Geheimnis der Reifenhersteller. Reifen unterliegen physikalischen Gesetzen – bei der Konstruktion und in der Fahrpraxis –, die können nicht überlistet werden, aber nur ihre vollständige Kenntnis und konsequente Anwendung führt zum hochwertigen Produkt. Allerdings ist auch die Chemie gefordert und Chemiker nehmen, mit der Entwicklung neuer Polymere für Synthetik-Kautschuke, immer stärkeren Einfluß auf die Reifenentwicklung. Etliche Reifenfachleute rechnen allen Ernstes in nicht allzu ferner Zeit mit der Fertigstellung »intelligenter« Polymere, die Veränderungen im Fahrbahnzustand erkennen (Temperatur, trocken, naß, Schnee) und die Eigenschaft der Lauffläche diesen Bedingungen jeweils anpassen, zumindest in einem beschränkten Rahmen – eine faszinierende Zukunftsvision.

Anforderungen an Reifen

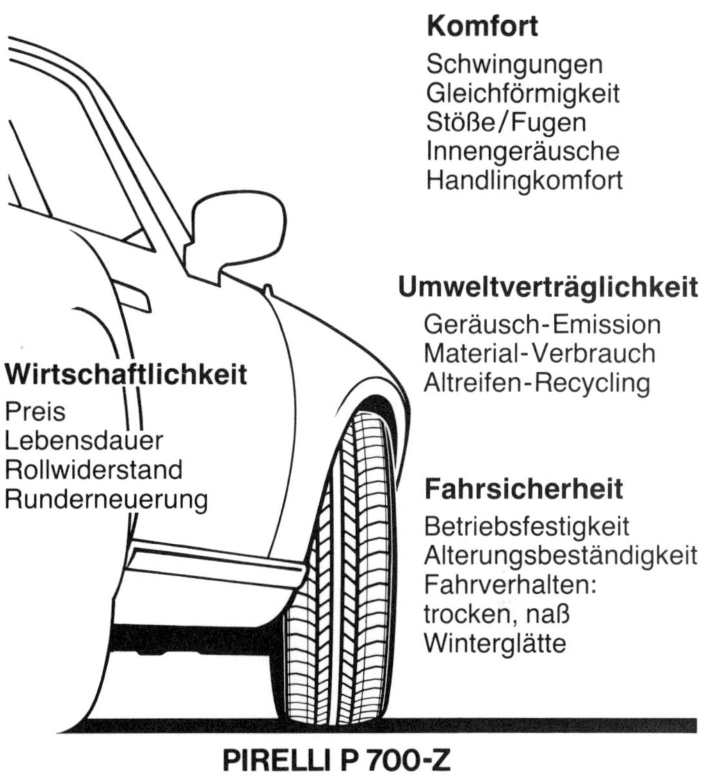

Luxusklasse: Der Anforderungskatalog an den Reifen enthält Positionen wie hohe Tragfähigkeit, ausgeprägten Komfort (beides läßt sich gleichzeitig schwer verwirklichen), ausgezeichnete Lenkpräzision und weitreichende Hochgeschwindigkeits-Tauglichkeit.

Reifentechnik – Entwicklung und Zielkonflikte

Wesentlich für den Fahralltag ist die Gebrauchsfähigkeit des Reifens, wobei der Autofahrer selbstverständlich einwandfreie Reaktion und Funktion voraussetzt. Dabei stellt der Normalbetrieb auf trockener Fahrbahn die geringsten Probleme. Im Grenzbereich allerdings, den jeder – meist aus Versehen oder Unachtsamkeit – erreichen kann, wird es schon schwieriger. Im fahrdynamischen System – Fahrer, Fahrzeug, Umwelt – hat der Mensch die Funktion des Reglers. Seine Arbeit wird ihm leichter gemacht, wenn ihm genügend Zeit zum Regeln gegeben wird und das Fahrzeug schnell und präzise auf Regelimpulse (Lenken, Bremsen, Beschleunigen) reagiert. Ein träges, schwammiges Fahrverhalten stellt für den Fahrer erkennbare Zustände erst so spät her, daß er nur wenig Zeit zu Reaktionen hat, das bringt Gefahr. Hier ist der Reifen gefordert und von großem Einfluß. Der heute mitunter erhebliche Fahrwerksaufwand ist wirkungslos, wenn der falsche Reifen montiert wird. Daher die wichtige Erkenntnis: Ein Fahrwerk und damit das Fahrverhalten eines Autos kann nicht besser sein als der Reifen.
Sehr hoch und außerordentlich vielfältig sind die Anforderungen bei nasser Fahrbahn. Ein Wasserfilm vor und unter dem Reifen ist vorhanden. Unterwandert dieser Flüssigkeitskeil die Aufstandsfläche gänzlich, dann tritt das gefürchtete Aquaplaning ein. Gegen den Trennfilm hilft ein drainagefähiges Profil mit viel Negativanteil und offenen Reifenschultern sowie eine möglichst hohe Flächenpressung. Je breiter der Reifen, um so geringer diese Flächenpressung und desto länger die Wege zur Reifenschulter und damit zur Wasserableitung. Bei feuchter Fahrbahn oder bei langsamer Fahrt auf nasser Straße muß der Wasserfilm nicht mehr verdrängt werden. Dann ist in erster Linie die nässefreundliche Gummimischung gefordert. Sie allerdings ist weder bei Trockenheit, noch gar im Winter optimal. Ein Kompromiß muß gefunden werden, denn der gänzlich auf Naßlaufeigenschaften gezüchtete Reifen leidet unter mangelnder Schnelllauftüchtigkeit, Seitenführung und Lebensdauer, das Fahrverhalten wird ausgesprochen schwammig.
Extrem aber sind die Anforderungen, die der Winter an Reifen stellt. Schnee verlangt vom Reifen

- offene, selbstreinigende Profile;
- hohe Flächenpressung
- viele Eingriffskanten

Zudem aber muß eine Laufflächen-Gummimischung

Anforderungen an Reifen im Zielkonflikt

Fahrverhalten bei:

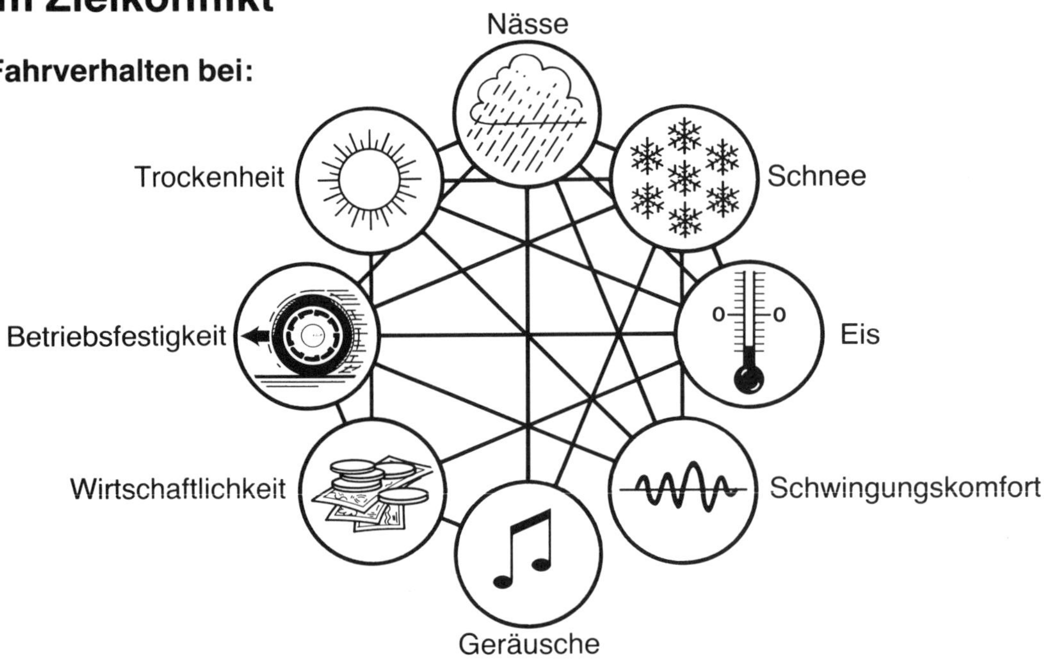

Zielkonflikte: Die Optimierung bestimmter Reifeneigenschaften bei der Entwicklung ist meist sofort mit der Verschlechterung anderer Anforderungen verbunden. Ein Kompromiß, abgestimmt auf die Reifenkategorie und die in Frage kommende Fahrzeugklasse muß gefunden werden.

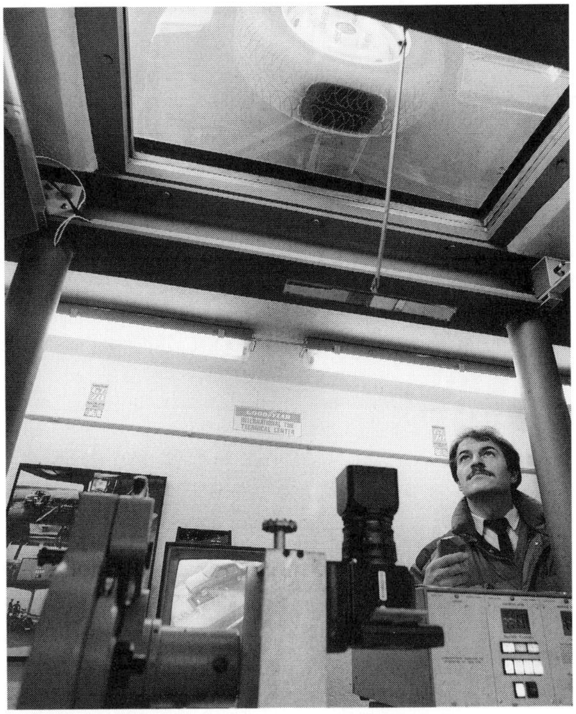

Aquaplaning-Messung: Im Unterflur-Labor läßt sich das Aufschwimmverhalten des Reifens durch die Glasplatte bei verschiedenen Geschwindigkeiten fotografieren und kontrollieren.

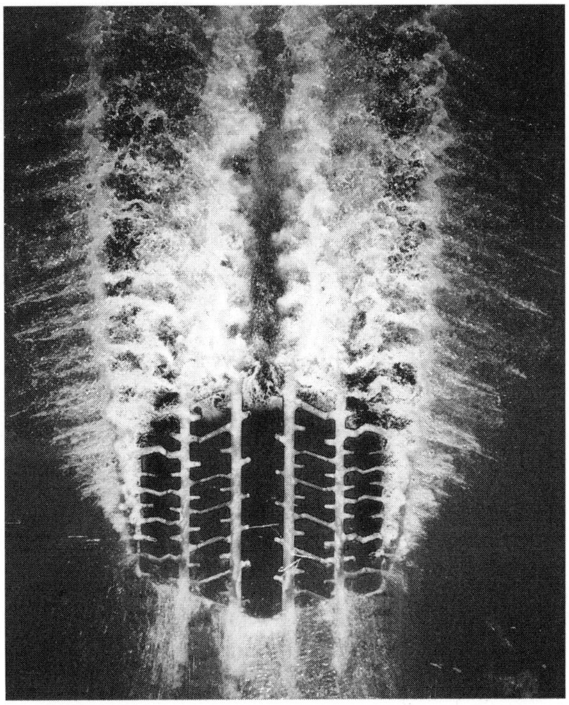

Glasplatten-Foto: Der rollende Reifen hat hier noch guten Fahrbahnkontakt (dunkle Profilblöcke).

vorhanden sein, die ihre Flexibilität auch bei extremer Kälte beibehält. Bei einsetzendem Tauwetter muß der Reifen obendrein nässetauglich sein. Bei Glatteis dagegen ist die naturkautschukähnliche, leider nässeunfreundliche Gummimischung und niedere Flächenpressung wichtig. Schnee und Eis bilden für den Reifen schon einen Zielkonflikt, noch schlimmer wird die gleichzeitige Berücksichtigung von Naß- und Trockengriff, Komfort, Geräusch, Rollwiderstand und Verschleiß.

Die Geräuschbelastung durch den Reifen zu verringern ist eine vordringliche Umweltforderung, sie wird auch angesichts immer leiserer Fahrzeuge zunehmend wichtiger. Die extreme Probe aufs Exempel ist ein Winterreifen älterer Konstruktion auf einem aerodynamisch optimierten und geräuscharmen Auto. Was dabei ständig zu hören ist, und zwar aufdringlich, bleibt der Reifen. Andererseits ist auch ein kompromißlos geräuschoptimierter Reifen in der Fahrpraxis völlig unbrauchbar. Verfährt man allerdings dem Stand der Technik entsprechend und verwendet längsorientierte Profile, wenig Feineinschnitte, eine optimierte Blockform und -Verteilung sowie stark dämpfende Gummimischungen für die Lauffläche, dann sinken immer noch die Naßlauffähigkeit, die Betriebssicherheit und die Wirtschaftlichkeit in vertretbaren Grenzen ab.

Automobile müssen wirtschaftlicher werden, das verlangt auch eine Reduktion der Kraftstoff-Verbrauchswerte. Vor allem vermindert ein geringerer Benzinkonsum den Ausstoß von Kohlendioxid (CO_2), ein Verbrennungsprodukt, das auch bei Katalysator-Motoren entsteht und für den Treibhauseffekt der Erde mitverantwortlich gemacht wird. Die Automobilindustrie in der Bundesrepublik hat sich gegenüber der Regierung verpflichtet, bis zum Jahre 2005 den Kraftstoffverbrauch der Fahrzeuge um 25 Prozent zu senken. Also drängen die Automobilhersteller auf Reifen mit geringem Rollwiderstand. Damit läßt sich tatsächlich eine geringe Verbrauchsminderung erreichen, die hier erzielbaren Erfolge werden allerdings meist überschätzt: Die Verminderung des Rollwiderstandes geht etwa im Verhältnis 5:1 in den Kraftstoffverbrauch ein. Und der im Rollwiderstand optimierte Reifen – wie könnte es anders sein – ist in der Fahrpraxis nicht akzeptabel, es fehlt vor allem die Nässetauglichkeit. Wo immer der Reifenkonstrukteur bestimmte Grenzen bei der Verbesserung bestimmter Reifeneigenschaften überschreitet, sorgt er für gravierende Nachteile auf anderen Gebieten. Das Problem der Zielkonflikte läßt ihn während der ganzen Entwicklungszeit nie los.

Die in der Einleitung zu diesem Buch schon angesprochene aktive Fahrsicherheit wird weitgehend vom Reifen mitbestimmt. Verlangt wird, daß der Reifen unter allen Umständen und Betriebsbedingungen den Fahrer unterstützt, Fahrfehler verzeiht, kürzeste Bremswege und hohe Kurvengeschwindigkeiten er-

Laufrichtungsgebundenes Profil

Hervorragende Nässe-Eigenschaften durch den 'Pumpeffekt' des laufrichtungsgebundenen Profils. (Der gleiche Effekt kann auch durch Erhöhung des Profilnegativanteils erreicht werden. Aber dies beeinflußt die Profilsteifigkeit und verschlechtert damit das Trockenhandling. Mit Laufrichtungsgebundenheit kann das Nässeverhalten also auf ein höheres Maß angehoben werden – und das bei Beibehaltung des guten Trockenhandlings).

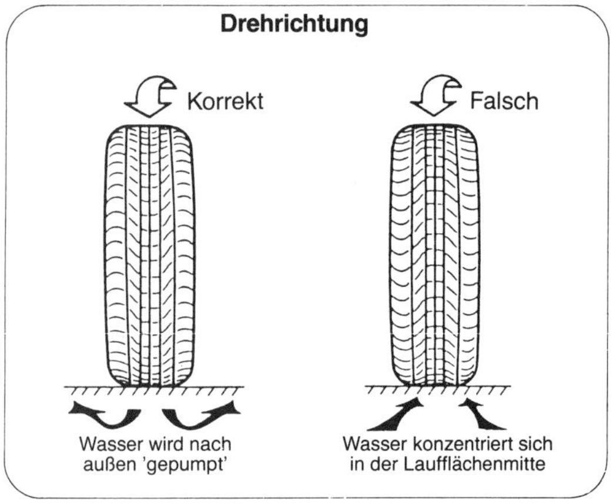

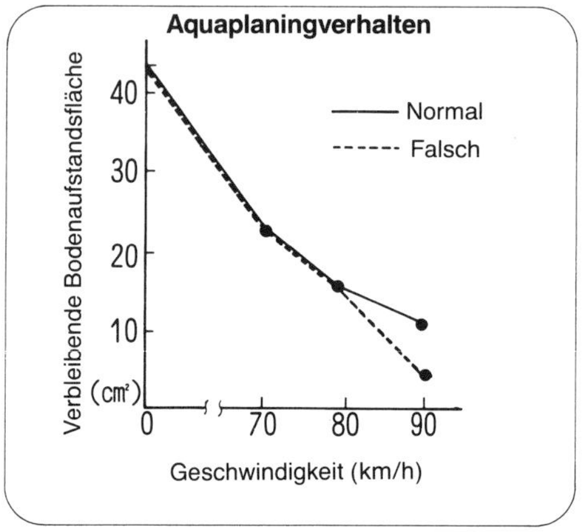

Profilbild: Laufrichtungsgebundene Profile, bei Hochleistungs-Breitreifen und Winterreifen zunehmend im Gebrauch, zeichnen sich durch gutes Aquaplaningverhalten aus.

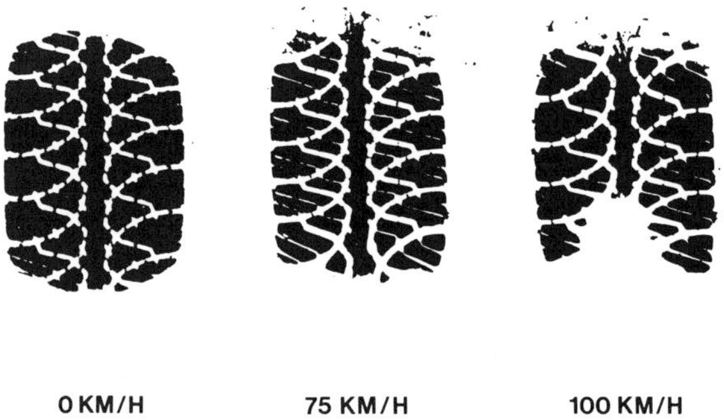

Aquaplaning: Die Aufstandsfläche wird mit steigender Geschwindigkeit kleiner – bei jedem Reifen.

Aquaplaning-Messung: Das schienengeführte Fahrzeug durchfährt eine Rinne mit definierter Wasserhöhe und Geschwindigkeit, der durch Aquaplaning auftretende Rad-Schlupf wird elektronisch registriert.

laubt. Zudem hat er als Bauteil unermüdlich und defektfrei extreme Belastungen zu ertragen, eine Aufgabe, die vom Autofahrer meist nicht einmal durch korrekten Luftdruck erleichtert wird.

Zu den Belastungen des Reifens, die konstruktiv zu berücksichtigen sind, gehört auch die Zentrifugalbeschleunigung. Sie zerrt an der Lauffläche, abhängig von der Geschwindigkeit, bei 200 km/h beispielsweise mit der tausendfachen Erdbeschleunigung (entspricht dem tausendfachen Eigengewicht). Bei hohem Tempo erfolgen bis zu 50 mal pro Sekunde an jeder Stelle der Lauffläche und der Seitenwand Einfederung auf Einfederung. Belastungen, die kaum vorstellbar sind. Hinzu kommt die Wärmeentwicklung, die sich durch das periodische Einfedern ergibt, die Walkarbeit. Sie zu vermindern, ist durch richtigen Luftdruck leicht realisierbar. Zu geringer Luftdruck erhöht die Walkarbeit, den Rollwiderstand und die Reifenerwärmung. Der Reifen benötigt für seine optimale Haftung eine Betriebstemperatur, die bei Sommerpneus bei etwa 50 bis maximal 90 Grad Celsius liegt. Bei zu geringem Fülldruck können durch die wesentlich stärkere Walkarbeit in der Aufstandsfläche auf der Autobahn auch 120 Grad erreicht werden. Hitze ist des Reifen Tod. Wenn in dieser Situation die konstruktiv und fertigungstechnisch beeinflußte Strukturfestigkeit nicht ausreicht, kommt es zum Defekt.

Die konstruktiv vorgegebene Schnellauffestigkeit wird durch Reifenschäden, Überalterung und zu wenig Luftdruck vermindert. So muß ein Reifen der Kategorie S (bis 180 km/h) diese Geschwindigkeit auf einem Rollenprüfstand eine Stunde lang problemlos aushalten. Danach wird die Geschwindigkeit in Schritten von 10 km/h und alle 10 Minuten erhöht, bis zum Defekt. Die Produkte namhafter Reifenhersteller bestehen diese Prüfung klaglos, aber die eingebauten Sicherheitsreserven werden durch Unterschreitung vorgegebener Luftdruckwerte voll gefordert. Minderwertige Pneus haben diese Reserven nicht.

PROFIL PARAMETER

LEISTUNGSKRITEREN

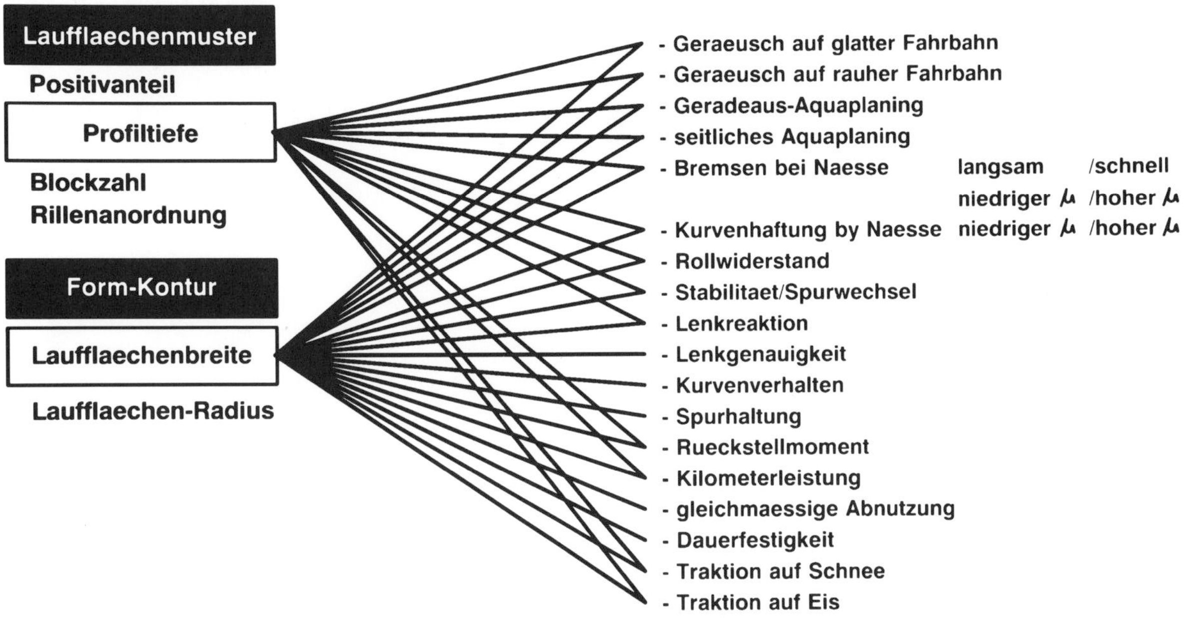

Rollenprüfstand: Unter exakt definierten Bedingungen, zum Beispiel Fülldruck und Belastung, lassen sich hier Reifeneigenschaften wie Rollwiderstand oder Schnellauf-Festigkeit messen und vergleichen.

Schnellauf-Prüfung: Die Verformung der Aufstandsfläche und die dabei erforderliche Walkarbeit ist deutlich erkennbar. Zudem sind bei der gefahrenen hohen Geschwindigkeit weitere Wellenbildungen am Reifen zu erkennen. Bei zu geringem Luftdruck tritt dieser Zustand sehr früh ein, der Reifen heizt sich enorm auf.

Kurvenfahrt: Die verlangte Seitenführungskraft ist abhängig vom Gewicht des Fahrzeugs, dem gefahrenen Kurvenradius und der Geschwindigkeit. Gleichmäßiger Kraftaufbau, ein breiter Übergangsbereich (Grenzbereich) vom Rollen zum Gleiten und gutes Lenkverhalten zeichnen den Qualitätsreifen aus.

Kurvenfahrt im Labor: Die Simulation unter Schräglauf auf dem Rollenprüfstand zeigt die Verformung.

Der Reifenbauer seinerseits nimmt für die Sicherstellung der Hochgeschwindigkeitsfestigkeit einen steifen Gürtel- und Karkassenaufbau, hochfeste Gewebe, dämpfungsarme Gummimischungen, geringe Wandstärken und Profilhöhen. Diese Maßnahmen indes führen zwangsläufig zu Konflikten mit anderen wichtigen Entwicklungszielen: Beeinträchtigt werden Abrollkomfort, Naßlaufeigenschaften und Bremsverhalten.

Hohe Seitenführungskraft, Kurvenstabilität und Lenkpräzision sowie kleine Schräglaufwinkel des Reifens tragen unbestreitbar und entscheidend zur Fahrsicherheit bei. Bei schnellen und leistungsstarken Fahrzeugen sind diese Reifeneigenschaften absolut unverzichtbar. (Schräglaufwinkel: Unterschied zwischen der Stellung des Rades und der tatsächlichen Fahrtrichtung. In der Praxis erfordert ein großer Schräglaufwinkel beispielsweise einen starken Lenkeinschlag, um eine Richtungsänderung zu bewirken). Verwirklicht werden diese Anforderungen durch steifen Aufbau, ein niedriges Höhen-/Breiten-Verhältnis (niedrige Reifenflanke) bei möglichst großer Felgenbreite, geringe Profiltiefe und geschlossene Reifenschultern. Je kompromißloser jedoch ein Reifen in diese Richtung entwickelt wird, desto fragwürdiger werden seine Nässeeigenschaften und der Komfort.

Die Vielzahl der im Widerstreit stehenden, sich oft sogar ausschließenden Anforderungen mag unüberwindlich erscheinen. Und doch gelingt der Reifenindustrie die Entwicklung neuer Produkte, welche die vielfältigen Vorgaben noch besser erfüllen. Zitat (Goodyear): »Die an den Reifen gestellten unzähligen Anforderungen in ausgewogener Weise alle unter einen Hut zu bringen, darf als Nobelpreis-verdächtige technisch-wissenschaftliche Glanzleistung gelten.«

Allerdings ist der Forschungs- und Entwicklungsaufwand, den die Reifenhersteller permanent betreiben müssen, um wettbewerbsfähig zu bleiben, enorm. Nur mit Hilfe leistungsfähiger elektronischer Datenverarbeitungssysteme ist es möglich, die unübersehbare Fülle wissenschaftlicher und technischer Daten für den raschen Zugriff zu ordnen, zu vergleichen und auf der Suche nach dem bestmöglichen Kompromiß miteinander in Beziehung zu setzen. Zudem: Wie die gegenwärtige Situation auf dem Reifenmarkt zeigt, werden die Produktzyklen immer kürzer, ähnlich wie in der Automobilindustrie. Das heißt, daß in relativ kurzen Zeitabständen neue Reifen vorgestellt werden, was entsprechend reduzierte Entwicklungsphasen verlangt.

Reifentechnik – Aufbau von Gummimischungen

Es gibt kein Bauteil in der Fahrzeugtechnik, das ähnlich komplexen Ansprüchen gerecht werden muß, wie ein Reifen. Er hat Kräfte und Momente in drei Ebenen aufzunehmen und zu übertragen: In Längsrichtung die Antriebs- und Bremskräfte, hinzu kommt die Seitenführung, also Lenk- oder Fliehkräfte, und natürlich das Gewicht des Wagens in senkrechter Richtung. Man erwartet dabei vom Reifen, daß er seitliche Führungskräfte rasch aufbaut und auf Lenkbewegungen verzögerungsfrei anspricht. Überdies hat er hohe Reibungskräfte auf verschiedensten Oberflächen zu erzeugen, vor allem auf nasser Fahrbahn. Ferner muß er bei Nässe eine weitreichende Verdrängungs- und Drainagewirkung besitzen, um das Aufschwimmen zu verhindern.
Hinzu kommt die enorme Abplattung der Kreisform in der Reifenaufstandsfläche. Jede Partie des Reifenumfanges absolviert diese Verformung 500 Mal pro gefahrenem Kilometer. Bei 50000 Kilometer Laufleistung entspricht das 25 Millionen Verformungszyklen. Es entstehen aber auch Verformungen durch Fliehkräfte: Bei 240 km/h zerrt an jedem Gramm Gummi in der Lauffläche die Fliehkraft mit 1300 Gramm. Der Reifen dient zudem als Federungselement, Fahrbahnstöße sollten weich geschluckt werden. Und Verschleißfestigkeit wird ebenso erwartet, wie ein Minimum an Abrollgeräusch. Ein geringer Rollwiderstand (er gewinnt zunehmend wieder an Bedeutung) mindert den Kraftstoffverbrauch und damit auch die Schadstoff-Emission des Fahrzeugs.
Des weiteren spielt der Wunsch nach schadstoffarmen Reifen-Materialien in der Entwicklung eine beachtliche und aufwendige Rolle. Dies gilt ebenso für die Forderung, daß Reifenabrieb und Altreifen biologisch abbaubar sein sollten. Auch Recycling-Fähigkeit wird verlangt. Momentan wird dieser Begriff noch mit Runderneuerungstauglichkeit gleichgesetzt, um die man sich intensiv bemüht. Billigreifen exotischer Herkunft übrigens sind meist nicht runderneuerungsfähig, was die zweifelhafte Material- und Produktqualität deutlich macht.
Das Produkt mit diesen komplexen Anforderungskriterien muß seinen Dienst auch noch unter nahezu unkontrollierbaren Bedingungen zuverlässig verrichten, bei unterschiedlichsten Temperaturen, nach groben mechanischen Beanspruchungen. Nicht zuletzt ist der Reifen vor allem ein Sicherheits-, aber auch ein Stylingelement. Dabei handelt es sich um ein Bauteil, das sich aus so unterschiedlichen Materialien wie Gummi, Stahl und Textil zusammensetzt. Und nicht einmal Gummi ist gleich Gummi. In einem Pkw-

Reifen-Entwicklung: Die Praxis-Eigenschaften verschiedener Materialien und Gummimischungen lassen sich schon mit dem Computer theoretisch weitgehend vorbestimmen.

Rotationsbeanspruchung eines Reifens 185/70 R 15

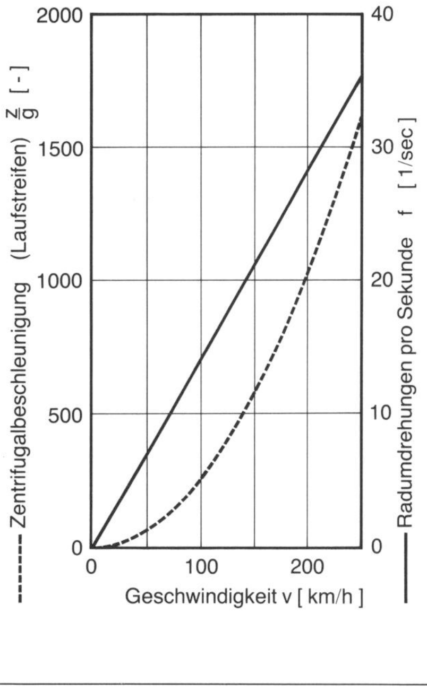

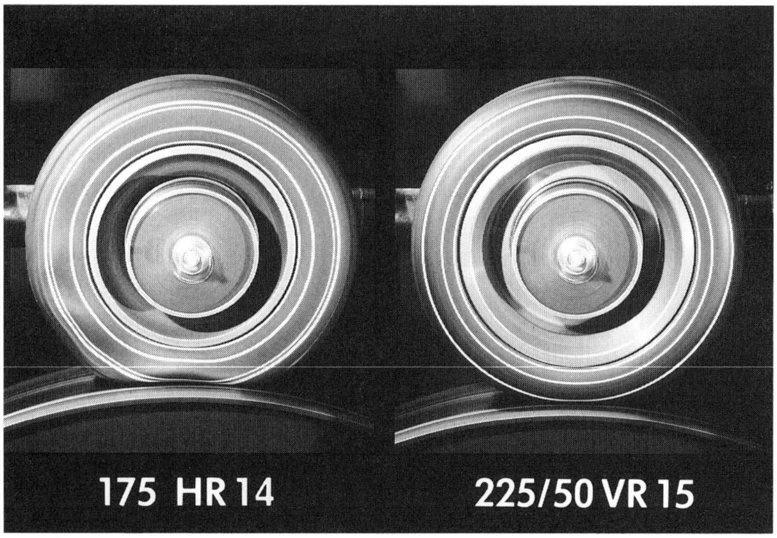

Schnellauf-Festigkeit: Während der linke H-Reifen (bis 210 km/h) im schmalen Format bei 250 km/h deutlich überfordert ist (Wellenbildung), läuft der Hochgeschwindigkeits-Breitreifen noch einwandfrei rund.

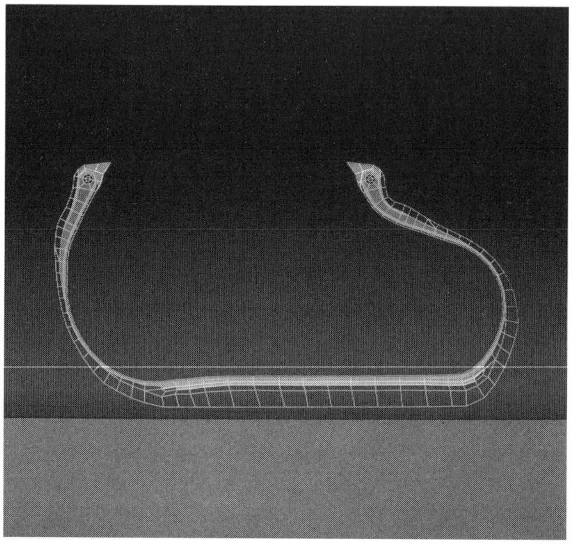

Computer-Modell: Prüfung des Reifens in der Kurve mit bestimmten konstruktiven Vorgaben nach der Finite-Elemente-Methode.

Reifen finden sich verschiedene Gummimischungen und gut 20 Einzelbauteile. All dies muß mit äußerster Präzision ausgewählt, hergestellt und zusammengefügt werden.

Das Fahren auf nasser Straße ist bekanntlich erheblich gefährlicher als auf trockener Fahrbahn. Nach den Erkenntnissen der Unfallforscher steigt das Unfallrisiko bei Nässe um mindestens 30 Prozent. Und: Laut einer Uniroyal-Statistik regnet es hierzulande an fast 200 Tagen im Jahr, die Bedeutung der Nässeeigenschaften des Reifens wird damit recht deutlich. Jedes Straßenfahrzeug ist auf möglichst hohe Reibungskräfte angewiesen, sind sie beispielsweise bei Kurvenfahrt zu gering und die Fliehkräfte größer, dann verläßt das Fahrzeug die gewünschte Fahrspur.

Die zwischen Straße und Fahrzeug vorhandenen Reibungskräfte sind das Element der Verkehrssicherheit schlechthin. Je höher deshalb die Reibungskennzahl μ (My), auch als Kraftschlußbeiwert oder Reibbeiwert bezeichnet, desto sicherer läßt sich ein Fahrzeug führen.

Auf trockener Straße fällt mit höherer Fahrgeschwindigkeit der Kraftschlußbeiwert kaum ab. Ganz anders bei Nässe: Mit geringen Geschwindigkeiten ist der Reibbeiwert kaum kleiner als auf trockener Straße, mit steigendem Tempo aber nimmt er stark und rasch ab. Dies verläuft um so dramatischer, je höher der Wasserfilm auf der Fahrbahn ist. Noch katastrophaler gerät der Absturz des Kraftschlußbeiwertes auf Nässe mit Reifen geringer Profiltiefe. Zudem ist der μ-

Laufflächen-Mischung: Bereits die Lauffläche enthält bei Hochleistungs-Reifen zwei verschiedene Gummimischungen (Cap and Base). Oben die relativ weiche und hochrutschfeste Cap-Mischung, darunter die harte Base-Mischung, die das Lenkverhalten verbessert und die Laufleistung erhöht. Andere Gummimischungen finden sich in der Seitenwand, am Wulst, im Kernprofil oder der Innenwand.

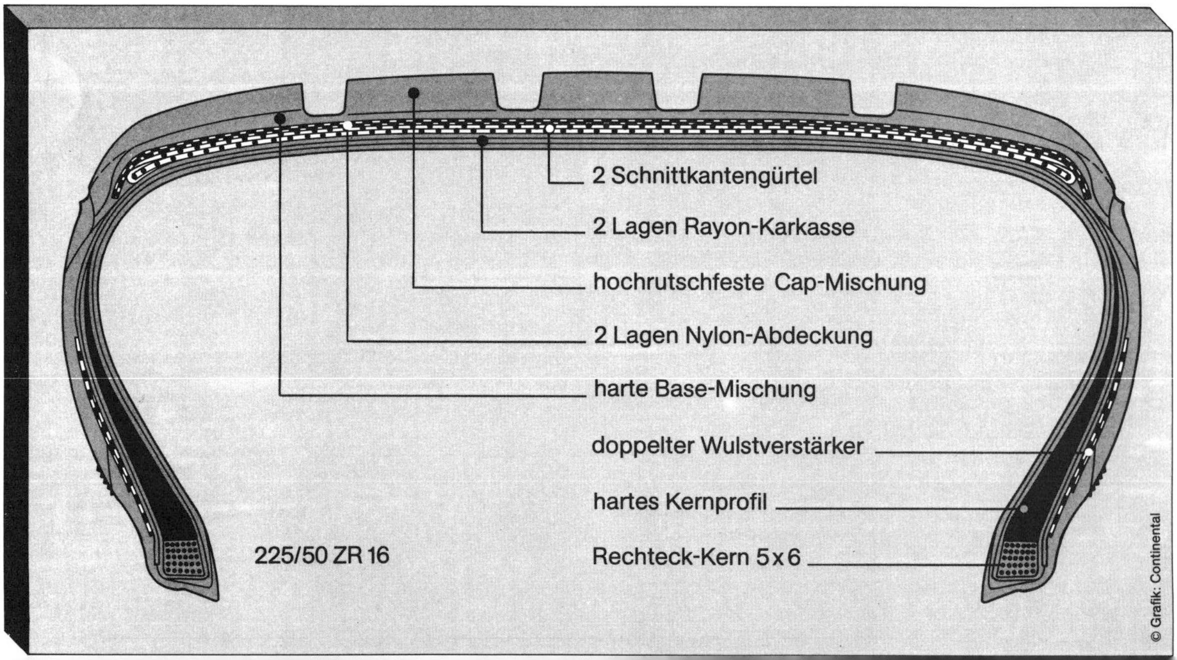

Wert auch vom Material der Fahrbahnoberfläche abhängig.
Der Abfall des Reibungskoeffizienten mit zunehmender Fahrgeschwindigkeit also ist es, der nasse Straßen erheblich gefährlicher macht als trockene. Das gilt für alle Fahrmanöver, auch das Bremsen. Hier ist der μ-Wert zunächst erschreckend klein und wird erst mit abnehmender Geschwindigkeit größer, die Verzögerung wird besser. Vor allem: Erst kurz bevor das Fahrzeug zum Stillstand kommt, fällt das Tempo rasch und deutlich ab. Die bittere Konsequenz daraus ist, daß die Aufprallgeschwindigkeiten sehr hoch sind, wenn vermeintlich nur wenige Meter Bremsweg zum Hindernis fehlen. Ein Beispiel: Auf griffiger Fahrbahn erkennt der Fahrer bei einer Geschwindigkeit von 50 km/h das Hindernis und tritt auf die Bremse. Anhalteweg 29,87 m. 10 m vor dem Stillstand hat das Fahrzeug noch eine Geschwindigkeit von 47 km/h, 5 m vorher noch über 30 km/h und bei 2 m sind es immer noch 20 km/h!
Es ist klar, daß es vordringliche Aufgabe der Reifenentwicklung sein muß, den Kraftschlußbeiwert μ so weit wie möglich anzuheben. Und das Anforderungsprofil macht deutlich, warum eine exzellente Nässetauglichkeit so wichtig ist. Um diese Eigenschaft zu optimieren, lassen sich im wesentlichen drei Hauptbestandteile des Reifens beeinflussen: Profil, Konstruktion und Laufflächenmischung. Beim Profil ist insbesondere das Positiv-Negativ-Verhältnis (Anteil an Blöcken und Rillen) wichtig, aber auch die Längs- und Querdrainage. Sorgfalt erfordern zudem Gürtel-

Fahrverhalten bei Nässe: Die Laufflächen-Gummimischung und das Profil bestimmen weitgehend das Leistungsniveau des Reifens bei Nässe.

Profilgestaltung: Dieser verkleinerte Originalabdruck (Footprint) eines Hochleistungs-Breitreifens zeigt den hohen Anteil an Profil-Negativ zur Wasseraufnahme und -ableitung (weiße Fläche).

Mischungsbestandteile: Nicht nur die Zutaten zum Natur- und Synthesekautschuk sind wichtig – etwa Ruß, Schwefel, Zinkoxid, Öl, Alterungsschutzmittel oder Stearinsäure – sondern auch der exakt bemessene Anteil an der Gesamtmischung.

Labor-Reifenversuch: Erste Testmuster werden auf bestimmte Eigenschaften und Verhaltensweisen in der Praxis geprüft.

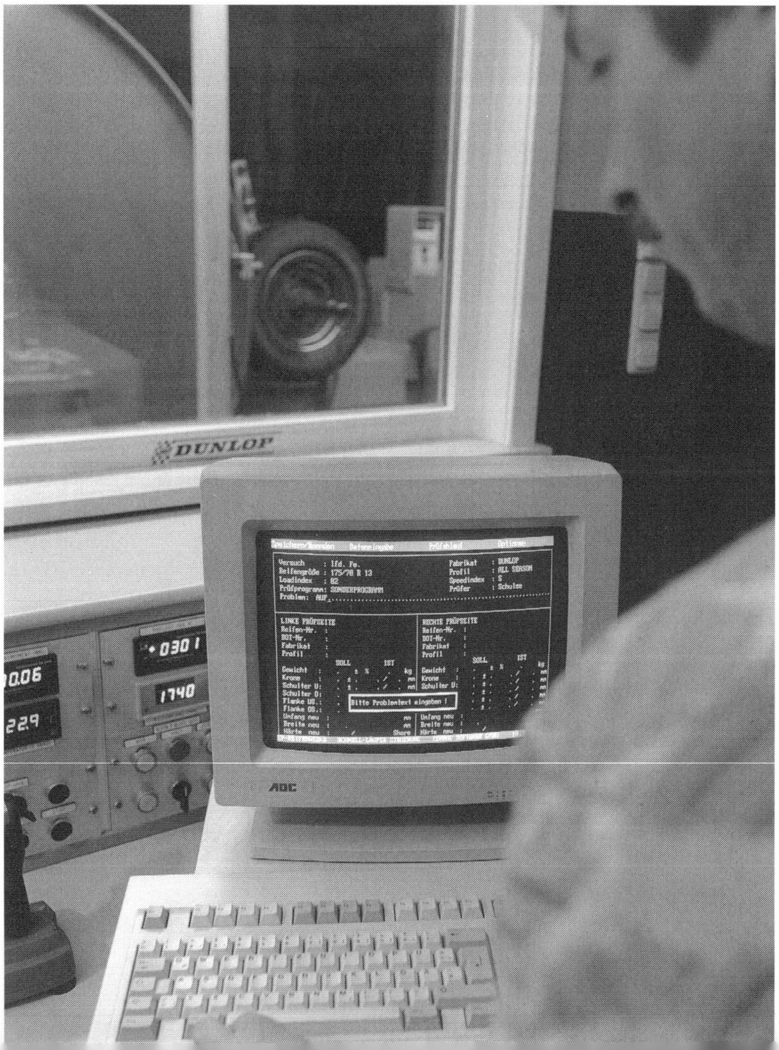

und Karkassenkonstruktion, also der gesamte Reifenaufbau. Die Laufflächenmischung allerdings spielt bei der Verwirklichung eines hohen Reibungsbeiwertes μ die führende Rolle, wobei der Auswahl und Zusammensetzung der Mischungsbestandteile entscheidende Bedeutung zukommt.

Die verfügbaren Natur- und Kunstkautschuksorten haben eine unterschiedliche Rutschfestigkeit. Und: Bei Kautschuk ist der μ-Wert außerordentlich stark temperaturabhängig. Deshalb werden Kautschuksorten ausgewählt, die eine möglichst hohe Rutschfestigkeit in dem Temperaturbereich haben, für den der Reifen bestimmt ist. Dabei sind moderne und spezialisierte Kunstkautschuke eine wesentliche Hilfe. Das heißt in der Praxis, daß ein Winterreifen eben nicht die hohen Temperaturbelastungen eines Hochgeschwindigkeits-Sommerreifens verträgt, während die Gummimischung dieses Sommer-Spezialisten bei Schnee und Kälte verhärtet (Fachjargon: verglast) wobei Traktion, Seitenführung und Bremsvermögen gegen Null tendieren.

Der vom Kautschuk beeinflußte Reibbeiwert μ hängt allerdings, beim Bremsen etwa, auch von der Frequenz der spezifischen Schwingungseffekte im Profilblock ab (Reifenquietschen). Temperatur und Schwingungen beeinflussen sich gegenseitig, was die Mischungszusammensetzung weiter kompliziert. Dies bedingt enorm viele systematische Versuche im Labor und auf der Straße. Kautschuke alleine freilich ergeben noch keine Laufflächenmischung – es fehlt eine hinreichende Abriebfestigkeit. Deshalb sind weitere Zusätze erforderlich, Ruße etwa. Es gibt auch davon etliche Sorten, sie sind günstig für den Abrieb, aber nicht für den Reibungskoeffizienten. Effekt: Eine

Reifenbau: Versuchsreifen und eine Pilotserie werden unabhängig von der Serienfertigung in kleiner Auflage und mit speziellen Heizformen produziert.

Straßenversuch: Auf speziellen Prüfstrecken, jeder namhafte Reifenhersteller hat eine, und auf der Straße werden die Versuchsreifen unter verschiedenen Bedingungen geprüft und bewertet - Änderungen sind die Regel.

besonders abriebfeste Mischung kann nicht sehr rutschfest sein und umgekehrt. Der notwendige Kompromiß wird über Ruß-Anteil und -Art erreicht – ein typischer Zielkonflikt des Reifenentwicklers. Ein weiterer Zusatz ist Öl, das für die Verarbeitung gebraucht wird und ebenfalls die Mischungs-Eigenschaften verändert. Öl hat günstige Auswirkungen auf den Reibungsbeiwert μ, ergibt aber bei zunehmendem Anteil weichere Mischungen und beeinträchtigt damit beispielsweise die Lenkpräzision des Reifens – wieder ein Zielkonflikt.

Es bleiben andere Zusätze, die sich unter dem Oberbegriff Chemikalien zusammenfassen lassen. Wichtig für die Rutschfestigkeit sind Schwefel, sogenannte Beschleuniger und Alterungsschutzmittel. Letztere zeichnen dafür verantwortlich, den sorgfältig entwikkelten Mischungscharakter auch über die gesamte Lebensdauer des Reifens zu erhalten. Die Feinheit der Verteilung sämtlicher Mischungsbestandteile bestimmt ebenfalls wesentliche Reifeneigenschaften, darunter die Rutschfestigkeit. Eine Zusammenstellung der Laufflächenmischung des Uniroyal Rallye 440: Zwei Kautschuksorten (Styrol-Butadien Copolymer und Butadien), Ruß, Öl, Schwefel, Beschleuniger (Sulfenamid und Thiazol), Alterungsschutzmittel (Paraphenylendiamin, Hydrochinolin, Paraffinwachs) und Vulkanisationsaktivatoren (Zink und Stearinsäure).

Die Vulkanisation in der Reifenform hat chemische Reaktionen der Mischungsbestandteile zur Folge. Kautschuk etwa besteht aus langen Molekülketten, die untereinander nicht verbunden sind. Wärme-Reaktionen des Polymers mit dem Schwefel verbinden bei der Vulkanisation die einzelnen Molekülketten durch Schwefelbrücken. Die Reifeneigenschaften werden hier wiederum beeinflußt durch die Vulkanisationszeit, Schwefel- und Beschleuniger-Menge.

Wie eingangs dargestellt, sind die Anforderungen an einen Reifen hoch und vor allem vielfältig. Erläutert wurde die Beeinflußbarkeit und Komplexität einer einzigen Reifeneigenschaft anhand der Laufflächenmischung. Allerdings, das ist offenkundig, handelt es sich bei der Rutschfestigkeit auf Nässe um ein ganz entscheidendes Element der Fahrsicherheit, das bei der Reifenentwicklung Priorität verdient.

Reifen-Testwagen: Mit Hilfe eines aufwendigen elektronischem Equipments werden objektive Messungen einer neuen Reifengeneration durchgeführt. Die versierten Versuchsfahrer allerdings geben auch subjektive Beurteilungen ab.

Reifentechnik – Geräusche und Abhilfe

Straßenbeläge beeinflussen die Abrollgeräusche von Reifen ganz erheblich. Es gibt zwar sogenannten »Flüsterasphalt«, aber er wird kaum verbaut. Von den Reifenherstellern dagegen wird, aus vielerlei Gründen, das möglichst leise Produkt verlangt. Die Einflüsse auf derlei Geräusche sind durchaus vielfältig, abgesehen von der Fahrbahnoberfläche spielen im Orchester auch das Fahrzeuggewicht, der Luftdruck, die Geschwindigkeit, die Fahrzeugart, der momentane Fahrzustand und natürlich die Witterung mit. Beim Reifen spielen die Abmessungen, der Aufbau, das Material und vor allem die Profilgestaltung eine hörbare Rolle. Die Palette der Geräusche reicht vom Heulen, Singen und Pfeifen bis zum Zischen und Schmatzen. Ein distinguiertes Profil hingegen gibt sich mit sanftem Rauschen zufrieden.

Verantwortlich für die Geräuschbildung des Reifens sind insbesondere

- der Aufschlag des Reifenprofils am Anfang der Reifenaufstandsfläche während der Drehung,
- die Luftkompression im Profil der sich bewegenden Reifenaufstandsfläche und
- die Schwingungen der Profilblöcke am Ende der Aufstandsfläche.

Beim Aufschlag der Profilblöcke auf die Fahrbahn ist entscheidend, daß sie am Reifenumfang kreisförmig angeordnet sind, die Aufstandsfläche aber zwangsläufig am Boden eine Gerade bildet. Beim Einlauf der Reifenaufstandsfläche (auch als Latsch bezeichnet) wird die Bewegung der Profilblöcke dramatisch geändert – wenn sie blitzartig auf die Gerade umschwenken. Bei 100 km/h erfolgt dies in weniger als einer tausendstel Sekunde. Diese schlagartige Umlenkung bewirkt natürlich ein starkes Aufschlaggeräusch.

Eine wesentliche Hilfe des Reifenkonstrukteurs, um dieses Problem in den Griff zu bekommen, ist eine Geräuschanalyse. Im einem Akustik-Labor wird das Reifengeräusch aufgezeichnet und in sämtliche vorkommenden Frequenzen zerlegt. Es gibt bestimmte Tonlagen, die durchaus relativ lautstark sein können, ohne vom Menschen subjektiv als unangenehm empfunden zu werden. Andere Frequenzen, vor allem schrille Töne, können schon bei geringer Lautstärke nerven.

Um das erwähnte gleichmäßige Rauschen zu erreichen, müssen durch entsprechende konstruktive Tricks, einzelne herausragend lautstarke Frequenzen eliminiert werden. Beispielsweise mit der ungleich-

Reifengeräusch: Neue Fahrzeugmodelle mit aerodynamischer Karosserie-Optimierung und leisen Triebwerken verlangen besonders geräuscharme Reifen.

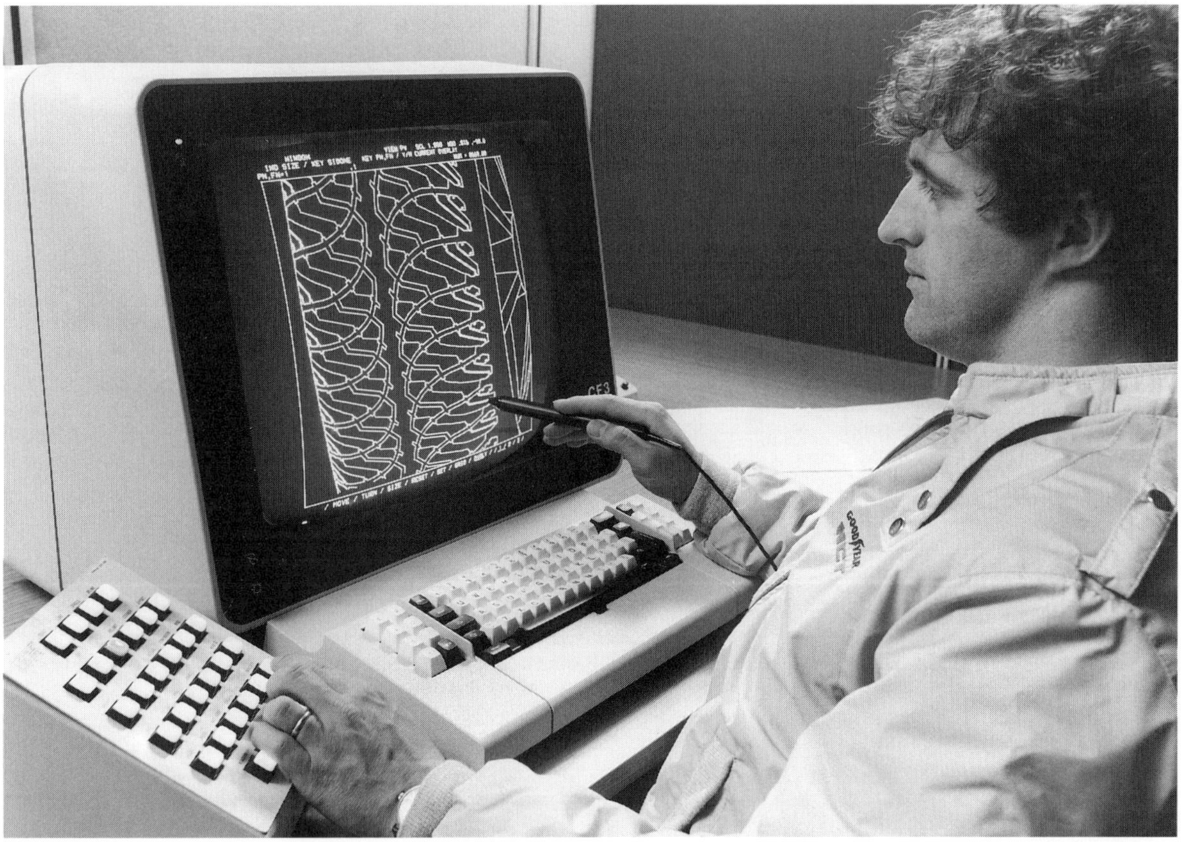

Profilentwicklung: Anhand der gespeicherten, modifizierten und neu eingegebenen Profilstrukturen ist eine prinzipielle Geräuschbeurteilung schon im Computer möglich.

mäßigen Anordnung der Profilblöcke über den Reifenumfang. Dadurch verteilt sich die Schallenergie auf mehrere Frequenzen – das menschliche Ohr empfindet dies als weniger unangenehm. Durch die computerberechnete Teilungsfolge der Profilblöcke ist es überdies möglich, das Geräusch der aufschlagenden Blöcke in Frequenzbereiche zu verlegen, für die das Ohr weniger empfindlich ist. Die Summe der Schallenergie bleibt zwar gleich, doch subjektiv entsteht ein leiseres Geräusch. Die bei den früheren Ballonreifen üblichen Längsrippenprofile übrigens sind sehr geräuscharm, haben aber Aquaplaning-Probleme, deshalb kommen sie heute nicht mehr in Frage.

Ein unangenehmer Geräusch-Produzent ist die umgebende Luft, die im Profil der Reifenaufstandsfläche komprimiert wird und wieder entweicht. Der Vorgang heißt im Fachjargon »Air-Pumping«. Die Geschwindigkeit und die Menge der strömenden Luft bestimmen dabei die Lautstärke, die Art der Kanäle sorgt für das Klangbild und die Tonhöhe. Als Gegenmaßnahme versucht der Reifenkonstrukteur, die Profilbewegungen so weit wie möglich zu minimieren. Die Möglichkeiten dazu sind allerdings begrenzt, sie beschränken sich im wesentlichen auf eine steife Gürtelkonstruktion und eine harte Gummimischung.

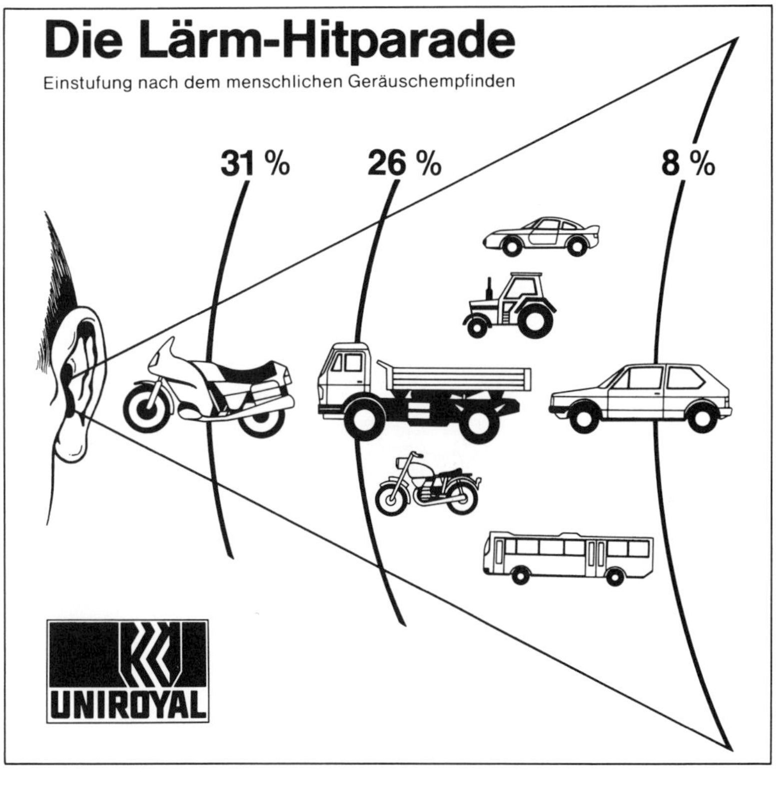

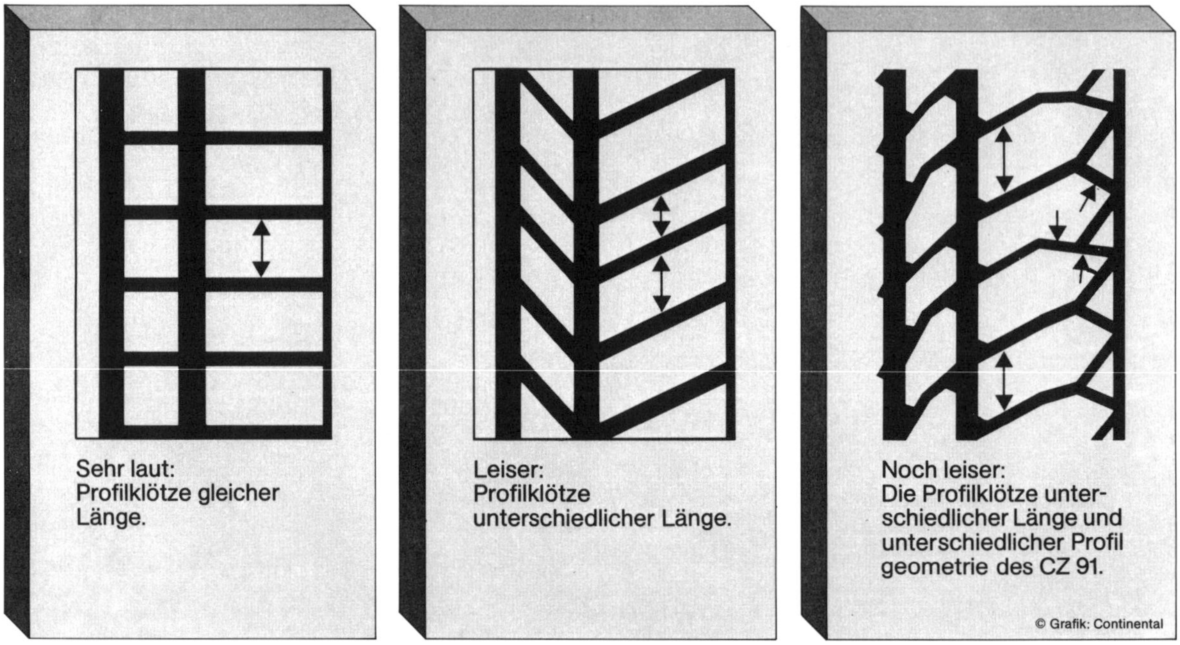

Feinarbeit: Obwohl die Auswirkungen verschiedener Profilstrukturen auf das Abroll-Geräusch eines Reifens bekannt sind, bedarf es immer noch einer intensiven Entwicklungsarbeit, um einen neuen Reifen wirklich extrem leise zu bekommen.

Lamellen: Die feinen Einschnitte im Profilblock müssen bis zum Blockrand führen um ihre Saugnapfwirkung und damit Geräusche zu verhindern.

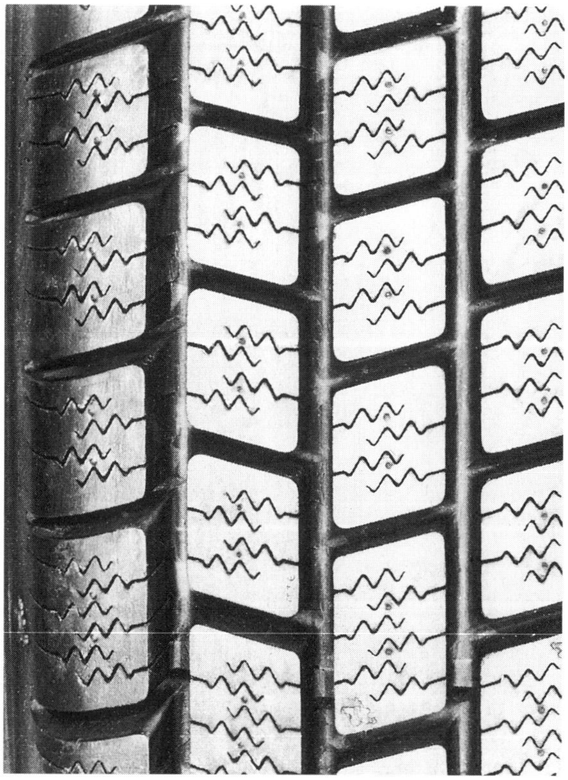

Auch die Geometrie der Profilstruktur hat Einfluß auf Profilbewegungen, nur gibt es dafür leider noch keine Berechnungsmöglichkeit. Man ist auf langwieriges Probieren angewiesen, sogenannte empirische (praktische) Versuche. Motto: trial and error.
Air-Pumping wird des weiteren reduziert mit:

● Verringerung der Luft-Strömungsgeschwindigkeit im Profil durch trichterförmige Aufweitung der Kanäle, aber nur dort, wo erkanntermaßen ansonsten starke Luftbewegungen entstehen. Denn: Für die rasche Ableitung von Wasser in der Aufstandsfläche bedient man sich ebenfalls dieses Strömungsprinzips, nur möchte man dabei eben den umgekehrten Effekt, hohe Strömungsgeschwindigkeit. Der schon mehrfach erwähnte Zielkonflikt im Detail.

● Um den Luftdruck-Aufbau und damit die Strömungsgeschwindigkeit im Einlauf der Aufstandsfläche gering zu halten, werden die Querrillen durch kleine Nuten in Umfangsrichtung entlüftet.

● Lamellen, die Feineinschnitte im Reifenprofil, können wie Saugnäpfe wirken. Die dadurch entstehenden Geräusche sind erheblich lauter, wenn die Einschnitte in sich geschlossene Hohlräume bilden. Deshalb werden die Lamellen bis in die Profilrillen geführt, die Saugnapfwirkung ist nahezu ausgeschaltet.
Zwei der führenden Aktivisten im Geräusch-Orchester sind erläutert, der dritte ist nicht weniger wichtig, der Reifenblock, der die Straße, die Aufstandsfläche wieder verläßt. Am Ende der Aufstandsfläche nämlich geht der Profilblock aus der Geraden wieder in den Kreisbogen im Reifenradius über. Dabei wird der Block. einerseits noch fest auf den Boden gepreßt, andererseits aber wegen der starken Krümmung unter großer Dehnspannung gehalten. In dem Augen-

blick, in dem auch der letzte Teil des Profilblocks die Aufstandsfläche verläßt, springt er in eine entspannte Lage zurück. Er kommt aber nicht sofort zur Ruhe, sondern schwingt nach, ähnlich wie eine angezupfte Gitarrensaite. Diese Schwingungen regen den Resonanzboden an, den Reifenkörper also, es kommt zur hörbaren Schallabstrahlung.
Kurze Profilblöcke wären eine Lösung dieses Problems, das hat in der Praxis aber enge Grenzen. Die Reifentechniker machen deshalb lange Einschnitte in die Profilblöcke. Jedesmal, wenn so ein Feineinschnitt die Aufstandsfläche verläßt, kann sich der vorausgelaufene Teil des Blocks bereits wieder entspannen. Schwingungen werden gemindert, Geräusche reduziert.
Neben den geschilderten Detailproblemen und -Maßnahmen gibt es noch eine Fülle anderer. Eine der interessantesten Problemlösungen erfolgt über ein bekanntes Akustik-Phänomen: Zwei Schallquellen beeinflussen sich gegenseitig in der Schallabstrahlung, wenn sie dicht beieinander liegen und gegenphasig schwingen. HiFi-Fans ist dieser Effekt möglicherweise beim Anschluß von Lautsprecher-Boxen bekannt, die polungsrichtig angeschlossen werden müssen. Geschieht das nicht, wirkt die Musik deutlich leiser, flau und flach. Beim Reifen wird die linke und rechte Laufflächenhälfte als getrennte Schallquelle behandelt und bewußt »falsch« gepolt. Diese günstige Phasenlage kann durch Verdrehen der beiden an

Aufstandsfläche: Schwingungen der Profilblöcke beim Einlauf in den Latsch und beim Verlassen der Aufstandsfläche müssen unterdrückt werden.

Profilbewegung: Beim Gasgeben wird das Reifengeräusch meist lauter, das resultiert insbesondere aus der Verkantung der Profilblöcke durch die Kraftübertragung auf der Antriebsachse.

● Offizielles Fahrzeug-Typprüfkriterium

- Derzeitiges Limit (Europa) : 77 dBA
- Tendenz : 75 dBA (wie bereits in der Schweiz)

● Meßverfahren: ISO 362

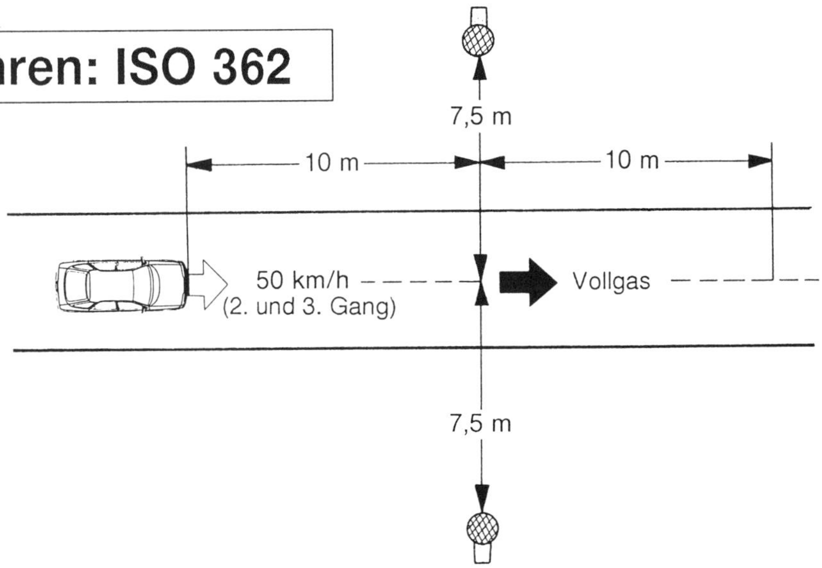

Geräusch-Messung: Das ISO-Meßverfahren für das Vorbeifahrgeräusch wird auch in der Reifenentwicklung eingesetzt. Die Automobilhersteller beurteilen unter anderem danach Reifen für die Erstausrüstungs-Freigabe.

Praxis: Für das ISO-Meßverfahren ist der Fahrbahnbelag exakt vorgeschrieben, um Vergleichbarkeit zu gewährleisten. Diese Prozedur ist allerdings nicht der Weisheit letzter Schluß.

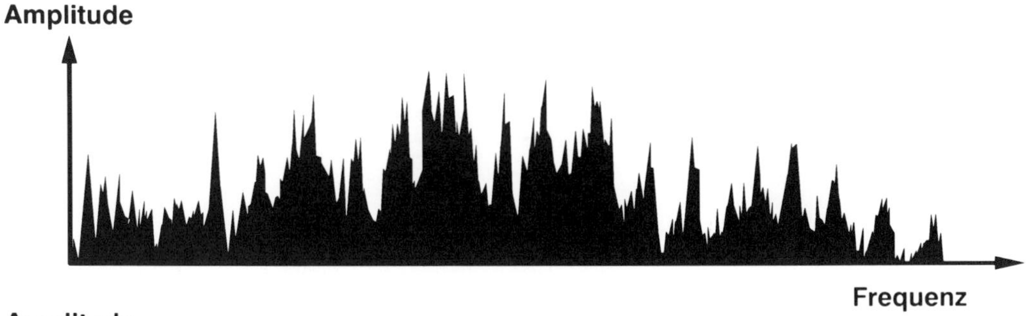

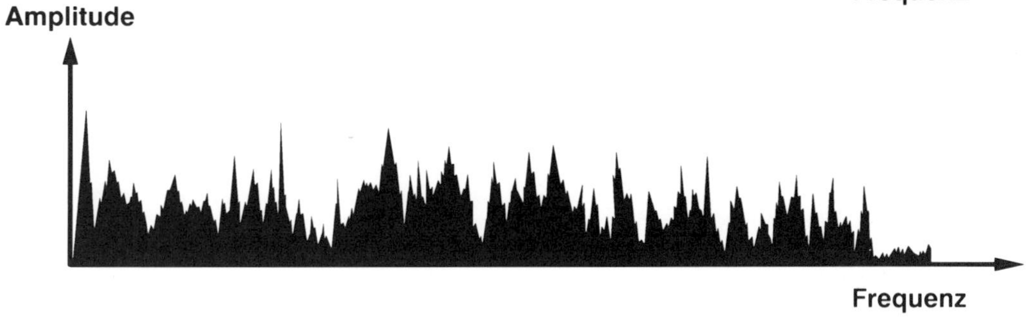

Messung mit Frequenz-Analyse: Das Abrollgeräusch des oberen Reifens ist im mittleren Frequenzbereich deutlich höher als beim (leiseren) Reifen unten.

sich symmetrischen Reifenhälften gegeneinander eingestellt werden.

Die Reifenindustrie hat in den vergangenen Jahren einen erheblichen Beitrag zur Verringerung der Geräuschemission geleistet. Und es wird, unter dem gegebenen Wettbewerbsdruck, aber auch angesichts der dringenden Forderungen der Automobilhersteller (leisere Autos) und des Gesetzgebers, weiter intensiv an der Absenkung der Reifengeräusche gearbeitet. Bei modernen Pkw-Reifen allerdings ist nach Auskunft von Fachleuten eine weitere drastische Geräuschsenkung nicht zu erwarten. Und: Akustisch bessere Fahrbahnbeläge bringen erheblich stärkere Effekte.

Geräuschmessung im Labor: Auf diesem Rollenprüfstand in einem schalltoten Raum lassen sich verschiene Meßverfahren und die Frequenz-Analyse durchführen.

Geräuschmessung beim Fahren: Der Dummy-Kopf enthält zwei Mikrofone, die mit einer aufwendigen Aufzeichnungs-Maschine verbunden sind.

Winterreifenentwicklung – kalt und heiß

Das Verständnis des Reifenprofils verlangt gewissermaßen dreidimensionales Denken. Ein Profilblock wird nämlich zunächst zwischen Fahrzeug und Straße geklemmt und von oben nach unten, in radialer Richtung, belastet. Beim Beschleunigen oder Bremsen zerren Umfangskräfte von vorn und hinten: Belastung in tangentialer Richtung. Und beim Kurvenfahren müssen auch noch Seitenkräfte verdaut werden: Belastung in lateraler Richtung. In der Praxis treten diese Kräfte und Belastungen natürlich nicht nacheinander, sondern in chaotischer Gemeinsamkeit und in Blitzesschnelle auf. Bei einer Fahrgeschwindigkeit von 100 km/h durchrast jedes Profilteilchen rund 900 mal pro Minute (15 mal pro Sekunde) die Aufstandsfläche und wird entsprechend oft »dreidimensional« durchgewalkt.

Erkenntnis: Das hübscheste Profilmuster ist keinen Pfifferling wert, wenn es nicht konstruktiv auf diese Streßsituation vorbereitet wurde. Denn sonst zerquetschen die Kanäle, die eigentlich das Wasser ableiten sollen; dann schließen sich die Lamellen, die eigentlich zusätzlich Haftung bieten sollten; dann wanken die Profilblöcke, die eigentlich für festen Kraftschluß sorgen sollten; dann tauchen die Kanten weg, die eigentlich die Traktion verbessern sollten – und so weiter. Erst wenn der Reifenkonstrukteur das dynamische Wechselspiel der Kräfte am rollenden Reifen kennt und berücksichtigt, dann erst kann er ein Profil-Grundmuster entwerfen und für den gewünschten Einsatzzweck optimieren – in enger Zusammenarbeit mit dem Chemiker und unter Einbeziehung des Reifen-Unterbaus.

Die relativ große Anzahl kleiner Blöcke macht den Winterreifen in seiner Aufstandsfläche flexibel, anpassungsfähig im wahren Wortsinn (Vorsicht: der Rollwiderstand funkt dazwischen, der steht auf weniger Flexibilität). Die Aufstandsfläche des Winterreifens muß sich Bodenunebenheiten anpassen und eine möglichst große Kontaktfläche herstellen. Nicht nur viel Gummi, sondern zahlreiche Kanten und Rillen berühren den Boden und pressen den Schnee zu einer Art Zahnschiene, die das Fortkommen erheblich erleichtert. Das Rezept der kleinen Blöcke und damit einer besseren Verzahnung geht allerdings

Winterreifen: Die Verzahnung des Reifenprofils mit dem Schnee wird sichtbar.

Winter-Oldie: Grob, laut, fragwürdige Fahreigenschaften.

Winter-Neuheit: Laufrichtungsgebunden, leise, wirksam.

nur bis zu einem gewissen Grad auf. Degradiert man die Blöcke zu kleinen Nippeln, dann sind sie ihrer dynamischen Belastung nicht mehr gewachsen. Sie kippen bei hoher Beanspruchung um, das ganze System bricht zusammen. Um das zu verhindern, ebenso wie das Verwinden der Blöcke und das Wegtauchen der Kanten, haben die Profilblöcke eine sehr kompakte Form. Die Schulterblöcke sind in Querrichtung noch massiver ausgelegt, da sie bei Kurvenfahrt den Löwenanteil der Seitenkräfte aufbringen müssen. Überdies gibt es beim modernen Winterreifen noch die Lamellen. Mit diesen meist quer verlaufenden Feineinschnitten werden die Blöcke noch weicher und anpassungsfähiger gemacht. Zudem werden weitere Kanten und Rillen ins Spiel gebracht. Vorteil: In Umfangsrichtung, beim Anfahren und Bremsen, öffnen sich die Lamellen und schaffen zusätzliche Traktion. In Querrichtung, beim Kurvenfahren, bleiben sie geschlossen, der Profilblock nahezu ein kompaktes Ganzes. Doch auch hier ist die Entwicklungsarbeit nicht so einfach, daß die maximal unterzubringende Lamellenzahl den maximalen Grip schafft. Zu stark aufgeweichte Blöcke verquetschen beim Fahren die großen Profilrillen und vermindern die Aqua-

Winter-Test: Prüfung von Traktion und Seitenführung.

Skigebiet: Nur gute Winterreifen bringen ans Ziel, im Ernstfall helfen zusätzlich Schneeketten. Sommerreifen sind unvernünftig und haben hier keine Chance.

planingsicherheit, von Handling und Abrieb ganz zu schweigen. Differenzierte Lamellentechnik also ist gefragt. Aber damit läßt sich ein Winterreifen-Profil noch keineswegs abhaken. Geräuschminderung wird verlangt. Alle Kanten quer zur Fahrtrichtung werden so abgewinkelt und angeordnet, daß sie niemals gleichzeitig, lautstark und in ganzer Länge aus der Aufstandsfläche heraustreten können. Die Lamellen, die beim Ausatmen gerne zischeln, werden durch Zwangsentlüftung zum Schweigen gebracht. Darüber hinaus gilt es noch einige andere Gebrauchseigenschaften zu optimieren: Geradeauslauf, Lenkpräzision, Abrollkomfort, Naßrutschfestigkeit, Abrieb – und so weiter.
Bei der Profilgestaltung liegt das Know-how der einzelnen Reifenhersteller weitestgehend offen, kann kopiert, imitiert, verbessert oder auch verschlimmbessert werden. Bei der Gummimischung ist das weitaus komplizierter. Durch die chemischen Reaktionen beim Heizen, dem Vulkanisieren des Reifens, gehen die Mischungsbestandteile neue Verbindungen ein, die sich auch vom Fachmann nicht ohne weiteres entschlüsseln lassen. Das Geheimnis der Laufflächenmischung bleibt gewahrt, beim Winterreifen ein besonders wichtiges Element. Tatsache allerdings ist, daß Naturkautschuk die Wintereigenschaften positiv beeinflußt. Der natürliche Baumsaft hat nämlich einen Gefrierpunkt von etwa minus 80 Grad, während der künstliche Kautschuk schon bei rund minus 50 Grad Celsius erstarrt. Auch im Bereich um den Gefrierpunkt, dem in unseren Breiten besonders kritischen Fahrbahnzustand, ist der Naturkautschuk immer noch deutlich weicher, anpassungs- und haftfähiger als Kunstkautschuk.
Kein Licht ohne Schatten: In Sachen Rutschfestigkeit auf Nässe und Abrieb hat der Naturkautschuk seine Probleme. Zur Verbesserung der Rutschfestigkeit wird das Naturprodukt deshalb mit hocharomatischen Ölen in seinem Verhalten gedämpft, die Haftung steigt, die Mischung wird weicher. Der Ruß bringt die nötige Strukturfestigkeit. Und der sorgt für eine unter dem Mikroskop deutlich sichtbare Mikro-Rauhigkeit. Sie gewährt eine gewisse Haftung auch noch auf festgefahrenem Schnee oder blankem Eis. Um den Abrieb zu zügeln, wird die Mischung noch mit einem speziellen, kältefesten Kunstkautschuk verschnitten. Er wirkt sich auch auf die Rutschfestigkeit positiv aus. Der in dieser Form optimierte Winterreifen wird ergänzt durch Typen mit höherer Geschwindigkeitskategorie, die auch höhere Temperaturen vertragen, aber aufgrund der veränderten Laufflächenmischung bei Schnee und Eis etwas weniger leisten.

Reifenentwicklung – wie es läuft

Schon recht frühzeitig beziehen Automobilhersteller einige Reifenproduzenten in die Neukonstruktion eines Modells mit ein. Denn der Reifen ist Bauteil des Fahrwerks, das den Kontakt zwischen Auto und Straße herstellt und deshalb bestmöglich zum Fahrzeug passen muß. Von seinen Kollegen aus der Fahrzeug-Industrie erhält der Reifen-Konstrukteur (genauer: der Entwicklungs-Chef des Reifenherstellers, hinter dem ein großes Team steht) die für ihn wichtigen Eckdaten des neuen Modells. Dazu gehören beispielsweise Radlast (Gewicht des Autos), Geometrie der Radaufhängung (Fahrwerkskonstruktion), Platzangebot der Radhäuser, Getriebe-Übersetzungen (für die Reifengröße wichtig, sie geht in die Gesamt-Übersetzung ein) und die zu erwartende Höchstgeschwindigkeit (sie bestimmt die Reifen-Geschwindigkeitsklasse). Diese Daten und die weltweit für Reifen gültigen Normen und Vorschriften (DIN, WdK, DOT, ETRTO, T.R.A., Erklärung siehe unten) setzen dem Reifen-Entwickler die Grenzen, innerhalb derer er sich mit seinem Produkt bewegen darf. Auch dann, wenn er keinen Reifen direkt für die Erstausrüstung oder für ein neues Automodell konzipiert.
Die Berechnungen für einen Reifen, die heute bei den

Computer-Simulation: Das Fahrverhalten eines Autos in Verbindung mit bestimmten Reifen läßt sich recht praxisnah darstellen.

Praxis-Test: Bis zur Produktionsfreigabe muß jeder Reifen harte und umfangreiche Prüfungen beim Reifenhersteller bestehen, die Automobil-Ingenieure prüfen nach ihren Vorgaben noch einmal.

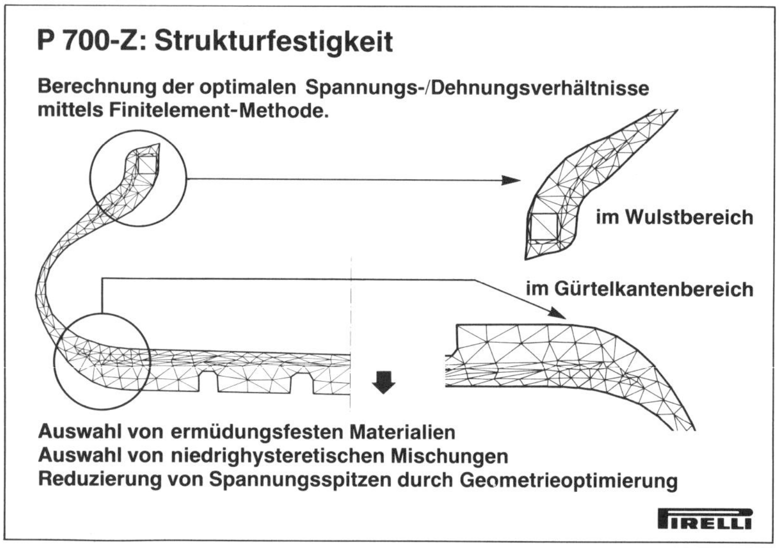

Rechen-Operation: Vor dem Bau des ersten Versuchsreifens sind Computer-Berechnungen unerläßlich.

Hand-Arbeit: Versuchsmuster für Praxistests erhalten meist handgeschnittene Profile.

Reifen-Meßwagen: Eine Opel-Konstruktion für Rollwiderstandsmessungen im Fahrbetrieb.

leistungsfähigen Herstellern immer ein Großcomputer übernimmt (Michelin etwa arbeitet mit dem Super-Computer Cray XP 14) beginnen mit den Festigkeitsträgern Wulstkabel, Karkasse und Gürtel. Diese Reifenbestandteile werden auch als Skelett bezeichnet. Die Ergebnisse dieser Berechnungen und die vorliegenden Erfahrungswerte bestimmen die Art der Reifenkonstruktion, die für einzelne Bauteile verwendeten Materialien und deren Verknüpfung untereinander.

Mit Hilfe der erwähnten Computer sind auch bei der Reifenentwicklung Simulationsmodelle üblich, die zeitraubende Verfahren während dieses Prozesses wesentlich reduzieren. Bei der Computer-Simulation ist es möglich, eine Situation im Reifen, während einer bestimmten Beanspruchung, Kurvenfahrt etwa, mehrfach zu wiederholen und genau definierte Momentaufnahmen eingehend zu betrachten. Dabei wird meist nach der Finite-Elemente-Methode (FE) verfahren, die einen Körper in ein Netzwerk kleiner Einzelteile zerlegt, wobei jedes Detail gesondert berechnet, überprüft und betrachtet werden kann, auch in Bewegung. Der Computer begleitet einen Reifen von der Entwurfsphase über die praktische Erprobung bis zur Fertigung. Beispielsweise kann auch eine Vielzahl von Laufflächenmustern und Profilelementen abgerufen und am Bildschirm auf ihre Eignung geprüft werden. Komplette Reifenmodelle sind für den Ingenieur aus jedem Blickwinkel und in allen Schnittpunkten zu betrachten. Die Berechnung der Aufstandsfläche – ein weiteres wesentliches Merkmal der Reifenkonstruktion – erfolgt ebenfalls mit einem dreidimensionalen FE-Modell. Verformungen des Latsches, die dabei auftretenden Kräfte und seine Größe lassen sich so bestens analysieren.

Die Auswahl der Gummimischungen ist der nächste Entwicklungsschritt. Bis zu 16 unterschiedliche Mischungen können sich in einem Pkw-Reifen befinden, deren Rezeptur ist immer streng gehütetes Geheimnis jedes Herstellers. Parallel zur Konstruktion des Reifen-Skeletts erfolgt die Entwicklung des Profils und der Laufflächenkontur. Ein entscheidender Abschnitt, denn hier wird das Gesicht des Reifens bestimmt und die Lauffläche muß vielen, sich teilweise widersprechenden Anforderungen gerecht werden. Hat man aus mehreren möglichen Varianten eine geeignete gefunden, können erste Versuchsreifen in Handarbeit und mit handgeschnittenem Profilbild hergestellt werden. Diese durchlaufen etliche intensive Tests in verschiedenen Labors und auf einem Versuchsgelände mit unterschiedlichen Prüf-Disziplinen, aber auch auf der Straße. Dabei werden die gewünschten Eigenschaften optimiert. Dieses Wechselspiel von Verbesserungen und Tests dauert geraume Zeit und erfolgt in gleicher Weise auch beim Automobilhersteller. Der gibt dann – hoffentlich – sein OK für das neue Produkt. Das heißt, der Reifen hat die technische Freigabe zur Montage auf dem neuen Modell, danach verhandeln die Kaufleute den Preis. Ist dieser akzeptabel, dann bekommt der Reifen

Contidrom Reifenversuchsgelände der Continental

Continental

Testgelände: Spezielle Prüfstrecken für verschiedene Reifen-Untersuchungen in der Praxis sind zwingend erforderlich und bei allen namhaften Reifenherstellern vorhanden. Auf öffentlichen Straßen ist ein Versuchsbetrieb heutzutage kaum möglich.

Hochgeschwindigkeitsoval
Länge: 2823 m

1 Sicherheitsbahn
2 Asphalt-Meßstrecke (500 m)
3 Beton-Meßstrecke (500 m)
4 Kopfsteinpflaster-Meßstrecke (500 m)
5 Wasserstrecke (150 m)
6 Komfort-Meßstrecke (500 m)
7 Bremsstrecken Asphalt und Beton

Kurvenstrecke
Länge: 2200 m

8 Wechselkurve
9 innen überhöhte Kurve
10 Paßstrecke
11 Hundekurve
12 Unterbrochene Hundekurve
13 Sprunghügel

Große Kreisbahn
Innendurchmesser 200 m

14 Fließwasserstrecke
15 Standwasserbecken

Kleine Kreisbahn
Innendurchmesser 55 m

Abwerfkreis
Innendurchmesser 50 m

Bremsprüfbahn
Länge: 750m

Gesamtfläche: 710000 qm

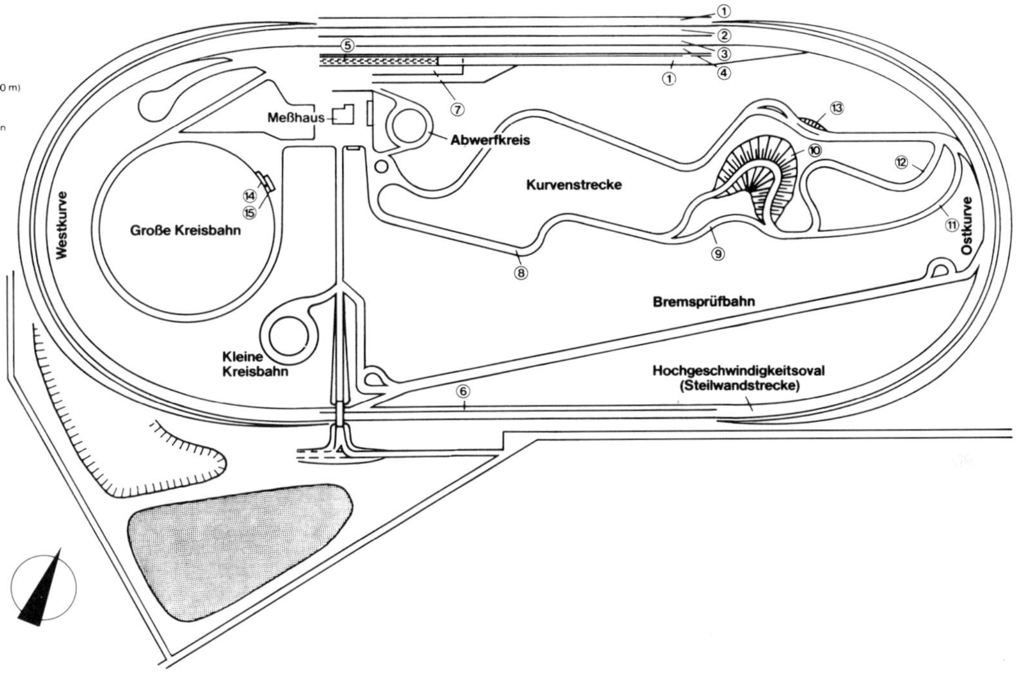

Aufwand und Methoden bei der Entwicklung und Freigabe von Pkw-Reifen

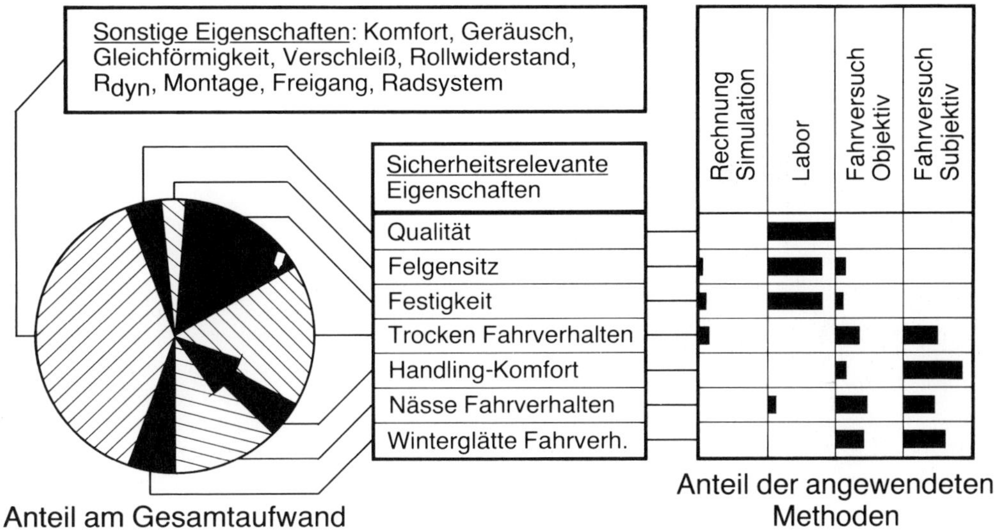

Erstausrüstungs-Freigabe: Jeder Automobilhersteller hat eigene Anforderungen und Vorstellungen zu den Reifeneigenschaften. Die Prüfungsverfahren sind teilweise ähnlich, teilweise recht unterschiedlich.

Beispiel für eine Testprozedur Pfützentest »Aquaplaning quer«

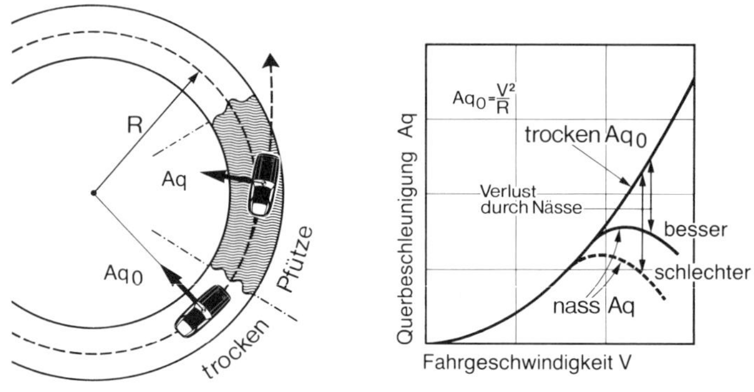

Testprozedur: Aquaplaning quer (in der Kurve) ist ein wichtiger Testabschnitt. Die Abweichung des Fahrzeugs vom Kurvenradius in Abhängigkeit von der Geschwindigkeit gibt Aufschluß.

Aquaplaning-Test: Bei definierter Wasserhöhe zeigen die im Auto installierten Meßgeräte die Einfahrgeschwindigkeit und die Abdrift auf.

auch die Erstausrüstungsfreigabe für die Serie.

Bei Michelin beispielsweise testen über 900 Mitarbeiter – Physiker, Chemiker, Akustiker und Ingenieure, Techniker und Fahrer – tagtäglich Reifen auf unterschiedlichste Art. 470 etwa sind im Dauertest engagiert, 370 arbeiten an Prüfständen und 120 beschäftigen sich ausschließlich mit dem Fahrverhalten. 27 Millionen Kilometer werden pro Jahr auf der Straße und den firmeneigenen Testgeländen in Ladoux (bei Clermont-Ferrand/Frankreich) und Almeria/Spanien, abgespult. 200 Millionen Kilometer sammeln sich jährlich auf den diversen Prüfständen (es gibt in Ladoux und Umgebung etwa 500 davon). Der Fuhrpark von Michelin enthält rund 400 firmeneigene Pkw aller Marken, hinzu kommen etwa 500 angemietete Fahrzeuge. Nebenbei: Auch etwa 200 Test-Lkw und gut 40 Motorräder gibt es. Bevor etwa der Serie 65-Reifen Michelin MXT der Öffentlichkeit präsentiert wurde, fanden nicht nur die umfangreichen internen Prüfungen statt, der Reifen legte zudem auf Fahrzeugen ausgesuchter Kunden weitere 16 Millionen Kilometer zurück. Ein Beispiel, das auch für andere große Reifenhersteller gilt, das Unsummen kostet und im Interesse der Produktqualität als unerläßlich gilt.

Eigene Prüfgelände (Teststrecken) die ständig für Neu- und Weiterentwicklungen gebraucht werden und die sogenannte Indoor-Tests ergänzen (Labors, Prüfmaschinen), haben unter anderem Conti (Jeversen bei Celle, das riesige Contidrom), Dunlop (Wittlich/Eifel), Goodyear (Colmar Berg/Luxemburg und Mireval/Frankreich für Europa), Kléber (Fontange/Frankreich), Michelin (Ladoux/Frankreich und Almeria/Spanien), Pirelli (Vizzola/Italien), Semperit (Traiskirchen/Österreich) und Uniroyal (Rocroi/Frankreich).

Auf den Prüfständen in den Labors unterliegen die Reifen einem Dauertest, der im wesentlichen drei Kriterien enthält:

- Materialermüdung mechanischer Art thermische Erkenntnisse (Temperaturen von 50 bis −40°C)
- chemische Reaktionen (z.B. Ozoneinwirkung, Salzsprühtests)

Die Tests, Prüfungen und Untersuchungen der Automobilhersteller sind ebenfalls hart, gründlich und gnadenlos. Ein Reifen der nicht besteht, muß überarbeitet und geändert werden oder er bekommt keine Freigabe. Besonders anspruchsvoll ist man bei sicherheitsrelevanten Kriterien – bei der Hochgeschwindigkeitsfestigkeit etwa (sie wird auf einem Rollenprüfstand ermittelt) oder beim Fahrverhalten. BMW zum Beispiel verlangt in der Freigabeuntersuchung teilweise, daß bei Fahrtests (Haltbarkeit) auf der Nürburgring-Nordschleife Rundenzeiten um oder unter 10 Minuten erreicht werden (vor einigen Jahren noch Rundenrekordzeit für etliche Rennwagen) und der Reifen diese Tortur auch noch mindestens 20 Runden (je 23 km) aushält. Die Zeitdifferenz pro gefahrene Runde darf dabei nur wenige Sekunden betragen. Es dürfen dabei keine Profilausbrüche oder sonstigen Schäden auftreten. Präzise Lenkreaktio-

Längs-Aquaplaning: Das Aufschwimmen des Reifens in Spurrillen und bei überfluteter Fahrbahn wird exakt gemessen und mit anderen Reifen verglichen.

nen, exzellente Seitenführung und problemlose Fahreigenschaften werden beim Handlingtest ebenfalls peinlichst überprüft. An Fahreigenschaften verlangt man, vor allem von einem Hochleistungs-Breitreifen, sowohl auf trockener wie nasser Fahrbahn:

- direkte Lenkansprache um die Mittellage der Lenkung
- gute Lenkrückstellung nach Lenkeinschlag
- präzise und rasche Reaktion auf Lenkbewegungen
- hohe Kurvenstabilität
- gutmütiges Lastwechselverhalten nach Gasentzug
- gute Kraftübertragung, hohe Traktion
- hohe Bremsleistung, geringe Blockierneigung
- geringe Pfützenempfindlichkeit
- hohe Aquaplaningsicherheit längs und quer (in Kurven)

Diese Eigenschaften werden auf speziellen Teststrecken (nicht auf der Straße) anhand von Messungen (Fahrzeit, Verzögerung, Aufschwimmgeschwindigkeit) und subjektiver Eindrücke der Versuchsfahrer geprüft und festgehalten. Insgesamt verlangen und untersuchen die Automobilfirmen etwa 50 exakt definierte Produkteigenschaften von Reifen.

Der Reifen-Hersteller kann nach Abschluß der Prüfungen, so er die Erstausrüstung geplant hat, an eine Serienproduktion des Pneus denken. Die pro Stück etwa 100000 Mark teuren Heizformen für die Vulkanisierung gehen in Auftrag, die Produktionsabläufe werden festgelegt. Letzte Station der Reifenherstellung (siehe dieses Kapitel) ist die Vulkanisationspresse. Druck, Temperatur und Zeit sind dabei entscheidende Faktoren und der Reifen erhält hier sein endgültiges Gesicht. Zudem wird erst in dieser Station des langen Produktionsablaufes aus den bisher plastischen Kautschuk-Mischungen der notwendige elastische Gummi und die einzelnen Bauteile verschmelzen miteinander. Es folgt eine abschließende Qualitätskontrolle.

Handling-Test: Bei nasser Fahrbahn, auch ohne Aquaplaning, muß der Reifen bis zum Grenzbereich für gut beherrschbares Fahrverhalten sorgen.

Bremsen auf Nässe: Die erreichbare Bremsverzögerung gibt ebenfalls Aufschluß über die Nässe-Qualität von Gummimischung und Reifenprofil.

Erklärung der Abkürzungen

DIN: Deutsche Industrie-Norm
WdK: Wirtschaftsverband der deutschen Kautschukindustrie
DOT: Department of Transportation (USA)
ETRTO: European Tyre and Rim Technical Organisation
T.R.A.: Tire and Rim Association (USA)

Reifenwahl – Spezialisten und Allround-Talente

Noch bis vor wenigen Jahrzehnten blieb der Autofahrer praktisch sich selbst und seinem Problem überlassen, wenn der Winter kam. Entweder schafften seine Diagonal-Sommerreifen die nächste Steigung oder er legte Ketten auf. Erst seit 1950 gibt es spezielle Matsch- und Schnee-Reifen (M+S). Die allerdings fanden vorerst nur zögerliche Verbreitung: es gab wenig Autos, die Reifen aber waren teurer und kaum wirkungsvoller als übliche Pneus. Zudem tauchte just in jenen Jahren ein Konkurrent auf, dessen Wintertauglichkeit zur Legende wurde, der damals exklusive Stahlgürtelreifen Michelin X. Der durchaus als Sommerreifen konzipierte Neuling verfügte vor allem aufgrund seines steifen Gürtels über eine seinerzeit geradezu sensationelle Wirkung auf Schnee. Er war dem ansonsten verfügbaren Diagonalreifen tatsächlich auch in dieser Disziplin überlegen. Ein Vorteil, der etliche Jahre galt und heute noch Grundlage für den weitverbreiteten Irrtum ist, mit einem Sommergürtelreifen sei der Winter kein Problem.

Die Verhältnisse haben sich seit 1950 grundlegend geändert: Ein Anstieg der Verkehrsdichte um das Zigfache, die erheblich gestiegenen Jahreskilometerstrecken pro Fahrzeug, das zunehmende Angebot leistungsstarker Automobile sowie ein gestiegenes Qualitäts- und Sicherheitsbewußtsein der Verbraucher – um nur einige Gründe zu nennen – haben zu völlig veränderten Anforderungsprofilen für Reifen geführt. Die Folge war eine zwangsläufige Spezialisierung der Produkteigenschaften und eine klare Zweiteilung nach Einsatzzweck in Sommer- und Winterpneus. Doch die Entwicklungsprioritäten unterliegen bei allen Reifenkategorien auch heute einem ständigen Wandel. Der Reifen als Konstruktionselement des Automobils muß sich dessen technischen Veränderungen anpassen – und den entsprechenden Forderungen der Autohersteller. Es bleiben aber – zur Freude der Reifenhersteller und der engagierten Autofahrer – auch noch Freiräume. Beispiele dafür liefern Pirelli als Breitreifen-Pionier, Goodyear mit der Ganzjahresreifen-Erstentwicklung oder Conti anhand der Vorstellung des AquaContact-Breitreifens mit zweigeteilter Lauffläche und großer Mittelrille.

Wie in den Kapiteln »Reifentechnik« und »Reifenentwicklung« ausführlich beschrieben, ist es für die Reifenhersteller außerordentlich schwierig und aufwen-

Sommerspezialisten: Bei hohen Temperaturen, forciertem Tempo, auf nasser wie trockener Fahrbahn schaffen Sommerreifen die besten Voraussetzungen für einen sicheren und problemlosen Fahrbetrieb.

dig, die zahlreichen Produkteigenschaften, die vom Reifen verlangt werden, unter einen Hut zu bringen, Stichwort: Zielkonflikte. Die sprichwörtliche eierlegende Wollmilchsau wird eine landwirtschaftliche Utopie bleiben; der Reifen, der allen Anforderungen voll gerecht wird, ein Wunschtraum von Werbetextern. Zwar hat sich die Entwicklungstechnologie insbesondere im letzten Jahrzehnt drastisch verbessert, wirkungsvolle Synthese-Kautschuke gibt es und hochwertige Materialien, Großcomputer mit enormen Rechenkapazitäten und eine immer raffiniertere Prüfmethodik, aber ein Reifen kann dennoch nicht gleich gute Kraftschlußwerte von minus 30 bis plus 50 Grad Celsius bieten. Und: Vom Reifen wird in der Bundesrepublik das weltweit höchste Leistungsniveau verlangt, dafür sorgt schon die Automobilindustrie.

Zukünftige Entwicklungen auf dem Reifensektor werden sich nach Meinung der Fachleute kaum in großen Schritten vollziehen, eher in der keineswegs revolutionären Verbesserung von wichtigen Details. Wobei allerdings immer wieder der »kybernetische Reifen« ins Gespräch kommt, dessen Kautschuk-Polymere sich (in gewissen Grenzen) selbständig und permanent den jeweiligen Fahrbahn-Bedingungen anpassen. Das würde mit einem Schlag zahlreiche Zielkonflikte sowie Entwicklungsprobleme lösen und der Autofahrer wäre eine Menge Sorgen los. Viel eher freilich ist mit der Einführung von Luftdrucküberwachungssystemen für Reifen zu rechnen. Etliche davon wurden schon vorgestellt, von Bosch, Michelin oder Porsche (im Modell 928 S4 bzw. dem 928 GTS ist es bereits Realität; siehe Kapitel »Markt und Trends«). Diese Systeme werden naturgemäß zunächst Automobilen der Oberklasse vorbehalten sein, doch, wie das ABS-Bremssystem, später auch bei Alltagsautos angeboten.

Zwischenstufe: Die grobstolligen Winterreifen der sechziger und siebziger Jahre hatten – im Vergleich zu heutigen Winterspezialisten – ein recht geringes Leistungsniveau. Die Spikes-Wirkung allerdings ist auf blankem Eis noch unerreicht.

Winterspezialisten: Bei tiefen Temperaturen, Matsch, Schnee und Eis sorgt der M+S-Reifen mit kältetauglicher Gummimischung und griffigem Profil für Traktion, Seitenführung und Spurhaltung.

Sommer-Spezialisten

Anfangs der 60er Jahre noch galt ein Mittelklasse-Pkw mit 1,5 Liter Hubraum und der Motorleistung von 55 kW/75 PS als ausgesprochen kräftig, gar sportlich. Ein Leistungspotential immerhin, das heute selbst von Kleinwagen locker geliefert wird. Zügige oder gar sportliche Fahreindrücke werden Mittelklasse-Automobilen derzeit erst dann zugeschrieben, wenn sie deutlich über 74 kW/100 PS aufbringen. Auch die Bandbreite der Auto-Modelle und der Leistungswerte ist entschieden größer, Großserien-Hersteller VW etwa liefert inzwischen eine Palette vom Polo mit 45 PS bis zum Corrado mit Sechszylinder-Maschine und 190 PS.

Der Pkw-Reifen hatte sich auf diese Leistungs-Eskalation einzustellen und er muß die komplette Bandbreite abdecken. Das bedeutet eine Unzahl von Reifen-Größen, -Ausführungen und -Kategorien und mindestens fünf Geschwindigkeitsklassen für Sommerreifen, von S (bis 180 km/h) bis ZR (über 240 km/h). Auch die Ansprüche an Fahrverhalten und Fahrsicherheit sind, zu Recht, gewaltig gestiegen. Ein Reifen, der vor 10 Jahren noch als Spitzenprodukt galt, hätte heute nicht die geringste Chance für die technische Freigabe eines europäischen Automobilherstellers. Tatsache ist zudem, daß die Produktzyklen (Neuvorstellungen) auch bei Reifen immer kürzer werden und – in der Regel – mit spürbaren Verbesserungen der spezifischen Eigenschaften verbunden sind.

Diese spezifischen Eigenschaften indes sind für den Betrieb unter sommerlichen Fahrbahnbedingungen ausgelegt: Trockene Straßen, Temperaturen über dem Gefrierpunkt, relativ hohe bis sehr hohe Geschwindigkeiten mit entsprechenden Temperaturbelastungen sowie feuchte und nasse Fahrbahnen. Dafür gilt es, Konstruktion und Materialien von Gürtel, Karkasse und Wulst zu optimieren. Vor allem aber ist eine den Verhältnissen angepaßte Laufflächen-Gummimischung dringend erforderlich. Deren Zusammensetzung und damit ihre Wirkungen in der Fahrpraxis werden umso spezifischer, je höher das Leistungsniveau des Reifens und die zulässigen Geschwindigkeiten sind.

Es kann keinen Zweifel daran geben, daß die Naßrutschfestigkeit von Reifen konstruktiv und in der Fahrpraxis hohe Bedeutung hat. Die Autoren haben die Reifentechniker von Uniroyal gebeten, die Verbesserungen in diesem Punkt bei Sommerreifen nachzuprüfen, Maßstab: 10 Jahre. Der Vergleich hat gezeigt, daß der Rallye 440 gegenüber seinem damaligen Vorgänger erhebliche Verbesserungen aufweist. Die geschwindigkeitsabhängigen Ergebnisse erbrachten schon bei 80 km/h eine Erhöhung der Naßrutschfestigkeit um 15 Prozent. Bei einer Vollbremsung aus 80 km/h heißt das, daß ein Fahrzeug mit der zehn Jahre alten Reifenkonstruktion etwa fünf Meter (!) weiter rutscht als ein modern bereiftes Auto. Das bedeutet konkret, daß das Fahrzeug mit den früher als hervorragend beurteilten Reifen noch mit gut 25 km/h Restgeschwindigkeit auf ein Hindernis

Anforderungsprofil Sommerreifen

Einsatz auf Asphalt/Beton

- Einsatztemperatur 0° bis +50° C
- Gute Straßenverhältnisse
- Hohe Geschwindigkeitstauglichkeit (S-, H-, V-, ZR-Reifen)
- Maximal mögliche Trockenhaftung
- Maximal mögliche Nasshaftung
- Aquaplaningfestigkeit
- Minimale Geräuschentwicklung auf typischen Straßenbelägen
- Komfort
- Hohe Laufleistung
- Höchste Lenkpräzision und Stabilität

PIRELLI

prallt, vor dem das neubereifte Auto noch zum Stehen kommt. Die Weiterentwicklung der Naßrutschfestigkeit ist damit deutlich genug, wobei berücksichtigt werden muß, daß sich gleichzeitig auch andere Reifeneigenschaften in diesem Zeitraum erheblich günstiger darstellen als zuvor.

Ein braver Alltagsreifen der Größen 155 R 13, 175/70 R 13 oder auch 185/65 R 14 mit den Speed-Limits S (bis 180 km/h) oder T (bis 190 km/h) verfügt, allein aufgrund seiner Gummimischung, durchaus über eine eingeschränkte Wintertauglichkeit. Bei Sommerreifen der Kategorie H (bis 210 km/h) wird die Angelegenheit wesentlich kritischer, bei V (bis 240 km/h) oder ZR (alles über 240 km/h) kann keine Wintertauglichkeit mehr vorausgesetzt werden. Das liegt zunächst an der schlichten Tatsache, daß derlei Pneus praktisch durchweg als mehr oder minder extreme Breitreifen produziert werden. Eine breite Aufstandsfläche aber reduziert den Flächendruck, was insbesondere auf Neu- oder Tiefschnee Nachteile bringt. Wesentlicher Faktor indes ist die für hohe Geschwindigkeiten und hohe Temperaturen ausgelegte Laufflächen-Mischung, die bei Kälte und Schnee schlicht versagt – keine Traktion, kein Grip, keine Seitenführung. Derartige Mischungen erreichen um den Gefrierpunkt ihre »Glastemperatur«, sie werden hart.

Die schmaleren Reifen in den Kategorien S und T, haben zwar keine derart »hochgezüchteten« Laufflächen-Mischungen, aber eine für den Sommerbetrieb optimierte. Damit sind in der Wintertauglichkeit auch hier erhebliche Abstriche zu machen, der Eiertanz auf Schnee ist weitgehend unvermeidlich. Tatsächlich müssen sämtliche Sommerreifen im Winterbetrieb bei der heutigen Verkehrsdichte als Sicherheitsrisiko eingestuft werden. Conti-Versuchsergebnisse zeigen, daß ein Sommerreifen auf winterlicher Fahrbahn im Vergleich zum Winterreifen bis zu 60 Prozent geringere Kraftschlußwerte hat. Wenn dabei das Auto überhaupt zum Fahren gebracht wird, bleiben Lenk- und Bremsmanöver weitgehend wirkungslos.

Die absolut im Trend liegenden Hochleistungs-Breitreifen, vornehmlich in den Geschwindigkeitsklassen V (bis 240 km/h) und ZR (über 240 km/h) verfügen häufig über laufrichtungsgebundene Profile, oft sichtbar pfeilförmig. Ein nicht unbedingt neues Profilkonzept, denn Conti-Produkte beispielsweise zeigten derartige Profilbilder schon 1928 und 1937. Was heute damit erreicht wird, ist in erster Linie eine raschere Wasserabführung mit höherer Aquaplaningsicherheit. Die leidet bei Reifen mit zunehmender Breite immer deutlicher – die Wasserkanäle zur Reifenschulter sind lang. Gegenmaßnahmen bestehen unter anderem in der sorgfältig ermittelten Anzahl und Konfiguration der Profilblöcke und -Rillen, was mitunter eben zum laufrichtungsgebundenen Reifen führt. Der Anteil des Profilnegativs (Rillen, Kanäle) wird stärker und ist im Vergleich zu schmaleren Reifengrößen deutlich größer. Auch die Reifenkontur und die konstruktiv beeinflußbare Bodendruckverteilung in in der Aufstandsfläche muß sorgfältiger ermittelt und optimiert werden als bei schmalen Größen. Denn eigentlich neigt der Reifen dazu, sich vor allem im

Reifen-Qualität: Die namhaften Reifenhersteller bieten heute Produkte an, deren Fahr- und Gebrauchseigenschaften vor wenigen Jahren noch unerreichbar schienen. Die konstruktiven Vorgaben zur Fahrsicherheit sind, wie beim Automobil, besser denn je. Es liegt am Menschen, die weitreichenden Grenzen zu erkennen und zu respektieren.

Schulterbereich abzustützen, während die Lauffläkchenmitte weniger Druck erhält. Ein Zustand, der bei Breitreifen prinzipiell stärker ausgeprägt ist und die Aquaplaningneigung noch mehr fördert. Dem muß mit entsprechenden Maßnahmen beim Profil, aber auch im Gürtel und Unterbau begegnet werden. Ein Reifen der mit zu geringem Luftdruck gefahren wird, hat übrigens auch diesen Effekt, die Laufflächenmitte wird gewissermaßen entlastet, wölbt sich gar etwas nach innen, Aquaplaning tritt früher auf.

Hochleistungs-Breitreifen wirken als technische Trendsetter, da der dafür erzielbare höhere Preis auch einen größeren Forschungs- und Entwicklungsaufwand und den Einsatz teurer Materialien rechtfertigt – aber auch notwendig macht. So wurde diese Reifenkategorie auch als erste mit zwei Laufflächenmischungen versehen. Die obere (Cap) sorgt vor allem für optimalen Grip auf der Straße, die untere (Base) ist härter und verbessert das Handling, die Lenkreaktionen. Außerdem ist die Base-Mischung in der Lage, die Profilrillen zur Wasseraufnahme und -Ableitung bei Nässe offenzuhalten.

Die Felgendurchmesser früherer Automobile waren grundsätzlich recht groß. Der Käfer lief auf Rädern im Durchmesser von 15 Zoll, sein Nachfolger Golf kam mit 13 Zoll aus. Die Gründe lagen in der Notwendigkeit, mit den damaligen Diagonalreifen eine ausreichende Tragfähigkeit zu gewährleisten. Tragfähigkeit aber ist sehr stark vom Volumen (und vom Fülldruck)

Drei Konzepte für Hochleistungs-Breitreifen: Oben der Uniroyal rallye 440, links der Dunlop D 40 M 2 (laufrichtungsgebunden) und rechts der Pirelli P Zero (asymmetrisch).

abhängig, je größer der Reifen, um so höher kann das Fahrzeuggewicht sein. Diese Voraussetzung gilt zwar heute noch, aber die modernen Stahlgürtel-Radialreifen und die dabei verwendeten Materialien lassen eine ähnliche Tragfähigkeit bei kleinerem Reifen zu. Überdies wurden die Reifen breiter, was das Volumen zwangsläufig ebenfalls erhöht. Selbstverständlich kann man einen relativ kleinen Reifen im Unterbau verstärken, damit wächst seine Tragfähigkeit (Beispiel: C-Reifen oder Reinforced-Typen bei Kleinbussen/Transportern), aber der Abrollkomfort leidet darunter. Eine für Pkw-Reifen nicht akzeptable Lösung.

Das heute feststellbare Anwachsen der Felgen- und damit Reifeninnendurchmesser hängt nicht unbedingt mit dem Wunsch nach höherer Tragfähigkeit zusammen (obwohl auch die bei einigen großen, schweren und schnellen Limousinen durchaus gewisse Probleme bereitet), sondern soll den Einbau größerer Bremsen ermöglichen. Daneben sind Felgendurchmesser von 17, 18 oder gar 19 Zoll natürlich auch ein Styling-Element und zudem bei extremen Breitreifen durch den notwendigen Abrollumfang in Verbindung mit flachen Reifenflanken (Serie 45, 40, 35) bedingt. Bremsanlagen mit größerem Scheibendurchmesser indes sind wirksamer und belastbarer, was angesichts der Leistungs-Eskalation bei Serien- und Tuning-Fahrzeugen auch dringend geboten ist. Insgesamt aber sind die wesentlichen Reifen-Eigenschaften für schnelle Automobile (Fahrverhalten, Tragfähigkeit, Hochgeschwindigkeitsfestigkeit, Komfort) ohne einigermaßen extreme Breitformate nicht realisierbar, der Breitreifen hat hier deshalb in erster Linie eine technische und erst danach eine optische Berechtigung. Er ist im oberen Automobil-Segment deshalb keine Mode-Erscheinung, sondern bittere Notwendigkeit.

Der Gesetzgeber und das gewachsene Umweltbewußtsein der Öffentlichkeit verlangen von den Automobilherstellern möglichst schadstofffreie, zumindest aber extrem schadstoffarme Modelle. Bei Verbrennungsmotoren hat der Katalysator eine kräftige Schadstoffreduktion erreicht, nicht beeinflußt davon ist allerdings der Ausstoß an Kohlendioxid (CO_2). Dieses für den Treibhauseffekt in der Erdatmosphäre mitverantwortlich gemachte Gas entsteht bei jeder Verbrennung fossiler Brennstoffe, im Automotor und in der Hausheizung. Je weniger verbrannt wird, um so geringer der Anfall von Kohlendioxid. Beim Auto würde eine Verbrauchsminderung mithin dieses Problem verkleinern. Selbstverständlich arbeiten die Autohersteller ständig an entsprechenden Triebwerken, aber sie verlangen auch dringend nach hilfreichen Reifenkonzepten. Weniger Rollwiderstand im Reifen reduziert auch den Kraftstoff-Konsum, allerdings nur geringfügig. Die Angaben dazu differieren, man kann jedoch etwa von einem Verhältnis 5:1 ausgehen. Fünf Prozent geringerer Rollwiderstand bringen demnach rund ein Prozent weniger Verbrauch.

Eine Absenkung des Rollwiderstandes um fünf Prozent aber ist bei heutigem Stand der Reifenentwicklung enorm viel. Und extreme Breitreifen der oben beschriebenen Art gehen zwar an die Grenzen des technisch Möglichen, aber nicht unbedingt beim Rollwiderstand. Zumal breite Formate immer auch mit einer ebenfalls verbrauchswirksamen Erhöhung des Luftwiderstandes verbunden sind. Und das Auto wird, bei nachträglicher Umrüstung, langsamer: Die Montage der Dimension 205/50 R 15 auf Felge 7 J x 15 brachte bei einer Vergleichsmessung gegenüber 185/60 R 14 auf Rädern in 6 J x 14 beim Golf 2 (GTI 16V) eine Reduktion der Höchstgeschwindigkeit um exakt 10 km/h.

Der Leichtlauf-Reifen, im Rollwiderstand konsequent optimiert, wäre zwar machbar, aber reichlich problematisch. Es gab derlei Konzepte für Pkw schon in Zeiten der Ölkrisen und es gibt sie bei Lastwagen-Reifen. Ein derartiger Pneu wird steifer, was entsprechende Maßnahmen im Unterbau besorgen. Darunter freilich leidet der Abroll- und Fahrkomfort deutlich. Die Laufflächenmischung eines extrem rollwiderstandsarmen Reifens gar widerspricht den heutigen Vorstellungen von Fahrsicherheit eklatant: Auf feuchter und nasser Straße wird der Grip miserabel, der Reifen rutscht in Kurven früher und beim Bremsen wesentlich länger. Es bleibt den Reifenherstellern dennoch keine Wahl, bei Neuentwicklungen müssen sie noch stärker als bisher auf eine Absenkung des Rollwiderstandes achten, daß dabei andere Reifenei-

Breitreifen-Aufstandsfläche: Je breiter der Reifen, um so schwieriger wird die Wasserableitung auf nasser Fahrbahn. Mit schwindender Profiltiefe wird die Situation noch prekärer.

genschaften leiden, ist wohl unvermeidlich. Es bleibt den Reifentechnikern überlassen, vertretbare Auswege aus diesem Dilemma zu finden. Beispiel: Da Kunststoffe wie Aramid (Kevlar) bei geringerem Gewicht gleiche oder bessere Festigkeit besitzen als Stahl, ist der stärkere Einsatz von Kunststoff-Gürtelmaterial bei rollwiderstandsoptimierten Reifen zu erwarten.

Winter-Spezialisten

Extremster Vertreter dieser Gattung ist der Winterreifen mit Spikes. Er kam Anfang der sechziger Jahre auf den Markt und wurde 1975 in der Bundesrepublik per Gesetz verboten. Andere Länder, vor allem skandinavische, lassen bislang eine weitere Verwendung mit Einschränkungen zu. Die Spikesreifen der ersten Jahre zumindest waren im Grunde eine Zumutung – von Fahrkultur keine Spur. Und ihre Wirkung im Tiefschnee sowie auf lockerem Neuschnee hielt sich, dem damaligen Entwicklungsstand entsprechend, sehr in Grenzen. Auf Eis und festgefahrener Schneedecke freilich konnten sie einen entscheidenden Vorteil ausspielen: die Spikes, die in die harte Oberfläche eindrangen, sorgten für Seitenführung und Traktion. Diese mechanischen Traktionshilfen aber beschädigten auch erheblich die Straßenoberfläche. Besonders auf Autobahnen bildeten sich sogenannte »Spikesrillen«, gefährliche Wassersammelbecken, die bei Regen wiederum die Gefahr von Aquaplaning erheblich anwachsen ließen. Ein einsehbarer Grund für das Spikesverbot bei uns.

Im Laufe der Spikesentwicklung wurden die Laufflächenmischungen (teilweise wurden unveränderte Mischungen von Sommerreifen verwendet) besser und schneetauglicher, die Profile unterlagen ebenfalls einer gewissen Optimierung. Die Spikes gerieten kürzer, erhielten eine definierte Abnutzung, beschädigten die Straßen damit weniger, aber ihre Wirkung auf Eis nahm eben auch etwas ab. Was Spikeswirkung bedeutet, demonstrierte am auffälligsten der legendäre finnische Rallye-Reifen Hakkapeliitta, dessen 500 weit hervorstehende Pyramiden-Spikes auf entsprechend vereisten Rallye-Sonderprüfungen extrem wirkungsvoll waren und der von den Cracks überaus geschätzt wurde.

Die Not der Reifenentwickler durch das Spikesverbot war groß, unmittelbare Abhilfe nirgendwo in Sicht. Mitunter versuchte man verzweifelt, sich doch irgend eine mechanische Traktionshilfe zu verschaffen, etwa mit dem »Winter Winner« bei Dunlop. Er hatte in die Lauffläche eingesetzte, senkrecht stehende Stahldrähte mit einer Art Bürstenwirkung – längst Geschichte. Oder man arbeitete an Konstruktionen mit kleinen Löchern in der Lauffläche, denen auf Eis eine gewisse Saugnapfwirkung zugesprochen wurde – längst passé. Den heißesten Hit indes landete Metzeler mit dem »Haftreifen«, der neuen spikelosen Winterreifen-Generation. Sein besonderes Kennzeichen war eine auffallend blaue Lauffläche, der denn auch phänomenale Wintertauglichkeit nachgesagt

Anforderungsprofil zentraleuropäischer Winterreifen

Einsatz auf trockener und nasser Straße mit zeitweiliger Auflage von Eis, Schnee und Matsch.

- Einsatztemperatur – 20° bis + 15° C
- Hohe „Geschwindigkeitstauglichkeit“
- Gute, zeitweise mäßige Straßenverhältnisse
- Gute Trockenhaftung
- Gute Nasshaftung
- Traktion auf Schnee und Eis
- Matschgängigkeit
- Aquaplaningtüchtigkeit
- Minimale Geräuschentwicklung
- Komfort
- Lenkpräzision und Stabilität
- Laufleistung

PIRELLI

Tiefschnee: Nur der gute Winterspezialist läßt hier noch eine ausreichende Kraftübertragung zu. Unter diesen Bedingungen bewährt sich, wie auf Matsch, insbesondere das schmale Winterreifen-Format.

Anforderungsprofil extremer Winterreifen

Einsatz über mehrere Monate auf festgefahrener Schnee- und Eisunterlage und zeitweise lockerer Schneeauflage.

- Einsatztemperatur: – 40° bis +5° C
- Unregelmäßige „schlechte" Straßenverhältnisse
- Traktion auf Eis (+ Spikes!)
- Traktion auf festgefahrenem und lockerem Schnee, auf Steigungen, beim Anfahren und Bremsen.
- Matschgängigkeit

PIRELLI

wurde. Ein cleverer Werbetrick, denn die meisten damaligen »Haftreifen« hatten in der Lauffläche einen hohen Anteil an Kieselsäure (und wenig oder keinen Ruß), aber Metzeler färbte sie ein und erhielt damit einen hohen Aufmerksamkeitswert. Kieselsäure ist in Winterreifen-Laufflächen immer noch enthalten, aber sehr beschränkt, denn der damals hohe Anteil ließ keine vernünftigen Laufleistungen zu.

Der Winterreifen-Verkauf ließ zunächst erheblich nach, das Vertrauen der Autofahrer in den spikelosen Winterreifen war gering: 1971 hatten Winterreifen einen Anteil von 41,8%, 1977 nur noch 25,8% und 1982 schon wieder 33,2%. Auch der Anteil an (Sommer-)Gürtelreifen nahm zu (1976: 85,6%) und der war ja »ohnehin wintertauglich«. Ganz interessant ist in diesem Zusammenhang auch eine Michelin-Statistik, die auf einer Umfrage im Winter 81/82 basiert, in ihrer grundsätzlichen Verteilung nach nördlichen und südlichen Bundesländern aber sicher noch heute gültig ist. Nach dieser Umfrage waren während der Winterperiode nördlich der Mainlinie unter den gefahrenen Reifensorten rund 11% Winterreifen zu finden (Harz 28,1%, Sauerland 36,6%), während im Süden immerhin 53,6% mit Winterreifen fuhren.

Inzwischen machten die Reifenentwickler, insbesondere Chemiker, Mischungsspezialisten und Profildesigner, ihre Hausaufgaben. Den endgültigen Durchbruch des modernen Winterreifens schafften tatsächlich wintertaugliche Laufflächenmischungen (mit beschränkter Wirkung auf Eis) und die Lamellentechnik, 1982 beim Michelin X M+S 100 erstmals vorgestellt. Lamellen freilich, feine Einschnitte im Reifenprofil, gab es schon vorher, nur Michelin realisierte ihre funktionsgerechte und vor allem konsequente Anwendung für optimale Wirkung bei winterlichen Fahrbahnverhältnissen. Bei einem Reifen der Dimension 175 R 14 beispielsweise fanden sich, quer zur Laufrichtung, über 2270 Lamellen. Damit wurde eine Menge zusätzlicher Eingriffs- und Verhakungskanten in der Reifenaufstandsfläche geschaffen, die Wirkung des Reifens auf Schnee und auch Eis deutlich höher als bei anderen Profilen.

Die Konzentration der Reifenhersteller auf möglichst exzellente Winterreifen-Eigenschaften bei Schnee (wobei es eine Vielzahl von Schnee-Arten gibt) und akzeptable Werte auf Eis (auch Eis ist unterschiedlich griffig, aber extrem gefährlich um 0 Grad), war bis Mitte der 80er Jahre überdeutlich. Üblich waren die beiden Geschwindigkeitsklassen Q (bis 160 km/h) und T (bis 190 km/h). Dann aber tauchten Winterreifen der Version H auf (bis 210 km/h), um speziell den Eignern schneller Fahrzeuge und ihren Ansprüchen gerecht zu werden. Ein Zugeständnis an häufige Fahrten auf schneefreier Autobahn, bei besseren Nässeeigenschaften und höherer Fahrstabilität, verbunden mit durchaus wirkungsvollen, aber im Niveau

Alternative: Nach Verbot der Spikes 1975 suchten die Reifenentwickler fieberhaft nach Ersatzlösungen. Dunlop präsentierte den »Winter-Winner« mit Stahldrähten in der Lauffläche zur besseren Haftung auf Eis, er konnte sich nicht durchsetzen.

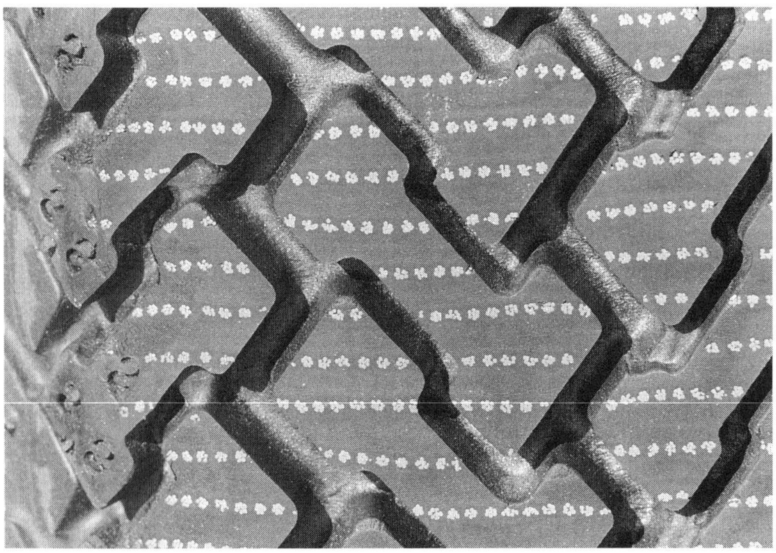

Winterfahrt: An verschneiten Steigungen ist der Sommerreifen, insbesondere der Hochgeschwindigkeits-Breitreifen, völlig überfordert. Für die Bewohner schneereicher Regionen schafft nur der wirksame Winterspezialist sichere Mobilität.

Lamellen-Reifen: Michelin verwirklichte beim X M+S 100 und 300 konsequent die Lamellen-Technik. Statt grober Profilierung schaffen zahlreiche kleine Einschnitte in den Profilblöcken Eingriffskanten für die Traktion im Schnee.

reduzierten Wintereigenschaften für den Ernstfall. Die im Kapitel »Reifenentwicklung« aufgeführten Zielkonflikte werden hier besonders deutlich. Eine extrem nässefreundliche Gummimischung nämlich ist im Winter weitgehend untauglich und umgekehrt. Die Winterreifen-Entwicklung tendiert heute eher zur Anhebung der Rutschfestigkeit bei Nässe und besserer Fahreigenschaften, wobei man versucht, die eigentlichen Wintereigenschaften auf dem erreichten Niveau zu halten.
Ein guter Winterreifen hilft, etwa auf einer verschneiten Steigung, schon beim Anfahren. Während der Sommerreifen in dieser Situation rasch durchdreht (Fachbegriff: Schlupf) und keine Antriebskraft mehr überträgt (ein mieser Winterreifen reagiert ähnlich), tritt beim guten Winterreifen erst später Schlupf auf. Er kann selbst bei durchdrehenden Rädern noch Traktion aufbauen, und somit das Auto dank der kombinierten Wirkung spezieller Lamellen-Winterprofile und kältetauglicher Gummimischungen bewegen. Auch gute Winterreifen haben heute kein grobstolliges Profil mehr, sie sind damit recht leise und haben sich auch in den Fahreigenschaften auf schneefreier Straße stark dem Sommerreifen angenähert. Auch die Laufleistung (Lebensdauer) von Winterpneus hat entschieden zugenommen. Damit entfallen wesentliche Gründe für den Verzicht auf Winter-Spezialisten. Wichtige Tips im Umgang mit Winterreifen offeriert das Kapitel »Fahrpraxis«.

Klassiker: Einer der letzten Winterreifen der alten Generation mit Spikes, gekennzeichnet durch geringen Spikes-Überstand und wenig Nägel.

Neuzeit: Einer der ersten Winterreifen mit laufrichtungsgebundenem Profil und Speed-Index H (bis 210 km/h zugelassen).

Winterreifen-Versuche: Zugkraftmessungen (links) und Fahrversuche auf unterschiedlichen Steigungen und Strecken sind notwendig. Ergänzt werden diese Tests auf Schnee und Eis mit Prüfungen auf Nässe und trockener Fahrbahn.

Winterreifen-Entwicklung

Dunlop M+S
- Klassischer Diagonal-Winterreifen mit Greifklauenprofil

1962

Dunlop SP M+S
- Klassischer Radial-Winterreifen mit Greifklauenprofil
- Textilgürtel
- bis 160 km/h

1965

Dunlop SP Eis
- Klassischer Radial-Spikereifen mit Greifklauenprofil
- Textilgürtel
- bis 160 km/h (ab 1971 beschränkt auf 100 km/h, ab 1975 in Deutschland verboten)

1965

Dunlop SP 66
- Radial-Winterreifen mit besonders hohem Profil und kälte-elastischer Haftmischung
- Stahlgürtel mit Nylonabdeckung
- bis 160 km/h "Q"
- bis 190 km/h "T" (ab 1980)

1974

Dunlop SP Sport Winter M+S
- Breitreifen für schnelle Fahrzeuge
- Gefalteter Stahlgürtel
- bis 190 km/h "T"

1979

Dunlop SP 88 M+S Dunlop SP 88 Sport M+S
- Haft-Lamellenreifen mit thermoelastischer Mischung.
- Stahlgürtel mit Nylonabdeckung
- bis 160 km/h "Q"
- bis 190 km/h "T"

1983/84

Dunlop SP Winter Sport
- Lamellen-Breitreifen für Hochleistungsfahrzeuge
- Stahlgürtel, H-Version in Faltkonstruktion
- bis 190 km/h "T"
- bis 210 km/h "H"

1987

Dunlop SP Winter
- Lamellenreifen mit thermoelastischer Mischung
- Stahlgürtel mit Nylonabdeckung
- bis 160 km/h "Q"
- bis 190 km/h "T"

1988

Allround-Talente

Der von Goodyear eingeführte Allwetter-Reifen ist eigentlich die ideale Reifenversion – jahreszeitlicher Wechsel wird überflüssig, der Wunschtraum des Autofahrers schlechthin. Gewisse Einschränkungen allerdings, auch in den Gebrauchseigenschaften, sind schon vorhanden. Alles andere wäre ein Wunder. Und die Ganzjahresreifen-Hersteller zumindest könnten die Produktion ihrer hochwertigen Sommer- und Winterspezialisten komplett einstellen. In den USA wurde der Ganzjahresreifen »Tiempo« bei seiner Vorstellung 1977 von den Reifenfachleuten nicht nur belächelt, sondern lautstark ausgepfiffen. Angesichts der schon bei Sommer- oder Winterreifen vielfältigen Zielkonflikte und Entwicklungsprobleme eine verständliche Haltung. Ähnlich erging es dem in der Bundesrepublik 1980 präsentierten Goodyear All Weather. Er wird noch angeboten, hat aber inzwischen den Nachfolger Vector erhalten, eine weitere Neuentwicklung steht in den Startlöchern. Auch Dunlop brachte 1989 einen Ganzjahresreifen auf den Markt, den All Season. Überdies bieten noch Toyo und Goodrich Ganzjahresreifen an. Die übrigen Reifenhersteller halten sich noch etwas zurück, sind aber durchaus in der Lage, bei Bedarf relativ kurzfristig derartige Reifen auf den Markt zu bringen. Die Verkaufszahlen sind derzeit nicht gerade überwältigend hoch, sicher auch durch ein schlichtes Informationsdefizit bei den Autofahrern.

Bei allen Vorbehalten aus Fachkreisen (sie wurden

Symbolik: Hinweis an der Seitenwand für die Allwetter-Tauglichkeit von echten Ganzjahresreifen.

Dreiergruppe: Links der Sommer-, rechts der Winter-Spezialist. Der Ganzjahresreifen ist ohne Rücksicht auf Wetterbedingungen und Jahreszeit fahrbar, erreicht allerdings nicht ganz das Leistungsniveau der beiden Spezialisten.

längst leiser und differenzierter) am Ganzjahresreifen-Konzept ist festzuhalten, daß in den USA mittlerweile drei Viertel aller Pkw mit Allwetter-Reifen bestückt sind. Und in der Bundesrepublik hat diese Spezies nicht nur einen wachsenden Markt, sie wird sogar von Automobilherstellern akzeptiert. Audi, ansonsten für hohe Ansprüche bei Erstausrüstungsfreigaben bekannt (und von den Reifenherstellern gefürchtet), liefert bestimmte Ganzjahresreifen ab Werk nicht nur für allradgetriebene quattro-Modelle, sondern auch bei den Fronttrieblern. Ein Hinweis immerhin darauf, daß der Reifen für alle Tage und Jahreszeiten in seiner konsequent entwickelten Form keine miserable Lösung sein kann.
Wie neutrale Tests zeigen – die Autoren dieses Buches haben den ersten Vergleichstest Sommer-/Winter-/Ganzjahresreifen organisiert und durchgeführt – können sich die bislang von Goodyear und Dunlop angebotenen Produkte gegen Spitzenreifen der einen oder der anderen Sorte durchaus sehen lassen. Ganzjahresreifen allerdings erreichen in keinem Fall das hohe Niveau an Fahreigenschaften auf trockener und nasser Fahrbahn oder auf Schnee, wie die jewei-

Wintereinbruch: Selbst für Fahrten im Flachland wird der Sommerreifen zum Sicherheitsrisiko. Der Ganzjahresreifen verlangt keinen Räderwechsel und bietet auch unter diesen Umständen eine wirksame Kraftübertragung.

Wintereignung: Echte Ganzjahresreifen wie der Goodyear Vector haben an der Seitenwand das M + S-Zeichen, sind also offiziell als Winterreifen zugelassen.

ligen Spezialisten erster Güte. Die Summe der Eigenschaften von guten Allwetter-Reifen läßt sich etwa im vorderen Mittelfeld einordnen, das heißt, daß es sowohl ausgesprochene Sommer- als auch Winterreifen gibt, die weniger leisten.
Ganzjahresreifen als Mittelweg eignen sich insbesondere für Autos mit geringer Jahreskilometerleistung, guten Wintereigenschaften (Allradantrieb, Frontantrieb) und begrenzter Motorleistung (bis etwa 100 PS). Dunlop und Goodyear bieten ihre Ganzjahresreifen vor allem im Geschwindigkeitsbereich T (bis 190 km/h) an. Fahrzeuge die schneller sind, scheiden also aus. Es ist allerdings damit zu rechnen, daß auch qualitativ hochwertige Ganzjahresreifen in H (bis 210 km/h) auf den Markt kommen und in einer relativ breiten Dimensionspalette zu haben sind.
Die neue Reifengattung hat zweifellos ihre Berechtigung. Bei ihr wurde der technische Kompromiß weiter verfeinert und auf die Spitze getrieben. Wer an die Fahreigenschaften seines Autos hohe Ansprüche hat, beste Nässeeigenschaften sucht und exzellentes Handling, muß sich zweifellos weiterhin an den Spitzenprodukten des Sommerreifen-Marktes orientieren. Für Automobile, die Reifen im H- oder gar V- und ZR-Bereich benötigen, kommen die bisherigen Allwetter-Reifen ohnehin nicht in Frage. Wer optimale Fahreigenschaften, hohe Traktion und Sicherheit auf Schnee will oder haben muß, sollte sich mit den Spitzenkönnern des Winterreifen-Marktes befassen. Für Flachland-Bewohner freilich, die im Zweifelsfall ihr Auto stehen lassen können und sich bislang mit Sommerreifen mehr schlecht als recht durch den Winter geschlichen haben, schafft der Ganzjahresreifen eine entscheidende Sicherheitsreserve. Sie kostet zudem weniger als jeder leichte Blechschaden. Allwetter-Reifen sind demnach nicht das Ei des Kolumbus, sondern eine vernünftige Alternative mit dem Angebot höherer Fahrsicherheit für bestimmte Gruppen von Autofahrern und Automobilen.

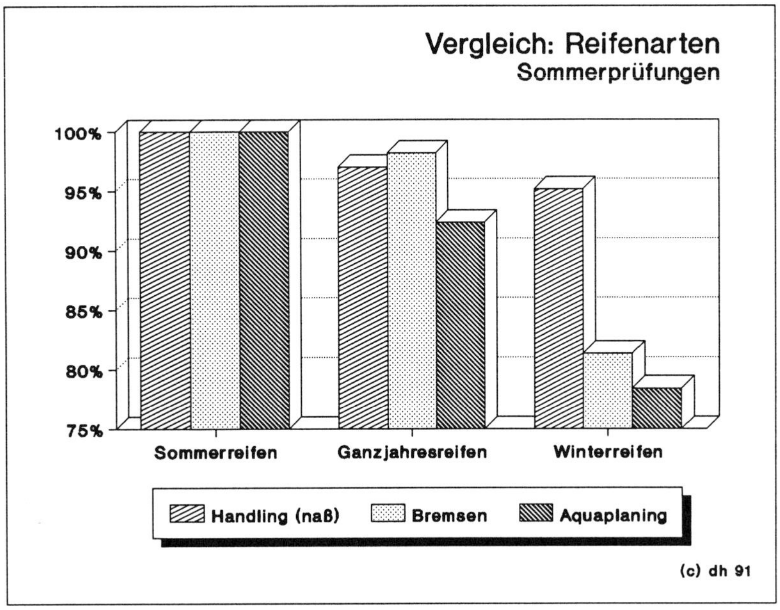

Testergebnis Sommervergleich: Das Fahrverhalten auf nasser Fahrbahn, Bremsen auf Nässe und Aquaplaning-Messungen der beiden Allwetter-Reifen, verglichen mit je einem exzellenten Sommer- und Winter-Spezialisten. Auch hier zeigen die Ganzjahresreifen respektable Leistungen.

Testergebnis Wintervergleich: Ganzjahresreifen der zweiten Generation (Dunlop All-Season und Goodyear Vector) wurden mit einem Sommer- und einem Winterreifen der Spitzengruppe verglichen. Das Ergebnis zeigt ein bemerkenswertes Leistungsniveau der Allwetter-Pneus auf Schnee.

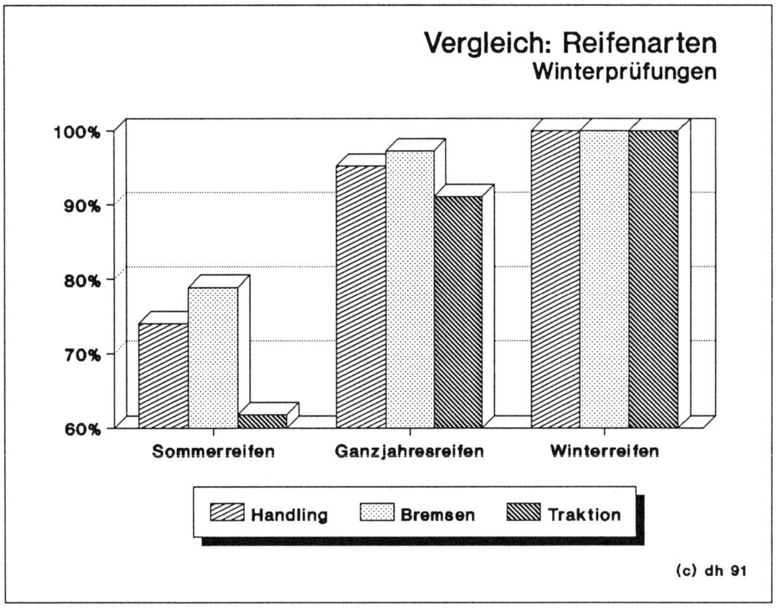

Nächster Schritt: Der seit Herbst 1991 in einigen Größen angebotene Ganzjahresreifen Goodyear Eagle GT+4. Er wird mit dem Speed-Index T (bis 190 km/h) und H (bis 210 km/h) geliefert.

Schneeketten

Extreme Schnee- und Streckenbedingungen sind auch mit wirksamen Winterreifen gelegentlich nicht mehr zu bewältigen. Schneeketten sind dann die letzte Möglichkeit, um voranzukommen. Die einschlägige Auswahl ist umfangreich und enthält deutliche Preisunterschiede. Tatsächlich muß für ein- oder zweimal im Jahr nicht unbedingt die hochwertigste und teuerste Schneekette gekauft werden, billigere Produkte erfüllen auch ihren Zweck. Wobei die für Ketten angebotenen Stahlsorten durchaus mehr oder weniger haltbar sind, teurere Produkte halten zweifellos länger, sind eher für einen Dauereinsatz geeignet. Rostfrei freilich ist keine Kette, auch wenn sie aus Edelstahl gefertigt wird. Nach den Umfragen von Kettenherstellern wird heutzutage Qualität verlangt.
Schnellmontage beispielsweise, eine wohl selbstverständliche Forderung, die von fast allen Kettenfabrikaten erfüllt werden kann. Was den Ungeübten dennoch nicht der dringenden Empfehlung enthebt, sich zu Hause in einem Trockenkurs die richtigen Griffe anzueignen. Dann ganz so locker und problemlos, wie die Kettenhersteller in Ihren Prospekten versprechen, ist die Montage keineswegs. Vor allem unter widrigen Umständen wie Nässe, Kälte, Tiefschnee und Dunkelheit kommt rasch Unmut auf.
Die konstruktiven Merkmale heutiger Ketten-Netze reichen vom ganz simplen Leiterketten-Muster (nur Querstege, keine Seitenführung, nicht empfehlenswert) über Spurkreuz-Ketten bis zur aufwendigen

Spike-Kette: Eine moderne und wirklich schnell montierbare Schneekette, trotz Spikes zugelassen.

Klassische Kette: Fälschlicherweise montiert auf einem Sommer-Breitreifen. Schneeketten sind kein Winterreifen-Ersatz! Problem: Die kettenlosen Sommer-Reifen können keine Kräfte übertragen.

Stahl-Kunststoff-Kombination mit Spikes. Diese neuere Entwicklung, inzwischen nicht nur von den Großen der Branche angeboten (RUD und Erlau), macht durchaus Sinn. Im Gegensatz zu den Spikereifen vergangener Tage sind nämlich Spike-Ketten in der Bundesrepublik zugelassen und können im üblichen Rahmen gefahren werden. Während konventionelle Ketten auf Eis und festgefrorener Schneedecke nur wenig oder keine Wirkung zeigen, liefern die Spike-Ketten auch hier Traktion und Seitenführung. Der Trend zur fülligen Sommerbereifung ist den Kettenherstellern keineswegs verborgen geblieben, man bietet auch für extreme Reifenformate passende Typen an. Wobei die Kombination Sommerreifen/Schneekette zwei erhebliche Probleme aufwirft. Zum einen ergeben sich aus der Tatsache, daß die beiden nicht angetriebenen Räder mit Sommerreifen auch keine Ketten haben, äußerst instabile Verhältnisse. Die Reifen haben praktisch keinen Grip, sie blockieren beim Bremsen sofort und sie haben keine Seitenführung. Äußerst vorsichtige Fahrweise ist gefordert. Die Kette kann hier nur noch als Traktionshilfe zur Überwindung einer Steigung dienen. Längere Fahrten im Schnee sind nicht zu empfehlen. Bei der zusätzlichen Kettenbestückung von Winterreifen ist dieses Problem bei weitem nicht so gravierend. Der zweite fragwürdige Punkt der Kombination Breitreifen/Kette ist die Tatsache, daß das Reifenformat in vielen Fällen gar keine Kettenmontage erlaubt. Es fehlt am Platz zwischen Rad, Karosserie und Fahrwerksteilen (siehe Kapitel »Räderumrüstung«). Dies gilt meist auch für Breitreifen ab Werk. Auskünfte darüber liefern die Betriebsanleitung oder die Kundendienstabteilungen der Fahrzeughersteller.
Schneeketten sind kein Ersatz für wirkungsvolle Winterreifen, sondern eine Ergänzung. Der Einsatz von Ketten sollte sich auf extreme Verhältnisse beschränken, die ihre Verwendung unumgänglich machen. Dann allerdings müssen sie auch beim Fahrzeug mit Allradantrieb parat sein – Audi beispielsweise hat für seine Quattro-Modelle klare Größen- und Herstellerempfehlungen. Immerhin gibt es Bergregionen mit Kettenzwang, der mit einem Verkehrszeichen verbunden ist, das für alle gilt.

Letzte Warnung: Weiterfahrt nur bei Winterreifen mit Ketten oder Allradantrieb plus Winterreifen.

Kettenpflege: Nach Gebrauch, spätestens aber am Ende des Winters mit warmem Wasser abspülen und vor dem Einmotten mit Pflegeöl behandeln.

Zehn Schneeketten-Tips

- Bei etlichen Breitreifen-Größen (auch ab Werk) ist aus Platzgründen keine Kettenmontage möglich.
- Vor dem Kauf darauf achten, daß die Kettengröße mit der tatsächlichen (Winter-)Bereifung und der jeweiligen Felge kombinierbar ist, insbesondere bei Felgenbefestigungen.
- Kettenmontage auf jeden Fall zu Hause üben.
- Vorsicht bei der Kombination von Ketten und Leichtmetallrädern. Bei manchen Kettentypen ist eine Beschädigung der Felge möglich.
- Ketten immer auf die Antriebsräder montieren, bei Allradantrieb in der Regel auf die Vorderräder. Im Zweifel beim Fahrzeughersteller (Kundendienstabteilung) anfragen.
- Beim Fahren mit Ketten haben die kettenlosen Räder erheblich weniger Seitenführung und blockieren beim Bremsen früher – insbesondere bei Sommerreifen.
- Mit Ketten die Höchstgeschwindigkeit von 50 km/h nicht überschreiten.
- Auf schneefreier Fahrbahn die Ketten möglichst sofort demontieren.
- Nach Gebrauch die Ketten mit heißem Wasser abspülen und trocknen lassen, auch bei Edelstahl-Produkten.
- Für teure Ketten lohnt eine Reparatur beim Hersteller, und sie lassen sich auf andere Reifengrößen anpassen.

Ketten-Praxis: Montage zu Hause üben und im Ernstfall die Ketten frühzeitig aufziehen. Maximalgeschwindigkeit mit Ketten: 50 km/h. Auf schneefreier Strecke Ketten sofort demontieren.

Pannensichere Reifen – die andere Dimension

Wie aus der Reifenhistorie deutlich wird, waren die Laufleistungen von Pkw-Reifen anfangs ausgesprochen kurz und Pannen zudem eine häufige Begleiterscheinung des Autofahrens. Das Mitführen mehrerer Reserveräder blieb deshalb, zumindest bei »Überlandfahrten« unerläßlich. Bis in unsere Zeit hat die Reifenpanne einen hohen Stellenwert beim Autofahrer – mit negativem Vorzeichen allerdings. Die Industrie bemühte sich schon sehr frühzeitig darum, dieses Reifen-Problem zu lösen, zumindest aber, es zu verringern. Ein ziemlich hoffnungsloses Unterfangen bei Fahrbahnen in miserablem Zustand und mit hohem Eisenanteil, Hufnägeln beispielsweise. Zwar wurden die Reifen im Laufe der Jahre immer haltbarer, etwa mit der Einführung einer Baumwollcord-Karkasse (1923) oder gar der Rayon-Karkasse (1933), aber Metall drang auch hier ein. Immerhin hatte man ja Reifen mit Schlauch und der Luftbehälter ließ sich flicken, etwa so, wie das heute noch beim Fahrrad üblich ist. Es gab dennoch etliche »pannensichere« Reifenkonstruktionen, die aber offensichtlich mit entscheidenden Nachteilen behaftet waren – sie setzten sich nicht durch.

Nach Einführung des schlauchlosen Gürtelreifens, mit Stahl- oder Textilgürtel, hatte die Lauffläche einen recht derben Schutz, das Eindringen von Fremdkörpern schien weitgehend vermeidbar. Nur, die Reifenflanken sind beim Gürtelreifen wesentlich dünner und damit verletzlicher als beim früheren Pneu mit Diagonalkarkasse. Geblieben war zudem das Unverständnis vieler Autofahrer über die Empfindlichkeiten luftgefüllter Pneus: Das Zerquetschen des Reifens an Bordsteinkanten etwa, mit der Gefahr von gerissenen Fäden der Karkasse. Oder auch die häufige Praxis, permanent mit zu geringem Fülldruck unterwegs zu sein. Oder die Verwendung reichlich rostiger Stahl-

Alptraum: Die Reifenpanne unterwegs. Der drucklose Reifen springt ins Felgenbett oder er wird zwischen Felgenhorn und Straße zerquetscht. Findige Reifenentwickler versuchen ständig, derlei Probleme konstruktiv zu lösen.

felgen, mit der hohen Wahrscheinlichkeit schleichenden Luftdruckverlustes. Oder der Gebrauch völlig überalterter Reifen und Ventile mit Luftdruckverlust- und Bruchgefahr. Die Liste der Sünden ist lang und immer noch alltäglich, Pannen oder gar Defekte bleiben nicht aus. Dabei ist der Reifen heute ausgesprochen pflegeleicht, wenn man ihn mit den »Pneumatiks« früherer Jahre vergleicht. Zitat aus dem Lehrbuch »Chauffeurskursus« von AD. König (Verlag Schmidt & Co., 1913): »Nach jeder längeren Fahrt im Sommer befühle man die Reifen und begieße sie mit Wasser, wenn sie heiß geworden sind, weil sonst die Festigkeit der Reifen sehr durch die Hitze leidet. Wenn es sehr heiß ist und man fährt schnell (über 40 km/h, d. Verf.), so sollten etwa alle Stunden die Räder mit Wasser gekühlt werden«.
Zur Reifenkonstruktion im allgemeinen und zum pannensicheren Reifen mit Notlaufeigenschaften im besonderen gab und gibt es deshalb ständige Überlegungen, Entwicklungen und Konzepte. Hinzu kam, spätestens seit den 70er Jahren, der Zwang, leichtere Autos zu bauen, um Kraftstoff zu sparen. Was also lag näher, als den Reservereifen einzusparen, der heutzutage schließlich weitgehend unbeachtet und unbenutzt als Ballast mitgeschleppt wird. Daher der Gedanke, einen Reifen zu bauen, der im Falle eines Falles (selten genug, wie die Statistik belegt) die langsame Weiterfahrt erlaubt, möglichst zur nächsten Werkstatt oder zum Reifenhändler.
Diese Rechnung der Automobilhersteller ist bis jetzt nicht aufgegangen: Die Autofahrer weigern sich bislang standhaft, ein Fahrzeug ohne Reserverad zu akzeptieren. Selbst das ersatzweise eingeführte Notrad, schmal oder klein zusammengefaltet, platzsparend und leicht, löste bei uns lautstarke Proteste aus. Bei Sportwagen (Beispiel: Porsche) wird es aufgrund der Platznot geduldet, in den USA aber ist das Notrad trotz vergleichsweise großer Kofferräume und meist längerer Fahrstrecken Serien-Standard.

Rad und Reifen – Systeme und Ideen

Pirelli BS3

Auf dem Turiner Autosalon wartete Pirelli 1959 mit einer kleinen Sensation auf, einem Reifen natürlich. Sein Name: BS3. Nicht unbedingt der Prototyp des pannensicheren, eher des verschleißarmen Reifens. Der Unterbau des BS3, eine einigermaßen konventionelle Konstruktion (Diagonalkarkasse) und der Laufstreifen mit Profil führten beim BS3 gewissermaßen jeweils ein Eigenleben. Sie waren nämlich trennbar, der dreigeteilte Laufstreifen konnte nach Verschleiß einfach abgezogen und durch neue Teile ersetzt werden. Man ließ sich diese Entwicklung 1957 patentieren. Ein zusätzlicher Clou des Pirelli BS3 bestand in der Möglichkeit, sowohl eine spezielle Lauffläche für den Sommer, als auch ein Winterprofil aufzuziehen. Darüber hinaus ließen sich bei der Winterversion noch etliche Spikes einklemmen, die verschärfte Ausführung für Eis. Der Wechsel der Laufstreifen-Ringe funktionierte nur bei luftleerem Reifen, montiert auf einer üblichen Felge. Festgehalten wurden sie durch das Wachstum des Reifens im aufgepumpten Zustand. Für seitliche Stabilität sollten hochgewölbte Ränder und Stege sorgen. Die Ringe selbst enthielten eine Art Gürtel in Umfangsrichtung.

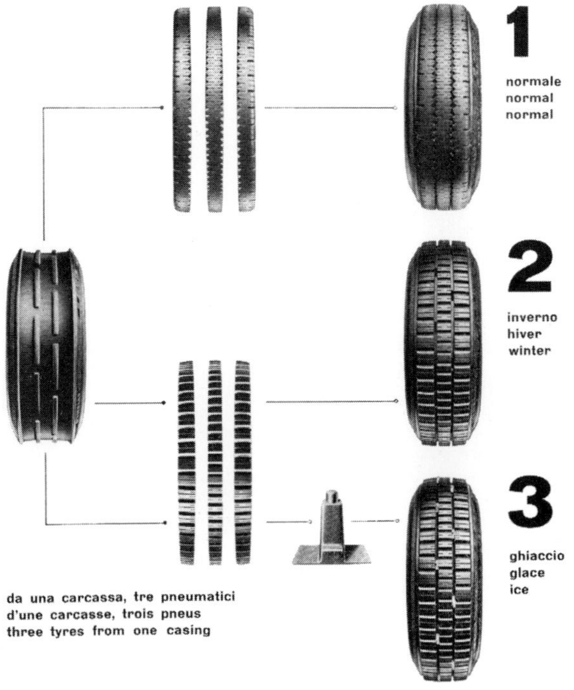

Pirelli BS3: Unterbau und Lauffläche sind getrennt. Als Laufstreifen gab es eine Sommer- und eine Winterversion, die auch bespikt werden konnte.

Der BS3 wurde für seine guten Fahreigenschaften gelobt, seinen geringen Rollwiderstand und die ebenso einfache wie unkonventionelle (und preiswerte) Art der Runderneuerung. Die zunächst angebotene Größenpalette enthielt vier Dimensionen: 155 x 14, 155 x 15, 165 x 400, 165 x 15. Man konnte den BS3 also beispielsweise problemlos auf dem VW Käfer fahren. Durchgesetzt allerdings hat sich die Konstruktion nicht (der Sitz der Laufstreifenringe war auf Dauer nicht fest genug), obwohl sie zweifellos interessante Perspektiven bot.

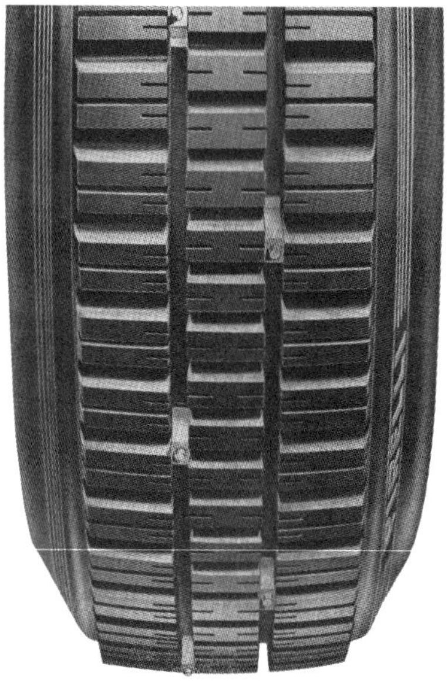

BS 3 per il ghiaccio
BS 3 pour la glace
BS 3 for ice

Dauerrenner: Der Laufstreifen des Pirelli BS 3 wurde im abgefahrenen Zustand einfach gegen Neuteile ausgetauscht. Sommer- und Winterprofil standen zur Verfügung, auch einige Spikes ließen sich einsetzen.

Kléber TTT

Ob der erste Erfinder des luftgefüllten Reifens, der Engländer Robert Thomson, 1845 schon über Pannensicherheit nachgedacht hat, ist nicht überliefert. Jedenfalls konstruierte er einen Pneu, der mehrere Schläuche enthielt. Als Mantel und Laufstreifen diente eine zugenähte Lederhaut. Wenn ein Schlauch undicht wurde oder defekt war, konnte man auf den restlichen Luftkammern weiterfahren. Auf ähnlicher Basis, allerdings etwas perfekter, kündigte der französische Reifenhersteller Kléber 1973 einen Sicherheitsreifen als »revolutionäre Entwicklung im Reifenbau« an. Der TTT-Reifen (Three Tube Tyre) hatte, seinem Namen entsprechend, drei Luftkammern (siehe Schnittzeichnung). Die mittlere Kammer wurde, wie üblich, mit einem in der Felge sitzenden Ventil aufgepumpt. Die beiden Lufträume an den Reifenflanken hatten jeweils eigene, in der Nähe des Reifenwulstes einvulkanisierte Ventile. Versprechungen: »Das Reserverad wird überflüssig, da im Falle eines Luftverlustes einer Kammer die beiden verbliebenen Kammern ausreichen, den Wagen nicht nur sicher zum Stehen zu bringen, sondern sogar noch weiter zu fahren«. Darüber hinaus sollte mit dem Reifen auch noch eine Art Radsturz simuliert werden können, zur Verbesserung des Fahrverhaltens, und durch unterschiedliche Drücke in den Kammern, der Abrollkomfort individuell einstellbar sein. Eine relativ komplizierte und aufwendige Konstruktion, vielleicht sogar genial. Die Geschichte hat über den pannensicheren TTT-Reifen ihr Urteil gefällt: Er verschwand bald und spurlos von der Bildfläche.

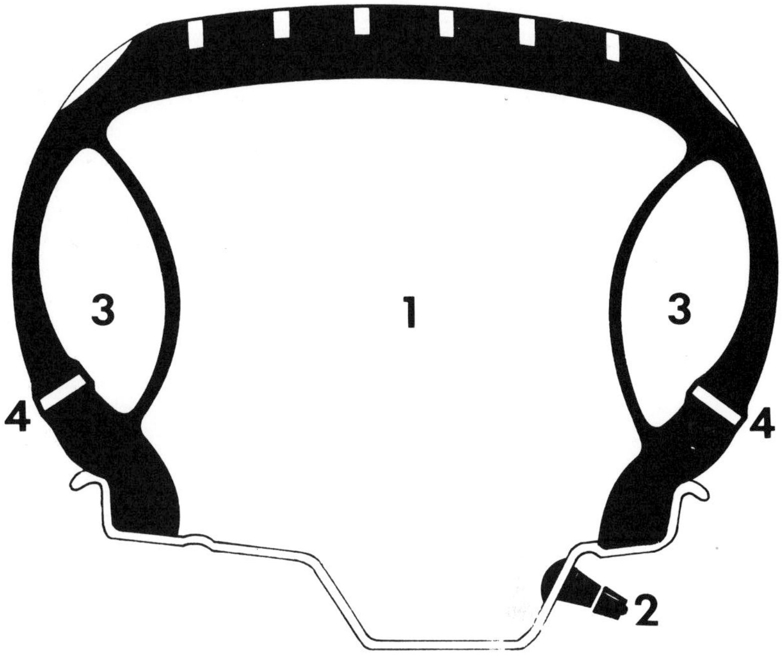

Kleber TTT: Der Three Tube Tyre (Dreikammerreifen) mit Hauptkammer (1), dem normalen Ventil (2), den beiden zusätzlichen Luftkammern (3) und einvulkanisierten Ventilen (4).

Irgendwann und irgendwie beschäftigten sich praktisch alle potenten Reifenhersteller mit dem pannensicheren Pneu und – sie sind immer noch dabei. Goodyear, ehemals mit Abstand weltweit größter Reifenproduzent und mit entsprechenden Entwicklungskapazitäten versehen, legte zahlreiche Konzepte vor. Beispielsweise den Reifen mit derart steifem Aufbau, daß selbst ohne Luftdruck keine totale Abplattung der Reifenaufstandsfläche entstand. Die in den 70er Jahren vorgestellte Konstruktion hatte allerdings den entscheidenden Nachteil, daß das Einfederungsvermögen des Reifens gegen Null tendierte, von Fahrkomfort keine Spur.

Pirelli Rallye

1986 reklamierte Pirelli eine interessante Entwicklung aus dem Sportbereich. Mit Hilfe einer neuen und verstärkten Karkasse hatte Pirelli für harten Rallye-Fahrbetrieb einen einerseits gegen Verletzungen wenig empfindlichen Spezialreifen entwickelt, der im Ernstfall aber auch nach Luftverlust noch etliche Kilometer gefahren werden konnte. Tatsächlich sind Reifenpannen bei Rallyes, insbesondere auf steinigen Naturpisten, recht häufig und höchst unwillkommen. Reifenwechsel kosten Zeit, in einer Wertungsprüfung dauern sie viel zu lange. Deshalb wird unter Wettbewerbsbedingungen auch mit platten Reifen meist flott weitergefahren, dabei geht oft genug nicht nur der Reifen und die Leichtmetallfelge zum Teufel, sondern auch noch die Radaufhängung und die Antriebswelle. Das Pirelli-Konzept ist in dieser Form mangels Fahrkomfort im Straßenverkehr nicht einsetzbar, im Rallyesport aber gängige Praxis.

Pannensicherer Sportreifen: Bei Rallyes über Stock und Stein sind die Reifen besonders gefährdet. Die Federungseigenschaften derartig steifer Konstruktionen allerdings sind für Straßenreifen unzumutbar.

Goodyear TIMES

1987 offerierte Goodyear auf der Frankfurter IAA den Notlaufreifen mit der Bezeichnung TIMES (Tire Mobility Enhancement System). Er war für das Ford-Experimentalfahrzeug »HFX Ghia Aerostar« entwickelt worden und bestand eigentlich aus zwei Reifen, dem Reifen im Reifen. Unter der eigentlichen, normal erscheinenden Reifendecke befand sich ein elastischer, auf die Felge montierter Gummiwulst, der bei Druckverlust das Fahrzeug tragen sollte. Selbst wenn die äußere Hülle völlig in die Binsen gegangen wäre, hätte auf der inneren Reifenkammer, die sogar mit einem Profilmuster versehen war, die Fahrt zur Werkstatt stattfinden können. Goodyear teilte mit, das Notlaufsystem TIMES sei ausgereift und bei Bedarf jederzeit einsetzbar. Bislang ist von einem Einsatz in der Serie nichts bekannt, aber so ganz scheint das System keineswegs abgeschrieben zu sein. Goodyear experimentierte auch mit schaumstoffgefüllten Reifen, Luft wurde weitgehend oder ganz überflüssig, die Ergebnisse waren nach den vorliegenden Informationen nicht sehr ermutigend. Das TIMES-System allerdings könnte auf diesen Versuchen basieren.

Völlig andere Ansatzpunkte dafür, einen Reifen auch im luftleeren Zustand noch weiter fahren zu können, bietet in hohem Maß der Reifenträger, die Felge. Beim normalen und heute üblichen Rad-/Reifen-System sitzt der Reifenwulst so auf der Felge, daß er außen vom Felgenhorn und innen von einem kleinen umlaufenden Höcker, dem Hump festgehalten wird. Wulstkonstruktion und Fülldruck des Reifens sorgen weiter für sicheren Sitz. Bei Luftverlust freilich wird dieses Haltesystem zunehmend gefährdet und bricht ohne Fülldruck völlig zusammen: Der Reifenwulst wandert nach innen ins Felgenbett, das Felgenhorn läuft auf der zusammengequetschten Reifenflanke oder auf der Straße, das Fahrverhalten des Autos ist in diesem Fall äußerst instabil. Um den für die Fahrsicherheit wichtigen, ordnungsgemäßen Wulstsitz bei leerem oder fast leerem Reifen zu gewährleisten, wurden verschiedene Felgenkonstruktionen entwickelt. Sie haben meist spezielle Verformungen im Bereich des Wulstsitzes und sind zum Teil mit völlig normalen Reifen kombinierbar, andere Konstruktionen verlangen eigens dafür ausgelegte Reifen.

Goodyear Hardliner: Der Reifenkörper ist so steif, daß auch ohne Luftfüllung weitergefahren werden kann. Problem: völlig unzureichende Federungseigenschaften.

Goodyear TIMES: Ein Beispiel für die immer wieder auftauchende Idee des Reifens im Reifen, um Notlaufeigenschaften zu haben. Ähnliche Konstruktionen sind noch im Gespräch.

Goodyear/Pirelli asymmetrische Doppel-Hump-Felge

Arbeitsprinzip

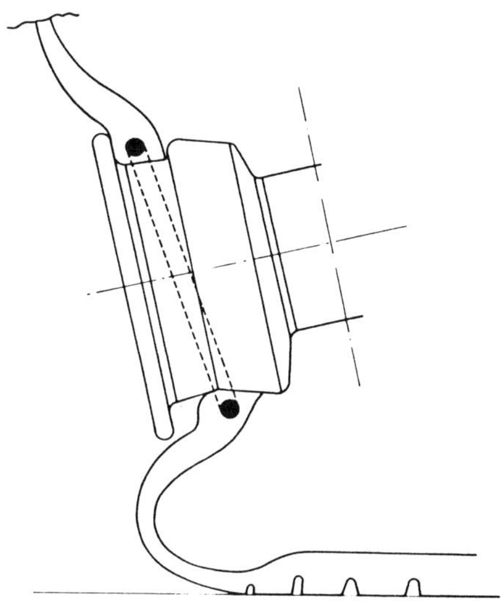

Goodyear/Pirelli AH

Im Februar 1984 informierten Goodyear und Pirelli die Öffentlichkeit über eine gemeinsame Felgen-Neuentwicklung, tauglich für übliche Pkw-Reifen. Die sogenannte AH-Felge (Asymmetrischer Doppel-Hump) soll das Lösen des Reifen-Wulstes weitgehend verhindern, in stärkerem Maß jedenfalls als bei üblichen Produkten. Verantwortlich dafür ist die Form des Doppel-Humps und seine Höhe. Bei Vergleichstests, sogenannten Abwurfversuchen, hatte man ermittelt, daß sich in einer flott gefahrenen Kurve der Reifen schon bei 1 bar Fülldruck von der Standard-Felge löst. Mit AH-Felge lag diese Grenze deutlich darunter, genaue Angaben sind nicht vorhanden. Bei einer Reifenpanne soll die AH-Felge sicherstellen, daß die Fahrt langsam fortgesetzt werden kann, etwa um auf der Autobahn einen sicheren Halteplatz aufzusuchen. Das erste Fahrzeug das serienmäßig mit diesem System angeboten wurde, war der Fiat Ritmo Abarth 130 TC. AH-Felgen sind noch in Gebrauch, eine breite Anwendung allerdings blieb aus – das Schicksal auch anderer Rad-/Reifen-Systeme.

Goodyear/Pirelli AH: Die Felge mit asymmetrischem Hump soll verhindern, daß der Reifenwulst in drucklosem Zustand ins Felgenbett springt, begrenzte Weiterfahrt ist möglich. Problem: Neue Felgenkonstruktion, die es bisher nicht gab.

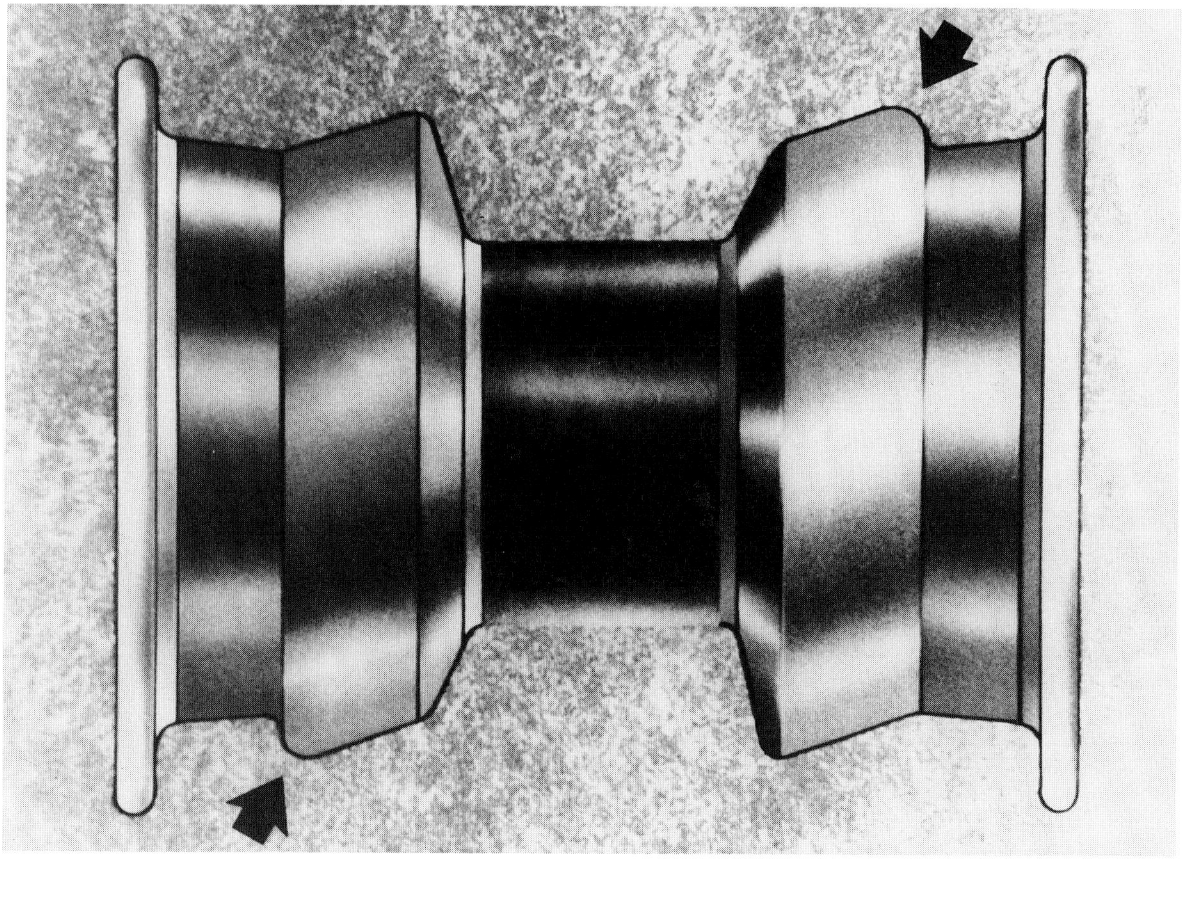

Michelin TRX

Michelin brachte 1975 das TRX-System auf den Markt, bei dem alles anders ist. Zum Beispiel wird bei der Reifen- und Felgenbezeichnung der Innen- oder Felgendurchmesser nur in Millimetern angegeben. Ein TRX-Reifen in der Größe 230/45 R 390 paßt nur auf eine TRX-Felge mit 390 mm Durchmesser, das entspricht etwa 15,4 Zoll. Die spezielle TRX-Felge verfügt über ein abgewinkeltes Felgenhorn, dem sich der ebenfalls speziell entwickelte TRX-Reifen im Wulstbereich anpaßt. Laut Michelin entsteht dadurch eine gegenüber herkömmlichen Reifen verlängerte Federzone, was den Komfort verbessert. Zudem aber sollen durch gleichmäßige Verteilung der Spannungen in der Karkasse und entsprechende konstruktive Optimierungen, auch die Fahreigenschaften des TRX anderen Konstruktionen überlegen sein. Das Rad-/Reifen-System wird von einigen Automobilherstellern (unter anderem von BMW) angeboten, meist als Option. Allerdings wurde das TRX-System nicht mit Blick auf eventuelle Notlaufeigenschaften entwickelt, sondern ausschließlich zur Verbesserung der Gebrauchseigenschaften. Das System ist nur von Michelin lieferbar, auch mit Winterreifen; unterschiedliche Leichtmetallräder dafür werden vereinzelt angeboten.

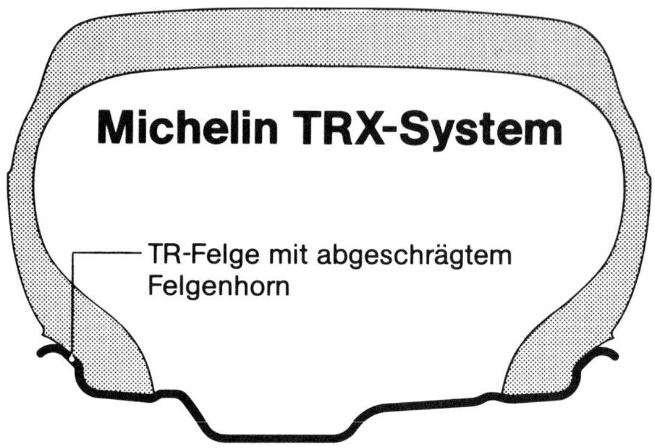

Michelin TRX: Das Felgenhorn ist gegenüber herkömmlichen Räder verändert (abgeschrägt), der Federungskomfort soll dadurch deutlich besser werden. Problem: Neue und ungebräuchliche Felgen- und Reifenkonstruktion (im Wulstbereich).

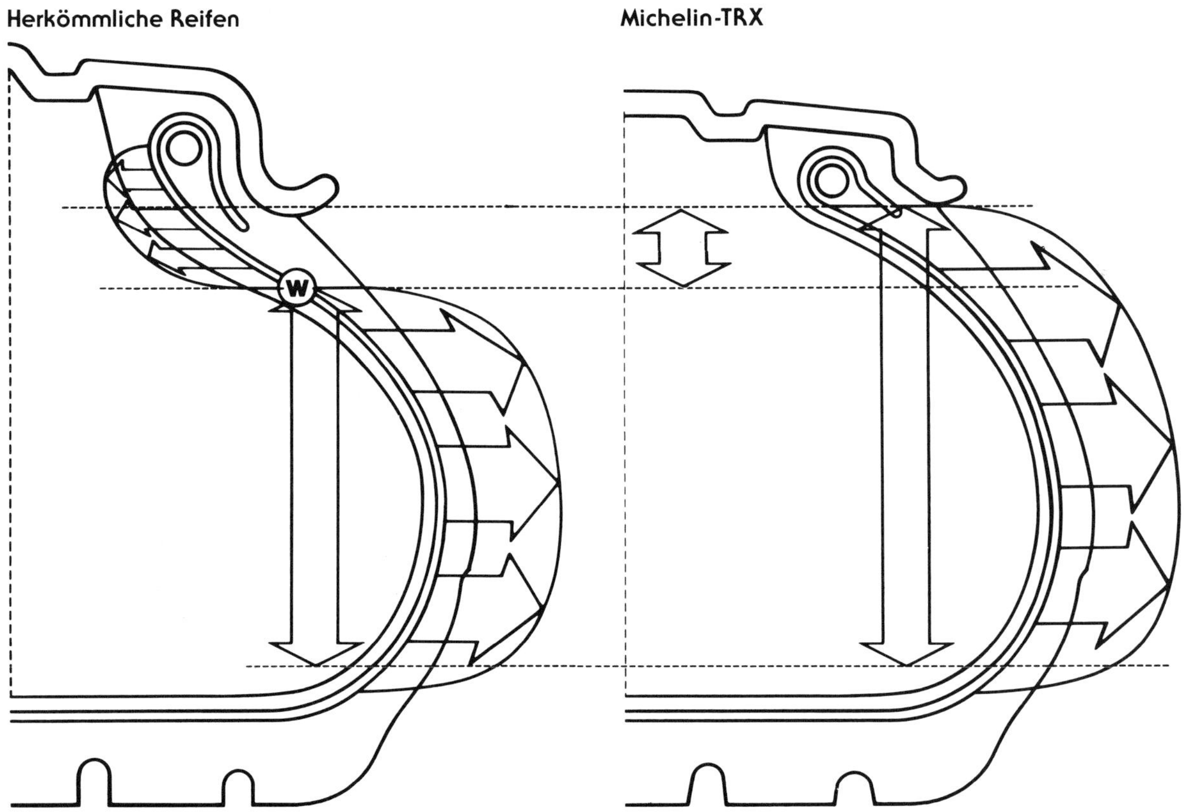

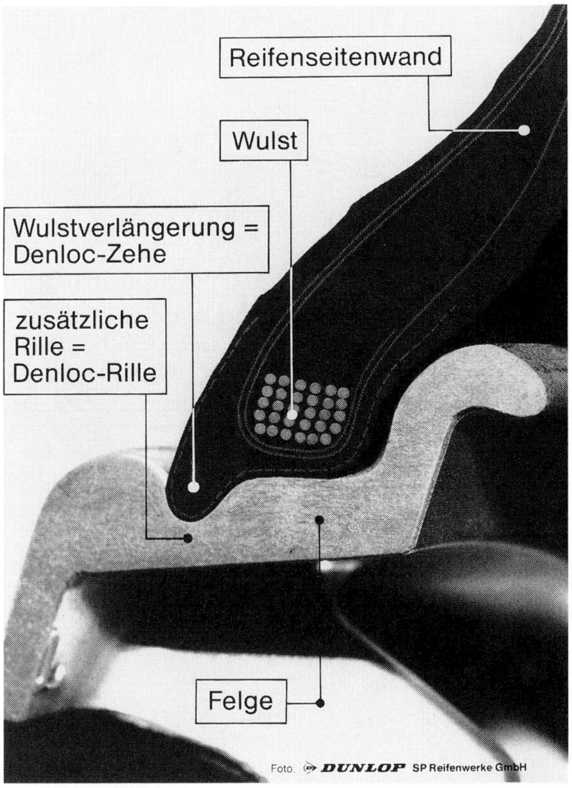

Michelin TDX
Mit dem TDX-System, das auf dem TRX-Standard aufbaut (Millimeternorm für Reifen und Felge, abgeschrägtes Felgenhorn), stellte Michelin 1983 eine weitere Neuentwicklung vor. Die Vorteile der TRX-Reifeneigenschaften sollen dabei mit dem Sicherheitsvorteil durch Notlaufeigenschaften bei Luftdruckverlust verbunden werden. Dazu erhielt die TDX-Felge zusätzlich eine Rille für die Wulstzehe, um sicheren Reifensitz zu gewährleisten. Diese Denloc-Rille beruht auf einem Dunlop-Patent. Michelin-Zitat: »Auch in völlig drucklosem Zustand wird der TDX-Reifen auf der TD-Felge gehalten und kann nicht in das Felgenbett abrutschen. Das heißt, im Rahmen angepaßter Geschwindigkeit ist es möglich, mit einem Plattfuß zu fahren«. Als mögliche Fahrstrecken nennt Michelin immerhin zwischen etwa 10 (Antriebsachse) und bis zu 30 Kilometer (nicht angetriebene Achse). Auf der TDX-Felge können spezielle TDX-Reifen von Michelin (und TD-Reifen von Dunlop, siehe unten) in H, V und ZR montiert werden (einige Winterreifen-Größen vorhanden) oder auch TRX-Pneus. Das TDX-System ist bei einigen Automobilherstellern freigegeben und zu haben, beispielsweise bei BMW als Option und bei Jaguar serienmäßig für die Limousine XJ 6.

Dunlop Denovo und TD
Bereits Ende der sechziger Jahre begannen bei Dunlop Entwicklungen an einem Sicherheitsreifen. Mit dem Denovo 1 stellte Dunlop 1973 ein Rad-/Reifen-System vor, das recht kompliziert aufgebaut war und auf einem geteilten Rad montiert wurde. Das System Denovo 2 war einfacher und enthielt in der Felge schon eine zusätzliche Rille zur Aufnahme einer speziellen Wulstzehe des Reifens. Daraus entwickelte Dunlop das 1978 vorgestellte Denloc-System, dessen wesentlicher Vorteil Rille und Wulstzehe sind, die im luftleeren Zustand ein Abrutschen des Reifenwulstes zuverlässig verhindern. Um das Problem einer Falschmontage auszuschließen – Denloc-Reifen auf Standard-Felge oder umgekehrt – entschloß man sich zu einer Kooperation mit Michelin. Mit der bei TRX- und TDX-Reifen gebräuchlichen Millimeternorm sind Verwechslungen nicht möglich. Beide Systeme zusammengelegt ergibt das TD-System, wobei T für Michelins TRX-Milimeternorm steht und D für Dunlops Denloc-Sicherheitstechnik. Beide Hersteller bieten TD-Reifen an, die voll kompatibel sind. Dunlop offeriert den SP Sport D 40 in einigen Breitreifen-Größen, auch passende Winterpneus werden angeboten. Freigaben sind, wie bei Michelin, für BMW- und Jaguar-Modelle vorhanden.

Das von Dunlop entwickelte Denloc-System der verlängerten Wulstzehe mit zusätzlicher Rille in der Felge wurde mit der Michelin-Milimeternorm für TRX-Reifen kombiniert. Beide Hersteller bieten eigene TD-Reifen in wenigen Größen an. Der Reifensitz ist mit diesem System auch im Pannenfall gewährleistet. Problem: Ungebräuchliche Felgen- und Reifenkonstruktion sowie -Größen.

Standard-Felge mit Standard-Reifen

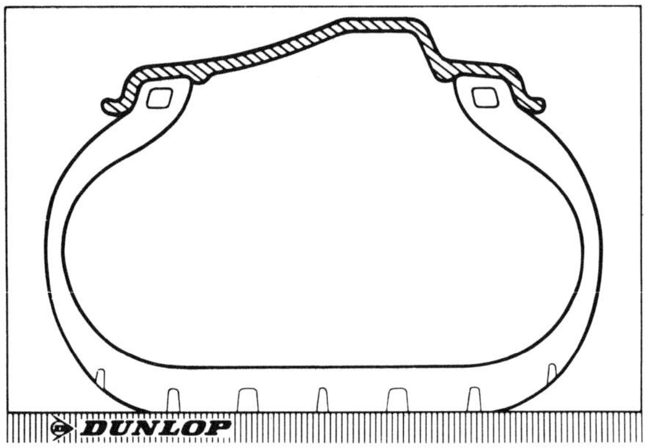

1. Normalbetrieb

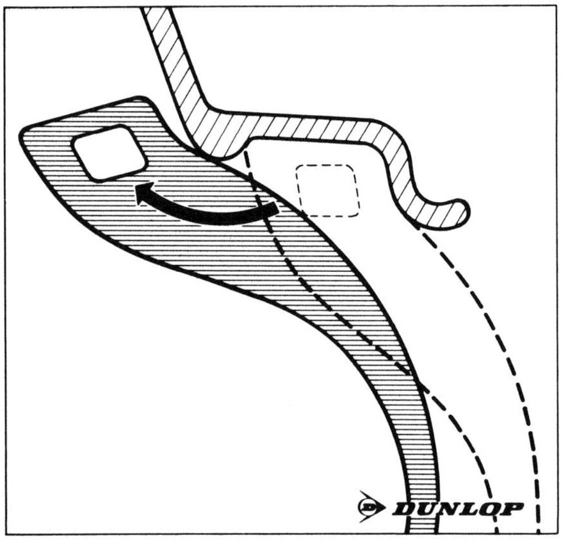

2. Läßt der Innendruck des Reifens deutlich nach und treten gleichzeitig Querkräfte auf (Kurvenfahrt), verliert der Reifenwulst seinen sicheren Sitz auf der Felge und rutscht über den Hump ins Felgentiefbett.

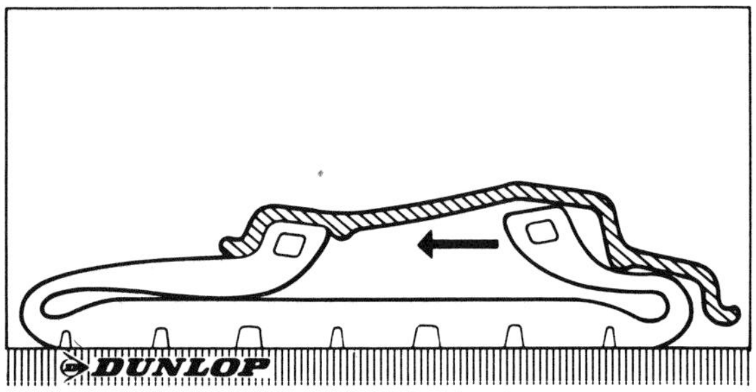

3. Beim luftleeren Reifen ist der Wulst ins Tiefbett der Felge gerutscht. Lenk- und Bremskräfte können nicht mehr übertragen werden. Es besteht Unfallgefahr, und eine Weiterfahrt ist unmöglich.

Dunlop TD/Denloc-Sicherheits-System

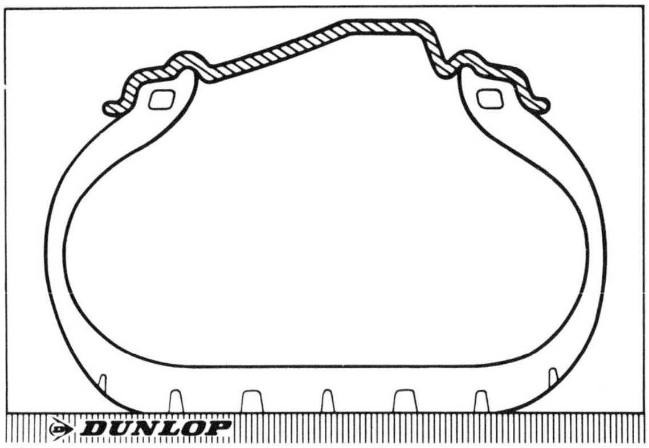

1. Normalbetrieb

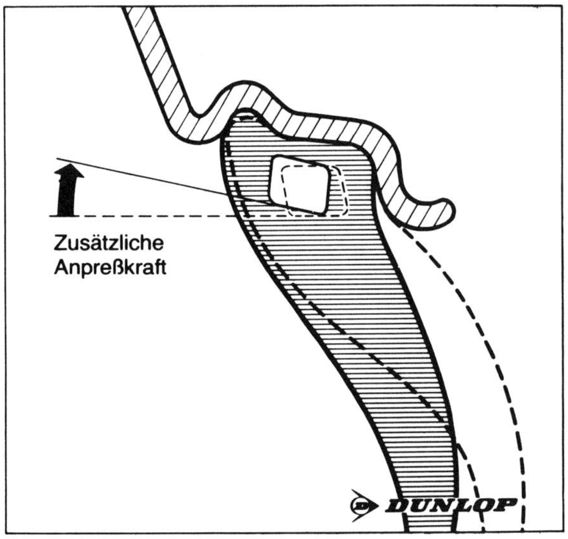

2. Läßt der Innendruck des Reifens deutlich nach und treten gleichzeitig Querkräfte auf (Kurvenfahrt), behält der Reifenwulst trotzdem seinen sicheren Sitz auf der Felge. Denn die Denloc-Wulstzehe presst sich in die Denloc-Rille und verankert den Reifen dadurch auf der Felge.

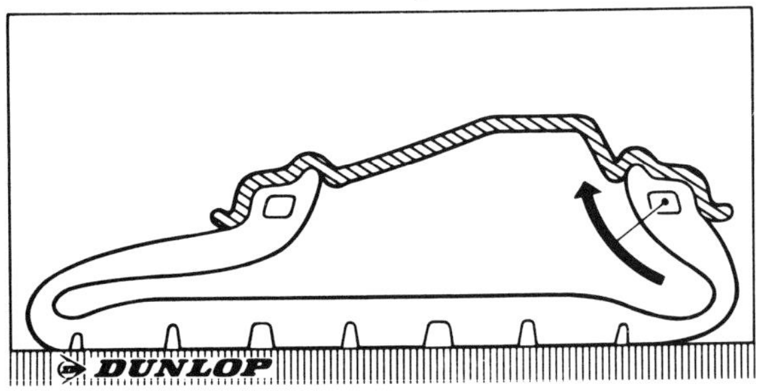

3. Selbst beim luftleeren Reifen bleibt der Wulst auf der Felge. Lenk- und Bremskräfte können noch übertragen werden. Das Auto bleibt beherrschbar. Die Unfallgefahr ist gebannt und eine Weiterfahrt bis zu 30 km möglich.

Conti CTS

Die bisher vorgestellten Systeme sichern (mit Ausnahme Michelin TRX) bei plötzlichem Luftverlust weitgehend den Sitz des Reifenwulstes auf der Felge und haben gegenüber Standardfelgen einen klaren Sicherheitsvorteil. Insbesondere das TD-System von Dunlop und Michelin läßt darüber hinaus eine begrenzte und langsame Weiterfahrt zu. Wie beim Standard-System allerdings werden die Reifenflanken von den Felgenhörnern zerquetscht, der Reifen ist bald hinüber. Dieses Problem löste Conti Mitte der 80er Jahre mit dem neuen und recht revolutionären CTS (Conti-Tyre-System). Erstmals sitzt der Reifenwulst dabei nicht auf der radial außenliegenden Fläche des Felgenkranzes, sondern greift um die Felge herum und sitzt auf der innenliegenden Fläche (siehe Zeichnungen). Damit ist ein Abspringen des Reifenwulstes nach Druckverlust völlig ausgeschlossen und gleichzeitig ein Weiterfahren möglich, wobei flache Partien des Felgenkranzes auf der Lauffläche aufliegen. Die völlige Zerstörung des Reifens dauert damit wesentlich länger oder sie findet erst gar nicht statt. Selbst im luftleeren Zustand läßt sich der Reifen recht normal fahren, die Fahrstabilität des Autos bleibt weitgehend erhalten. Die Buch-Autoren hatten Gelegenheit, mit einem Auto, dessen rechter CTS-Vorderreifen drucklos war, etliche Runden auf der Handlingstrecke und dem Hochgeschwindigkeits-Oval des Conti-Testgeländes Contidrom zu absolvieren. Der Reifen hielt diese hohe Beanspruchung aus, war aber selbstverständlich danach unbrauchbar. Und das Auto verfügte unter allen Umständen noch über erstaunlich gute und unproblematische Fahreigenschaften.

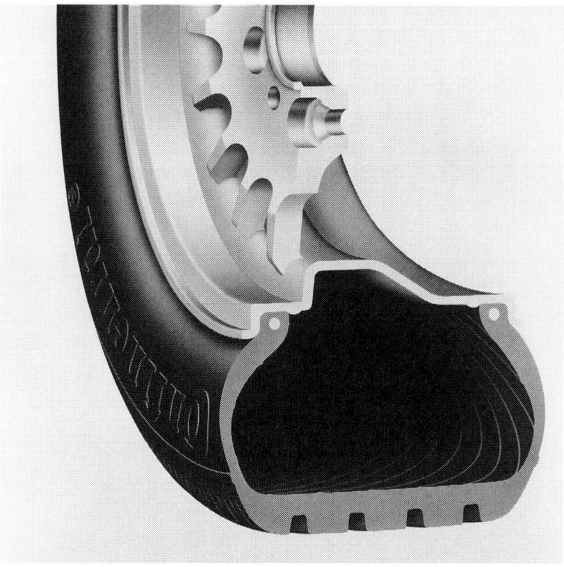
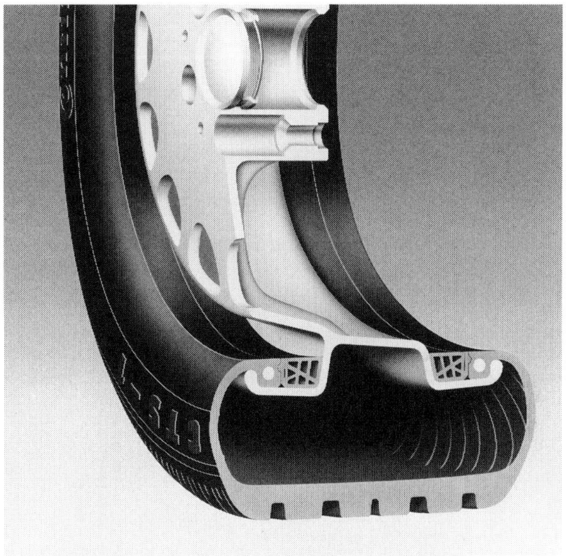

Conti CTS: Im linken Bild eine konventionelle Felgen- und Wulstkonstruktion, rechts das Conti-Tyre-System. Der Wulst sitzt nicht auf, sondern in der Felge.

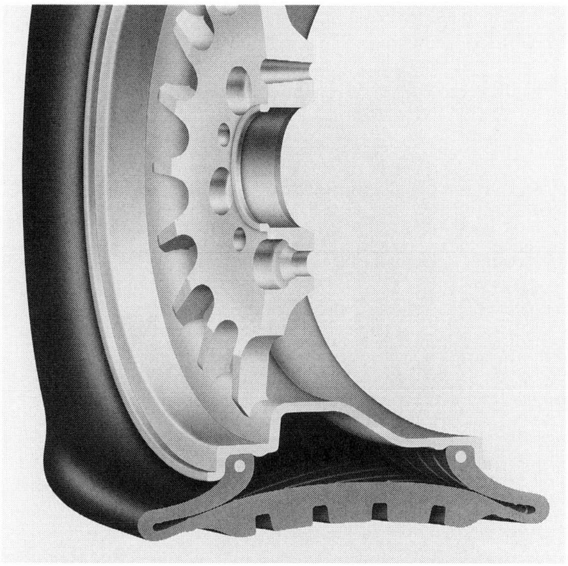
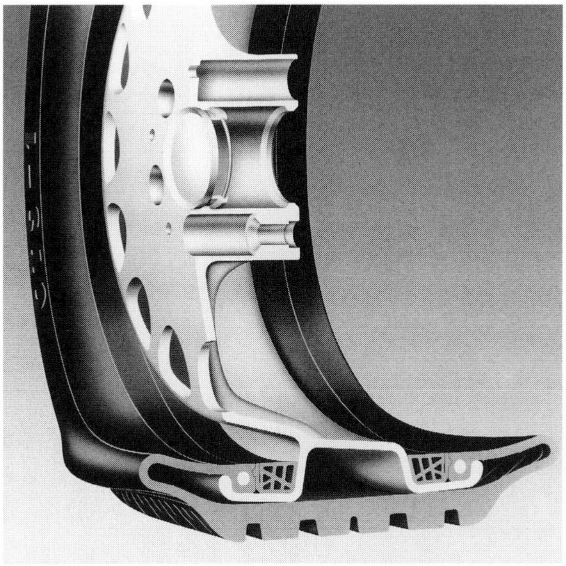

Genial: Während der Standard-Reifen im Pannenfall vom Felgenhorn zerquetscht wird, gibt es bei CTS eine breite Auflagefläche, zudem ist ein Gleitmittel vorhanden.

Eigentlich ist CTS das optimale Rad-/Reifensystem für die Fahrzeuge gefährdeter Personen, die in der Regel mit gepanzerten Limousinen unterwegs sind, denn Flucht ist selbst dann noch möglich, wenn einer oder mehrere Reifen beschädigt wurden.
Das Problem bei CTS war und ist die Tatsache, daß derartige Felgen und Reifen ebenso ungewöhnlich wie unbekannt sind. Veränderte Montagemaschinen galt es zu entwickeln, eine ausreichende Infrastruktur (Bezugs- und Montagemöglichkeiten bei Reifenhändlern und Werkstätten). Zudem mußten die Fahreigenschaften der Reifen nach der Startphase systemgerecht optimiert und auf das übliche Niveau von Hochleistungsreifen gebracht werden. Denn klar war, daß die eminenten Entwicklungskosten für CTS und vorerst geringe Stückzahlen höhere Preise unausweichlich machen. Conti indes reklamiert für CTS, abgesehen von der ungewöhnlichen Pannenlauffähigkeit, auch andere technische Prinzip-Vorteile im Vergleich zum Standard-System: Geringeres Systemgewicht (Rad plus Reifen), größerer Einbauraum für Bremsen, besserer Naßgriff beim Bremsen, höhere Aquaplaning-Sicherheit und geringerer Rollwiderstand. Erstes Fahrzeug ab Werk mit CTS (als Option) ist der Mercedes-Benz SL, der allerdings auch ein CTS-Reserverad parat hat. Conti hat inzwischen eine große Zahl von CTS-Stützpunkten installiert. Der Nachteil von CTS ist letztlich die schlichte Tatsache, daß es schon Jahrzehnte das Standard-System mit weltweiter Verbreitung gibt. Auf absehbare Zeit werden wohl nur Zeitgenossen mit sehr ausgeprägtem Reifen- und Sicherheits-Bewußtsein zum CTS greifen und die höheren Preise akzeptieren.

CTS-Erstausrüstung: Beim Mercedes-Benz Roadster wurde CTS zuerst als Option angeboten. Die weitere Verbreitung läßt trotz erheblicher Anstrengungen von Conti auf sich warten. Problem: Gänzlich neues System von Rad und Reifen mit hohem Entwicklungsaufwand und dem notwendigen Aufbau einer Infrastruktur.

Juhan-Doppelreifen

Ebenfalls Mitte der 80er Jahre erregte ein weiteres Rad-/Reifen-System enorme Aufmerksamkeit: der Juhan-Doppelreifen. Ganz neu allerdings war diese Idee nicht, sie wurde im Laufe der Automobil- und Reifengeschichte schon praktiziert. Der Juhan-Zwillingsreifen – zwei Felgenkonturen und zwei Reifen pro Radposition – schien vor allem ein Breitreifenproblem nachhaltig zu lösen, das Aquaplaning. Der in Genf beheimatete Geschäftsmann lancierte sein System in der Bundesrepublik über den früheren Grand-Prix-Rennfahrer Hans Herrmann, der einen Zubehör-Vertrieb besitzt. Etliche Reifen- und Automobilhersteller beschäftigten sich mit dem Doppelreifen, konnten ihm auch recht positive Seiten abgewinnen, aber für eine Übernahme in die Serie reichte es nicht. Goodyear fertigte in seinem europäischen Entwicklungszentrum bei Colmar-Berg/Luxemburg Versuchsreifen mit recht vielversprechenden Fahreigenschaften. Allerdings waren sie nicht unbedingt harmonisch. Man kritisierte zudem das hohe Systemgewicht und hielt für bedenklich, daß sich Steine zwischen die Doppelreifen klemmen könnten, was auf Dauer zu Reifenschäden führen kann. Die Vorteile des Doppelreifens bei Nässe und Aquaplaning aber sind unbestritten, seine optische Wirkung als Breitreifen-Alternative auch.

Das Projekt wurde vor allem deshalb von Goodyear eingestellt, weil ein entscheidendes Problem nicht gelöst werden konnte: die Luftdrucküberwachung. Es ist klar, daß der unbemerkte Druckverlust in einem der acht Reifen bei Geradeausfahrt keine Schwierigkeiten bereitet. Sowie aber hohe Seitenkräfte übertragen werden müssen, etwa in einer Autobahnausfahrt, verändern sich die gewohnten Fahreigenschaften völlig. Die zur Hälfte reduzierte Aufstandsfläche kann mit plötzlichem Unter- oder Übersteuern das Fahrzeugs unangenehme und schwer beherrschbare Überraschungen bereiten. Andererseits liefert der Zwillingsreifen natürlich recht weitreichende Notlaufeigenschaften nach einem Druckverlust. Solange es nur einen Reifen trifft, kann ohne weiteres die Fahrt fortgesetzt werden. Juhan ließ sich von den Kritikern nicht beirren, er bietet sein Konzept in Europa und den USA als Tuning-Element für den Nachrüstmarkt weiterhin an. In Avon wurde ein neuer Partner für die Reifenfertigung gefunden, auch passende Leichtmetallräder sind selbstverständlich lieferbar. TÜV-Freigaben für die Bundesrepublik liegen bereits vor. Das System wird als Avon Turbo Speed JJD in verschiedenen gängigen Dimensionen offeriert.

Juhan-Doppelreifen: Interessante Idee mit attraktivem Charakter, bei Defekt eines Reifens kann weitergefahren werden. Aber es sollte ein Luftdruckkontrollsystem integriert sein. Eine Alternative für nachträgliche Umrüstung. Reifen und Räder werden für verschiedene Fahrzeuge geliefert.

Conti AquaContact

Die Idee des JJD-Zwillingsreifens stand zugegebenermaßen Pate, als sich Conti, wieder einmal sehr mutig, mit einem neuen Reifenkonzept 1990 zu Wort meldete. Notlaufeigenschaften im Pannenfall freilich sind mit dem Conti AquaContact nicht verbunden. Der Breitreifen mit zweigeteilter Lauffläche (Doppelkontur) und breiter Mittelrille (Aqua-Kanal) soll vielmehr die Fahrsicherheit bei Nässe gegenüber herkömmlichen Pneus drastisch verbessern. Der AquaContact, so Conti, verbindet die exzellenten Fahreigenschaften eines sportlichen Breitreifens mit den Vorteilen von schmalen Reifen auf Nässe. Sein laufrichtungsgebundenes und zweigeteiltes Profil halbiert die Weglänge des abfließenden Wassers gegenüber einem konventionellen Breitreifen gleicher Dimension.

Bei Vergleichstests mit dem hauseigenen Hochleistungs-Breitreifen CZ 91 wurde festgestellt, daß der AquaContact noch mit 2,5 mm Rest-Profilhöhe die gleichen Aquaplaning-Eigenschaften hat, wie der CZ 91 im Neuzustand. Die Messungen und Versuche ergaben zudem, daß der AquaContact beim Bremsen auf Nässe, im Handling und im Komfort das Niveau

Conti AquaContact: Die Vereinfachung des Juhan-Doppelreifens mit breiter Mittelrille gegen Aquaplaning. Ein technisch wirksames Konzept nach dem Motto »zweimal schmal, statt einmal breit«. Pannensicherheit oder Notlaufeigenschaften sind damit allerdings nicht verbunden. Die lieferbare Palette enthält nur extreme Breitreifen-Formate.

des CZ 91 erreicht. Der AquaContact wird nur in ausgesprochenen Breitreifen-Dimensionen und in den oberen Geschwindigkeitsklassen angeboten, ab 205/50 R 15 V und zunächst bis 265/40 ZR 17. Im Laufe der 90er Jahre soll eine Programmerweiterung bis 19 Zoll Innendurchmesser erfolgen. Ein Angebot in der Automobil-Erstausrüstung ist nicht geplant und auch kaum zu erwarten, zumal der Preis des Conti AquaContact, der auf üblichen Felgen montiert werden kann, noch deutlich über den Kosten für den Hochleistungsreifen CZ 91 liegt. Als Tuning-Element und auf dem Reifen-Ersatzmarkt freilich dürfte der AquaContact als Eye-Catcher mit technischen Qualitäten sicherlich Furore machen.

Show-Effekt: Der Conti AquaContact ist unter die neue Kategorie »Tuner-Reifen« einzustufen. Sie zeichnen sich durch ein attraktives Design aus, sind nur in ausgesprochen fülligen Dimensionen zu haben und für die Erstausrüstung nicht vorgesehen, was natürlich Zweifel an der Qualität der Fahreigenschaften nährt.

Richtungsanzeige – Hits und Trends

Der bundesdeutsche Reifenmarkt zeigt vier klare Trends, deren Auswirkungen bereits erkennbar sind, zumindest für Fachleute:

- Optik – Breitreifen sind der Verkaufshit
- Opulenz – High-Speed-Reifen mit hohen Zuwachsraten
- Ökonomie – Weniger Rollwiderstand ist nötig
- Ökologie – Reifen-Recycling ist notwendig

Es zeigt sich allerdings, daß diese Trends aus technischer Sicht einen gewissen Widerspruch beinhalten, denn der im Rollwiderstand optimierte Reifen dürfte kaum extrem breit und für höchste Geschwindigkeitsklassen (V und ZR) ausgelegt sein. Ein Konflikt, der sich momentan zwar kaum lösen läßt, in Zukunft aber durch politische Entwicklungen und Marktveränderungen bestimmt wird. Immer dringlicher werden die Forderungen nach einem wirksamen Konzept der Reifenhersteller zum Thema Recycling. Es ist tatsächlich nicht mehr vorstellbar, daß Millionen von Altreifen aus einem immer noch wachsenden Automobilmarkt schlicht auf eine Halde geworfen werden. Es gibt etliche Lösungsvorschläge, sie sind aber insgesamt bislang noch nicht wirksam genug. Zumindest in der Bundesrepublik ist deshalb über kurz oder lang mit staatlichen Direktiven zu diesem Problem zu rechnen.

Weniger spektakulär verlaufen derzeit die Veränderungen der Entwicklungs-Prioritäten auf dem Reifensektor, soweit sie Verbesserungen im Fahrkomfort und in der Geräuschemission betreffen. Abrollkomfort und Abrollgeräusch haben bei neueren Produkten tatsächlich einen enorm hohen Standard erreicht, weitere Optimierungen sind – in kleinen Schritten allerdings – auch bei kommenden Reifengenerationen zu erwarten. Schlußendlich darf ein sicherheitsrelevanter Trend im System Fahrzeug/Reifen nicht vergessen werden: die permanente Luftdrucküberwachung. Dafür sind schon einige Problemlösungen vorhanden (Dunlop, Bosch, Michelin), zumindest zwei Fahrzeugmodelle verfügen bereits serienmäßig über eine Luftdruckkontrolle, der Porsche 959 und 928 S4.

Wunschtraum: Breitreifen-Bestückung im Extrem. Der Boom fülliger Formate hat allerdings längst zu Dimensionen geführt, die in Querschnitt, Breite und Durchmesser reinrassigen Rennreifen entsprechen.

Superbreitreifen: Speed-Index ZR (über 240 km/h), Breite 245 bis 275 mm, Querschnittsverhältnis 40 oder 35, Durchmesser bis 19 Zoll. Mit den entsprechenden Leichtmetallrädern eine ansehnliche finanzielle Investition.

Tuner-Reifen: Mit dem XGT V steigt Michelin in das neue Marktsegment der Breitreifen ein, die als sogenannte Tuner-Reifen ausschließlich für nachträgliche Umrüstung angeboten werden.

Optik: Breitreifen

Die fast explosionsartige Steigerung der Verkaufszahlen von Breitreifen-Formaten ist unübersehbar und bei den Reifen-Herstellern höchst willkommen. Selbst in der automobilen Kompaktklasse wird auf sportliche Optik geachtet, Breitreifen und Leichtmetallräder haben entsprechende Zuwachsraten. Und leistungsstarke Fahrzeuge sind ohne füllige Bereifung kaum mehr denkbar, wobei die Dimensionen für Reifen und Räder inzwischen extreme Ausmaße annehmen. Die stattlichsten Felgen- und Reifeninnendurchmesser erreichen bereits 19 Zoll, wobei das Höhen-/Breitenverhältnis mit 40:100 (Serie 40) oder gar 35:100 (Serie 35) bereits den Maßen reinrassiger Rennreifen entspricht.

Es gibt auch aus technischer Sicht durchaus Gründe, die für den Breitreifen sprechen. Etwa die deutliche Zunahme an Fahrstabilität mit Breitreifen, ihre wesentlich bessere Lenkpräzision und die Tatsache, daß größere Felgenformate ab Werk auch den Einbau größerer und wirksamerer Bremsanlagen möglich machen. Dies ist einerseits durch die höheren Geschwindigkeiten moderner Fahrzeuge (mehr Leistung, bessere Aerodynamik) sinnvoll und notwendig, andererseits aber auch aufgrund des Trends zu ABS-Anlagen. Bei einer Vollbremsung wird mit ABS sehr viel mehr Energie von der Bremsanlage absorbiert (und in Wärme umgewandelt), während der Reifen weniger beansprucht ist als bei konventionellen

Bremsanlagen. Die Hochgeschwindigkeits-Tauglichkeit ist mit Breitreifen aufgrund der geringen Flankenhöhe (niedriger Reifen-Querschnitt) erheblich besser geworden. Es wäre nach Ansicht von Fachleuten beispielsweise völlig undenkbar, einen ZR-Hochgeschwindigkeitsreifen (ab 240 km/h aufwärts) in der Serie 80 zu entwickeln. Der Zwang zur Breite bringt unter anderem Aquaplaning-Probleme, das verlangt von den Reifen-Entwicklern besondere Sorgfalt und mehr Aufwand. Breitreifen werden deshalb zurecht als High-Tech-Produkte bezeichnet.

Hochleistungs-Breitreifen: Die direkte Abstammung vom Formel 1-Rennreifen (Regenversion mit laufrichtungsgebundenem Profil) reklamiert Goodyear für seine Highspeed-Typen.

Opulenz: Highspeed

Automobile mit aerodynamisch optimierten Karosserien verlangen auch ohne höhere Motorleistungen als beim Vorgänger-Modell Reifen mit einer anderen Geschwindigkeitsstufe. Statt der Kategorie S (bis 180 km/h) beispielsweise werden Reifen in T (bis 190 km/h) oder gar H (bis 210 km/h) notwendig. Hinzu kommt eine allenthalben feststellbare Anhebung der Triebwerksleistungen, die nachhaltige Veränderungen am Fahrwerk allgemein und bei der Bereifung im besonderen erforderlich werden läßt. So gewinnt die höchste Reifen-Geschwindigkeitsklasse ZR (über 240 km/h) zunehmend an Bedeutung, während der Marktanteil der Kategorie S schwindet.

Schon zu Beginn der achtziger Jahre war erkennbar, daß die Zahl leistungsstarker und schneller Automodelle erheblich zunimmt. Das bis dahin gültige System für die Reifen-Geschwindigkeitsklassen war dringend überholungsbedürftig. Es gab (und gibt) die Kategorie H bis 210 km/h, darüber existierte nur noch der VR-Reifen für alle Geschwindigkeiten über 210 km/h. Mitte der achtziger Jahre wurde deshalb der neue Speed-Index V eingeführt, der Reifen bis 240 km/h definiert, darüber gibt es die Kategorie ZR für alle Reifen über 240 km/h. Da es selbst in diesem Bereich unterschiedliche Anforderungen an die Schnellauffestigkeit gibt, haben ZR-Reifen meist das maximal erlaubte Limit auf der Seitenwand eingetragen. V- und insbesondere ZR-Breitreifen sind in jeder Beziehung Spitzenprodukte, die den jeweiligen Stand der Reifentechnik dokumentieren.

Anspruchsvoll: Leistungsstarke und schnelle Fahrzeugmodelle mit Höchstgeschwindigkeiten bis um 300 km/h verlangen entsprechend aufwendige Hochleistungs-Breitreifen.

Ökonomie: Rollwiderstand

Die Tatsache, daß der Rollwiderstand wieder zum wichtigen Entwicklungsziel für Reifenhersteller wird, steht bei den Fachleuten längst im Lastenheft. Das ist jene Zusammenstellung von Zielsetzungen, die sich die Entwicklungsingenieure selbst stellen, die zudem aber auch von den Erstausrüstern vorgegeben werden. Die Minimierung des Rollwiderstandes hatte schon in der Vergangenheit hohe Bedeutung, etwa während der Ölkrise Anfang der siebziger Jahre. Die damals vorgestellten Economy-Reifen freilich hatten durchweg einen entscheidenden Fehler: mangelhafte Nässeeigenschaften. Ein Zielkonflikt, der auch angesichts der heutigen Technologie weiter relevant und schwer lösbar ist. Aber rollwiderstandsärmere Reifen werden kommen, die Automobilhersteller sorgen dafür. Denn sie müssen die Verbrauchswerte ihrer Modelle senken und dafür ist jedes Mittel recht. Immerhin haben sich die deutschen Automobilhersteller 1990 gegenüber der Bundesregierung verpflichtet, den Verbrauch der Fahrzeuge bis zum Jahre 2005 um habhafte 25 Prozent zu senken. Hintergrund ist die CO_2-Diskussion, Kohlendioxid (das bei jeder Verbrennung entsteht, im Automotor, beim Grillen und bei der Hausheizung) wird für den Treibhauseffekt und die zunehmende Erwärmung der Erde mitverantwortlich gemacht. Dabei sind sich die Automobil-Techniker durchaus im klaren darüber, daß mit dem rollwiderstandsarmen Reifen im Rahmen der gesteckten Grenzen nur bescheidene Einflüsse auf den Kraftstoffverbrauch ausgeübt werden können. Sie fordern von den Reifenherstellern 10 Prozent weniger Rollwiderstand, ausgehend von den Verhältnissen 1990, das bringt rund 2 Prozent Verbrauchsminderung. Denn der Rollwiderstand geht etwa im Verhältnis 5:1 in den Kraftstoffverbrauch ein. Und diese 10 Prozent Rollwiderstandsminderung sind ein ordentlicher Batzen, sie werden nicht ohne Auswirkungen auf die übrigen Reifeneigenschaften bleiben, insbesondere bei Nässe. Der Effekt dagegen ist einigermaßen gering, aber – wat mutt, dat mutt.

Rollwiderstand: Der von den Autoherstellern immer nachdrücklicher verlangte rollwiderstandsarme Reifen dürfte eher schmal ausfallen. Eine Entwicklung, die den extremen Breitreifen für Serienfahrzeuge nicht eben fördert.

Ökologie: Recycling

Die mit dem Reifen verbundene Ökologie – Ressourcenschonung, Energieeinsparung, Umweltverträglichkeit und Altreifen-Recycling – ist sicherlich zu verbessern. Bei der Herstellung freilich achten die Reifenhersteller schon im eigenen Interesse auf Kostendämpfung und damit effizienten Materialeinsatz. Viel wird da nicht mehr zu holen sein. Die Umweltverträglichkeit der Reifen im Fahrbetrieb läßt sich, nach heutigem Erkenntnisstand, wohl kaum tiefgreifend optimieren. Gummiabrieb gehört zum Reifen, erheblich weniger Abrieb ist zwar erreichbar, aber eben auf Kosten der Fahrsicherheit und diese Alternative ist schlicht unakzeptabel. Ganz anders sieht es mit dem Thema Recycling aus. Das momentan wirksamste Konzept dafür ist die Runderneuerung. Damit wird die Lebensdauer der gesamten Reifenkonstruktion, mit Ausnahme des Laufstreifens, erheblich verlängert. Der Reifen gerät damit sehr viel später zum Abfallprodukt und eine Neuanschaffung (sprich Neuproduktion) wird ebenfalls hinausgezögert. Allerdings wird nur knapp ein Viertel der 455 000 Tonnen Altreifen die pro Jahr in der Bundesrepublik anfallen zu Runderneuerten verarbeitet. Die Gründe dafür sind vielfältig, zum Teil liegt dies an der schlichten Tatsache, daß Runderneuerung nur bis zur Geschwindigkeitskategorien S (bis 180 km/h) oder allenfalls T (bis 190 km/h) sinnvoll und vertretbar ist. Runderneuerte Reifen in H (bis 210 km/h) oder noch höheren Stufen – knapp 50 Prozent des Neureifen-Marktes – sind aus Sicherheitsgründen nicht akzeptabel.

Runderneuerung ist zweifellos eine prinzipiell durchaus sinnvolle Methodik, die in der Praxis allerdings einige Probleme aufwirft. Beispielsweise muß ein Reifen konstruktiv auf die Runderneuerung vorbereitet werden und hohe Qualitätsmaßstäbe erfüllen. Billigstprodukte sind mit nur einer Lebensdauer schon genug gefordert und als erneuerungsfähiges Produkt meist gänzlich untauglich. Und überdies muß die Runderneuerung mit äußerster Sorgfalt ablaufen, sonst sind die Gebrauchseigenschaften nicht akzeptabel. Letztendlich aber fällt auch der zweimal genutzte Reifen als Abfall an – wohin damit? Gummi läßt sich als Mischungsbestandteil bei der Zementherstellung einsetzen und er kann verbrannt werden. Eine sicherlich vernünftige Art der Beseitigung, sofern dies in entsprechend vorbereiteten und geeigneten Anlagen erfolgt, die auch über Abgasfilter verfügen. Verbrennung erzeugt Wärme, andere Energiearten werden eingespart. Ein Konzept für die Zukunft könnte der Reifen sein, Fachleute denken bereits intensiv und laut darüber nach, der sich zersetzt. Dafür allerdings müssen Materialien entwickelt werden, die sich von Mikroorganismen angreifen und verdauen lassen. Und sie sollten doch bitteschön die Gebrauchseigenschaften des Reifens nicht wesentlich beschränken. Vor allem aber darf die Zersetzung des Reifens nicht dann beginnen, wenn er noch am Auto montiert ist und Fahrzeug sowie Insassen gerade die spanische Grenze in Richtung Urlaubsort passiert haben. Der sich selbst auflösende Reifen würde natürlich die Abfallbeseitigung dieses Produktes erheblich vereinfachen, aber der Weg dahin (falls er überhaupt gangbar ist) dürfte weit und steinig werden.

Altreifen: Angesichts der wachsenden Altreifen-Halden wird das Recycling-Problem immer dringlicher. Eine teilweise Problemlösung ist der runderneuerte Reifen, in Zukunft möglicherweise gar für die Erstausrüstung ab Neureifen-Hersteller.

Marktentwicklung – breiter und schneller

Wenn die Neuentwicklung eines Hochleistungs-Breitreifens den Hersteller rund 20 Millionen Mark kostet, dann muß diese Summe nicht nur aufgebracht, sondern auch wieder eingespielt werden. Ein sicherlich nicht einfaches Unterfangen angesichts der Tatsache, daß der Konkurrenzdruck enorm ist. Damit sind der Preisentwicklung – beim Erstausrüstungsgeschäft mit den Automobilherstellern ohnehin – auch auf dem Ersatzmarkt enge Grenzen gesetzt. Die Billig-Anbieter sind auf der Breitreifen-Schiene kaum vertreten und die Akzeptanz gewinnbringender Preise (für Händler und Hersteller) ist auf diesem Sektor weit besser, als bei üblichen Alltagsreifen. Konsequenz: Wer in der Branche noch einigermaßen mithalten und etwas verdienen will, muß Breitreifen anbieten. Daß dabei die schmaleren Formate der unteren Geschwindigkeitsklassen nicht völlig vernachlässigt werden dürfen, versteht sich von selbst. Sie sind bislang stark gefragt, Tendenz fallend, bringen Stückzahlen und halten die Produktion in Bewegung – ihr Anteil am gesamten Reifenmarkt der Bundesrepublik beträgt immerhin (noch) rund 50 Prozent. Im übrigen Europa zudem liegt der Marktanteil von S- und T-Reifen in Serie 80 und 70 weit höher.
Es ist offenkundig, daß sich der europäische Breitrei-

Breiten-Wachstum: Die links stehende Serie 70 gilt als erste Breitreifen-Kategorie. Über Querschnitte in 60 und 50 Prozent ist die Entwicklung längst bei extremen Breiten und Querschnitten von 35 Prozent angekommen.

Breiter und breiter
Breitreifenanteile in der Erstausrüstung – D in Prozent

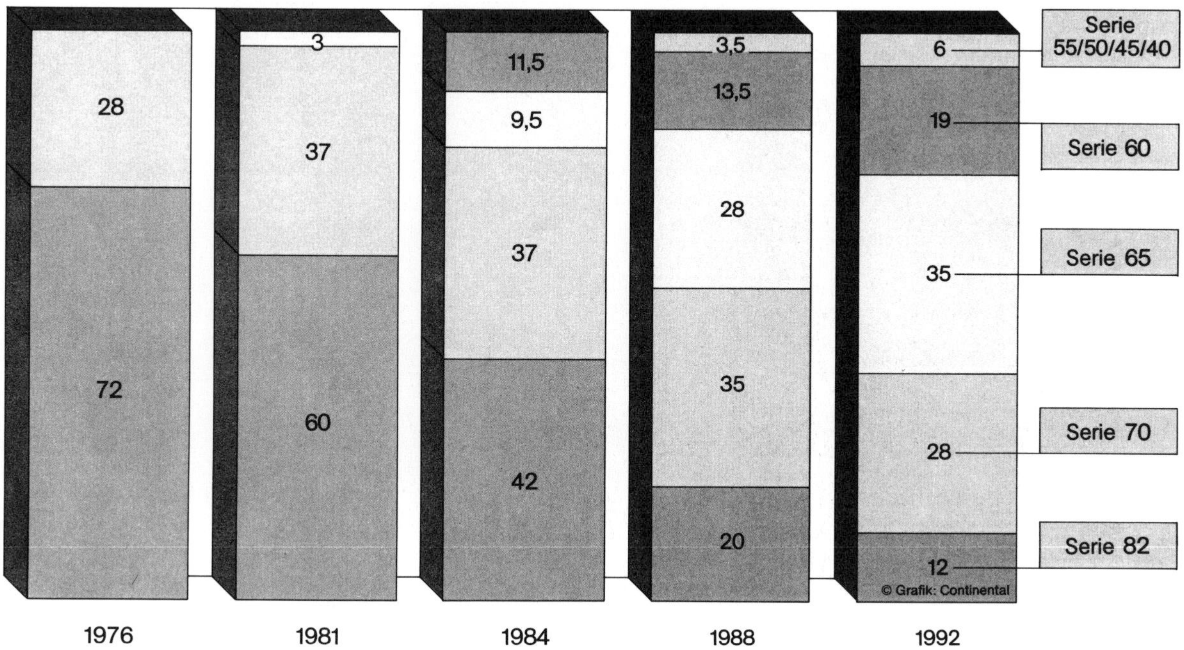

Markt-Tendenz: Selbst in der Erstausrüstung der Automobilindustrie verlieren gemäßigte Formate an Einfluß. Ein Trend freilich, der sich wieder umkehren könnte.

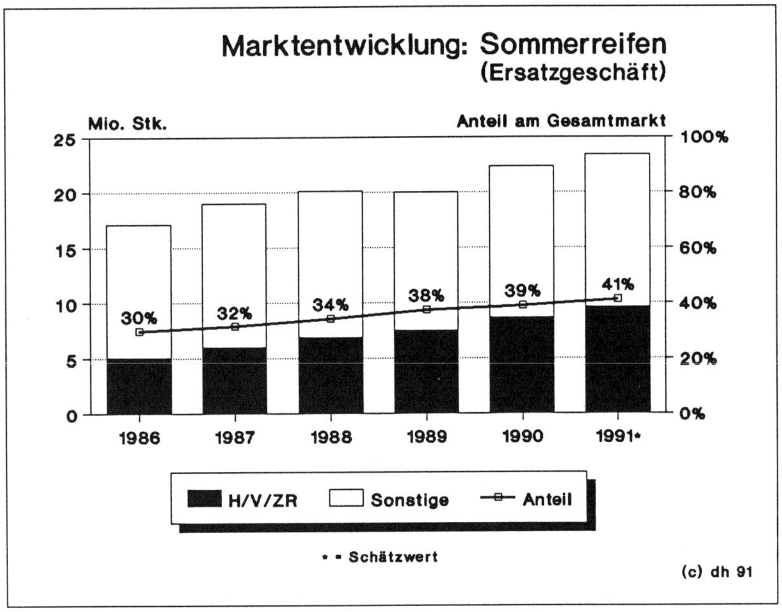

Oben – Highspeed-Zuwachs: Am gesamten Pkw-Ersatzgeschäft erobern die schnellen Reifenkategorien immer höhere Anteile – leistungsstarke Autos sorgen dafür.

Rechts – Asymmetrischer Reifen: Diese von Bridgestone 1988 vorgestellte Studie eines Reifens mit unterschiedlichen Laufflächen-Hälften ist bei anderen Herstellern Realität, Beispiel: Pirelli P Zero.

Rechts – Reifen-Design: Den Breitreifen mit persönlicher Note kreierte Goodyear für die 1989 auf der IAA vorgestellte Fahrzeug-Studie Porsche Panamericana.

Unten – Highspeed-Differenz: Während der Anteil der Kategorie H (bis 210 km/h) leicht sinkt, resultiert der Highspeed-Zuwachs aus Mehrverkäufen von V- und ZR-Reifen.

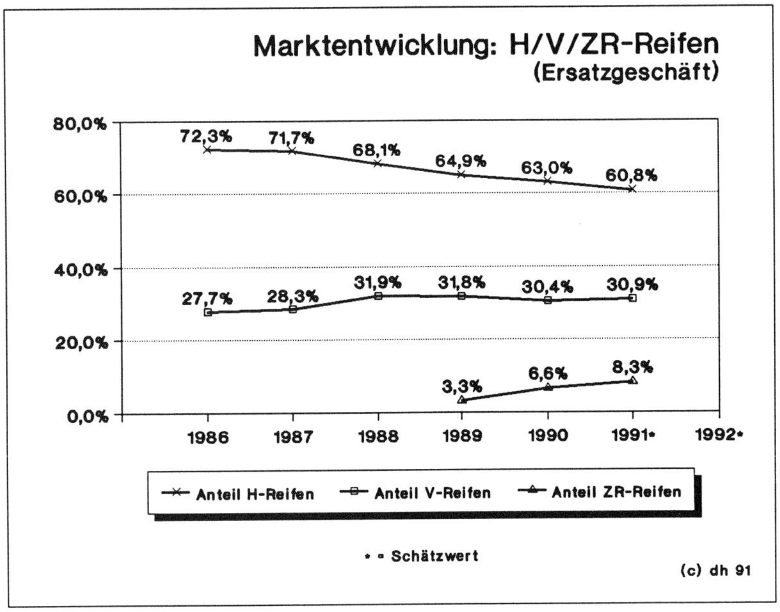

fen-Markt für die Geschwindigkeits-Kategorien H (bis 210 km/h), V (bis 240 km/h) und ZR (über 240 km/h) von 1985 bis 1991 verdoppelt hat. Laut Conti stieg das Volumen innerhalb von sechs Jahren in diesem Segment von 23,3 auf 45,8 Millionen Reifen. Und dieser Trend wird sich weiter fortsetzen, verbunden mit der vermehrten Vorstellung besonders leistungsstarker Automobile und den gewachsenen Ansprüchen der Verbraucher. Auf dem deutschen Reifenmarkt steigen die Anteile von Breitreifen der höheren Geschwindigkeitsklassen ebenfalls. So erreichten H-Reifen im ersten Halbjahr 1990 einen Anteil von 15,0 Prozent im Ersatzgeschäft (1989: 15,3 Prozent, 1985: 10,3 Prozent). In der Klasse V/ZR lag der Anteil schon bei 13,8 Prozent gegenüber 12,0 Prozent in 1989 und nur 4,9 Prozent im Jahre 1985. Reifen der Serie 60 kamen in der ersten Hälfte 1990 auf 18,9 Prozent Marktanteil (1989: 17,3 Prozent, 1985: 7,1 Prozent) und kleinere Querschnitte als Serie 60 erreichten 13,6 Prozent (1989: 12,5 Prozent, 1985: nicht vorhanden!). Laut Pirelli liegt das ZR-Potential in der Erstausrüstung (ab Automobilwerk) bereits bei 1,4 Millionen Stück, das Ersatzgeschäft dagegen nimmt sich Anfang 1990 mit knapp einer Million noch recht bescheiden aus. Das dürfte sich relativ rasch und entscheidend ändern.

Die Kategorie »kleiner als Serie 60« wird nicht nur vermehrt (oder überhaupt) produziert, der Dimensionsumfang vergrößert sich ebenfalls. Was früher

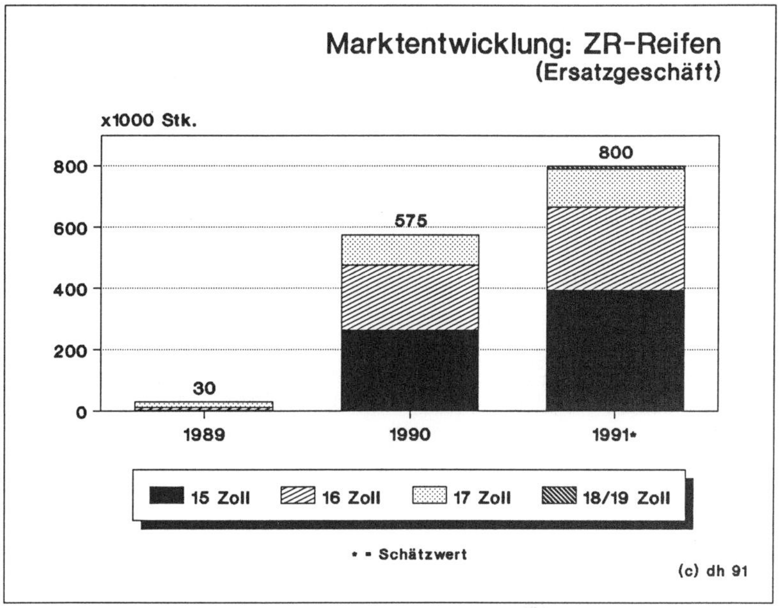

Markt-Spitze: Die Marktentwicklung der ZR-Reifen (über 240 km/h) im Detail. Wobei mancher ZR-Käufer nur deshalb nach dieser Kategorie greift, weil sein Wunsch-Breitreifen nicht anders zu haben ist.

Porsche Panamericana: Auf der Basis des Porsche Carrera 4 entstand diese interessante Styling-Studie für die IAA 1989. Modernste Werkstoffe wie Kunststoffsandwich, Glas- und Kohlefaser wurden verwendet – ein Einzelstück.

Reifen-Studie: Ein Design-Entwurf von Uniroyal, asymmetrisch und damit laufrichtungsgebunden. Auch hier wird der Wunsch sichtbar, ein attraktives Profil-Bild für Tuner-Breitreifen zu schaffen.

Spitzenklasse: Ein Breitreifen für höchste Ansprüche und exklusive Fahrzeuge. Der Dunlop Performa 8000, auf der IAA 1991 vorgestellt, repräsentiert beispielhaft den Stand der Reifentechnik.

allenfalls für exklusive Sportwagen italienischer oder deutscher Provenienz gefertigt und angeboten wurde, kann sich heute schon der Eigner eines Dreier- oder Fünfer-BMW ans Auto schrauben. So reicht etwa die sogenannte Tuning-Palette für Breitreifen bei Dunlop von 185/55 R 14 über 205/55 ZR 15, 245/45 ZR 16 und 245/35 ZR 17 sowie 275/35 ZR 18 bis zum 255/40 ZR 19. Auch Pirelli, Conti, Uniroyal und Michelin sowie Toyo und Bridgestone mischen in diesem hochliegenden Marktsegment kräftig mit. Da bleibt in der Tat kein Auge trocken, kein Geldbeutel gefüllt und kein Breitreifen-Extrem unerwähnt. Dunlop stellt überdies fest, daß sich der Markt von Breitreifen für Geschwindigkeiten über 200 km/h zwischen 1986 und 1991, in fünf Jahren also, verdreifacht hat. Es zeichnet sich ab, daß sich diese enormen Wachstumsraten, gegenwärtige Verhältnisse vorausgesetzt, im Verlauf der 90er Jahre fortsetzen werden. Immerhin betrug der Bestand an Fahrzeugen die über 180

km/h laufen 1984 noch 9 Prozent, 1990 waren es schon knapp 20 Prozent. Einige Reifenhersteller produzieren oder bedienen mit speziellen Konstruktionen (Tuner-Reifen) oder Größen ganz bewußt namhafte Auto-Veredler, vor allem der Marken BMW, Mercedes-Benz und Audi, deren Klientel selbstverständlich bei der Bereifung nur an Extremformaten interessiert ist.
Tatsächlich tendieren derlei Hochgeschwindigkeits-Breitreifen in eine Richtung, die bislang ausschließlich von einer speziellen Kategorie besetzt war, dem Rennreifen. Zwar lassen sich auf der Straße aus naheliegenden Gründen keine profillosen Slicks fahren, aber die extrem flachen Reifenquerschnitte und auch etliche Profilentwicklungen mit vorgeschriebener Laufrichtung erinnern sehr stark an Rennreifenkonstruktionen. Beispiele dafür sind der asymmetrische Pirelli P Zero und die Goodyear Eagle-Typen vom einzigen Reifenhersteller, der seit Mitte der sechziger Jahre ununterbrochen Formel-1-Reifenlieferant ist. Auch Dunlop weist darauf hin, daß die aus diesem Haus angebotenen Highspeed-Breitreifen direkt aus jenen Rennreifen abgeleitet sind, die für den seriennahen Rennsport entwickelt und angeboten werden.

Top-Reifen: Mit dem Eagle GSA erhielt Goodyear bei Ferrari die Erstausrüstungs-Freigabe. Die Verwandtschaft zum Rennreifen wird schon am flachen Querschnitt erkennbar. Reifentechnik at its best.

Breitreifen-Verbraucher: Schon als Serien-Ausstattung erhalten die Fahrzeuge der Oberklasse füllige Reifenformate, bei der nachträglichen Umrüstung kommen nur Extremgrößen in Betracht. Für die Reifenhersteller trotz beschränkter Stückzahlen ein interessantes Geschäft.

Rollwiderstand – ein heikles Thema

Die vom Automotor aufgebrachte Leistung wird im wesentlichen durch drei Fahrwiderstände beansprucht:

- Mechanischer Widerstand in der Kraftübertragung, im Getriebe vor allem;
- Rollwiderstand, ein Verlust, der durch die Walkarbeit im Reifen entsteht;
- Luftwiderstand des Fahrzeugkörpers, die entscheidende Größe, deren Wirksamkeit schon unter 100 km/h beginnt.

Der ausschließlich vom Reifen bestimmte Rollwiderstand entsteht beim Abrollen. Dabei wird der Reifen in der Aufstandsfläche bei jeder Radumdrehung zusammengequetscht und nach der Bodenberührung wieder in seine runde Ursprungsform zurückgebildet. Die bei dieser Walkarbeit entstehenden Verluste verursachen den Rollwiderstand. Bei der Verformung des Reifens entsteht innere Reibung, wobei ein Teil der Energie in Wärme umgewandelt wird.

Konstruktiv läßt sich die Höhe des spezifischen Rollwiderstandes für jeden Reifen bestimmen und absenken, was jedoch seine Grenzen hat (siehe Kapitel »Reifenentwicklung«). Die Patentlösung wären hochelastische Gummimischungen, die jedoch die Strukturfestigkeit des Reifens in Frage stellen und vor allem die Rutschfestigkeit auf Nässe katastrophal verschlechtern. Die Praxis verlangt vom Reifenkonstrukteur vielmehr Feinarbeit und sorgfältige Auswahl der Materialien. Der Autofahrer selbst indes hat auf den Rollwiderstand ebenfalls einen erheblichen Einfluß – durch den Luftdruck im Reifen. Je deutlicher der Reifendruck unter dem geforderten Wert liegt, umso stärker nimmt die Walkarbeit zu und damit auch der Rollwiderstand. Zudem bedeutet mehr Walkarbeit auch mehr Reibung und steigende Reifentemperatur, im Extremfall bis zur Zerstörung. Dieser Effekt wird selbstverständlich auch dann erzielt, wenn der korrekte Luftdruck für ein teilbeladenes Fahrzeug vorhanden ist, tatsächlich jedoch das Auto voll ausgelastet ist. Um den Rollwiderstand zu senken, ist bei der Luftdruckeinstellung die Orientierung am vorgesehenen Maximalwert durchaus sinnvoll. Es entsteht dabei allerdings ein Komfortverlust, weil die Federungseigenschaften des Reifens vermindert werden. Ein extrem hoher Reifendruck bringt zwar Vorteile im Rollwiderstand, das Fahrverhalten allerdings wird eher schlechter (!) und der Reifenabrieb gerät ungleichmäßig, er konzentriert sich auf die Laufflächenmitte. Unerläßlich und dringend empfehlenswert ist in jedem Fall eine regelmäßige Luftdruckkontrolle, mindestens zweimal pro Monat.

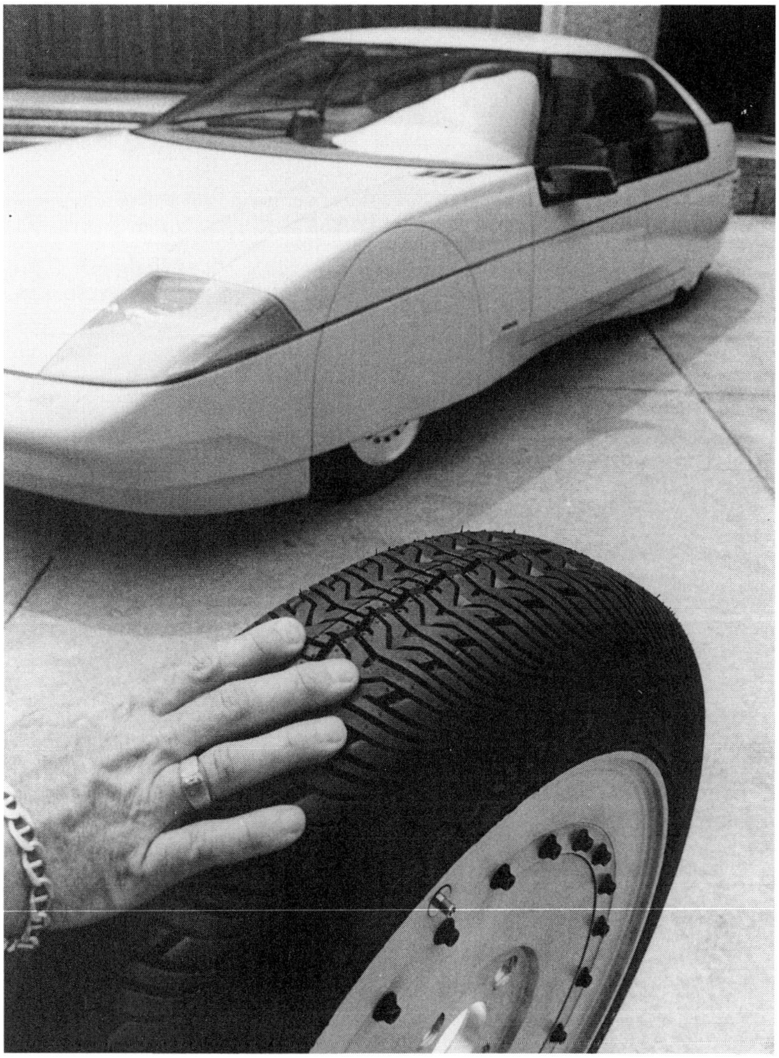

Zukunftsvision: Für den Impact von General Motors, ein Elektro-Auto mit Sport-Touch, entwickelte Goodyear einen Experimentalreifen. Bei der Größe P 165/65 R 14 und einem Fülldruck von 4,5 bar wurden der Rollwiderstand und das Gewicht jeweils um 50 Prozent reduziert. Ergänzung: Laufruhe und Komfort sind »ausreichend«.

Luftdruck-Kontrollsysteme – wachsame Elektronik

Fahrsicherheit, Fahrverhalten, Kraftstoffverbrauch und Reifenlebensdauer werden vom Luftdruck im Reifen mitbestimmt. Wie verschiedene Untersuchungen zeigen, wird dieser Tatsache von den Autofahrern allerdings wenig Bedeutung beigemessen. Die weitaus überwiegende Anzahl von Fahrzeugen ist mit zu geringem Luftdruck unterwegs. Eine Uniroyal-Untersuchung beispielsweise deckte auf, daß bundesweit nur rund 13% aller Automobile korrekt eingestellten Reifendruck aufwiesen. Etwa 17% fuhren mit höherem Luftdruck als vorgeschrieben. Die absolute Mehrheit, nämlich 70% aller Autos hatte zu geringen Luftdruck in den Reifen. Das bedeutet ein erhebliches Sicherheitsrisiko einerseits und verminderte Wirtschaftlichkeit durch unnötig hohen Spritverbrauch sowie kürzere Reifen-Laufleistung andererseits.

Im Auto installierte Luftdruck-Kontrollsysteme sollen diesem Manko in Zukunft abhelfen. Dabei wird eine Abweichung vom korrekten Luftdruck registriert, von einem elektronischen Steuergerät ausgewertet und im Ernstfall eine Alarmmeldung am Armaturenbrett ausgelöst. Der Autofahrer hat die Möglichkeit, die kritische Radposition zu erkennen und den entsprechenden Reifen zu überprüfen. Damit wird Pannen und Reifendefekten vorgebeugt, die durch schleichenden Druckverlust entstehen. Diese Systeme sind allerdings einigermaßen aufwendig und entsprechend teuer, deshalb ist die Einführung zunächst bei Oberklasse-Automobilen zu erwarten. Die erste Anlage findet sich denn auch in den Porsche-Modellen 959 und 928 S4, sie wurde von Bosch und Porsche gemeinsam entwickelt.

Reifen-Alltag: Zu geringer Fülldruck, damit übermäßige Walkarbeit, Erwärmung und Beanspruchung. Der konstruktiv vorgegebene, möglichst geringe Rollwiderstand zur Energieeinsparung wird unnötig erhöht.

Bosch/Porsche Kontroll-System

Die Bestandteile dieses Reifendruck-Kontroll-Systems (RDK) sind im wesentlichen die in die Felge eingesetzten Membrandruckschalter (zwei pro Rad), verbunden mit einem Hochfrequenzgeber, ein elektronisches Steuergerät und die Anzeige im Armaturenbrett. Das RDK von Porsche ist ein sogenanntes temperaturkompensiertes Schwellwertsystem, das heißt, es erkennt – in Abhängigkeit von der Reifenlufttemperatur – ob der Luftdruck im Reifen den Sollwert hat. Temperaturabhängigkeit deshalb, weil mit steigender Temperatur im Reifen der Luftdruck automatisch zunimmt, das System berücksichtigt diesen Druckanstieg. So gilt der korrekte Druck von 2,5 bar an der Vorderachse und 3,0 bar hinten bei 20° C, er steigt um etwa 0,1 bar je 10° Reifenlufttemperatur. Das Porsche-RDK ist auf hohe Genauigkeit ausgelegt (Toleranz plus/minus 0,05 bar) und verfügt über zwei Warnstufen. Zunächst leuchtet ein Pfeil an der entsprechenden Radposition – es ist also sofort feststellbar, welcher Reifen zu geringen Druck hat –, in der zweiten Stufe (es wird ernst) blinkt dieser Pfeil. Zusätzlich wechselt die Farbe des Schriftfeldes von orange auf rot und eine weitere Warnleuchte kommt. Das konstante Aufleuchten des Pfeiles erfolgt, wenn ein Membrandruckschalter Druckverlust meldet, das Blinken kommt beim Druckverlust am zweiten Schalter.

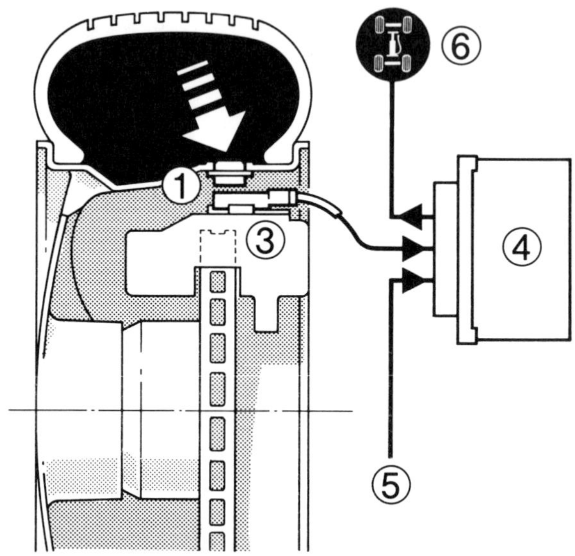

Bosch (Porsche)-System: Druckschalter in der Felge (1), Hochfrequenz-Signalgeber (2), elektronisches Steuergerät (4), Raddrehzahlsignal (5) und Anzeige im Armaturenbrett (6).

Dunlop-Reifendruck-Kontrolle

Die Dunlop-Mutter Sumitomo Rubber Europe (SRE) stellte Anfang 1991 das Druckverlust-Warnsystem (DWS) vor. Es basiert auf der Tatsache, daß sich bei abnehmendem Reifendruck die Rotationsgeschwindigkeit des Rades steigert und damit eine Meßgröße liefert. Deshalb wird hier die ABS-Technik (Raddrehzahlsensoren) genutzt. Das System läßt sich damit ohne weiteren Aufwand in Fahrzeugen verwenden, die bereits über eine ABS-Bremsanlage verfügen. Das Signal vom ABS-Impulsaufnehmer wird in ein Steuergerät weitergeleitet, das die Werte vergleicht und relativiert, so daß Drehzahlunterschiede in Kurven oder beim starken Beschleunigen aussortiert werden und keinen Alarm auslösen. Das im Rechner installierte Programm berücksichtigt auch Veränderungen durch Temperatur- oder Lastunterschiede. Um die Referenzwerte für den tatsächlichen Abrollumfang der Reifen bei korrektem Luftdruck zu speichern, muß das System auch nach jedem Reifenwechsel entsprechend aktiviert werden, ein im Ablauf automatischer Vorgang. Am Armaturenbrett ist eine Anzeige der vier Radpositionen installiert.

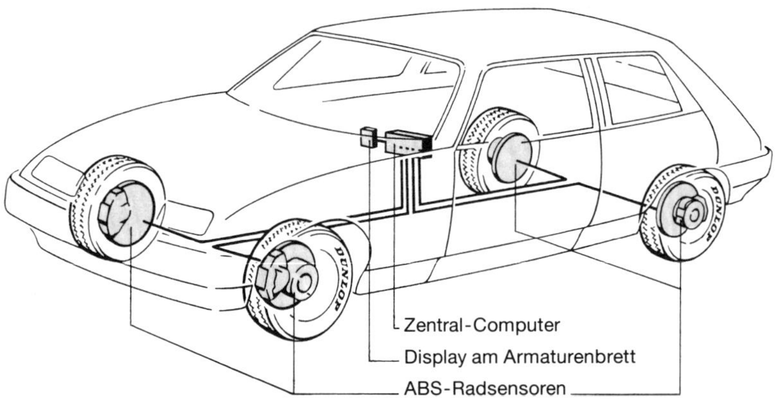

Dunlop DWS: Bei abnehmendem Reifendruck wird der Abrollumfang der Pneus kleiner, die Raddrehzahl nimmt zu. ABS-Radsensoren liefern das Signal. Das elektronische Steuergerät sortiert normale Veränderungen (Druckzunahme bei Reifenerwärmung) aus. Gemeldet wird Druckverlust unter den Standardwert. Eine relativ unkomplizierte Anlage.

Bosch-Druckkontrolle: Zwei Drucksensoren sitzen in der Felge und laufen berührungslos am fest montierten Hochfrequenzgeber vorbei. Das System ist aufwendig, liefert aber auch eine sehr hohe Meßgenauigkeit. Eine Anzeige im Armaturenbrett informiert über Druckverlust jeder Radposition.

Michelin MTM-System

Bereits 1985 wurde von Michelin das MTM-System (Michelin-Tyre-Monitor) vorgestellt. Es handelt sich dabei um eine Luftdruck- und Temperatur-Kontrolle. Die Anlage verfügt über Sensoren in der Felge, deren Meßwerte berührungslos (induktiv) übertragen werden. Das elektronische Steuergerät liefert die gefilterten Signale an ein Anzeigendisplay im Armaturenbrett. Dabei ist die exakte Angabe des Reifenluftdrucks für jede Radposition möglich, inklusive des Reserverades. Der temperaturabhängige Anstieg des Reifendruckes wird kompensiert, die Alarmmeldung erfolgt mit Angabe der jeweiligen Radposition.

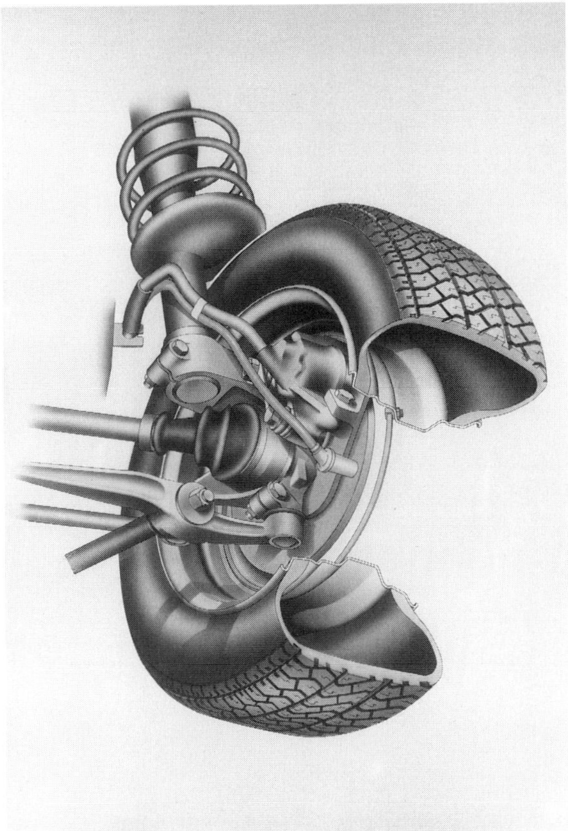

Michelin MTM-System: Ähnlich wie bei der Bosch-Anlage wird über in der Felge sitzende Sensoren berührungslos das Signal an ein Steuergerät übertragen. Bei Michelin allerdings wird auch das Reserverad ständig auf Druckverluste kontrolliert.

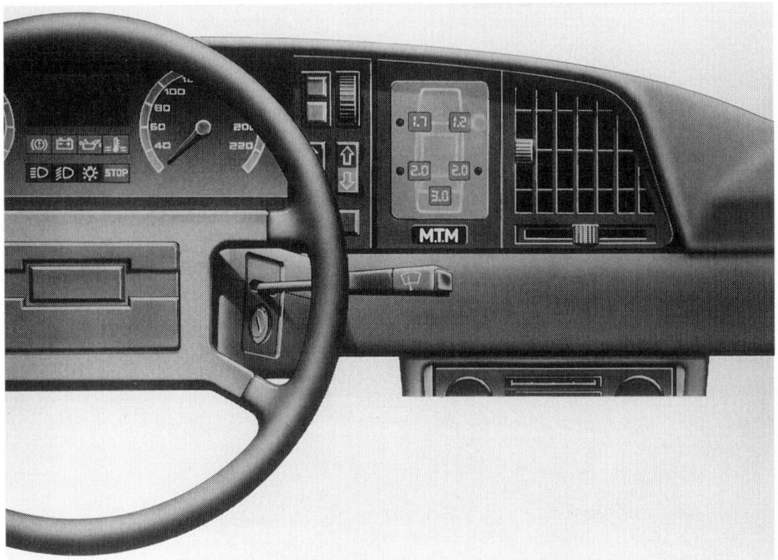

Reifenbacken – der lange Weg zum Pneu

Bereits in der Konstruktionsphase werden eine Vielzahl unterschiedlicher Reifeneigenschaften festgelegt – oder zumindest angestrebt. Höchst detailliert nach der vorherrschenden Hausphilosophie oder aber nach den fest abgezirkelten Vorgaben eines späteren Großabnehmers. So definieren heute beispielsweise allein die Automobilhersteller für Erstausrüstungs-Reifen einer neuen Fahrzeug-Generation rund fünfzig exakt umrissene Anforderungskriterien, die es zu realisieren gilt. Von Brems-, Handling- und Aquaplaningeigenschaften über Komfortverhalten, Geräuschentwicklung und Rollwiderstand bis hin zur Abriebfestigkeit. Dabei werden meist sehr enge Toleranz-Bereiche vorgegeben, die später für jeden Reifen, Stück für Stück und in aller Regel über einen langen Produktions-Zeitraum ohne Abstriche eingehalten werden müssen.

Die Profilgestaltung ist zusammen mit Dimensionsvorgaben wie Laufflächenbreite, Durchmesser und Querschnittsverhältnis noch das augenscheinlichste Merkmal des fertigen Produkts. Eine Vielzahl ausschlaggebender Elemente einer erfolgreichen Reifenkonstruktion aber entzieht sich dem Blick des Betrachters. Sie werden durch die Materialzusammensetzung und die Konstruktionsmerkmale des Reifen-Unterbaus bestimmt (siehe Kapitel »Reifentechnik«). Immerhin können – wie bereits erwähnt – pro Reifen mehr als zwei Dutzend Einzelteile und gut ein Dutzend unterschiedliche Gummimischungen verbaut werden. Und dabei prägt jede einzelne Komponente, jedes Detail das späteren Ergebnis: die Fahreigenschaften. Der simpel herzustellende Reifen »aus einem Guß« kann ganz einfach nicht die Vielfalt der Anforderungen erfüllen und wird schon aus diesem Grund noch lange Zeit ein Wunschtraum der Branche bleiben.

In der Praxis gestaltet sich die Herstellung eines modernen Pkw-Reifens denn auch als ein recht kompliziertes Unterfangen, das sich zudem nur bedingt von Maschinen ausführen läßt. Natürlich unternehmen alle Reifenproduzenten größte Anstrengungen, den Fertigungsablauf so weit als möglich zu automatisieren – schon, um eine möglichst gleichbleibende

Konfektionsware: Modernste Reifenfertigung auf der APBM-Maschine bei Vredestein. Aus endlos zugeführten Halbfertigprodukten entsteht in nur 30 Sekunden der »Green Tire«.

Produktqualität und hohe Gleichförmigkeit (Uniformity) zu erzielen. Bei Vredestein in Enschede (Holland) beispielsweise wird mit immerhin rund 80 Prozent ein ungewöhnlich hoher Automatisierungsgrad am Gesamtaufwand für die Reifen-Produktion erreicht. Die sogenannte APBM-Maschine fertigt den Reifen aus zulaufenden Halbfertig-Produkten (Gürtel, Wulst usw.) innerhalb von 30 Sekunden bis zum »Green Tyre«, dem Reifen-Rohling, der anschließend noch in die Heizpresse zur Vulkanisation geht. Auch bei Sumitomo (Japan) zeichnen sich – wie wir vor Ort erfuhren – einige besonders interessante Ansätze zur Automatisierung ab. In aller Regel aber kann bei wichtigen Produktionsabschnitten auf Handarbeit bislang keinesfalls verzichtet werden. Handarbeit zudem, die von qualifizierten Fachkräften erledigt wird, die ein Höchstmaß an Geschick und eine langjährige Erfahrung verlangt. In die Karten läßt sich jedenfalls keiner der Hersteller gerne schauen, am wenigsten Michelin. Dort hütet man sein Fertigungs-Know-how sehr streng – sogar innerbetrieblich.

Der Produktionsablauf bei der Reifenfertigung erinnert dabei unwillkürlich an die sektionierten Arbeitsvorgänge bei der Automobilherstellung: die zahlreichen Einzelkomponenten eines Reifens werden in aller Regel an räumlich getrennten Fertigungslinien innerhalb der Reifenfabrik vorkonfektioniert und unter ständiger Qualitätskontrolle der Zwischenprodukte erst im Verlauf der Endmontage zusammengeführt.

Schwerpunkte der Reifenproduktion sind dabei

- die definierte Mischung von verschiedenen Kautschuksorten und chemischen Zusätzen
- die Herstellung unterschiedlicher Cordgewebe für die Karkasse
- die Herstellung von hochfestem Stahlcord für den Gürtel
- die Wulstringfertigung
- der Rohreifenbau als Endmontage
- das Vulkanisieren in den Heizpressen
- die umfassende Endkontrolle jedes einzelnen Reifens.

Kontrollorgan: Die zentrale Steuerung erlaubt es sogar, bei laufender Reifenproduktion die Dimension zu wechseln. Hinten verlassen die Reifenrohlinge das Band.

Kautschuksorten – Naturprodukt kontra Industriewerkstoff

Naturkautschuk spielt in der Reifenfertigung nach wie vor eine gewichtige Rolle, wenngleich Kunst- oder Synthesekautschuk mittlerweile den Löwenanteil bei der Herstellung ausmacht. Naturkautschuk wird in äquatornahen Plantagen aus dem Saft des Hevea-Baumes gewonnen, dessen Rinde man einritzt und die austretende klebrige Latexmilch in kleinen Behältern auffängt. Praktisch alle großen Reifenproduzenten unterhalten dafür auch heute noch eigene Pflanzungen, weltweit im klimatisch günstigen »Kautschukgürtel«. Die Latexmilch wird nach einem Filtriervorgang mit Ammoniak stabilisiert und entweder direkt vor Ort weiterverarbeitet oder, zu Konzentrat eingedickt, in Tanks oder Fässern versandt.

Erst durch die anschließende Gerinnung, das sogenannte Koagulieren, wobei der Latexmilch zur Beschleunigung des Vorgangs Essigsäure zugemischt wird, entsteht Kautschuk in plastisch verformbaren, klebrigen Krumen. Diese schöpft man ab, wäscht sie und walzt sie zu sogenannten Fellen aus. Die spezielle Walzenform sorgt hierbei für eine Riffelung der Kautschukplatten, was einerseits deren Oberfläche vergrößert und damit den anschließenden Trocknungsvorgang beschleunigt, anderseits aber auch dem Zusammenkleben vorbeugt. Getrocknet werden die Kautschuk-Felle entweder an der warmen Luft oder sogar im Holzfeuerrauch. Wobei das Räuchern den Kautschuk zugleich haltbar und resistent gegen diverse Mikroorganismen macht, denen das Naturprodukt sonst als willkommene Abwechslung in ihrer Nahrung dienen könnte.

Die abgepackten und sortierten Kautschuk-Blöcke (Sheets) werden anschließend visuell (nach Farbe und Verschmutzungsgrad) klassifiziert in

- RSS – Ribbed-Smoked-Sheets (geriffelte und geräuchte Blöcke),
- ADS – Air-Dried-Sheeds (luftgetrockneter Kautschuk mit nur geringen Verunreinigungen),
- Crepe (gewaschener und in Felle ausgewalz-

Geritzt: Latexmilch tritt aus der eingeschnittenen Rinde des Hevea-Baumes. Die Reifenindustrie unterhält weltweit Plantagen im sogenannten Kautschukgürtel. Auf Naturkautschuk kann bei der modernen Autoreifenfertigung nicht verzichtet werden.

ter Naturkautschuk, hell oder dunkel, dessen Spitzensorte »Thin White Crepe« den meisten unter uns sicherlich bestens bekannt ist: die Gummisauger an den Milchfläschchen für Babynahrung werden daraus hergestellt).

Für die Reifenfertigung sind die Anforderungen an die Reinheit des Produktes etwas geringer, selbst eine Resteverwertung beim Latex-Sammeln findet statt. Wobei Verunreinigungen einerseits vom Baum (Tree-Laces), andererseits vom Becher (Cup-Laces) stammen können. Man unterscheidet diesen sogenannten SMR-Naturkautschuk zusätzlich sogar nach seinem Schmutzanteil.

Durch steigende Qualitätsansprüche der kautschukverarbeitenden Industrie und durch die wachsende Konkurrenz der Synthesekautschuk-Produzenten führten zuerst die asiatischen Naturkautschuk-Hersteller eine technische Klassifikation ihrer Produkte ein: den TSR (Technical Specified Rubber, Kautschuk technischer Spezifikation). Dieser wird zwar nach gleicher Methode gewonnen, anschließend aber exakt beurteilt und zu rechteckigen Ballen gepreßt. Ein Analysezertifikat gibt so dem Reifenbauer genaue Auskunft über vielerlei technische Qualitäten des Ausgangsmaterials – darunter Schmutzgehalt, Plastizität und flüchtige Bestandteile des Ballens.

Polybutadien (BR) und Styrol-Butadien-Rubber (SBR) sind dagegen rein synthetisch erzeugte Kautschuke. Sie lassen sich in der Chemiefabrik maßgeschneidert auf die Wünsche der Reifenbauer produzieren, eben mit gezielt steuerbaren Eigenschaften. Die Ausgangsmaterialien des Industriekautschuks werden im Vormischer mit Emulgatoren versetzt und durchlaufen anschließend eine Polymerisationsbatterie. Man stelle sich darunter mehrere große Tanks mit Rührwerken vor, in denen sich die Moleküle der Ausgangsstoffe, gesteuert von Aktivator- und Reglersubstanzen, gezielt aneinanderlagern, lange Molekülketten bilden. Durch spezielle Abstoppmittel läßt sich dieser Polymerisations-Vorgang genau im richtigen Moment unterbinden. Das Ergebnis ist ebenfalls Latex, aber durchweg in definierter Qualität und natürlich ohne die Verunreinigungen, die ein Sammel- und Verarbeitungsprozeß unter freiem Himmel mit sich bringt. Synthese-Latex wird analog zum Naturprodukt weiterverarbeitet: Auf Stabilisieren und Koagulieren folgen die physikalischen Prozesse Waschen, Trocknen und das Pressen der Masse zu Ballen.

Sowohl die chemische Zulieferindustrie als auch die Reifen-Hersteller sehen in synthetisch erzeugten Kautschuksorten neue und wichtige Ansatzpunkte für künftige Verbesserungen der Reifeneigenschaften. Vielfältige Zielkonflikte lassen sich womöglich mit »intelligenten« Werkstoffen meistern, die auf sich verändernde Betriebsbedingungen reagieren.

Im Reifen der Zukunft steckt allein bei der Materialauswahl noch ein großes Potential.

Gummimischungen – das Rezept entscheidet

Ein wesentlicher Teil der Reifenproduktion beginnt im Mischraum, wo aus mehreren Kunst- und Naturkautschuk-Sorten die jeweils gewünschte Mischung zusammengestellt wird. Die zerkleinerten Ausgangsstoffe werden hierfür portioniert und der Mischkammer eines Kneters zugeführt. Kautschuke alleine freilich ergeben noch keine Reifen-taugliche Gummimischung, ihnen fehlt eine für die Praxis hinreichende Abriebfestigkeit. Deshalb sind weitere Zusätze erforderlich, Ruße etwa. Dabei ist Ruß, wie ihn die Reifenhersteller in großen Mengen beziehen, ein durchaus hochwertiges Industrieprodukt unterschiedlichster Spezifikation. Und erst er verleiht dem Reifen seine charakteristische Farbe. Reifen-Ruß wird hergestellt aus Öl und Gas, die man in speziellen Verfahren unter Luftmangel verbrennt. Öl, als dritter wichtiger und gewichtiger Bestandteil hat günstige Auswirkungen auf die Rutschfestigkeit des späteren Reifens, macht die Mischung aber zunehmend weich und beeinträchtigt damit beispielsweise die Lenkpräzision. Es bleiben noch andere Zusätze, die sich unter dem Oberbegriff »Chemikalien« zusammenfassen lassen. Elementarem Schwefel kommt hier eine besondere Bedeutung zu, er allein sorgt bei der späteren Vulkanisation dafür, daß sich die langen Molekülketten des Kautschuks gegenseitig vernetzen und so aus dem plastisch-klebrigen Material elastischer Gummi wird. Der Chemiker nennt diesen Vorgang Schwefelbrückenbildung.

Pro Reifen werden gleich mehrere unterschiedliche Gummimischungen benötigt – teils mehr als zehn – und jede einzelne wird natürlich individuell zusammengemixt. So setzt sich beispielsweise die Rezeptur für die Laufflächenmischung des neuen Uniroyal

Rezeptvorschlag: Diverse Kautschuksorten, Ruß, Öl und Chemikalien bilden die Hauptbestandteile der unterschiedlichen Gummimischungen; benötigt werden pro Reifen oft ein knappes Dutzend verschiedene.

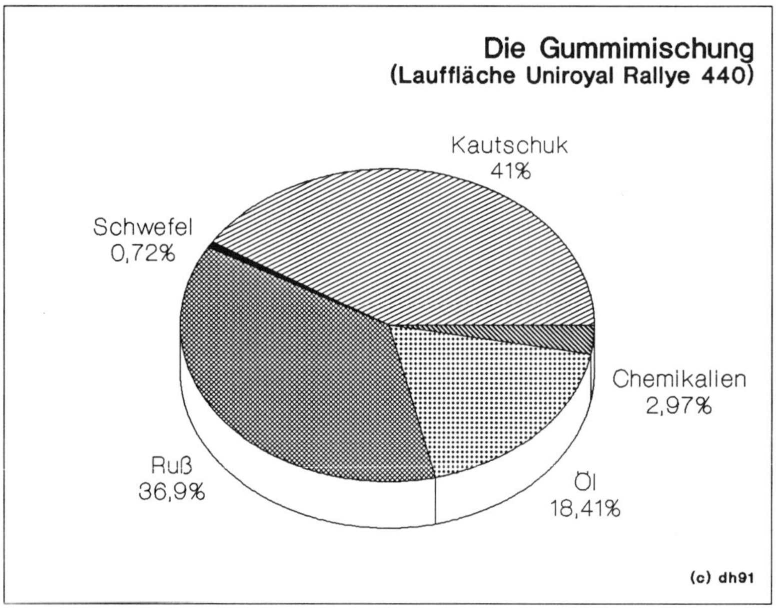

Rallye 440 folgendermaßen zusammen (nach Gewicht):

Kautschuk	**Styrol-Butadien Copolymer und Butadien zusammen**	**41,00%**
Ruß	**Typ N-339**	**36,90%**
Öl	**(aromatisch)**	**18,41%**
Schwefel		**0,72%**
Beschleuniger	**Sulfenamid und Thiazol zusammen**	**0,50%**
Alterungsschutz	**Paraphenylendiamin, Hydrochinolin und Paraffinwachs zusammen**	**1,03%**
Vulkanisations-aktivator	**Zink und Stearinsäure zusammen**	**1,44%**

Der gesamte Mischvorgang läuft heute vollautomatisch ab. Und die Ingredienzen werden in unterschiedlichen Anlagen wieder und wieder durchgeknetet, so lange, bis eine homogene Masse entsteht. Der zähe Teig kann anschließend zu einem Band ausgewalzt werden. Bevor eine Mischung dann aber die Freigabe für die Weiterverarbeitung erhält, muß erst eine Probe wichtige Labortests bestehen. Man untersucht hierbei in einem sogenannten Rheometer-Prüfgerät, schon lange bevor der Reifen aufgebaut wird, das Vulkanisationsverhalten der eben zusammengekneteten Mischung. Erst nach erfolgter Freigabe durch das Prüflabor kommen die Kautschukmischungen in Extruder, das sind spezielle Spritzmaschinen, die im Prinzip wie ein Haushalts-Fleischwolf arbeiten. Laufstreifen, Seitenwände und andere Konstruktionselemente erhalten beim Pressen durch die Düsen ihren endgültigen Querschnitt und brauchen nur noch auf passende Länge geschnitten zu werden.

Phase 1: Im Mischraum werden die Zutaten der Gummimischung portioniert und per Förderband der Mischkammer zugeführt.

Phase 2: Immer und immer wieder muß die Kautschuk-Mischung durchgeknetet werden. Solange, bis für die weiteren Bearbeitungsschritte eine homogene Masse bereitsteht.

Die Dunlop Reifenherstellung

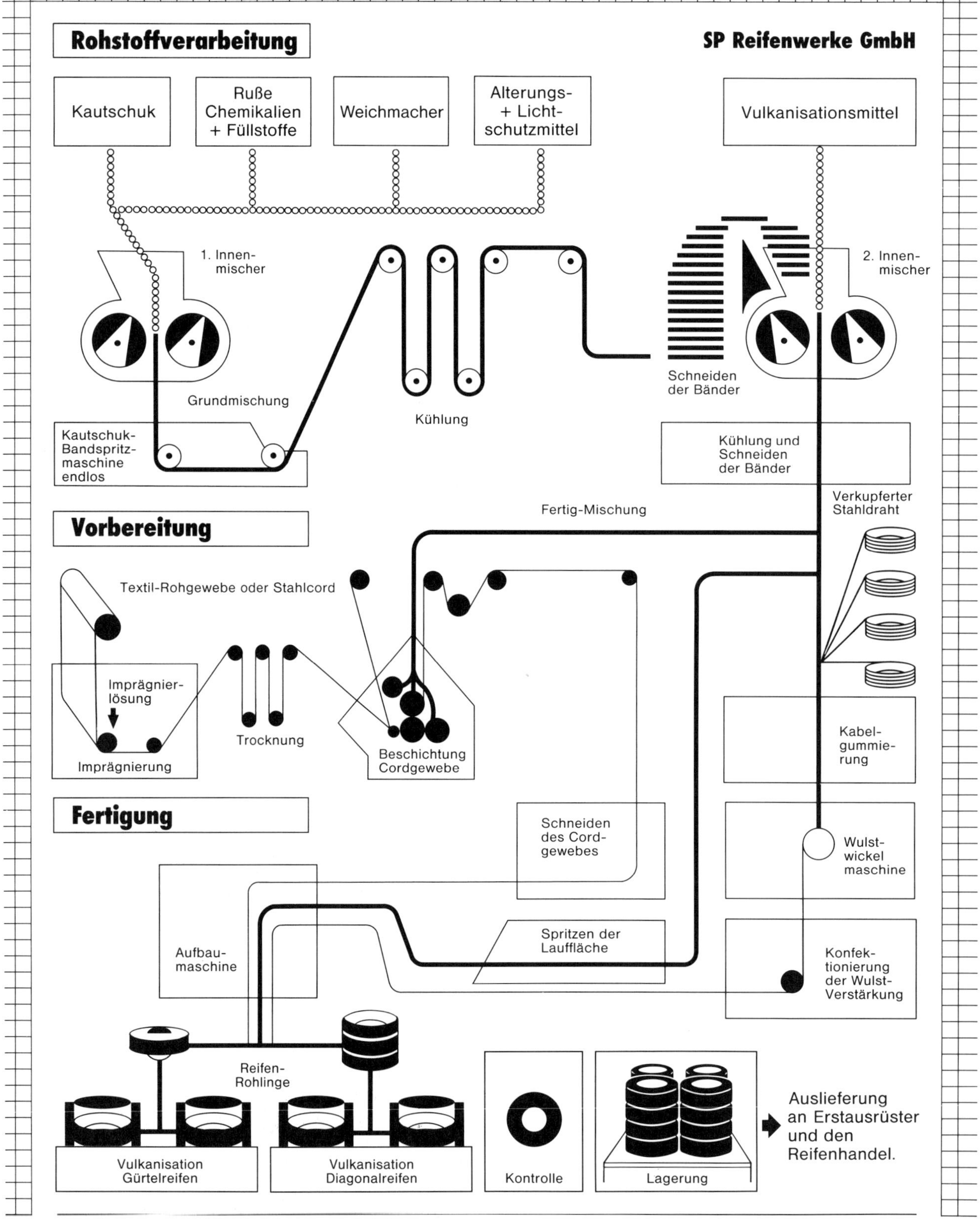

Phase 3: Die fertige Kautschuk-Mischung verläßt zu Bahnen geschnitten den Kalander über ein Fördersystem.

Phase 4: Bevor die fertige Mischung die Freigabe zur Weiterverarbeitung erhält, werden daraus spezielle Proben für Labortests ausvulkanisiert.

Labortests: Die physikalischen Eigenschaften geben Aufschluß, ob der Mischungs- und Knetvorgang korrekt ablief. Sämtliche Spezifikationen jeder Probe werden in einem Prüfprotokoll für spätere Untersuchungen archiviert.

Phase 5: Als endloses Band und in die exakte Querschnittsform gepreßt verläßt die Mischung den Extruder. Hier der Laufstreifen, die spätere Lauffläche des Reifens.

Tragende Elemente – Stahl und Kunstfaser für den Unterbau

Parallel zu den Mischungen entstehen an anderen Fertigungs-Stationen der textile Reifenunterbau (Karkasse), die ringförmigen Wulstkerne und die Stahlgürtellagen. Für die Karkasse müssen Textilfasern zu einem Cord gezwirnt und zu Gewebe verarbeitet werden, bei dem alle Fäden exakt in eine Richtung laufen. Dieses längsorientierte Cord-Gewebe, nur durch dünne Querfäden zusammengehalten, wird sodann in aufwendigem Verfahren in einem Walzensystem, dem Kalander, beidseitig dünn mit Kautschuk beschichtet. Kalander zählen zu den größten und teuersten Maschinen in der Reifenproduktion, sie laufen normalerweise in drei Schichten, rund um die Uhr – vollautomatisch. Der so vorbereitete Textilcord kann nun mit definierter Fadenlaufrichtung in Streifen geschnitten und wieder zu einem fortlaufenden Band verklebt werden. Dieser Verarbeitungsschritt erfordert ebenfalls höchste Präzision, da der hier entstehende Fadenwinkel (beim Gürtelreifen exakt rechtwinklig, eben radial) die späteren Laufeigenschaften des Reifen entscheidend beeinflußt. Schlauchlose Reifen haben auf ihrer Innenseite eine luftundurchlässige Gummischicht, die Innenseele, die jetzt, in einem weiteren Arbeitsgang am Kappen-Kalander auf das Karkassenmaterial aufgetragen wird.

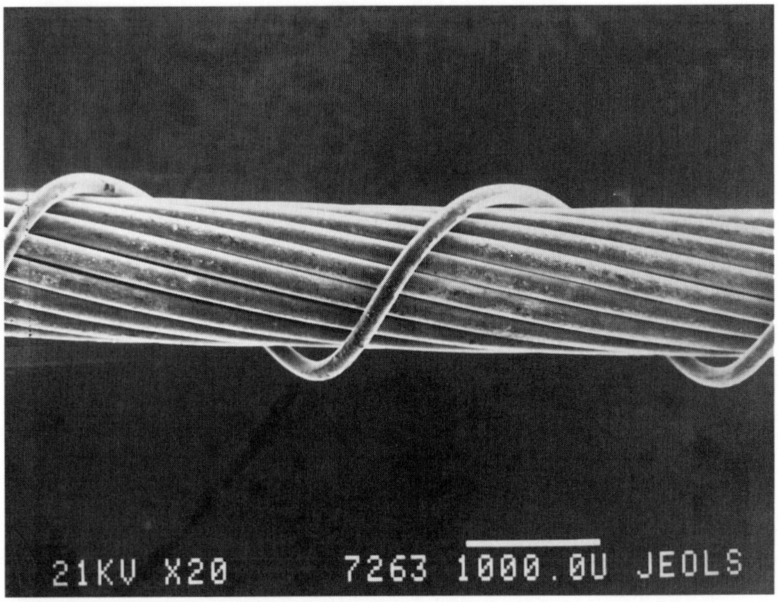

Fadenscheinig: Sorgsam abgestimmte und mit der Kautschukmischung beschichtete Gewebe bilden das Gerüst und Gürtel des Reifens und prägen nachhaltig dessen spätere Eigenschaften. Oben eine feine Stahlfaser in der elektronenmikroskopischen Aufnahme.

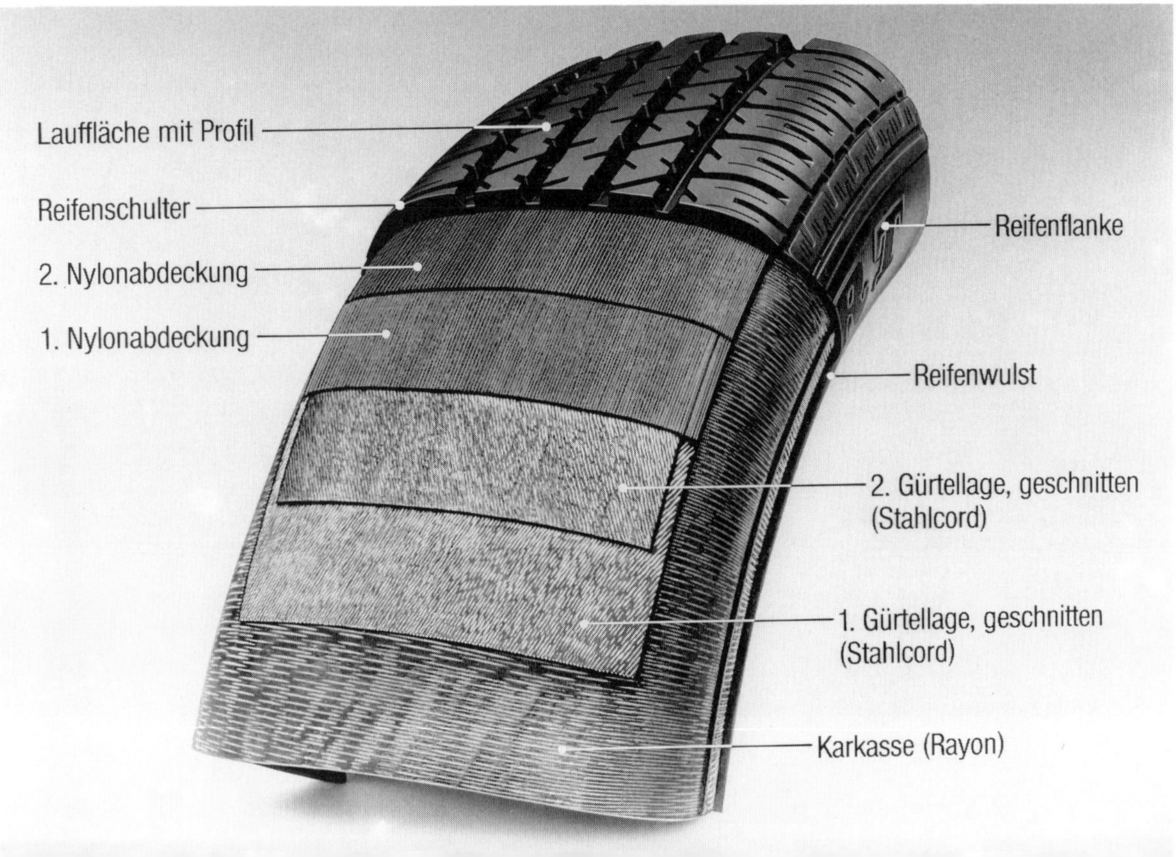

Phase 6: **Maßgenau spritzt ein Extruder den sogenannten Kernreiter, der später die Verbindung zwischen Reifenwulst und Seitenwand bildet.**

Ganz ähnlich verläuft die Fertigung des Stahlgürtel-Gewebes. Statt textiler Fasern werden allerdings feine Stahldrähte zu Cord verdrillt und verwoben und im Kalander mit Kautschuk ummantelt. Und selbstverständlich erfordert auch dieser Arbeitsschritt höchste Präzision: Einerseits darf sich die Stärke der Kautschuk-Ummantelung nur in engsten Toleranzen bewegen, andererseits ist eine sichere Materialverbindung zwischen dem feinen Stahlgewebe und der Kautschukmasse zwingende Voraussetzung für einen schnellauffesten Reifen. Der kalandrierte Stahl-Cord wird mit der Schlagschere schräg verlaufend zu Streifen in der gewünschten Gürtelbreite geschnitten und ebenfalls wieder zu einem fortlaufenden Band zusammengefügt. Je nach Reifenbauart wird dieses endlose Gürtel-Band auf der Wickeltrommel zum eigentlichen Stahlgürtel zusammengesetzt, der aus zwei oder noch mehr Lagen mit unterschiedlicher Fadenlaufrichtung bestehen kann.

Der Wulstkern, aus mehreren Drähten Spezialstahl verdrillt und zu einem Ring geformt, der dem späteren Reifendurchmesser entspricht, bekommt ebenfalls einen Kautschuk-Mantel. Anschließend komplettiert man die Ringe mit den Kernreitern; ein Verarbeitungsgang der heute weitgehend maschinell erfolgt. Auf der Aufbautrommel nimmt der zukünftige Reifen erstmals Gestalt an. Die Aufbautrommel kann man

Phase 7: **Der Wulstkern, der für strammen Sitz auf der Felge sorgt, und der Kernreiter werden weitgehend maschinell zusammengefügt.**

Phase 8: Auf die Karkasse werden – bei konventioneller Reifenfertigung – mit viel Fingerspitzengefühl Stahlgürtel, Abdecklagen und Laufstreifen aufgelegt.

sich als einen zylinderförmigen, aufblasbaren Gummibalg vorstellen, auf den das vorkonfektionierte Material – beim konventionellen Reifenbau – weitgehend von Hand paßgenau aufgelegt und zusammengefügt wird. Links und rechts werden die beiden Wülste über die noch zylindrische Karkasse geschoben und durch Umschlagen der Lagenenden verankert. Die Seitenteile werden aufgelegt und der Stahlgürtel über die Karkasse gefahren. Nun erst folgt die Bombage, das heißt die Umwandlung der bisher flachen, zylindrischen Karkasse in die bekannte Reifenform. Dabei wölbt Preßluft die einzelnen Lagen so weit auf, bis sie satt an der Innenseite des Gürtels anliegen. Abdecklagen und der entsprechend dem Abrollumfang auf Länge geschnittene Laufstreifen kommen hinzu; das Ergebnis ist der Rohling, sinnigerweise auch als »Grüner Reifen« (Green Tyre) bezeichnet. Der gleicht zwar schon dem späteren Endprodukt, hat bislang aber noch kein Profil und ist weder elastisch noch besonders haltbar.

Phase 9: Bei der Bombage wird der Reifenrohling in Form gebracht; er wandert danach zur Vulkanisation in die Heizpresse. Hier erhält er nicht nur sein Profil, bei rund 170° C und unter hohem Druck entsteht aus der plastischen Kautschukmischung erst jetzt elastischer Gummi.

Die Stunde der Chemie – Vulkanisation erzeugt Gummi

Die letzte Station der Reifenproduktion ist die Heiz- oder Vulkanisationspresse, wo der Reifen-Rohling nicht nur sein endgültiges Gesicht erhält, sondern sich die einzelnen Baugruppen fest miteinander verbinden und durch gezielte Steuerung von Druck, Temperatur und unter exakten Zeitvorgaben aus den bisher plastischen Kautschuk-Mischungen elastischer Gummi wird. Bei rund 150 bis 170° C – je nach Reifentyp – und unter hohem Druck vollzieht sich dieser chemische Umwandlungsprozeß, bei dem die Kautschuk-Molekülketten durch die Bindungsenergie des Schwefels vernetzt werden. Der Reifenrohling wird unter Dampfdruck oder mit Inertgas (Stickstoff) mit 12 bis 24 bar in die bisweilen 100 000 Mark teuren Formen gepreßt, in die innen – gewissermaßen als Negativmuster – das Reifenprofil eingraviert ist. Vertiefungen für die entstehenden Profilblöcke, hauchfeine Stege schaffen Lamellen. Trotz ihrer wuchtigen Größe sind Vulkanisationspressen absolute Präzisionsgeräte. Die Heizzeit für Pkw-Reifen liegt mit modernen Maschinen bei etwa 10 bis 12 Minuten. Abhängig natürlich von der Reifenart und der vorhandenen Gummimenge ist sie variabel und kann bei den dicken Reifen für Erdbewegungsmaschinen auch mal mehrere Stunden betragen. In jedem Fall aber bestimmt die Heizzeit nachhaltig die späteren Eigenschaften des Pneus. Je länger der Reifen in der Form verbleibt, desto stärker vernetzen sich die Molekülketten; der Gummi wird härter. Genaues Timing ist vonnöten.

Prinzipiell könnte der frischgebackene Reifen jetzt auf die Felge montiert und gefahren werden.

Sicherheitsstaffel: Schon über den gesamten Produktionsprozeß unterliegen Autoreifen strengen Qualitätskontrollen.

Glanzstück: Vulkanisierformen sind ebenso teure wie präzise Werkstücke. Unzählige feinste Stege lassen im Reifen Lamellen entstehen.

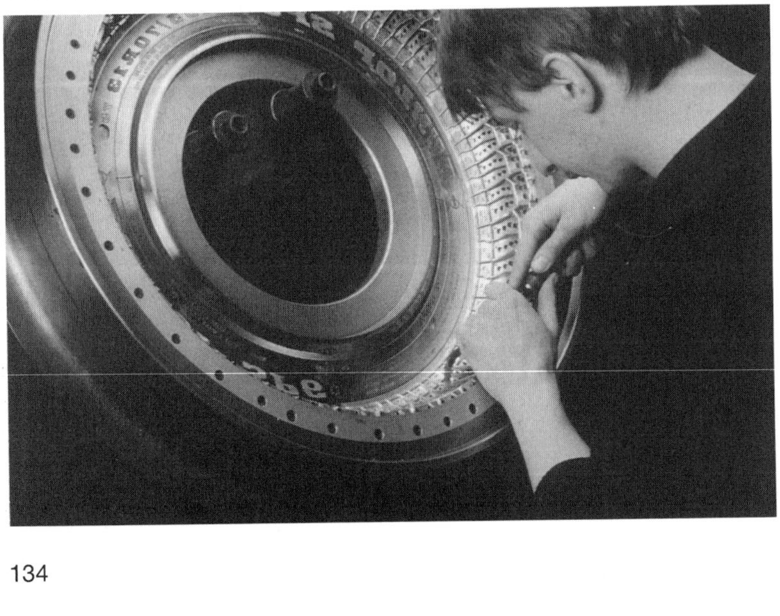

Safety first – die Qualitätskontrolle

Angesichts der Komplexität des gesamten Reifen-Herstellungsprozesses, wenn minimale Fertigungs- oder Materialschwankungen gleich spürbaren Einfluß auf das fertige Produkt zeigen, mag es kaum wundern, wenn die eigentliche Produktion erst mit einem systematischen Check abgeschlossen wird. Bei der optischen Prüfung wird jeder – und wirklich jeder – Reifen von Kennern mit viel Fingerspitzengefühl auf Oberflächenfehler überprüft. Möglichen Mängeln im Reifenunterbau kommt die Röntgen-Analyse auf die Spur, und schließlich wird jeder Probant diversen Messungen unterzogen. Denn – noch immer muß ein Reifen in erster Linie rund sein. Der Fachmann faßt all diese Faktoren unter dem Sammelbegriff »Tyre-Uniformity« zusammen. Darunter versteht er die Gleichmäßigkeit oder Gleichförmigkeit, mit der eine Reifenserie produziert werden kann. In mehreren statischen und dynamischen Prüfschritten werden hierzu alle produzierten Reifen auf Höhen- und Seitenschlag, auf Unwucht, auf Radial-, Lateral- und Tangentialkraftschwankungen, auf Konus- und Winkelefekte untersucht.

Zudem erlaubt ein spezielles Holografie-Prüfverfahren mit Hilfe von Laserstrahlen den zerstörungsfreien Einblick in die Materialstruktur des Gummis. Stichprobenartig wird auf Schnellauf-Prüfständen die Hochgeschwindigkeits- und Struktur-Festigkeit getestet; eine Prüfung freilich, die der Probant nicht überlebt, die aber wichtige Rückschlüsse auf die laufende Fertigung zuläßt. Nur so, mit selektiven Messungen, auch unter Druck und Vorlast, lassen sich geometrische Abweichungen, Masseschwankungen und innere Einflüsse auf Fahrsicherheit und -eigenschaften zuverlässig aufdecken – und vermeiden. Reifen sind ein Produkt, bei dem es keine Fehler geben darf. Rund 300 Kontrollen führt etwa Dunlop an jedem Reifen bis zu seiner Auslieferung durch. Tagesproduktionen von weit über 200 000 Personenwagenreifen sind für die großen Hersteller dabei die Regel; Michelin fertigt weltweit täglich eine halbe Million.

Uniformity: Jeder, aber auch jeder produzierte Pneu muß scharfe Prüfungen über sich ergehen lassen. Hier die automatische Untersuchung der Reifenrundheit.

Innenansicht: Möglichen Fehlern im Reifenunterbau kommt die Röntgenanalyse auf die Schliche.

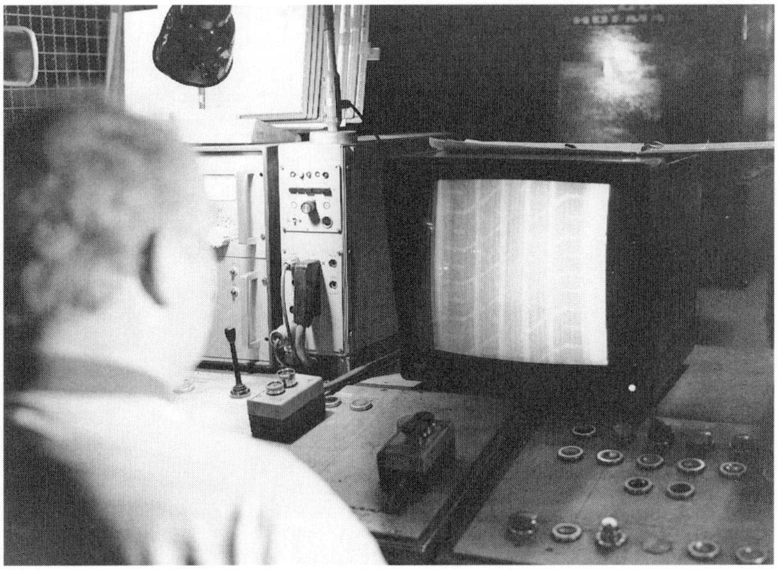

Grenzbereiche – die Theorie des Autofahrens

Jeder Autofahrer ist zweifelsohne um ein möglichst hohes Maß an Sicherheit bemüht. Man kauft sichere Autos, fährt auf sicher ausgebauten Straßen und bewegt sich nach Möglichkeit im sicheren Geschwindigkeitsbereich. Nur selten vergegenwärtigt man sich, welche enormen Kräfte schon bei recht harmlosen Fahrmanövern auftreten und – vom Reifen als einzigen Bindeglied zwischen Fahrzeug und Fahrbahn verkraftet und übertragen werden müssen. Dabei ist der für den Kräfteaustausch zur Verfügung stehende Bereich, die Aufstandsfläche der Reifen, erstaunlich klein: Die Standardbereifung eines Mittelklassemodells bringt es gerade mal auf vier postkartengroße Footprints, und selbst die Aufstandsfläche ausgesprochener Breitformate, wie sie an höchst potenten Sportwagen montiert sind, bedeckt pro Rad noch nicht einmal die Fläche einer halben Seite dieses Buches.

Mit einem solch begrenzten Bodenkontakt muß jeder Autofahrer leben – in allen Situationen und bei jedem Wetter.

Hohe Fahrsicherheit bedeutet, über diese verhältnismäßig kleinen Aufstandsflächen starke Bremsverzögerungen und bei Kurvenfahrt hohe Seitenkräfte und Querbeschleunigungen zu bewältigen, auf trockener wie nasser Fahrbahn, sowie eine möglichst geringe Aquaplaningneigung an den Tag zu legen. Manche Parameter kann bereits der Reifenentwickler durch geeignete Konstruktionsmaßnahmen beeinflussen, etwa bei der Zusammenstellung der Laufflächenmischung oder mit der Profilgestaltung (siehe Kapitel »Reifentechnik« und »Reifenentwicklung«), die mögliche Kraftübertragung über die Aufstandsfläche ist aber auch abhängig von vielen äußeren Gegebenheiten, auf die der Reifenentwickler natürlich keinen Einfluß mehr hat.

Powerplay: In extremen Fahrsituationen müssen die Reifen enorme Kräfte auf die Fahrbahn bringen. Die thermischen und mechanischen Belastungen für den Pneu sind gewaltig.

Reine Reibungssache – die Kräfte in Längsrichtung

Reibung ist aus unserem täglichen Leben nicht wegzudenken. Das wird uns spätestens dann bewußt, wenn Reibung fast ganz ausbleibt oder auch nur sehr gering ausfällt. Da rutscht uns das glitschige Stück Seife haltlos aus der Hand oder wir haben im Winter erhebliche Probleme, auf dem spiegelglatt gefrorenen Fußweg ums Haus zu gelangen. Denn nur durch Reibung bringen wir Kräfte auf den Boden. In der Theorie sind die physikalischen Reibungsgesetze eine klare Sache: Die Reibkraft, die es zu überwinden gilt, wenn ein Körper über eine ebene Unterlage geschleppt werden soll, ist allein abhängig

- vom Gewicht des Körpers und
- von der Materialpaarung zwischen Unterlage und der aufliegenden Körperunterseite.

In praktischen Versuchen läßt sich nun die »Rauh-

Mit begrenzter Haftung: Vier oft nur handgroße Aufstandsflächen müssen sämtliche Beschleunigungs-, Brems- und Seitenkräfte aufbauen. Wasser auf der Fahrbahn schränkt dieses Vermögen drastisch ein.

heit« verschiedener Materialpaarungen, eben zwischen Körperunterseite und Unterlage, individuell ermitteln und in Zahlenwerten ausdrücken – in den sogenannten Kraftschluß- oder Reibbeiwerten μ (My). Kleine μ-Werte kennzeichnen eine glatte, rutschige, eine reibungsarme Materialpaarung; mit hohen μ-Werten steigen indes auch die Reibungskräfte.
Reibung bestimmt nun in nachhaltiger Weise auch viele Abläufe beim Autofahren: Anfahren, Beschleunigen, Bremsen. Allerdings – das klassische Reibgesetz hat hier leider nur eingeschränkte Gültigkeit. Im Gegensatz zur klassischen Reibung eines starren, elastischen Körpers auf einer idealen Unterlage wird die spezielle Gummireibung nämlich einerseits vom Formschluß des Reifens mit der Fahrbahn (Verzahnungseffekt) und andererseits von den Dämpfungseigenschaften der Laufflächenmischung geprägt.
Einer etwas älteren »Reifentechnischen Information« des Hauses Fulda entnehmen wir dazu einige »Erläuterungen zum Wesensgehalt eines starren, elastischen Körpers«: »Wird ein Billardball gegen eine starre Wand geworfen, fliegt er mit der gleichen Geschwindigkeit zurück, mit der er auf die Wand auftraf. Eine Verformung ist nicht feststellbar. Der gleiche Versuch mit einer Kugel aus Butter zeigt, daß diese an der Wand kleben bleibt und sich beim Aufprall stark verformt. Der Billardball verhält sich als elastischer Körper, die Butter ist nicht elastisch.« Das deckt sich durchaus mit der Alltagserfahrung: unelastische Butter quietscht auch nicht, wenn Brötchen damit bestrichen werden. Und ob dieser nette Versuch seinerzeit Beuys' künstlerisches Schaffen beflügelt hat, ist heute leider nicht mehr nachvollziehbar.
Zwar spielen bei der Reibung zwischen Autoreifen und der Fahrbahnoberfläche nach wie vor Radlast (Gewicht) und Reibungskoeffizient die Hauptrolle, beide Größen aber werden darüberhinaus tatsächlich stark beeinflußt durch dynamische Vorgänge und eine stattliche Anzahl weiterer Faktoren. Der Reibbeiwert μ ist hier beileibe keine Konstante, sondern variiert in Abhängigkeit (unter anderem) von

- Temperatur
- Flächenpressung in der Aufstandsfläche
- Schlupf
- Geschwindigkeit

Mit zunehmenden Kräften, die vom Rad auf die Fahrbahn übertragen werden müssen, beginnt der Reifen mehr und mehr zu radieren. Der Fachmann spricht von Schlupf und meint damit die Relativbewegung zwischen Fahrzeuggeschwindigkeit und Reifen-Umfangsgeschwindigkeit. Im Extremfall – bei haltlos durchdrehenden oder völlig blockierten Rädern – herrscht hundertprozentiger Schlupf, wobei ein Reifen selbst dann noch Kräfte auf die Fahrbahn bringt. Es herrscht »Gleitreibung« mit dem Gleitreibungsbeiwert μ_G. Die größten Kräfte hingegen kann ein Reifen in der Regel bei Schlupfwerten zwischen 10 Prozent und 30 Prozent übertragen; man spricht in diesem Bereich von »Haftreibung« (Reibungskoeffizient μ_H).

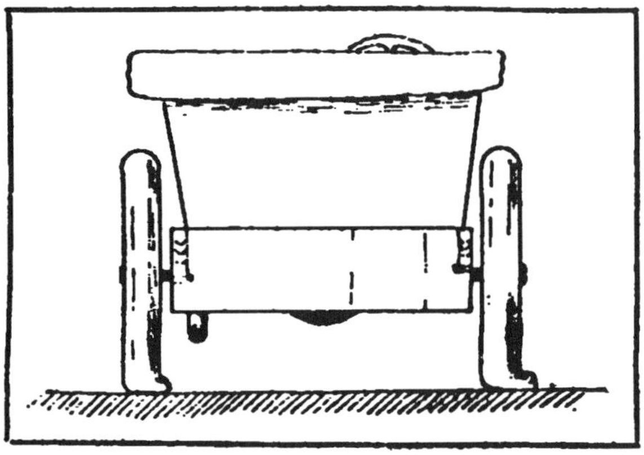

Fig. 48. Wirkung der Fliehkraft auf die Pneumatiks.

Rückblick: Schon früh warnten die Fachleute vor allzu forscher Gangart in engen Biegungen.

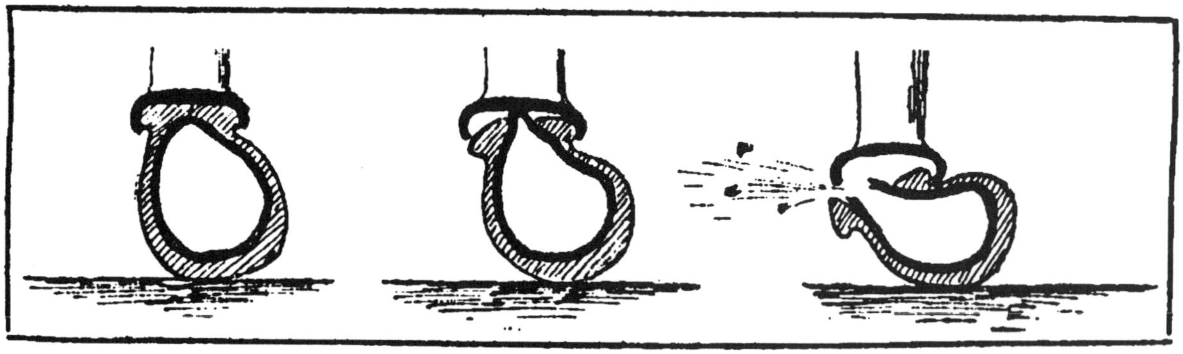

Fig. 49. Drei verschiedene Grade übermäßiger Beanspruchung der Reifen in den Kurven.

Seitenführung – die Kräfte bei Kurvenfahrt

Beim Durchfahren einer Kurve drängt die Fliehkraft das Auto nach außen und zwar um so stärker, je höher Fahrzeugmasse und -geschwindigkeit sind (woraus im Übrigen das Bestreben resultiert, schnelle Rennautos möglichst leicht zu bauen, denn die schweren Brocken mit im landläufigen Sinne »guter Straßenlage« haben natürlich mit weit höheren Fliehkräften zu kämpfen). Die Kompensation der Fliehkraft in den sich bei Kurvenfahrt verformenden Reifenaufstandsflächen ist ein höchst kompliziertes Zusammenspiel vielfältiger Kraftkomponenten und selbst von Fachleuten nur schwer zu analysieren. Um aber eine gewisse Vorstellung über die tatsächlichen Abläufe bei Kurvenfahrt zu erhalten, reicht indes auch ein vereinfachtes Modell. Danach kann ein Reifen nur dann Seitenkräfte übertragen, wenn eine Geschwindigkeitskomponente quer zur Umdrehungsrichtung hinzukommt, und der Reifen dadurch etwas schräg zu Fahrtrichtung läuft, eben unter dem Schräglaufwinkel.
Die Räder sind in der Praxis also etwas mehr eingeschlagen, als es der tatsächliche Kurvenverlauf vor-

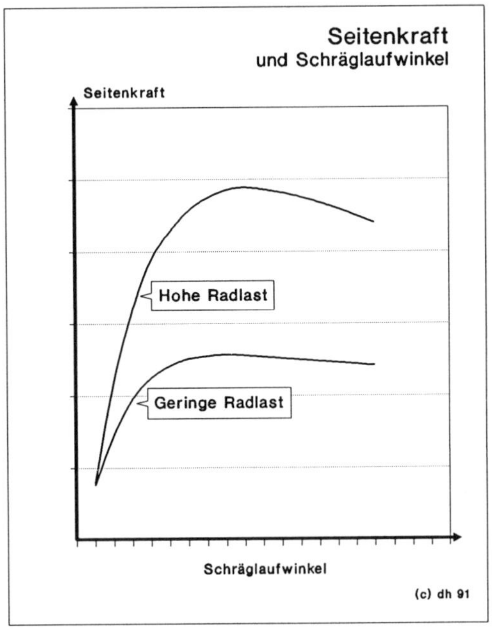

Lenkhilfe: Mit zunehmender Radlast können auch höhere Seitenkräfte übertragen werden. Der Kurvenverlauf zeigt aber dann ein ausgeprägteres Maximum, der Kräfteabfall bei zusätzlichem Einlenken wird nachhaltiger spürbar.

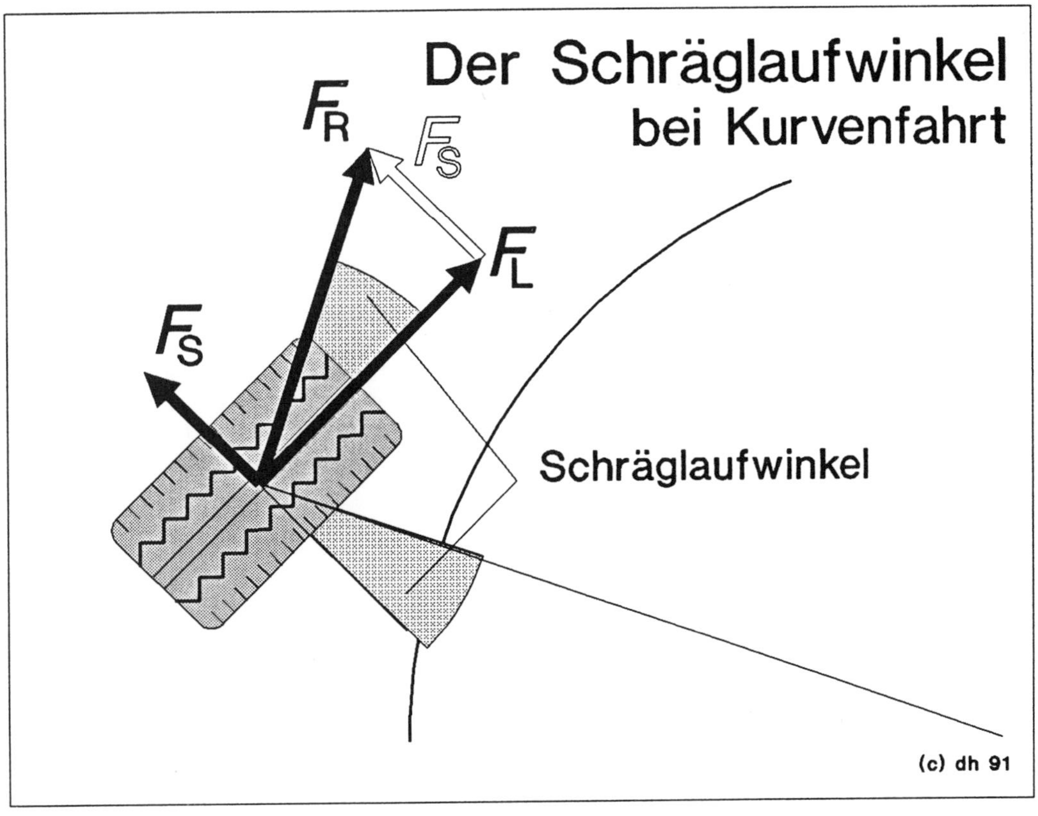

Winkelzüge: Längskräfte F_L und Seitenkräfte F_S addieren sich bei Kurvenfahrt zur resultierenden Kraft F_R, die praktisch in die tatsächliche Fahrtrichtung zeigt. Die Räder müssen, um überhaupt Seitenkräfte aufbauen zu können, über die Fahrtrichtung hinaus eingelenkt werden. Der hier auftretende Schräglaufwinkel zwischen tatsächlicher Fahrtrichtung und der Abrollrichtung der Räder kann übersichtlich auch in Richtung Kurvenmittelpunkt dargestellt werden.

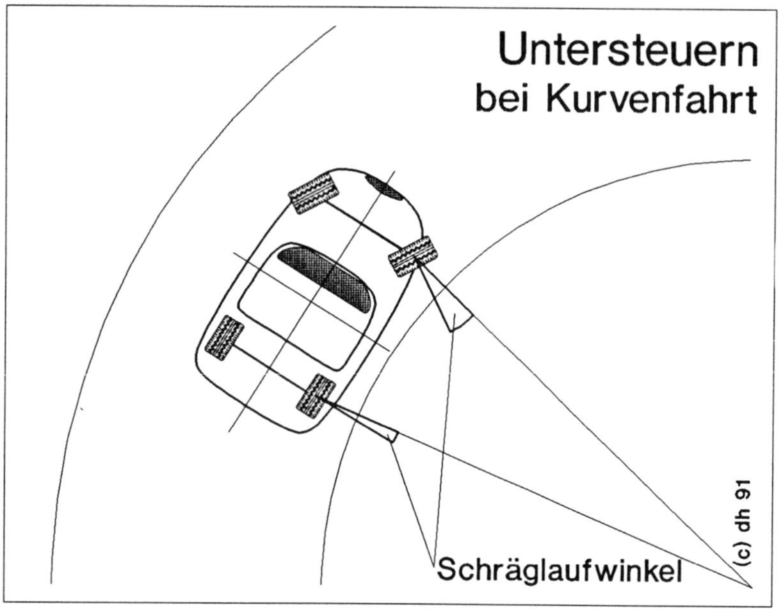

Fahrdynamik: Ist der Schräglaufwinkel an der Vorderachse größer als hinten, untersteuert das Fahrzeug, der Bug drängt dabei zum Kurvenaußenrand. Ein im Normalfall unproblematischer Fahrzustand.

Powerslide: Große Schräglaufwinkel an der Hinterachse bedeuten übersteuerndes Fahrverhalten. Das Heck schwenkt merklich nach außen. Ein eher gefährlicher, allenfalls von Könnern beherrschbarer Fahrzustand.

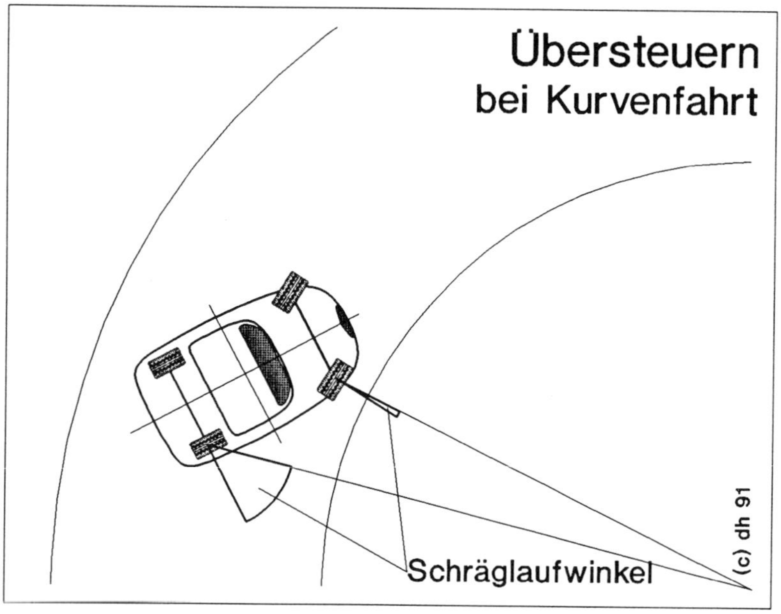

gibt. Im normalen Fahrbetrieb merken wir vom zusätzlichen Lenkeinschlag herzlich wenig; es wird unbewußt eben soweit eingelenkt, bis das Fahrzeug sicher der Biegung folgt. Deutlich spürbar wird die Fahrphysik erst im Grenzbereich, wenn das Fahrzeug knapp am Haftlimit der Reifen bewegt wird: ein Balanceakt zwischen zupackender Fliehkraft und höchstmöglich nutzbaren Seitenkräften. Die vom Reifen aufgebrachten Seitenkräfte erreichen dabei mit zunehmendem Schräglaufwinkel irgendwann ihre Obergrenze. Zusätzliches Einlenken und die damit verbundene Vergrößerung des Schräglaufwinkels bringt in einer solchen Situation keine weiteren Vorteile mehr. Im Gegenteil; die Seitenkraft nimmt wieder ab, das Fahrzeug kann auf das Lenkmanöver nicht mehr reagieren. Auch ist mitunter am Volant deutlich spürbar, wie in einer solchen Situation die Lenkkraft plötzlich nachläßt. Erst wenn der Fahrer den Lenkeinschlag etwas zurücknimmt (den Schräglaufwinkel verkleinert), steigen auch die übertragbaren Seitenkräfte wieder an.

Schräglaufwinkel treten natürlich auch an den Rädern der Hinterachse auf, denn auch sie müssen bei Kurvenfahrt Seitenkräfte aufbauen. Die jeweilige Größe und Aufteilung der erreichbaren Seitenkräfte zwischen Front und Heck bestimmen dabei nachdrücklich das Fahrverhalten eines Wagens. Fallen die übertragbaren Seitenkräfte vorn geringer aus als hinten, schiebt das Fahrzeug beim Erreichen der Haftgrenze untersteuernd aus der Kurve. Im umgekehrten Fall drängt übersteuernd das Heck nach außen. Das komplette Kräftespiel wird dabei beeinflußt von konstruktiven Gegebenheiten wie Schwerpunktlage, Sturz, den Radlasten vorn/hinten, aber auch von dynamischen Radlastveränderungen, die bei Kurvenfahrt zwangsläufig auftreten und die kurveninneren Räder ent-, sowie die kurvenäußeren Räder belasten. Unterschiedliche Reifenfabrikate zeigen hier bei unterschiedlichen Fahrzeugmodellen mitunter spürbare Auswirkungen auf übertragbare Seitenkräfte und Schräglaufwinkel und beeinflussen das jeweilige Fahrverhalten nachhaltig. Und – abhängig vom Fahrbahnzustand (den Reibbeiwerten μ) kann es bei unglücklicher Reifenwahl sogar zur totalen Umkehrung der Fahreigenschaften kommen; selbst bei braven Untersteuerern wird plötzlich das Heck aktiv und überrascht den Fahrer mit deftigen Lastwechselreaktionen.

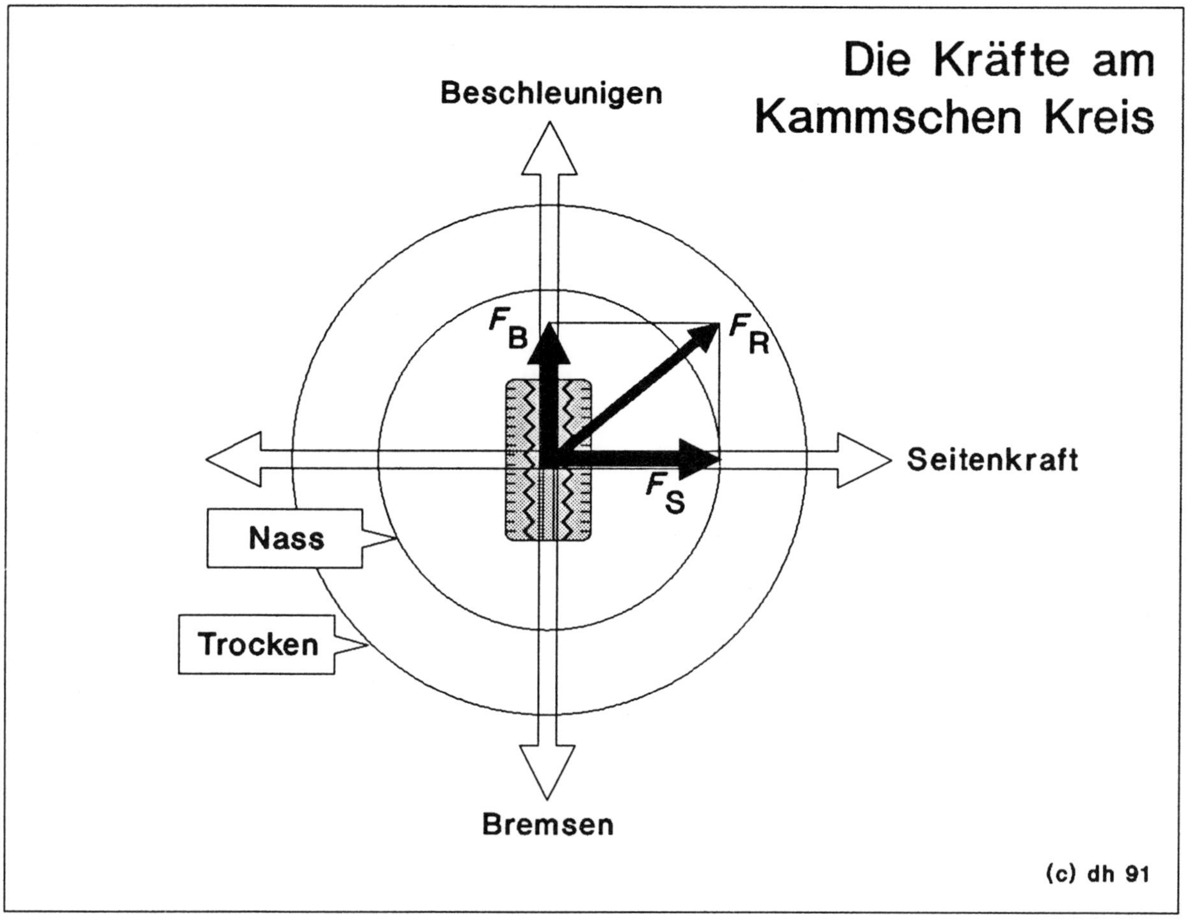

Kraftmischung: Der Kammsche Kreis dokumentiert das Haftlimit. Auf trockener Fahrbahn liegt die aus Vortrieb F_B und Seitenkraft F_S resultierende Kraft F_R noch innerhalb der Grenze. Schon auf Nässe indes gibt es in diesem Beispiel kein Halten mehr.

Die Realität – Längs- und Seitenkräfte überlagern sich

Nun stellen im Fahralltag Krafteinflüsse auf den Reifen in nur einer Richtung – längs oder quer – höchst seltene Idealbedingungen dar. Es kommt vielmehr meist zu einer Überlagerung beider Kraftkomponenten.

Recht anschaulich und praxisnah lassen sich diese Verhältnisse in einem kombinierten Längs-/Seitenkraft-Diagramm darstellen, dem sogenannten Kammschen Kreis. Der Radius des Kreises begrenzt hierbei die maximale vom Reifen auf die Fahrbahn übertragbare, aus Längskraft und Seitenkraft zusammengesetzte Komponente. Diese als »Resultierende« übertragbare Kraft – und damit der Kammsche Kreis – ist um so größer, je griffiger die Fahrbahn ist oder je höher die zur Verfügung stehenden statischen und dynamischen Radlasten sind (siehe oben).

Der Kammsche Kreis zeigt, daß etwa unter voller Ausnutzung der Haftreibung beim Bremsen (Längskraft) kein Spielraum mehr für Seitenkräfte bleibt. Und umgekehrt. Eine Theorie, die sich zwar mit einer beherzten Vollbremsung in der Kurve untermauern läßt, leider aber größere Reparaturen am Fahrzeug zur Folge hat.

Es gilt: Wird bei Kurvenfahrt gebremst oder beschleunigt, geschieht das zwangsläufig auf Kosten der übertragbaren Seitenkräfte. In kritischen Fahrsituationen das Optimum an Kraftaufteilung zwischen Längs- und Seitenkräften zu finden, kommt einer Gratwanderung gleich, die dem Fahrer eine gehörige Portion Können (oder Glück) abverlangt und die bei fachlich fundiert durchgeführten Sicherheits-Fahrkursen auf ungefährlichem Parcours erlernt und eingeübt werden kann.

Erfordert ein Fahrmanöver tatsächlich einmal die volle Seitenführung, hilft nur noch, sämtliche Kräfte in Längsrichtung des Reifens abzubauen; Kupplung treten! Könner schaffen es freilich auch, bei starkem Untersteuern in Kurven durch wohldosiertes Bremsen einen gezielten Lastwechsel einzuleiten und zusätzliche, dynamisch verlagerte Last auf die gelenkten Räder zu bringen. Das kommt in der Theorie einer Vergrößerung des Kreisdurchmessers im Kammschen Diagramm gleich, die Haftgrenze wird nach außen verlagert, womit sich mehr Seitenkräfte mobilisieren lassen. Insgesamt freilich läßt sich die Physik nicht überlisten, auch nicht mit bestem Können und Material.

Grenzbereich: Durch dynamische Radlastveränderungen kann bei Kurvenfahrt mehr Last auf die vorderen Räder gebracht werden. So lassen sich höhere Seitenkräfte aufbauen.

Hart am Limit – die äußeren Einflüsse

Die Reibbeiwerte μ – so haben wir gesehen – sind bei der speziellen Gummireibung abhängig vom Schlupf eines Reifen und dem Schräglaufwinkel. Doch damit nicht genug: Reifengummi zeigt auch ein ausgeprägtes Temperaturverhalten. Im Bereich der sogenannten Glastemperatur, wenn Kälte den Gummi verhärtet, fallen die Reibungskoeffizienten eher bescheiden aus; sie steigen dann mit zunehmenden Temperaturen an und finden ein ausgeprägtes Maximum. Steigt die Betriebstemperatur weiter, fallen Reibwerte und damit die übertragbaren Kräfte wieder ab. Aufgezeichnet über der Temperatur entsteht so für jede Gummisorte eine charakteristische Reibbeiwertekurve in Glockenform, die den Chemikern in den Entwicklungsabteilungen der Reifenindustrie wichtige Eckdaten liefert. Sie versuchen dem Umstand der temperaturabhängigen Reibwertänderung zu begegnen, indem mehrere Kautschuksorten mit unterschiedlichem Temperaturverhalten zu einer homogenen Mischung komponiert werden, die über einen möglichst breiten Temperaturbereich hohe Reibbeiwerte sicherstellt. Doch schließen die vielfach angesprochenen Zielkonflikte im Reifenbau eine kompromißlose Auslegung in diese Richtung wieder einmal von vorneherein aus. Daß es auch mit modernsten Materialien bislang noch nicht gelungen ist, die All-

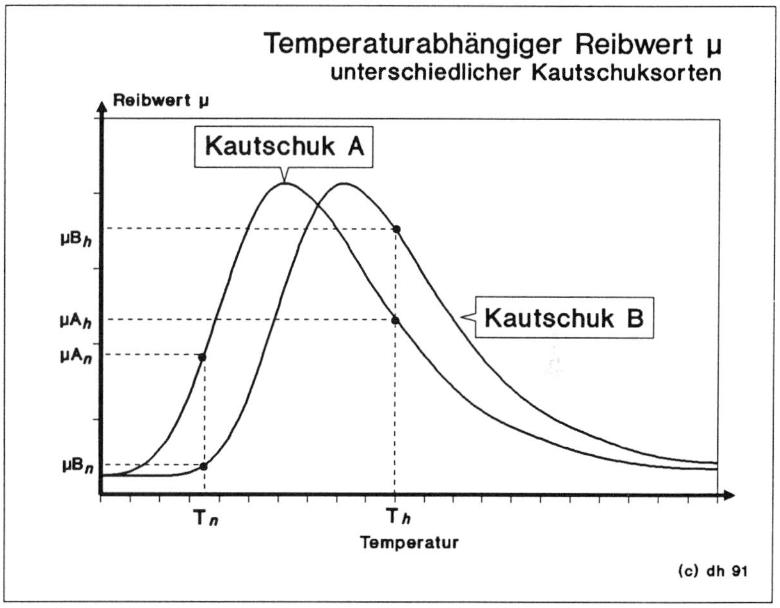

Reibereien: Zwei typische Reibwert-Kurven unterschiedlicher Kautschuksorten. Bei höheren Temperaturen T_h bringt Kautschuk B die besseren Reibwerte zustande ($\mu B_h > \mu A_h$). Sinkt die Temperatur auf T_n ist das Verhalten der beiden Kandidaten gerade umgekehrt ($\mu A_n > \mu B_n$). Deshalb haben Sommer- und Winterreifen zwangsläufig temperaturabhängig unterschiedliche Mischungen.

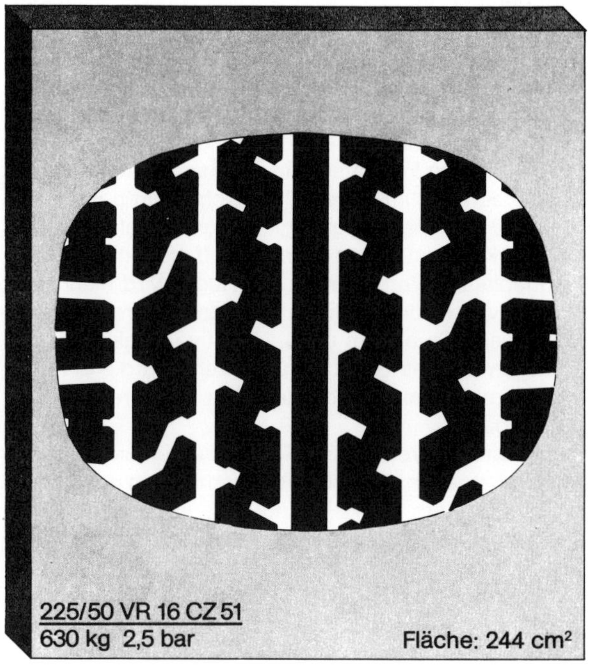

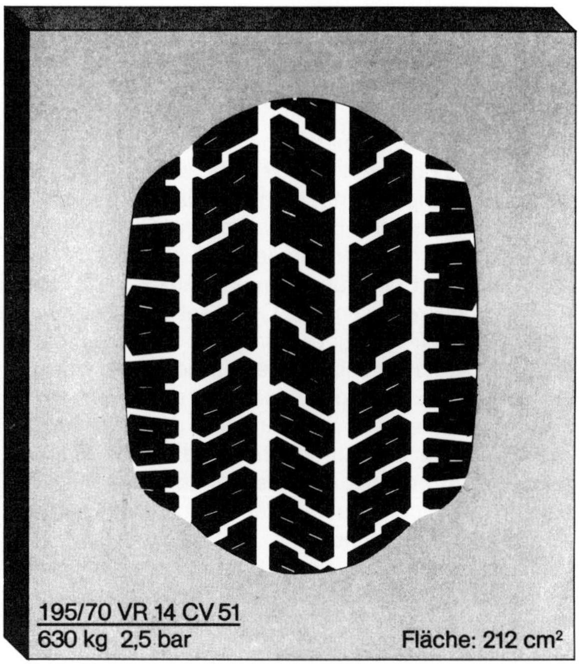

Schuhgröße: Bei größerer Aufstandsfläche sinkt die Flächenpressung im Latsch. Auch das ist vorteilhaft für die übertragbaren Kräfte. Kleine Flächenpressung – hohe Kraftübertragung, ein Argument für Breitreifen. Ausnahme: Schnee!

Schwimmübung: Unter Aquaplaning-Bedingungen stürzt die Reibwertkurve ins Bodenlose.

round-Gummimischung mit gleichbleibend hohen Reibbeiwerten bei Kälte und Hitze zu kreieren, zeigt, wie schwierig dieses Unterfangen ist. Nach wie vor beherrschen daher Speziallösungen den Markt: die Sommer- und Winterreifen.

Die in der Praxis auftretenden Reibwerte sind aber auch abhängig von der Flächenpressung, dem Druck zwischen Reifenlatsch und Fahrbahn. Eine geringe Flächenpressung läßt hohe Reibwerte zu – und umgekehrt. Vergrößert man daher bei gleichbleibender Radlast den Footprint des Reifens, sinkt zwangsläufig die Flächenpressung, mehr Grip ist abrufbar. Dieser wünschenswerte Effekt ist mit ein Grund für die extremen Wachstumsraten der Reifenbreite im Automobilrennsport und führte im »zivilen« Bereich zum Einsatz von Breitreifen. Bei Conti hat man es seinerzeit so formuliert: »Einer der Väter der Breitreifen-Idee war der Automobilsport; entsprechend leistungsfähig sind die Erbanlagen.« Mit Breitreifen läßt sich im Fahralltag tatsächlich mehr Kraft auf den Boden bringen. Die Folge: bessere Traktion und kürzere Bremswege – auf trockener wie nasser Fahrbahn. Auch ist eine höhere Richtungsstabilität bei schneller Geradeausfahrt zu verzeichnen.

Prüfstandsläufe aber unter Schräglaufwinkeln, wie sie bei Kurvenfahrten auftreten, attestieren unter geringen Radlasten die günstigeren Seitenführungskräfte zunächst den schmalen Reifenformaten. Erst bei hohen Radlasten kehrt sich dieser Effekt um. Da sich in der Praxis aber eine meist sehr ausgeprägte dynamische Radlastverlagerung auf das kurvenäußere Rad einstellt, gilt auch unter diesen Voraussetzungen der breitere Reifen als fahrsicherer. Tatsache ist, Breitreifen gewährleisten wegen ihrer geringeren Flankenhöhe und der höheren Seitensteifigkeit eine bessere Lenkansprache in Kurven und mehr Fahrstabilität. Auch Lastwechselreaktionen fallen mit dieser Reifenspezies in aller Regel deutlich geringer aus als mit schmalen Formaten. Ein Problem freilich läßt sich bei Breitreifen im Vergleich zu schmaleren Kandidaten mit gleicher Tragfähigkeit nur mit erheblichem Entwicklungsaufwand in den Griff bekommen: das Aquaplaning-Verhalten. In der Regel wird hierzu der Negativanteil des Profils erhöht, der Breitreifen bietet genügend Spielraum dazu. Negative Begleiterscheinungen auf das Geräuschverhalten und die Lebensdauer etwa markieren allerdings die Grenzen des Machbaren.

Breitreifen erfreuen sich in Erstausrüstung und im Nachrüstgeschäft höchster Beliebtheit; in den letzten Jahren konnte die Reifenindustrie in diesem Marktsegment enorme Steigerungsraten verzeichnen. Nicht zuletzt bieten Breitreifen neben verbesserten Fahreigenschaften die ansprechendere Optik – meist das Hauptargument für eine nachträgliche Umrüstung.

Abgesehen von den bisher genannten Einflußgrößen auf die μ-Werte legt die viskoelastische Reifenreibung unter vielerlei Bedingungen zusätzlich ein geschwindigkeitsabhängiges Verhalten an den Tag. Ursache sind kleine aber durchaus meßbare Änderungen in der Flächenpressung, da beim schnell rotierenden Pneu allein durch Fliehkräfte die Aufstandsfläche abnimmt. Bei Nässe kann zudem die Mikroprofilierung der Gummilauffläche nicht mehr so greifen. Auf einen Nenner gebracht: Mit steigendem Tempo werden die nutzbaren Reibkräfte immer kleiner. Das kommt im Straßenverkehr umso fataler zum Tragen, weil dadurch ohnehin kritische Zustände in ihrer Wirkung prinzipiell verschärft werden.

Auf trockener Fahrbahn erzielt man die beste Kraftübertragung mit glatten Reifen, den aus dem Automobil-Rennsport bekannten Slicks, und oberhalb etwa 20 km/h fällt auch der – auf trockener Strecke eher minimale – Kraftverlust durch die geschwindigkeitsbedingte Reibbeiwertminderung kaum ins Gewicht. Ganz anders bei Nässe: Wird die Fahrbahn feucht, ohne daß bereits Wasser auf ihr steht, so bricht der Haftreibungsbeiwert mit unprofilierten Reifen glatt auf 35 bis 55 Prozent der Trockenreibung zusammen. Eine entsprechende reduzierte Wirkung auf Brems- und Lenkmanöver ist unausweichlich.

Rennslick: Auf trockener Fahrbahn bringen unprofilierte Pneus die beste Kraftübertragung. Doch jeder Wetterumschwung zeigt die Grenzen, blitzschnelle Reifenwechsel sind angesagt.

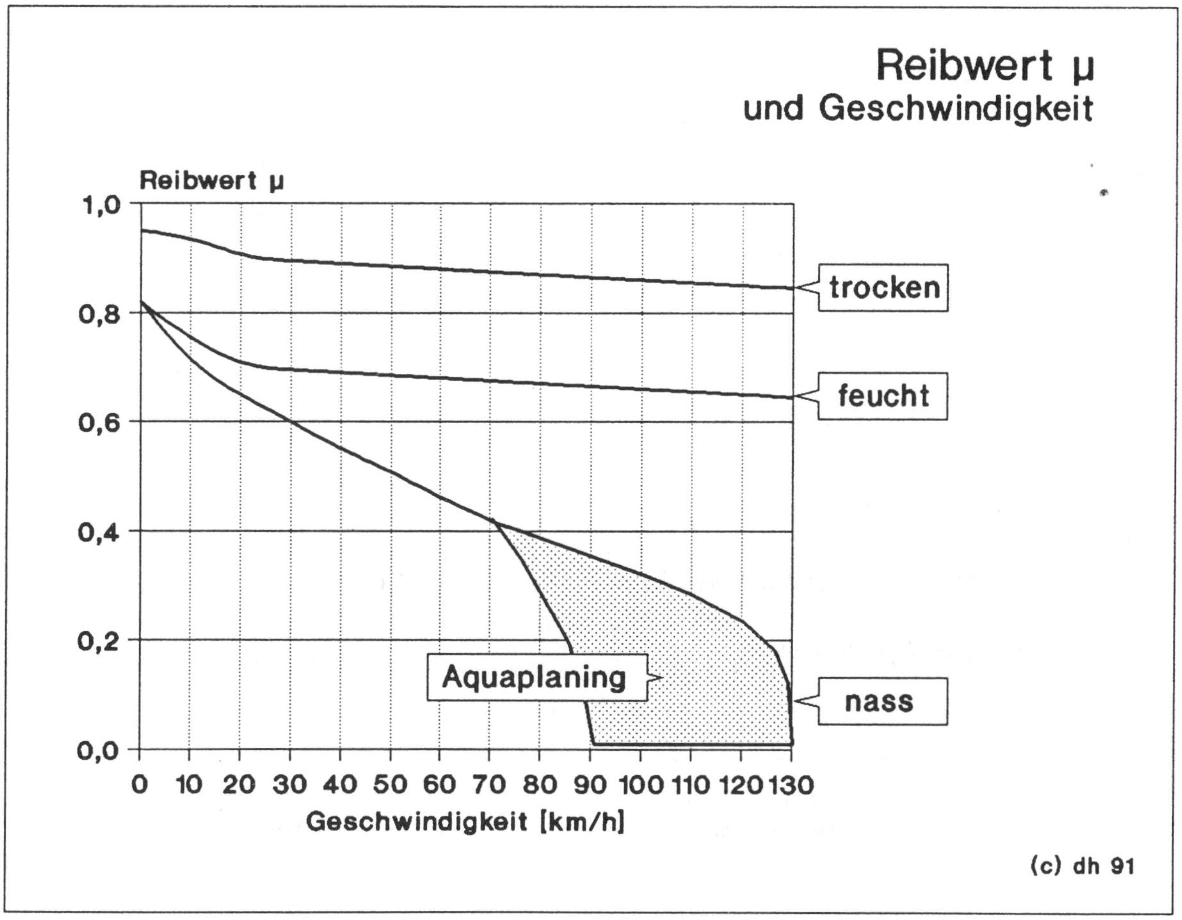

Praxisgerecht: Die Reibwerte legen je nach Fahrbahnzustand ein stark geschwindigkeitsabhängiges Verhalten an den Tag. Faustregel – je höher das Tempo, desto geringer die Reibwerte. Bei Nässe wirkt sich dieser Effekt besonders gravierend aus.

Durch geeignete Profilierung der Lauffläche aber versucht nun der Reifenentwickler den Nässefilm auf der Straße aufzureißen, um so den Kraftschluß zu verbessern. Auch verspricht eine geeignete Gummimischung der Lauffläche bessere Naßrutschfestigkeit (siehe Kapitel »Reifenentwicklung«). Mit zunehmender Feuchtigkeit gelingt dieser Trick dann nicht mehr und auf die reduzierte Reifenreibung schlägt auch noch der geschwindigkeitsbedingte Abfall der μ-Werte durch. Nässe hat fraglos ihre Tücken. Generell gilt: Die übertragbaren Reibkräfte nehmen mit steigender Geschwindigkeit überproportional stark ab

- bei zunehmend nasser Fahrbahnoberfläche
- mit abnehmender Profiltiefe
- bei zunehmend glatter Struktur der Fahrbahnoberfläche

Richtig ernst wird die Lage, wenn die Räder beginnen, auf dem Wasserfilm der Straße aufzuschwimmen. Vom Aquaplaning ist die Rede. Diese zurecht gefürchtete Fahrsituation, bei der im Extremfall jeglicher Kontakt zwischen Reifen und Fahrbahn abreißt, das Fahrzeug völlig unkontrollierbar abgeht, kann teils schon bei relativ geringen Geschwindigkeiten einsetzen. Aber auch bei recht geringen Wasserhöhen kommt es zwangsläufig zu Aquaplaning, dann nämlich, wenn die Fahrgeschwindigkeit entsprechend hoch ist.

Die vielfach in fundierten Reifentests dokumentierten Angaben der kritischen Aufschwimmgeschwindigkeit sollen daher lediglich die konstruktiven Vorsorgen, die »Aquaplaning-Güte« unterschiedlicher Fabrikate vergleichbar machen. Die jeweiligen Grenzgeschwindigkeiten werden beim Test zudem unter ganz speziellen, sorgsam eingehaltenen Bedingungen ermittelt (Fahrbahnbelag, Wasserhöhe, Reifenzustand, Fülldruck, etc.). Als absolute »Sicherheitsgrenze« für die Praxis sind sie unbrauchbar. Ein Reifen, der im Test bei exakt 92,3 km/h aufschwimmt, kann in der überfluteten Spurrille auf der Autobahn weit früher überfordert sein. Freilich bietet er eine vergleichsweise höhere Reserve, als ein Kandidat, der im Test beispielsweise schon bei 83,4 km/h am Ende war.

Beim Aquaplaning unterwandert eine Wasserschicht die Reifenkontaktfläche zur Fahrbahn. Aquaplaning-Footprints am fahrenden Auto können mit speziellen Versuchseinrichtungen erstellt werden. Das Fahrzeug überfährt dazu eine stabile Glasplatte, auf der ein wenige Millimeter hoher Wasserfilm steht. Fotos, von unter durch die Glasplatte aufgenommen, zeigen anschaulich die Problematik: Von vorn dringt der Wasserkeil unter das Rad, in der dahinterliegenden Übergangszone ist der Reifen bereits teilweise unterwandert und nur im hinteren Teil und an den Flanken herrscht noch Kontakt zur Fahrbahn. Mit steigender

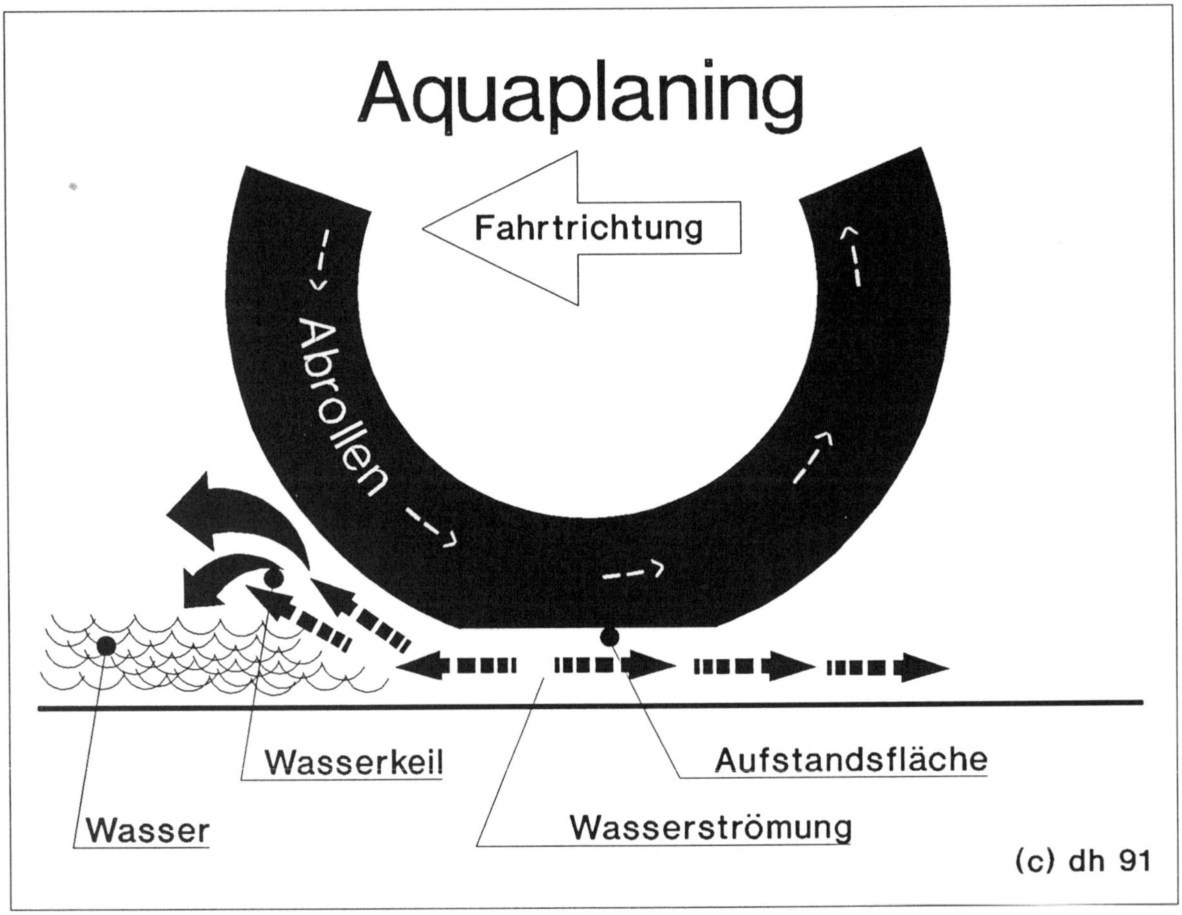

Keilerei: Wasserteilchen unterwandern die abgeplattete Aufstandsfläche. Sie werden nach den Seiten, nach hinten und sogar nach vorn verdrängt. Vor dem Reifen baut sich zunehmend ein Wasserkeil auf.

Fahrgeschwindigkeit schwindet dieser Kontakt dann mehr und mehr.
Ausschlaggebend ist – abgesehen von der Wasserhöhe – die Fähigkeit des Pneus, die Wassermassen zu verdrängen. Michelin bezifferte die notwendige Wasserverdrängung bei 80 km/h einmal mit 25 Litern in der Sekunde. Dem Reifen wird, wie man sieht, ein ordentliches Schluckvolumen abverlangt. Das aber kann er nur bringen, wenn ein noch ausreichend tiefes Profil vorhanden ist. Immerhin kann der Unterschied bei der kritischen Aufschwimmgeschwindigkeit zwischen einem Neureifen und einem abgenutzten Pneu leicht bis zu 30 km/h ausmachen. Recht empfindlich reagieren – wie oben angedeutet – Breitreifen auf Aquaplaning-Verhältnisse. Dies umso mehr, je weniger Profil ihnen verbleibt. Im Neuzustand kann indes auch einem Breitreifen durch den höheren Negativanteil eine gute Aquaplaning-Prophylaxe einverleibt werden. Continental zeigte mit dem 1990 vorgestellten AquaContact hierbei neue Wege auf. Statt der breiten Aufstandsfläche konventioneller Breitreifen hat der AquaContact zwei von einer Mittelrille getrennte Laufflächenstreifen. So konnte die Länge der Entwässerungswege halbiert werden und auch zur Reifenmitte lassen sich größere Wassermengen abführen.
Aquaplaning tritt freilich nicht allein bei Geradeaus-

Musterknabe: Der speziell auf Aquaplaningeigenschaften gezüchtete AquaContact mit hohem Schluckvermögen dank Mittelrinne.

Ab die Post: Hohes Tempo und Queraquaplaning in Kurven bedeuten meist das Aus; Rettungsversuche am Lenkrad bleiben erfolglos.

fahrt auf, sondern auch in Kurven. Dieses besonders tückische Queraquaplaning läßt die Seitenführung an Vorder- und Hinterachse mitunter abrupt abreißen, das Fahrzeug wird völlig instabil und ist – wenn überhaupt – nur mit viel Fahrkönnen in der Bahn zu halten. Durch geeignete Profilierung kann auch hier der Reifenkonstrukteur für ein möglichst hohes Sicherheitspolster sorgen. Den stärksten Joker gegen das Aufschwimmen der Räder indes hält freilich nicht der Reifenbauer, sondern der Fahrer selbst parat: Er allein bestimmt das Tempo und hat so entscheidenden Einfluß auf das Aquaplaning.

Ähnlich geringe Reibwerte wie unter Aquaplaning-Bedingungen treten allenfalls noch im Winter auf. Tauendes Eis bei Temperaturen um Null Grad ist hier am schwierigsten zu meistern, wohingegen sehr kalte Eisflächen (unter minus 20 Grad Celsius) schon wieder verhältnismäßig ordentliche Reibbeiwerte aufbringen. Dann legen sogar etwas breitere Pneus mit relativ geschlossenem Profil (hoher Positiv-Anteil) und mit günstiger Lamellierung geringfügige Vorteile gegenüber schmalen Formaten an den Tag. Die aber sind auf verschneiten Straßen aufgrund ihrer höheren Flächenpressung von Vorteil, das in unseren Breitengraden zugkräftigere Argument. Auf Schnee und Eis zeigen die Reibwert-/Schlupfkurven im übrigen keine ausgeprägten Maxima für die Haftreibung μ_H, doch können blockierte Räder (100% Schlupf) im lockeren und tiefen Neuschnee einen Schneekeil aufwerfen, der den Kraftschluß geringfügig anhebt (Schwallwiderstand). Ein Grund, weshalb manche Fahrzeughersteller es vorsehen, das Antiblockiersystem ABS abzuschalten. Die Lenkfähigkeit geht mit blockierten Rädern dann allerdings verloren. Und ob besonders in kritischen Situationen immer die richtige Wahl getroffen wird, bleibt fraglich.

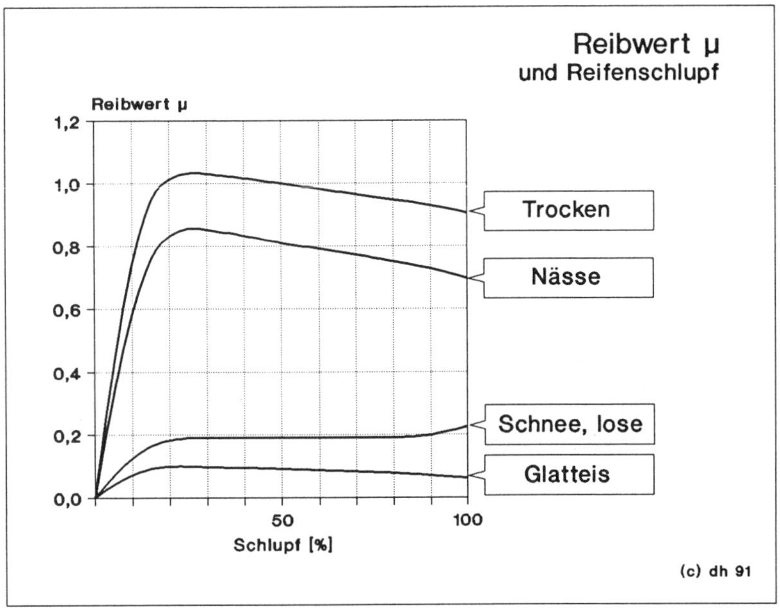

Schlüpfrige Angelegenheit: Aus der Relativbewegung zwischen Rad und Fahrbahn errechnet sich der Schlupf. Durchdrehende oder blockierte Räder haben 100% Schlupf. Beste Kraftübertragung herrscht bei Schlupfwerten zwischen 20% und 30%.

Winterfreuden: Blockierbremsungen im Tiefschnee können im Einzelfall den Bremsweg verkürzen. Vor den Rädern baut sich ein Schneekeil auf, der Schwallwiderstand steigt noch einmal an.

Sicherheit – die Reifen im Alltag

Die Theorie der »Reifenarbeit« wurde im vorhergehenden Kapitel ausführlich erläutert. Hier nun soll anhand anschaulicher Beispiele dargestellt werden, wo in der Praxis die Grenzen von Reifen und Fahrphysik liegen, welche Faktoren hauptsächlich die Fahrsicherheit beeinflussen und in welchen Situationen die Verantwortung und Reaktion des Fahrers besonders hoch anzusetzen sind. Die Erfahrung zeigt aber leider, daß die Mehrzahl der Zeitgenossen recht sorglos mit ihrem fahrbaren Untersatz umgeht; ein ausgeprägtes Reifenbewußtsein gar wird einigermaßen selten angetroffen. Dabei zeigen viele der kleinen alltäglichen »Unterlassungssünden« engverzahnte, mitunter auch drastische Auswirkungen auf Laufleistung und vor allem auf die Fahrsicherheit.
Der Psychologe Professor Dr. Hans Eberspächer von der Universität Heidelberg dazu: »Der Mensch vertraut im High-Tech-Zeitalter zu sehr auf eine immer funktionierende Technik. Daß auch Reifen ständiger Wartung und Pflege bedürfen, wird dabei von den meisten Autofahrern völlig verdrängt. Der Reifen wird geradezu bagatellisiert.«
Man möchte anfügen, daß ganz offensichtlich viele Autofahrer als vordergründig wichtigste Reifeneigenschaft allein einen möglichst geringen Kaufpreis wünschen. Von darüber hinausreichenden »Qualitätsansprüchen« läßt sich tatsächlich nur eine Minderheit leiten. Dabei decken – wie die folgenden Zusammenhänge anschaulich zeigen werden – moderne Autoreifen heute eminent wichtige Aufgaben an ein sicheres, komfortables und dauerhaft unproblematisches Fortkommen ab.

Reifenschäden – Probleme im Sommer

Obschon trockene Fahrbahnen herzlich wenig Überraschungen der unangenehmen Art bereithalten, häufen sich gerade in der heißen Jahreszeit reifenbedingte Unfälle. Das liegt daran, daß einerseits dem Zustand der Pneus zu wenig Augenmerk geschenkt wird, anderseits die Reifen streckenweise überlastet werden. Da wird die Fahrt in den Urlaub unter voller Auslastung der Familienkutsche angetreten, eine – häufig zwingend vorgeschriebene – Reifenfülldrucksteigerung unterbleibt aber. Oder – die vom rauhen Fahralltag vorgeschädigten Pneus werden auf Langstrecken und bei hochsommerlicher Außentemperatur mit hohem Tempo über die Autobahn gescheucht und sind plötzlich am Ende.
Die Ursache beginnender Reifenschäden liegt dabei oft im Verborgenen, etwa in unsichtbaren Gewebebrüchen im Reifenunterbau. Werden beispielsweise Bordsteinkanten beim Parken nicht in stumpfem Winkel und vor allem langsam überfahren, leiden zwangsläufig die Cordlagen der Karkasse. Interessanterweise ergab eine einmal von der Deutschen Verkehrswacht durchgeführte Stichprobe im Bonner Regierungsviertel, daß 40 Prozent aller Autos gleich mit mehreren Rädern auf dem Bürgersteig abgestellt

Sommerfreuden: Reichlich unproblematisches Fortkommen auf trockener Fahrbahn.

Park-Rüpel: Bordsteinrempeleien können auf Dauer ernsthafte Reifenschäden nach sich ziehen. Verletzungen im Unterbau und Quetschungen der Reifenflanke können dann bei hoher Reifenbelastung zum Defekt führen. Deshalb – Hindernisse immer in stumpfem Winkel überrollen.

Böses Ende: Massive Zerstörung von Lauffläche und Unterbau nach einem Reifenplatzer während der Fahrt.

waren. Wenn die dicken Limousinen aber tagtäglich über diese teils mehr als 10 cm hohen Hindernisse rumpeln, sind schwere Reifenschäden geradezu vorprogrammiert. Denn das »Gedächtnis« des Reifens registriert unweigerlich jedes zu heftige Quetschen und Knicken der Seitenwand, leichte innere Verletzungen sind die Folge. Auch sind Felgenschäden und ein damit einhergehender schleichender Druckverlust beim Überfahren kantiger Hindernisse nicht völlig auszuschließen.

Zerstört wird ein prinzipiell intakter Reifen in aller Regel auch, wenn er völlig drucklos (etwa nach einem Ventilabriß) selbst nur ein kurzes Stück weitergefahren wird. Äußerlich mag der wieder aufgepumpte Pneu tadellos erscheinen, durch das brutale Durchwalken und die Quetschungen am Felgenhorn lockern sich jedoch schnell die Lagen der Karkasse und reißen innerlich ab. Fatal kann sich selbst der Einsatz von Hochdruckgeräten bei der Autowäsche und zur Felgenreinigung auswirken. Denn schon mit kaltem Wasser und bei nur 70 bar Strahldruck kann durch einen zu geringen Sprühabstand die äußere Gummischicht des Pneus innerhalb weniger Sekunden irreparabel angegriffen werden. Der solchermaßen malträtierte Reifen stellt ein Sicherheitsrisiko dar, er muß ausgetauscht werden!

Es ist nachgewiesen, daß bei unsachgemäßer Durchführung von Leistungsmessungen oder Abgasprüfungen auf Trommelprüfständen sichtbare und unsichtbare Reifenschäden entstehen können, die als Langzeit-Folgeschäden, unter Umständen erst viel später, den plötzlichen Ausfall des Reifens einleiten. Derartige »Prüf-Reifen« sollten nicht mehr im Fahrbetrieb eingesetzt werden (siehe Kapitel »Defekte und Probleme«).

Fatalerweise sind all diese genannten Reifenbelastungen äußerlich selbst vom Fachmann nur schwer zu erkennen, der Laie aber ist hier glattweg überfordert.
Bei modernen Reifen kündigt sich ein schwerwiegender Defekt in aller Regel rechtzeitig an; der »Totalausfall aus dem Nichts« tritt tatsächlich verhältnismäßig selten auf. Die Reifenhersteller sind sogar bemüht, ihre Produkte konstruktiv so auszulegen, daß im Schadensfall eben nicht gleich ein schlagartiger Druckverlust – mit der entsprechend drastischen Auswirkung auf den weiteren Fahrtverlauf – auftritt, sondern daß sich im Vorfeld des Reifenversagens Auflösungserscheinungen bemerkbar machen. Wenn nämlich bei flotter Fahrt die ersten Profilblöcke ins Radhaus knallen, bleibt dem Fahrer meist noch Zeit, zu reagieren und das Fahrzeug womöglich sicher zum Stehen zu bringen. Eher unbegründet ist die Angst vieler Autofahrer vor einer Reifenpanne an der Vorderachse. Es passiert meist nicht viel mehr, als daß das Auto in die Richtung zieht, wo das defekte Rad läuft. Das läßt sich mit wachsamem Gegenlenken recht gut korrigieren.
Kritischer ist die Lage bei einem Reifendefekt an der Hinterachse. Denn die Hinterachse stabilisiert das Fahrverhalten und da kann der Totalausfall eines Reifens durchaus einen Dreher einleiten. Im Zweifelsfall, speziell wenn sich das Fahrverhalten urplötzlich und ungewohnt verändern sollte, »schwammig« wird, hilft nur, sofort anzuhalten und die Pneus einer eingehenden Kontrolle – möglichst beim Fachhändler – zu unterziehen.
Neben dem Abnutzungsverhalten ist die Hochgeschwindigkeitsfestigkeit heute ein wichtiger Faktor für die Reifenhaltbarkeit. Hochgeschwindigkeitstests werden im Labor auf Trommelprüfständen gefahren – bis zur völligen Zerstörung des Reifens. Aus Art und Schwere der dabei auftretenden Defekte kann der Fachmann Rückschlüsse auf die späteren Sicherheitsreserven im Straßenverkehr ziehen.

Vorsorgeprogramm: Hin und wieder lohnt ein Blick aufs Reserverad – mit anschließender Luftdruckkontrolle! Jedes sechste Ersatzrad – so ein Untersuchungsergebnis – wäre im Pannenfall nicht einsatzbereit.

Sommerpause: Mit nässefreundlichen Gummimischungen und geeigneter Profilstruktur versucht der Reifenentwickler die Reibwertverminderung auf regennasser Fahrbahn möglichst gering zu halten.

Rutschpartie – Fahren bei Nässe

Für den Autofahrer herrschen im Sommer die kritischsten Momente dann, wenn er gerade mal Pause macht – der Sommer. Die weitgehend überraschungsfreien Fahrbahnverhältnisse bei Trockenheit nämlich ändern sich schlagartig mit einsetzendem Regen. Auf regennasser Straße nehmen die Reibwerte und damit die vom Reifen übertragbaren Kräfte stark ab. Am schlüpfrigsten ist die Fahrbahn sogar, wenn es nach längerer Trockenperiode gerade zu regnen begonnen hat. Wasser und Straßenschmutz bilden jetzt einen regelrechten Schmierfilm, zu dem sich im Herbst auch noch nasses Laub gesellen kann.

Die Minderung der Reifenreibung bei einsetzendem Regen hängt generell von der Wasserhöhe auf der Straße ab. Sie läßt sich vom Reifenkonstrukteur aber mit unterschiedlichen Maßnahmen positiv beeinflussen. Auf trockener Fahrbahn bedarf es in dieser Hinsicht sicher keiner großen Anstrengung, schon mit unprofilierten Slicks und entsprechender Gummimischung läßt sich eine optimale Kraftübertragung erzielen. Bei Wasserhöhen noch unter 0,5 mm aber sind Rillen, Kanten und Kanäle in der Lauffläche gefragt. So verbessert beispielsweise eine hohe Querkantengesamtlänge des Profils nachhaltig die Bremseigenschaften eines Reifens.

Die mikroskopische Feinprofilierung der Lauffläche – die Molekülstruktur der Gummimischung – vermag zwar recht gut den dünnen Wasserfilm auf der Fahrbahnoberfläche aufzureißen, die Kraftschlußminderung liegt unter diesen Bedingungen dennoch in einem Bereich zwischen 30 Prozent und 65 Prozent gegenüber einer trockenen Straße. Bei Wasserhöhen zwischen 1 und 3 mm muß das Negativprofil eine möglichst hohe Wasseraufnahme sicherstellen – die Reibwertminderung liegt jetzt schon bei 50 bis 75 Prozent. Bei 3 bis 5 mm Wasserhöhe spielen dann regelrechte strömungsdynamische Effekte in der

Laufflächenprofilierung eine wichtige Rolle, denn die Wassermassen müssen möglichst rasch aus der Aufstandsfläche abgeführt werden. Der Kraftschluß ist jetzt bereits um 65 bis 95 Prozent gegenüber der Trockenhaftung reduziert. Werden schließlich Wasserstände über 5 mm verzeichnet, steht es um die verbleibende Reifenhaftung ziemlich schlecht: Sie hat um mindestens 95 Prozent abgenommen. Allenfalls eine günstige Reifenkontur vermag unter diesen Bedingungen den Fluten noch Herr zu werden und Aquaplanineffekten vorzubeugen.
Bei starkem Regen ist generell die Gefahr von Aquaplaning gegeben, weil das Wasser nicht schnell genug von der Fahrbahn abfließen kann. Mit zunehmender Geschwindigkeit und steigender Wasserhöhe schiebt sich nach und nach ein Wasserkeil unter die Lauffläche, der die Bodenhaftung drastisch verringert. Das kann selbst bei ausreichend profilierten Pneus durchaus schon bei Geschwindigkeiten von unter 80 km/h der Fall sein. Tadellose Reifen und eine verhaltene Fahrweise sind daher fraglos noch immer der beste Schutz gegen Wasserglätte. In Talsenken, in denen sich das Wasser auf der Straße sammelt, ist besondere Vorsicht geboten und natürlich auf Strecken mit Spurrillen. Gerät man bei flotter Fahrt unvermittelt in solch eine Wasserlache oder -rinne, was sich mit lautem Dröhnen des Spritzwassers gegen den Wagenboden bemerkbar macht, gilt es, das Lenkrad sicher und gerade zu halten und den

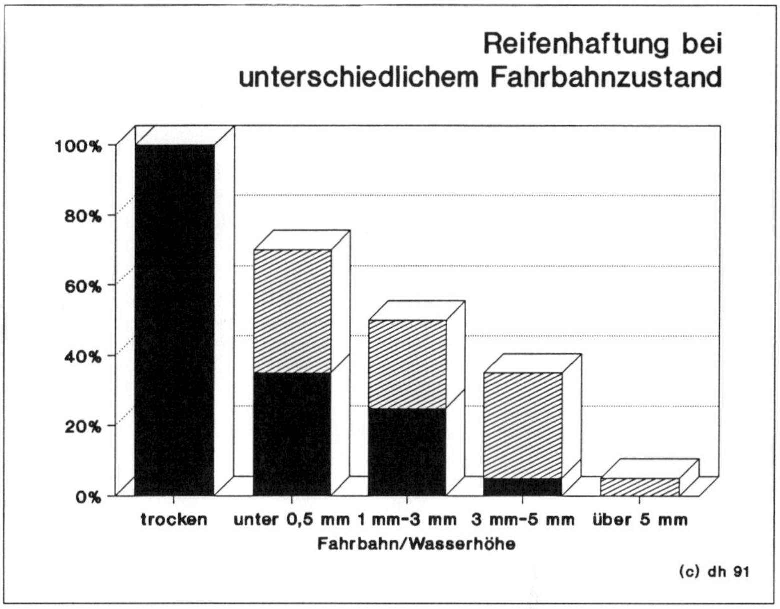

Herbststimmung: Nasses Laub auf der Straße bildet leicht einen gefährlichen Schmierfilm.

Wagen – möglichst ausgekuppelt – durch die gefährliche Passage zu dirigieren.
Beim Aquaplaning kommt es in der Regel kurzfristig zu einem spürbaren Geschwindigkeitsabbau. Dennoch wird geraten, zusätzlich vorsichtig tupfend zu bremsen und so zu versuchen, die überkritische Geschwindigkeit abzubauen. Keinesfalls wild am Lenkrad kurbeln, denn greifen die Räder wieder, schießt das Fahrzeug in die unkontrolliert eingeschlagene Richtung weiter. Besonders tückisch ist Aquaplaning in Kurven. Entweder der Wagen kommt urplötzlich ins Über- oder Untersteuern oder er verläßt tangential über alle Viere schiebend den eingeschlagenen Kurs. Zwar bemühen sich die Reifenhersteller, ihren Produkten durch geeignete konstruktive Maßnahmen auch für diese kritischen Situationen ein Sicherheitspolster mit auf den Weg zu geben. Allgemeine Patentlösungen und handfeste Gegenmaßnahmen indes gibt es für Queraquaplaning nicht. In der Praxis hilft nur eines: rechtzeitig runter mit dem Tempo.

Wieviel Wasser nimmt das Reifenprofil auf?

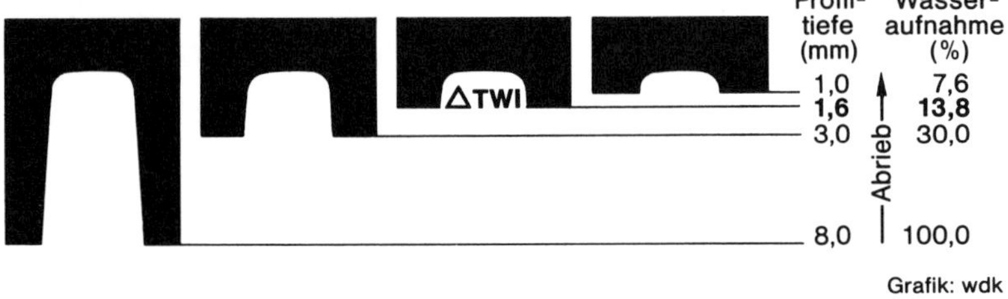

Schluckvermögen: Mit abnehmender Profiltiefe kann ein Reifen immer weniger Wasser aufnehmen, die Aquaplaninggefahr steigt. Interessant – bei 1 mm Restprofil sinkt die Wasseraufnahme auf 7,6%, bei 1,6 mm ist es mit immerhin 13,8% noch fast das Doppelte.

Reifenprofil – Vorsorge bei Regen

Es wurde bereits angesprochen, Straßenreifen brauchen ihr Profil nur, um bessere Nässeeigenschaften (und auch ausreichend Traktion bei winterlichen Straßenbedingungen) zu gewährleisten. Dabei wurde vom Gesetzgeber die Mindestprofiltiefe von 1 mm zu einer Zeit festgelegt, als regelrechte »Sportflitzer« gerademal Tempo 140 schafften. Die von der EG-Kommission nun vorgeschlagenen 1,6 mm Mindestprofiltiefe gelten europaweit ab dem 1. 1. 1992. Sechs Zehntelmillimeter mehr Profil scheinen vordergründig nicht viel zu bringen, tatsächlich aber verdoppelt sich allein hierdurch das Wasseraufnahmevermögen und damit die Aquaplaning-Prophylaxe. Die jeweilige Mindestprofiltiefe muß in der Praxis immer über die gesamte Reifenlauffläche eingehalten werden. Erste Hinweise auf das Erreichen der Verschleißgrenze kann der Autofahrer auch ohne genaue Meßeinrichtungen wie Profiltiefenprüfer, die für ein paar Mark beim Reifenhändler oder im Autozubehör zu erstehen sind, erkennen. Denn die im Profilgrund der Lauffläche integrierten Abriebindikatoren (Tread Wear Indicator, TWI) bilden bei 1,6 mm Restprofiltiefe im Profilgrund schmale durchgehende Stege. Die Lage dieser Indikatoren ist ganz oben auf der Seitenwand – je nach Reifenhersteller – durch Dreiecke, die Buchstabenkombination »TWI« oder durch kleine Firmensymbole gekennzeichnet.
Regelmäßig durchgeführte Stichproben-Untersuchungen ergaben, daß die Mehrzahl der Autofahrer leider auch in diesem Punkt den Reifen zu wenig Beachtung schenkt und die Pneus unter das zulässige Mindestmaß abfährt. Diese falsch verstandene Sparsamkeit bei der Ersatzbeschaffung vermindert indes drastisch die Sicherheitsreserven bei Nässe, wobei heutzutage selbst ein lapidarer Blechschaden meist kräftiger zu Buche schlägt, als ein kompletter Satz Neureifen.
Die auf der angetriebenen Achse montierten Pneus werden zwangsläufig stärker abgenutzt als freilaufende Räder, haben daher eine geringere Lebensdauer und müssen frühzeitiger ersetzt werden. Michelin vertritt seit den Zeiten des legendären Radialreifens Michelin X die Ansicht, daß die neuen, besseren Reifen eben aus Gründen der Fahrstabilität auf die Hinterachse gehören. Aber auch andere Reifenproduzenten äußern diese Ansicht. Indes – aus Betriebsanleitungen diverser Automobilhersteller geht hervor, daß das bessere Reifenpaar vorne zu montieren sei.

Das gilt vor allem bei Frontantriebsmodellen, denn dafür sprechen Komfort und Traktionsvorteile. Bei Fronttrieblern sind dreifach höhere Laufleistungen der Reifen auf der nichtangetriebenen Hinterachse keine Seltenheit. Wer die achsweise Ersatzbeschaffung umgehen will, kommt nicht umhin, die Reifen regelmäßig (etwa alle 10000 km) von vorne nach hinten zu tauschen, um sie so gleichmäßiger abzunutzen.

Beim Wechsel ist der seitengleiche Tausch von vorn nach hinten vorzuziehen, denn nur so bleibt jeweils die bisherige Laufrichtung der Reifen erhalten. Beim gleichzeitigen Ummontieren von links nach rechts, beim Reifentausch »über Kreuz« jedoch kehrt sich diese um, was zu verstärkten Abrollgeräuschen führen kann. Der turnusmäßige Reifentausch kann ohne wesentlichen Mehraufwand beim Wechsel von Sommer- auf Winterbereifung vonstatten gehen. Nach totaler Abnutzung aller Pneus können dann gleich vier neue Sohlen mit identischen Eigenschaften aufgezogen werden. Die Reifen namhafter Produzenten unterliegen nämlich einer permanenten Fortentwicklung, selbst wenn die ursprüngliche Reifenbezeichnung beibehalten wird. Kleine Profiländerungen und Modifikationen in der Gummimischung sind im Laufe einer mehrjährigen Produktlinie tatsächlich keine Seltenheit. Die Kombination unterschiedlich alter Reifen kann schon aus diesem Grund Auswirkungen auf das Fahrverhalten haben.

Glatzkopf: Wasseraufnahmefähigkeit gleich Null. Das Mindestprofil muß über die ganze Lauffläche erhalten bleiben!

Abgetaut: Auch bei Winterreifen müssen die Näseeigenschaften einen hohen Stellenwert einnehmen.

Mischbereifung – gefährliche Sparsamkeit

Das Problem mit Mischbereifungen wurde in den 60er Jahren besonders aktuell, freilich vor etwas anderem Hintergrund. Damals kamen nämlich verstärkt Gürtelreifen auf den Markt, die partiell eben in Kombination mit den bisher üblichen Diagonalreifen gefahren wurden. Da durch diese Art der Mischbereifung teils eklatante Veränderungen des Fahrverhaltens auftraten, hat der Gesetzgeber diese »Spar-Methode« am 1. 1. 81 verboten (§ 36 StVZO). Nach wie vor aber ist Mischbereifung ein Thema, wenngleich es sich heute in aller Regel etwas anders darstellt.

Es zählen dazu:

- unterschiedliche Größen
- unterschiedliche Fabrikate
- unterschiedliche Geschwindigkeitsklassen
- unterschiedlicher Abnutzungsgrad
- die Kombination von Sommer- und Winterreifen
- unterschiedliches Reifenalter

Gänzlich verboten ist im Normalfall die Montage unterschiedlicher Reifengrößen. Es dürfen rundum Räder nur einer im Fahrzeugschein aufgelisteten Dimension gefahren werden. Ausnahme: Notsituationen im Pannenfall, wenn beispielsweise statt dem nachgerüsteten Breitformat ein schmaleres Serien-Ersatzrad zur Verfügung steht oder ein dünnes Notrad (das aber in den Papieren eingetragen ist) montiert wird. Bei manchen Modellen – Sportwagen vor allem – ist konstruktionsbedingt und laut Schein ausdrücklich die Verwendung unterschiedlicher Formate auf Vorder- und Hinterachse erlaubt. In allen Fällen, in denen eine gemischte Montage unterschiedlicher Gürtelreifen nicht zu umgehen ist, muß grundsätzlich jede Achse einheitlich bereift werden. Doch auch bei achsweiser Reifengleichheit können Disharmonien in Reifenkonstruktion (Unterbau, Fabrikat) und -zustand (Profiltiefe und Alter) nachhaltig Wirkung zeigen. Selbst aus vermeintlich harmlosen Bereifungsdiskrepanzen kann im Alltag bisweilen ein völlig verändertes Fahrverhalten resultieren – insbesondere unter

Ausnahmefall: Bei potenten Sportwagen gibt es bisweilen eine spezielle Form der Mischbereifung. Unterschiedliche Dimensionen an Vorder- und Hinterachse müssen aber in den Fahrzeugpapieren eingetragen sein.

kritischen Bedingungen, auf nasser Fahrbahn etwa, in Kurven und beim Bremsen. Gerade Fahrer leistungsstarker Wagen sollten in dieser Hinsicht keine Kompromisse eingehen. BMW faßt klar zusammen: »Zur Erhaltung der guten Fahreigenschaften nur Reifen gleichen Fabrikats und gleicher Profilausführung verwenden.«

Besonders gravierend aber geraten Änderungen des Fahrverhaltens, wenn gleichzeitig Sommer- und Winterreifen aufgezogen werden. Diese Mischung ist hierzulande zwar noch erlaubt, sofern es sich um Reifen gleicher Bauart (Gürtelreifen) und gleicher Dimension handelt und pro Achse dieselben Reifentypen montiert werden. Die Fahrsicherheit von Personenwagen wird unter diesen Umständen allerdings nachhaltig beeinträchtigt. Die jeweiligen Stärken von Sommer- und Winterpneus sind vom Reifenkonstrukteur bewußt auf total differierende Einsatzbedingungen ausgelegt. Je nach Fahrbahnzustand und Einsatzbedingungen kommt es bei gemischtem Einsatz dann vor, daß die eine Reifensorte noch sicher greift, während die andere ihr Limit der Haftfähigkeit erreicht oder gar überschritten hat. Auf winterlich glatter Fahrbahn bricht die mit Sommerreifen bestückte Achse zwangsläufig früher aus und blockiert beim Bremsen sofort. Im Klartext: Die früher aus Sparsamkeit häufig praktizierte Mischung von Sommer- und Winterreifen ist weder zeitgemäß noch empfehlenswert.

Reifenalter – mit den Jahren wird es kritisch

Erfahrungsgemäß hält sich die Reifenindustrie mit Aussagen zum Thema Reifenalterung eher bedeckt. Einerseits will man sich nicht nachsagen lassen, mit zu knappen Haltbarkeitsangaben den Verkauf künstlich ankurbeln zu wollen, andererseits aber sollen ja die hauseigenen Produkte auch mit besonderer Langlebigkeit glänzen. Vielfahrer braucht diese Problematik reichlich wenig zu kümmern; sie haben den Pneu längst abgenutzt, bevor altersbedingte Sicherheitseinbußen zu erwarten sind. Dennoch – selbst optisch einwandfreie und ausreichend profilierte Reifen können allein durch Alterung wesentliche Leistungsmerkmale verlieren, insbesondere was die Nässeeigenschaften und die Wintertauglichkeit betrifft. Zwei Faktoren bestimmen dabei im wesentlichen die Reifenalterung: Gasförmiges Ozon aus der Atmosphäre dringt in geringer Menge beständig in den Reifengummi ein und knackt die Schwefelverbindungen zwischen den Kautschukmolekülen. Der Gummi verliert seine Elastizität. Und zudem »zerbröckeln« die Molekülketten. Speziell Reifen, die unbenutzt lagern, verhärten und verspröden, es kommt schließlich zu haarfeinen Alterungsrissen. Beide Faktoren – Elastizitätsverlust und Alterungsrisse – schränken das Fahrverhalten auf nasser Fahrbahn mitunter erheblich ein. Sonne, Wind und Wetter, Wärme, aber auch der Kontakt mit Fetten, Ölen und Chemikalien setzen Pneus zusätzlich zu. Der in Süd-

Wechselspiel: Umwelteinflüsse, Sonnenlicht und der Kontakt zu Ölen, Fetten und Kraftstoff setzen Reifen zu. Wichtig ist die sachgerechte Lagerung.

Belastungsprobe: Bei Wohnwagen, die über lange Zeit nicht bewegt werden, kommt es zu Alterungsrissen an den Reifen. Pannen sind dann vorprogrammiert.

tirol an einer Waschanlage beobachtete »Spezialservice«, der die Reifenflanken mittels dieselölgetränktem Schwämmchen wieder in sattem Schwarz glänzen ließ, ist auf Dauer gesehen tatsächlich ein echter Bärendienst.

Michelin attestiert – bei sachgerechter Nutzung – den hauseigenen Produkten eine zehnjährige Einsatzbereitschaft; ältere Pneus sollten dagegen nur noch am Fahrzeug bleiben, wenn sie vorher ständig unter normalen Bedingungen gefahren wurden. Durch das permanente Walken werden nämlich Weichmacher im Gummi aktiviert, die Aushärtung und Rißbildung vorbeugen. Von anderen Herstellern sind ähnliche Garantieaussagen nicht bekannt. Eine vom ADAC 1989 durchgeführte Untersuchung an unbenutzten Reserverädern ergab jedenfalls drastische Auswirkungen des Reifenalters auf die Schnellauffestigkeit. Konsequenz: Schon sechs Jahre alte Reifen können ein beachtliches Sicherheitsrisiko darstellen.

Tatsächlich brachte eine von Sachverständigen des DEKRA durchgeführte Analyse schwerer Unfälle, die auf Reifenplatzer zurückzuführen waren, in allen Fällen überalterte Reifen als Ursache zu Tage. Dabei waren immerhin zwischen sechs und zwölf Jahre alte Pneus mit im Spiel. Die Gefahr ist dabei besonders groß, wenn überalterte Reifen plötzlich stark beansprucht, wenn sie auf langen Strecken und womöglich noch mit zu geringem Luftdruck gefahren werden. Bei hohen Geschwindigkeiten sind dann schwere Unfälle kaum zu vermeiden. Speziell Wohnwagen und Reisemobile sind wegen ihrer teils relativ geringen Jahresfahrleistung häufig mit überalterten Reifen unterwegs.

Fachleute vertreten die Auffassung, daß SR-Sommerreifen (Geschwindigkeitsindex S, bis 180 km/h) maximal acht Jahre gefahren werden sollten und bei Hochleistungsreifen der oberen Geschwindigkeitsklassen (H-, V- und ZR-Reifen) übertriebene Sparsamkeit absolut fehl am Platz ist. Hochbeanspruchbare Pneus sollten besser nach bereits vier bis sechs Jahren gegen neues Material ausgetauscht werden. Winterreifen bauen in aller Regel aufgrund ihrer speziellen Gummimischungen schon nach vier Jahren spürbar ab. Ihre Laufflächenmischung »verglast« mit der Zeit. Man kann den Nutzungsgrad hier aber recht problemlos strecken, indem man sie nach dem Winter am Fahrzeug beläßt. Semperit mag die Aussagen des ADAC, daß ein Winterreifen bereits nach einem oder zwei Jahren nicht mehr als Neureifen bezeichnet werden kann und der Käufer einen entsprechenden Preisnachlaß aushandeln soll, nicht ganz teilen. »Ein moderner Winterreifen«, so ein Firmensprecher, »ist auch nach ein bis zwei Jahren durchaus noch neuwertig, sofern er beim Händler oder beim Hersteller selbst richtig gelagert wurde.«

Wie alt aber ist ein Reifen? Aufschluß geben die letzten drei Ziffern hinter der auf der Flanke angebrachten DOT-Nummer – leider nur in verschlüsselter Form. Der Code ist jedoch recht einfach zu knacken: Die letzte Ziffer benennt das Produktionsjahr, davor steht zweistellig die Produktionswoche. Beispiel: Die DOT-Ziffern 281 sagen aus, daß der Reifen in der 28. Woche 1991 gefertigt wurde. Seit 1990 wird bisweilen (freiwillig) hinter der DOT-Kennung noch ein kleines Dreieck eingeprägt, um aktuelle Reifen von den Kollektionen aus den achtziger Jahren abzuheben. Alle Neureifen sollten beim Kauf in eigenem Interesse möglichst aus neuester Fertigung stammen; ausgesprochene Ladenhüter sind besser zurückzuweisen.

Nach der Montage von Neureifen ist ganz generell für einige Zeit Vorsicht geboten. Denn fabrikfrische Pneus zeigen gleich in zweierlei Hinsicht eine gewisse Oberflächen-Glätte, die insbesondere auf nasser Fahrbahn die Reibwerte ungewohnt stark vermindert und so für unliebsame Überraschungen sorgen kann. Das ist bedingt durch den Herstellungsprozeß, wobei einerseits die auf der Innenseite blankpolierten Vulkanisierformen die Reifenoberfläche glätten und andererseits dem Neureifen noch Reste eines Trennmittels anhaften. Diese Trennhilfe bewirkt, daß der Reifen beim Vulkanisieren nicht in der Form anklebt, sich leichter herausheben läßt. Zwangsläufig aber bleiben auf dem neuen Produkt Trennmittelreste zurück, die jedoch bereits nach wenigen Kilometern Fahrtstrecke abgewetzt sind. Die notwendige Feinrauhigkeit der Reifenoberfläche indes stellt sich auf trockener Fahrbahn erst nach rund 200 Kilometern ein, auf nasser Piste ist entsprechend länger mit »Ausrutschern« zu rechnen.

Die fehlenden Meter – Bremsen in der Praxis

Sehr eindrucksvoll und mit im Ernstfall nachhaltigen Folgen wirkt sich jegliche Kraftschlußminderung zwischen Reifen und Fahrbahn beim Bremsen aus. Dabei lohnt es, den gesamten Bremsvorgang etwas genauer zu analysieren und die wichtigsten Einflußgrößen zu veranschaulichen. Denn – wer ist sich schon bewußt, welch fatale Wirkung vordergründig unbedeutende Differenzen beim Ausgangstempo nach sich ziehen.

Auf die Länge des Bremsweges haben Einfluß:

- Der Fahrer, denn er bestimmt
  - Ausgangstempo und
  - Reaktionsdauer
- Die Technik, mit der
  - Bremsenansprechdauer und
  - Bremsenschwellzeit
- Die Kraftschlußfaktoren, abhängig von
  - Fahrbahnbeschaffenheit (Art, Nässe)
  - Reifenzustand (Fabrikat, Profiltiefe, Fülldruck)
  - Geschwindigkeit

Wie läuft ein typischer Bremsvorgang in der Praxis ab? Zunächst braucht unser Wahrnehmungsapparat in unerwarteten, in kritischen Fahrsituationen, beim plötzlichen Auftauchen von Hindernissen immer erst einige Zeit, bis die Lage analysiert ist. Muskeln müssen aktiviert werden, denn von alleine sprechen die Bremsen unseres Fahrzeugs ja nicht an. All diese psychophysischen Reaktionen werden recht anschaulich in der Reaktionszeit zusammengefaßt. Sie kann 0,3 Sekunden betragen – aber unter ungüstigen Verhältnissen auch schon mal 1,7 Sekunden dauern. Wesentliche Auswirkungen auf die Reaktionszeit haben persönliche Faktoren wie Alter, Fahrroutine, die momentane körperliche Verfassung, der Grad der Aufmerksamkeit, aber auch Medikamenteneinfluß oder Alkohol. Zusätzlich bestimmen äußere Faktoren die Reaktionsdauer: Es ist entscheidend, ob wir beispielsweise ein Hindernis direkt vor uns oder nur am Rande unseres Blickfeldes wahrnehmen.

Beim herzhaften Tritt auf die Bremsen verstreicht

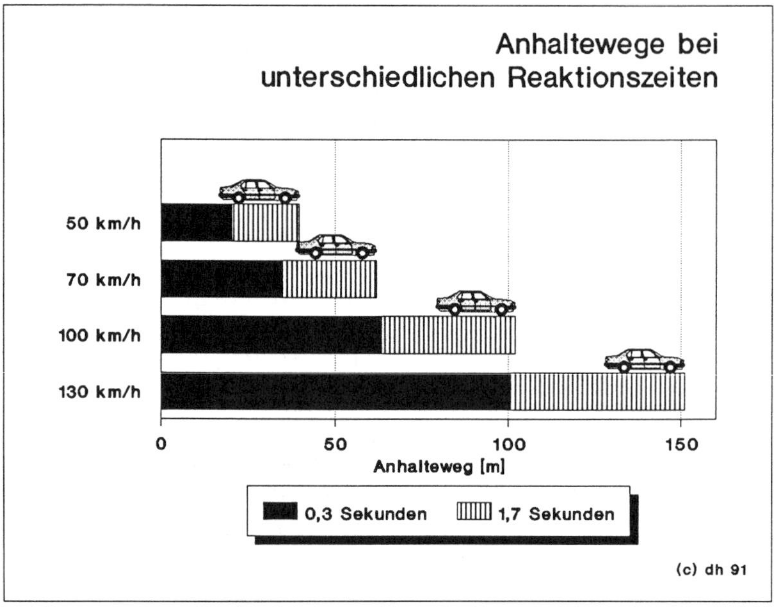

Sofortmaßnahme: Die Auswirkungen unterschiedlich langer Reaktionszeiten auf den Anhalteweg fallen recht drastisch aus. Die Spanne kann sich je nach Situation zwischen 0,3 Sekunden und 1,7 Sekunden bewegen.

weiterhin ein kurzer Augenblick, ehe die maximale Verzögerung einsetzt. Die EG-Ratsrichtlinie 71/320/EWG schreibt vor, daß der Mittelwert aus Ansprechzeit und Bremsenschwelldauer (die Zeit, bis die volle Bremswirkung erzeugt wird) nicht länger als 0,36 Sekunden sein darf. Diese wenigen Zehntel gilt es natürlich, zur persönlichen »Schrecksekunde« aufzuaddieren. Während der gesamten Reaktionsdauer von Mensch und Material schießt das Fahrzeug aber mit unvermindertem Tempo (!) weiter, es legt den sogenannten Reaktionsweg zurück.

Reaktionsweg und eigentlicher Bremsweg, auf dem die Geschwindigkeit dann endlich abgebaut wird, summieren sich zum Anhalteweg. Interessanterweise ist auf trockener Strecke und bei durchschnittlich einer Sekunde Reaktionszeit noch bis über 80 km/h der Reaktionsweg länger als der eigentliche Bremsweg. Der Vergleich über die Geschwindigkeit zeigt die praktischen Auswirkungen unterschiedlicher persönlicher Reaktionszeiten:

Anhalteweg auf trockener Straße aus	bei einer Reaktionszeit von 0,3 s	bei einer Reaktionszeit von 1,7 s
50 km/h	20,15 m	39,59 m
70 km/h	34,54 m	61,77 m
100 km/h	63,17 m	102,06 m
130 km/h	100,51 m	151,07 m

(Bremsenansprechzeit: 0,36 s)

Recht drastisch kommt im Ernstfall die Tatsache zum Tragen, daß die Fahrgeschwindigkeit bei jeder

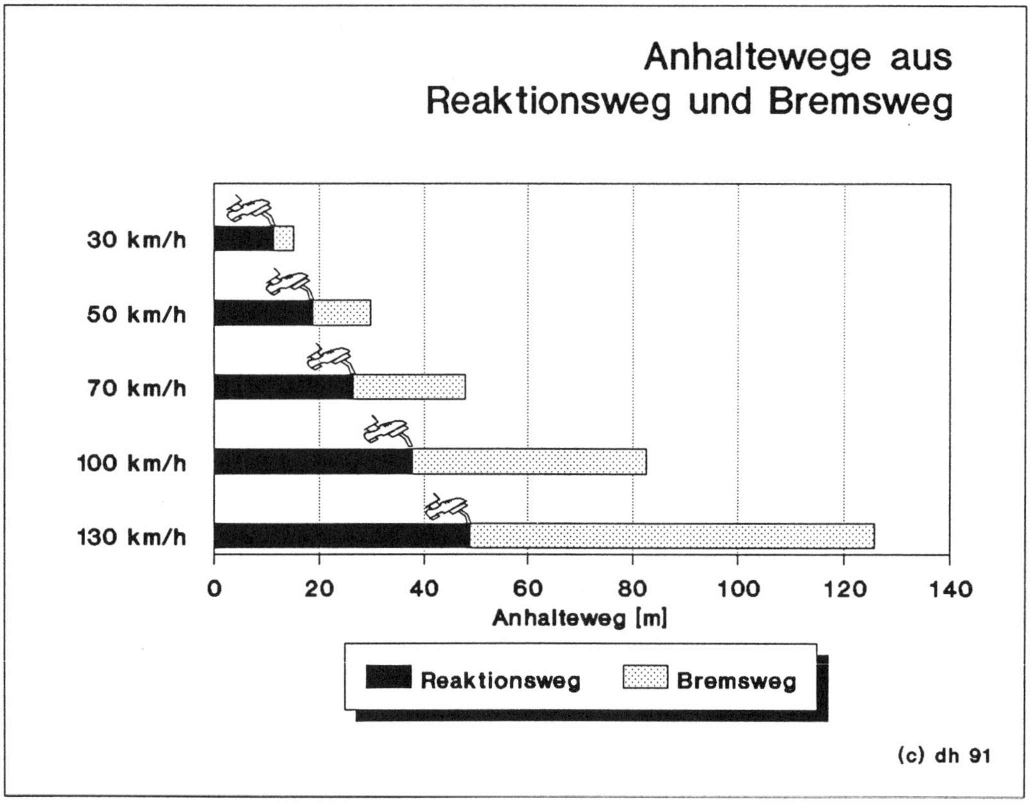

Schrecksekunde: Selbst bei durchschnittlich schneller Reaktion (1 Sekunde) legt das Fahrzeug ungebremst teils erhebliche Distanzen zurück. Noch bei 70 km/h ist auf trockener Fahrbahn der Reaktionsweg länger als der eigentliche Bremsweg.

Bremsung buchstäblich erst auf den letzten Metern abgebaut wird – unabhängig von der Ausgangsgeschwindigkeit. So rutscht ein Auto auf trockener Fahrbahn nur zwei Meter vor dem Stillstand noch mit 20 km/h weiter, fünf Meter vor Ende des Haltepunktes mit über 30 km/h und wenn gar nur zwei Autolängen zum Halten fehlen, kracht es noch mit fast 50 km/h. Crashversuche der Automobilindustrie werden mit etwa diesem Tempo absolviert; die eindrucksvollen Bilder und die aus solchen Versuchen resultierenden Schrottautos sind hinlänglich bekannt.

Im Fahralltag wirken sich aufgrund dieses speziellen (eben nicht linearen) Verlaufs der Bremswegkurve schon vergleichsweise harmlose Differenzen in der Ausgangsgeschwindigkeit drastisch aus. Eine Tatsache, die sich schon zu Anfang des Automobilismus herumgesprochen hatte: »Es ist notwendig, die Gefahr hoher Geschwindigkeiten nicht zu optimistisch zu beurteilen. Mag es auch ein paarmal gut oder glimpflich ausgehen, so ereilt den Wildling doch früher oder später sein Schicksal.« (Die Kunst des Fahrens. Praktische Winke, ein Automobil oder Motorrad richtig zu lenken, Wien 1926).

Tempo 70 statt 50 mag auch heutzutage innerorts von vielen vielleicht noch als tolerierbar betrachtet werden. Tatsache aber ist, daß aus 50 km/h zum sicheren Anhalten bei mittlerer Reaktionszeit 29,87 Meter ausreichen, wohingegen der Tempo-70-Fahrer just an diesem Punkt noch mit über 60 km/h daherkommt!

Fahrbahneinflüsse machen sich beim Bremsen besonders bemerkbar; ein Vergleich der Anhaltewege aus nur 50 km/h zeigt die Problematik:

Fahrbahnzustand	Anhalteweg aus 50 km/h
Trocken	29,87 m
Feucht	33,01 m
Naß	35,95 m
Schnee	68,08 m
Glatteis	141,78 m

Fatalerweise sind die Reibbeiwerte für die Gleitreibung (100 Prozent Schlupf, bei blockierten Rädern) auf nasser Straße zudem sehr stark geschwindigkeitsabhängig. Das heißt, zu Beginn des Bremsmanövers kann der Reifen oft nur die halbe Kraft auf die Fahrbahn übertragen, erst kurz vor Stillstand – so unter 30 km/h – packen die Pneus dann richtig zu. Das verlängert natürlich den Anhalteweg überproportional; um so mehr, je höher die Ausgangsgeschwindigkeit ist. Bei Bremsvorgängen auf nasser Fahrbahn streckt die geschwindigkeitsabhängige Reibwertminderung den Bremsweg aus 50 km/h zusätzlich um etwa 40 Prozent, aus 100 km/h aber schon um über 90 Prozent. Auf trockener oder nur leicht feuchter Fahrbahnoberfläche ist keine so ausgeprägte Reduzierung der Reibungskoeffizienten μ über die Geschwindigkeit zu verzeichnen.

Wie wir im Kapitel »Fahrphysik« dargestellt haben, zeigen die Reibwerte ganz allgemein, speziell aber auf trockener und nasser Fahrbahn ein schlupfab-

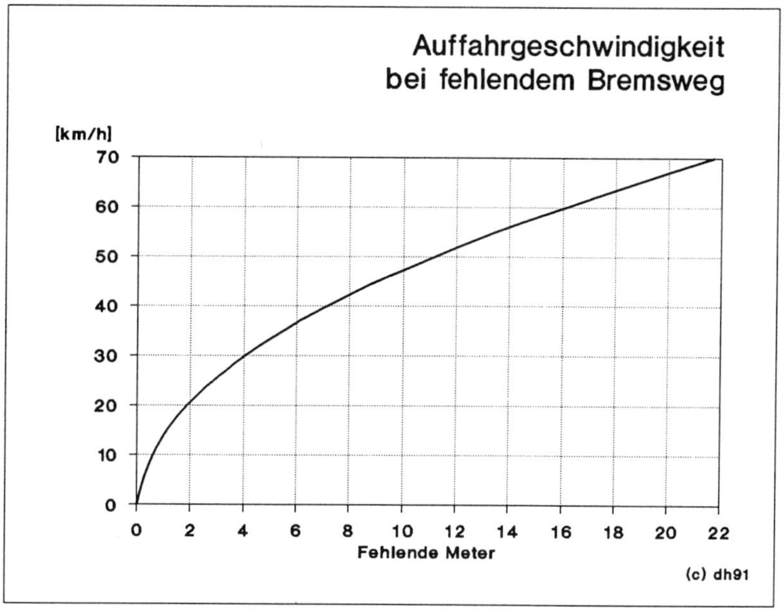

Restrisiko: Der tatsächliche Geschwindigkeitsabbau erfolgt beim Bremsen tatsächlich erst auf den letzten Metern. Fehlt auf trockener Straße nur eine Wagenlänge zum sicheren Anhalten, kracht es noch mit über 30 km/h!

Zustandsbericht: Die Anhaltewege wachsen auf rutschiger Fahrbahn drastisch an. Auf Schnee und Eis kann Tempo 50 schon viel zu schnell sein.

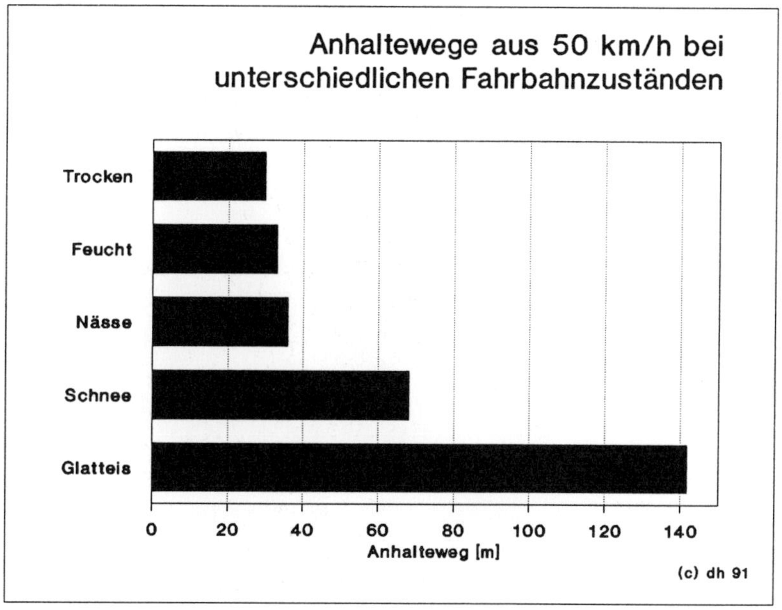

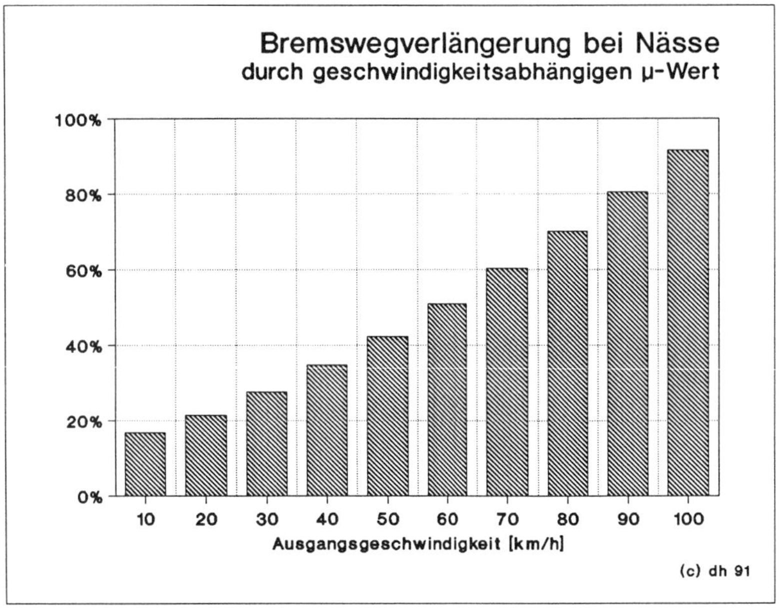

Gefahrenzulage: Die geschwindigkeitsabhängige Reibwertminderung verlängert auf nasser Fahrbahn die Bremswege über Gebühr. Die Reibwerte bleiben nämlich nicht konstant, sondern nehmen mit steigendem Tempo ab. Ein oft nicht berücksichtigter Sachverhalt – vergleiche Abbildung Seite 145.

hängiges Verhalten mit ausgeprägten Maxima. Die erreichbaren Verzögerungen sind in diesem Bereich der Haftreibung am höchsten, das ist bei Schlupfwerten um 10 bis 30 Prozent der Fall. Bei hundertprozentigem Schlupf, bei blockierten Rädern, herrscht dagegen Gleitreibung. Die kürzesten Bremswege ließen sich demnach erzielen, wenn die Räder bei vollem Bremsdruck gerade im engbegrenzten aber günstigen Schlupfbereich maximaler Haftreibung gehalten werden könnten. Mit modernen Antiblockiersystemen ABS ist dies tatsächlich möglich. Wer hingegen noch immer glaubt, mit der früher probagierten Stotterbremsung einen ähnlichen Effekt erzielen zu können, unterliegt einer gefährlichen Selbsttäuschung.

Ein ABS verarbeitet immerhin mehrere Tausend Steuerimpulse und regelt den idealen Bremsdruck viele Dutzend mal in jeder Sekunde. Eine derartige Präzision und Reaktionsschnelligkeit schafft wirklich niemand mit dem rechten Fuß. Im Gegenteil: permanentes Bremsenlösen und die systembedingte Anschwellzeit, der immer wieder nötige Druckaufbau, verlängern beim Stotterbremsen die Bremswege unnötig. Auch ein anfangs zu zaghafter Tritt auf die Bremse verschenkt wichtigen Bremsweg. Das ist bei konventionellen Bremsanlagen ebenso der Fall wie bei Fahrzeugen mit ABS. Es darf keinen Zweifel geben – nur voller Bremsdruck, das heißt der gnadenlose Schlag aufs Pedal garantiert im Ernstfall möglichst kurze Bremswege!

Unbestrittene Vorteile von Antiblockiersystemen ist abgesehen von kurzen Bremswegen der Erhalt der Lenkbarkeit. Denn nur das sich drehende Rad kann noch wirksame Seitenkräfte aufbauen. Das ist hilfreich bei Ausweichmanövern oder beim Bremsen in der Kurve. Ein Fahrzeug mit blockierten Rädern rutscht unweigerlich aus der Bahn, Kurbeln am Lenkrad hat absolut keine Wirkung. Darüberhinaus gewährleistet ein ABS stabiles Bremsverhalten selbst bei unterschiedlich griffigen Belägen zwischen linker und rechter Fahrzeugseite. Denn hier bauen die Räder auf dem griffigeren Belag mehr Bremskraft auf; ein Fahrzeug mit blockierten Rädern stellt sich in einer solchen Situation zwangsläufig quer, es beginnt, sich schleudernd zu drehen. Eines freilich kann ABS nicht: ausreichend bemessene Fahrzeugabstände ersetzen. Unvernunft wird selbst mit ABS gefährlich.

Sicherheitsreserve: Weitgehender Erhalt der Lenkbarkeit und kürzeste Bremswege in Notsituationen mit dem Anti-Blockier-System ABS.

Nichts geht mehr: Selbst harmlose Steigungen sind ohne vernünftige Winterreifen meist nicht zu schaffen.

Fahren im Winter – nur für Spezialisten

Tatsächlich kommt es nirgendwo sonst so sehr auf die Leistungsfähigkeit der Reifen an, wie auf Schnee und Eis. Den sogenannten Alleskönner gibt es im Reifenbau nicht; im richtigen Winter sind auch richtige Spezialisten gefordert: eben die Winterreifen (siehe Kapitel »Sommer-, Winter und Ganzjahresreifen«). Winterreifen brauchen ein spezielles Profil und vor allem kältetaugliche Gummimischungen. Nur so können unter Winterbedingungen die Kraftübertragung (Traktion) sichergestellt und ausreichende Seitenkräfte aufgebaut werden. Mit Sommerreifen ist dies beileibe nicht gewährleistet, vor allem Hochgeschwindigkeits-(Sommer-)Reifen der Klassen H, V und ZR sind konstruktionsbedingt für den Winterbetrieb völlig ungeeignet.

Es ist seit Jahren das gleiche Schauspiel auf unseren Straßen: Beim ersten richtigen Schneefall bricht der Verkehr zusammen; auf Autobahnen bilden sich kilometerlange Staus, über Rundfunk werden die Autofahrer aufgefordert, für Streufahrzeuge eine Gasse zu bilden. Selbst an eher harmlosen Steigungsstrecken geht nichts mehr. Lapidare Ursache: »Trotz aller Warnungen waren zahlreiche Wagen mit Sommerreifen unterwegs.« (Stuttgarter Nachrichten Nr. 49/88). Spätestens beim ersten Schneefall sollten daher Winterreifen am Fahrzeug montiert sein, denn die Erfahrung zeigt, daß dann die Nachfrage nach den schneesicheren Sohlen sprunghaft steigt. Händler sind dem plötzlichen Ansturm oft nicht mehr gewachsen und lange Wartezeiten die Folge.

Wird hauptsächlich in schneereichen Gebieten gefahren, dann empfehlen sich noch immer die schmaleren Formate als Winterreifen (bessere Wirkung im Tiefschnee), bei überwiegendem Autobahnbetrieb sind indes etwas breitere Dimensionen vorzuziehen, denn sie bringen mehr Fahrstabilität. Die zulässigen Winterreifengrößen sind in den Fahrzeugpapieren aufgeführt (Fahrzeugschein, Brief). Weitere Informationen liefert, auch speziell für Winterreifen, die Betriebsanleitung des Fahrzeugs. Im Zweifel gibt der Automobilhersteller Auskunft.

Es gibt drei Winterreifen-Kategorien: Mit dem Speed-

Gedächtnisstütze: Ist die vom Fahrzeug erreichbare Höchstgeschwindigkeit höher als das Tempo-Maximum der aufgezogenen Winterreifen, gehört gut sichtbar ein entsprechender Aufkleber ins Fahrzeug.

Index Q sind 160 km/h erlaubt, mit T-Reifen 190 km/h und mit H-Winterreifen 210 km/h. Die jeweilige Geschwindigkeitskennung ist auf der Seitenwand angegeben, direkt hinter der Größen- und Tragfähigkeitsbezeichnung. Diese konstruktionsbedingte Höchstgeschwindigkeit kann auch jederzeit gefahren werden (richtiger Fülldruck vorausgesetzt), sofern Witterungsbedingungen, Fahrbahnzustand und Verkehrsverhältnisse dies erlauben. Das gilt unabhängig von der Außentemperatur, allerdings nimmt bei milder Witterung der Verschleiß von Winterreifen erheblich zu. In der Bundesrepublik gilt die Vorschrift (§ 36 StVZO Absatz 1), daß bei Fahrzeugen, die schneller fahren können, als es die jeweilige Geschwindigkeitskategorie der Winterreifen erlaubt, ein Aufkleber im Sichtfeld des Fahrers angebracht werden muß, der das Tempo-Maximum der Pneus angibt.

Üblicherweise haben Winterreifen im Neuzustand ein höheres Profil als Sommersohlen. Denn unter 4 mm Profiltiefe ist die Wintertauglichkeit erheblich eingeschränkt, vor allem im Tiefschnee. Deshalb werden in Österreich auf einigen Bergstrecken mit Winterreifen-Vorschrift Pneus unter 4,5 mm Profilhöhe nicht mehr akzeptiert.

Der richtige Fülldruck im Reifen ist grundsätzlich wichtig, er hat Auswirkung auf Lebensdauer, Fahrverhalten, Rollwiderstand und Defektanfälligkeit (siehe unten). Bei Winterreifen kommt dem richtigen Reifendruck aber noch mehr Bedeutung zu, denn einerseits wird die Wirkung des Reifens auf Schnee entscheidend vom Luftdruck beeinflußt. Andererseits haben moderne Winterreifen eine Unzahl an Lamellen, mit

Haftbedingung: Winterreifen können nur dann richtig zubeißen, wenn sie noch ausreichend profiliert sind. Im losen Neuschnee gelten 4 mm Restprofil als Mindestanforderung.

etlichen Profilkanten und hohe Profilblöcke. Das alles begünstigt den Grip im Schnee, schafft bessere Traktion und unter Aquaplaning-Bedingungen wird das Wasser rasch abgeleitet. Hohe Profilblöcke aber sind beweglich und erzeugen beim Abrollen zusätzliche Wärme. Schon aus diesen Gründen empfehlen Reifen- wie Automobilhersteller, den Fülldruck bei Winterpneus zu erhöhen; gleichzeitig verbessert die Drucksteigerung spürbar die Fahreigenschaften und vermindert den Rollwiderstand. In der Regel sollte der Fülldruck bei Winterreifen gegenüber den Angaben für Sommerreifen um 0,2 bar gesteigert werden. Nur bei einigen leistungsstarken Fahrzeugen ist diese Erhöhung nicht nötig. Auskunft liefern auch hier die Betriebsanleitung oder der Automobilhersteller.
Glatteis sorgt im Winter fraglos für die meisten Probleme. Es setzt Bodentemperaturen um oder unter 0 Grad und eine relativ hohe Luftfeuchte voraus, die sich auf der unterkühlten Fahrbahn niederschlagen und anfrieren kann. Eis um 0 Grad gilt als besonders tückisch, weil sich unter dem Reifen ein Wasserfilm bildet. Vernünftige Traktion läßt sich hier mit keiner Reifenkategorie herstellen, es sei denn: mit Spikes. Nebelnässe führt dabei besonders häufig zu gefährlicher Glatteisbildung. Schneeglätte ist, weil absehbar, demgegenüber noch vergleichsweise harmlos. Kritisch ist vor allem eine unvorhersehbare Änderung des Fahrbahnzustandes, wenn sich der Fahrer auf griffiger Strecke sicher fühlt und dann plötzlich auf einen rutschigen Abschnitt gerät. Straßen, die durch Waldgebiete führen, schattige Talsenken oder Kuppen, über die der eisige Wind pfeift, halten in dieser Hinsicht besonders häufig unangenehme Überraschungen parat. Das gilt auch für Brücken, wo die Fahrbahn zusätzlich von unten schnell auskühlen kann.
Bei Straßenglätte sind Bergabfahrten schwierig zu bewältigen. Es ist wichtig, rechtzeitig – und nicht erst im Gefälle – zurückzuschalten. Das gilt gleichermaßen für handgeschaltete Fahrzeuge, wie für solche mit Automatik-Getriebe. Reißt die Seitenführung schon infolge der Motorbremswirkung ab, hilft nur noch auszukuppeln (oder in Stellung N = neutral zu schalten), um das Fahrzeug wieder zu stabilisieren (siehe Kraftaufteilung am Kammschen Kreis, Kapitel »Fahrphysik«). Wird die Fahrbahn dann wieder griffiger, unbedingt Geschwindigkeit abbauen. Und – der rechtzeitig genutzte »Notausgang« in den weichen Schneewall am Straßenrand ist allemal besser als ein folgenschwerer Crash mit dem Gegenverkehr oder der spätere Abgang mit hohem Tempo.
Auf Eis können sich die Bremswege leicht verzehnfachen. Gezügeltes Temperament und eine vorausschauende Fahrweise mit deutlich vergrößertem Sicherheitsabstand ist daher dringend angeraten. Denn nur dann bleibt reichlich Zeit, auf unerwartete Situationen zu reagieren. Die Einschränkung der Reibbeiwerte und die Tatsache, daß auf Schnee und Eis keine großen Schräglaufwinkel möglich sind, setzen der Traktion frühzeitig ein Ende, ein markanter Abfall

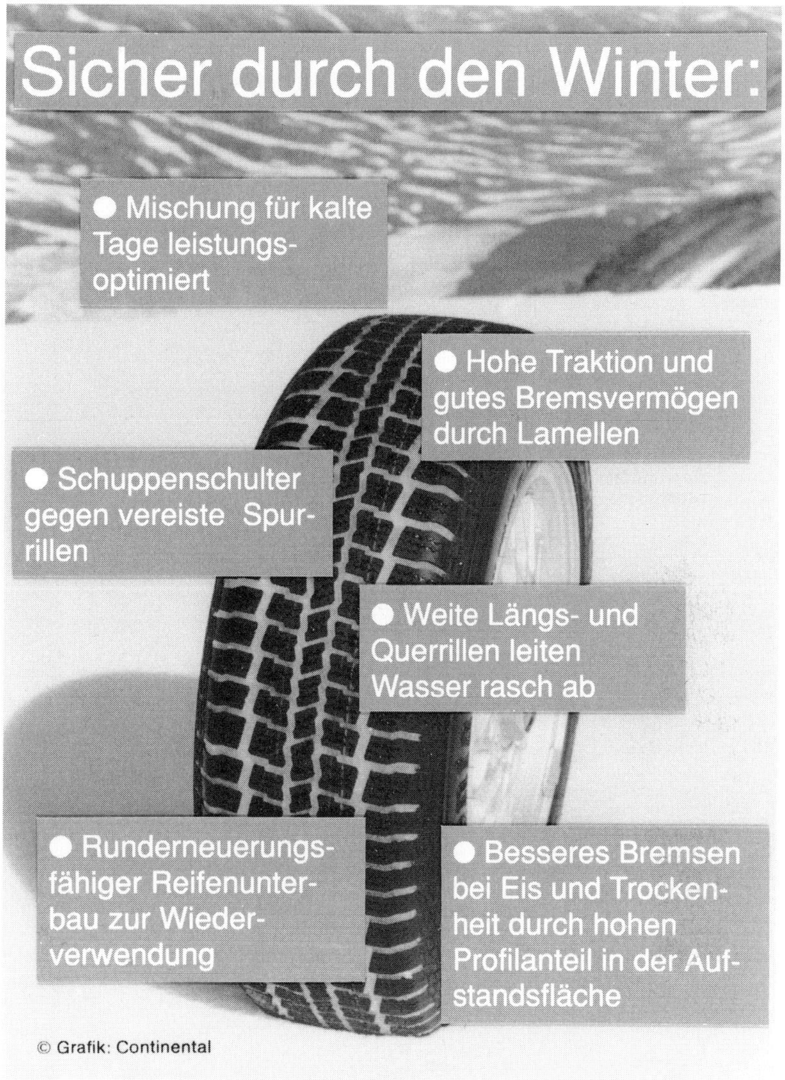

© Grafik: Continental

der Seitenführung ist zu verzeichnen. Wagen mit Standardantrieb (Motor vorn, Antrieb hinten) sind im Winter dabei erfahrungsgemäß besonders gehandikapt. Fronttriebler sind wesentlich einfacher zu beherrschen. Allradfahrzeuge aber können auf winterlicher Fahrbahn ihren Traktionsvorteil voll ausspielen. Beim Bremsen indes ist auch mittels Vierradantrieb die Physik nicht zu überlisten und entsprechende Vorsicht geboten.
Praktische Ergebnisse erbrachte in dieser Hinsicht ein von Michelin durchgeführter Vergleich, bei dem unterschiedliche Antriebskonzepte unter Einsatz von Sommer-, beziehungsweise Winterreifen gegeneinander antraten. Interessanterweise zeigte sich, daß eine gute Wintertauglichkeit weniger eine Frage der Antriebsart ist, als vielmehr der verwendeten Reifensorte. Auf verschneiter Fahrbahn wurden Traktionsverhalten und Bremsprüfungen absolviert, Kreis-

bahnfahrten ließen Beurteilungen über Seitenführungs-Qualitäten zu, beim Slalom und simuliertem Fahrspurwechsel wurde das Handling beurteilt. Schnell wurde klar, daß selbst Allradler nicht auf Winterpneus verzichten sollten: Das mit Sommerreifen bestückte Fahrzeug schob beim Slalom nahezu unkontrollierbar über alle vier Räder davon, und im Kreis zwangen häufige Lenkkorrekturen zur Reduzierung der Geschwindigkeit. Mit Winterreifen markierte der Allradler erwartungsgemäß Bestwerte bei allen Prüfungen. Das konventionell angetriebene Fahrzeug war mit Sommerpneus in allen Disziplinen frühzeitig am Ende, erbrachte mit Winterreifen jedoch fast die vom Fronttriebler vorgelegten Fahrleistungen. Wer einmal erlebt hat, was moderne Winterreifen auf Schnee und Eis zu leisten in der Lage sind, für den stellt sich die Frage nach einer saisonalen Umrüstung aber ohnehin nicht mehr.

Traktionsvorteil: Der Allradantrieb in Verbindung mit soliden Winterpneus als Garant für sicheres Durchkommen – selbst unter extremen Bedingungen.

TEUER UND GEFÄHRLICH

Falscher Reifendruck bei etwa der Hälfte aller Autos

1 % mehr Kraftstoffverbrauch 10 % geringere Lebensdauer	2 % mehr Kraftstoffverbrauch 30 % geringere Lebensdauer	4 % mehr Kraftstoffverbrauch 45 % geringere Lebensdauer

Reifendruck – Sicherheit kostenlos

Einfache Routine-Checks sollten durchaus zum Fahralltag gehören. Seit sich aber Selbstbedienungs-Tankstellen durchgesetzt haben, wird beispielsweise dem richtigen Reifendruck viel zu wenig Aufmerksamkeit geschenkt. Stichproben-Untersuchungen der Reifenindustrie und der Automobilclubs zeichnen denn auch mit schöner Regelmäßigkeit in dieser Sparte ein bedenkliches Bild: Nur rund jeder vierte Autofahrer hat den richtigen Druck in seinen Pneus! Etwa zehn Prozent sind sogar mit gefährlich geringer Luftfüllung (Minderdruck mehr als 0,6 bar) unterwegs. Dabei verliert jeder Reifen permanent etwas Luft, denn völlig dicht ist keiner. Das können pro Monat zwar nur ein paar hundertstel bar sein, im Laufe der Zeit aber addiert sich der schleichende Druckverlust auf gefährlich hohe Werte.

Gerade der Reifenfülldruck hat entscheidenden Einfluß auf die Schadenshäufigkeit der Reifen und auf die Fahrsicherheit, auf den Reifenverschleiß und – auf den Spritverbrauch. Tatsächlich läßt sich die Mehrzahl der analysierten Reifendefekte eindeutig auf zu geringen Fülldruck zurückführen. Nicht der Reifen, sondern die in ihm eingeschlossene Luft trägt nämlich das Fahrzeuggewicht.

Zwangsläufig aber wird jeder Reifen dort wo er die Fahrbahn berührt etwas eingedrückt. Man spricht von einer »Einsenkung«, die sich in Prozent der Querschnittshöhe ausdrücken läßt. Nimmt der Fülldruck ab, nimmt diese Einsenkung zu. Es kommt zu einer Abplattung des Reifens, was die Aufstandsfläche, den Latsch vergrößert. Leider gerät unter diesen Bedingungen die Druckverteilung in der (größeren) Aufstandsfläche äußerst ungünstig: ausgeprägte Druckspitzen am seitlichen Rand, wenig Bodendruck in der Mitte der Lauffläche. Diese sehr unvorteilhafte Druckverteilung prägt langfristig auch das Abriebbild eines Reifen – wenn er überhaupt so lange durchhält.

Die Einsenkung bewirkt nämlich beim Abrollvorgang

eine Walkbewegung, die von der Stärke der Einsenkung und von der Geschwindigkeit abhängig ist. Und sie erzeugt Wärme. Bei korrektem Fülldruck stellt sich unter Belastung am Reifen ein Temperaturgleichgewicht auf gesundem Niveau ein. Ein zuwenig aufgepumpter Reifen wird demgegenüber beim Abrollen verstärkt durchgewalkt, wobei er sich auf über 150°C erwärmen kann. Es kommt speziell im Schulterbereich zu partieller Materialüberhitzung, der Unterbau büßt seine Festigkeit ein, Teile von Lauffläche und Gürtel lösen sich ab. Der Reifen fällt förmlich auseinander. Langstreckenfahrten bei hohen Außentemperaturen und unter hoher Ausladung des Fahrzeugs erhöhen hierbei das Gefahrenpotential erheblich. Und wohl dem, der einen beginnenden Reifenschaden noch rechtzeitig erfaßt.
Zudem wirkt sich bereits im Vorfeld eines Reifentotalschadens ein zu geringer Fülldruck sicherheitsmindernd aus. Die Seitenführung nimmt ab, Bremswege geraten länger, das Fahrzeug reagiert verzögert und unwillig auf Lenkbewegungen, der Geradeauslauf leidet. Die Crux an der Sache: Jeder Fahrer gewöhnt sich instinktiv an die langsam fortschreitende, reifendruckbedingte Verschlechterung der Fahreigenschaften. Erst wenn gleich mehrere Faktoren zusammenspielen und wenn dem Reifen alle Reserven abverlangt werden, wird die Gefahr deutlich. Ein plötzliches Ausweichmanöver beispielsweise, und die Lage kann mit schlappen Pneus durchaus prekär werden.
Aber auch unter finanziellen Gesichtspunkten lohnt sich die regelmäßige Kontrolle des Reifenfülldrucks. Fehlt Luft, steigt der Verschleiß. Nur 0,2 bar Minderdruck verkürzen die Lebensdauer der Pneus schon um 15 Prozent, bei 0,6 bar unter Soll ist mit immerhin 45 Prozent weniger Laufleistung zu rechnen. Nebenbei erhöht sich mit abnehmendem Reifendruck der Kraftstoffverbrauch durch die höhere Walkarbeit, die zwangsläufig den Rollwiderstand steigert. Verstärkte Abnutzung kann allerdings auch von zu hohem Reifendruck herrühren; ein jedoch vergleichsweise selten beobachteter Zustand.
Fachleute schätzen, daß sich die deutschen Autofahrer »ihren« falschen Reifendruck jährlich insgesamt weit über eine Milliarde Mark kosten lassen. Es spricht also vieles für den korrekten Fülldruck, doch nicht selten sind dem Autofahrer die vom Hersteller vorgeschriebenen Werte gar nicht bekannt. Auskunft darüber geben im Handschuhfach, am Türholm oder in der Tankklappe angebrachte Aufkleber, in jedem Fall aber die Betriebsanleitung des Fahrzeugs. Dabei werden häufig für unterschiedliche Reifenformate und je nach momentaner Auslastung des Fahrzeuges variierende Werte genannt. Der Reifendruck sollte sinnvollerweise etwa zweimal pro Monat kontrolliert und auf korrekte Werte eingestellt werden.
Die reine Sichtprüfung ist dabei allerdings genauso unzuverlässig wie der »fachmännische« Kick gegen die Seitenwand. Selbst gefährliche Druckabweichungen von mehr als 0,5 bar sind nach diesen Methoden praktisch nicht registrierbar. Nur ein Druckmesser

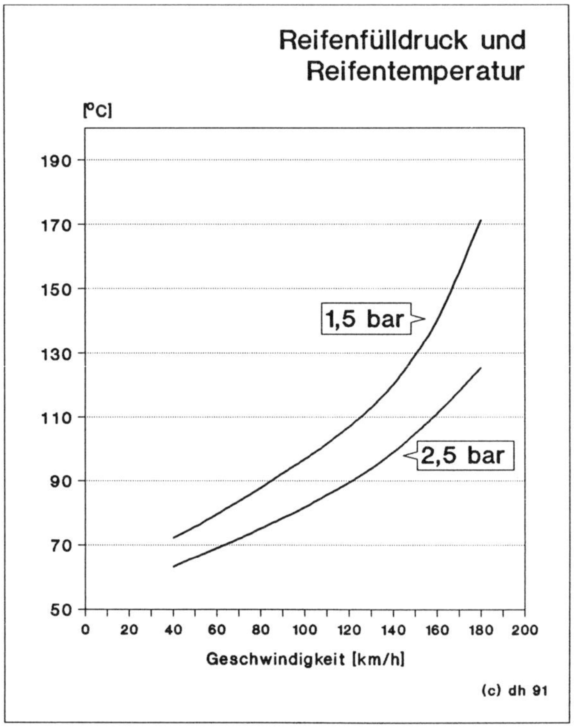

Hitzestau: Bei zu geringem Fülldruck steigt mit zunehmendem Tempo die Reifentemperatur in kritische Bereiche.

(Manometer) kann genaue Auskunft geben. Die Reifen müssen bei der Kontrolle aber noch kalt sein, denn im Fahrbetrieb führt die Erwärmung der Reifen zwangsläufig zum Druckanstieg, der schnell ein halbes bar ausmachen kann. Beim Zwischencheck auf langer Etappe also keinesfalls Luft ablassen!
Schleichende Druckverluste an nur einem Rad deuten meist auf Beschädigungen an Reifen oder Felge hin. In die Lauffläche eingefahrene Fremdkörper sind dabei auch heutzutage garnicht mal so selten. Doch muß es in diesen Fällen nicht unbedingt zum sofortigen Druckverlust kommen. Oft tritt tatsächlich zunächst nur ein schleichender Luftverlust auf, der erst bei hohen Belastungen und dann um so plötzlicher zum Totalversagen führt. Verletzungsspuren an der Seitenwand, aber auch Fehler am Ventil können Ursache von Druckverlusten sein. Gummiventile dichten im Felgenloch selbst ab; Schraubventile aus Metall haben dazu einen kleinen Dichtring. Die Randflächen des Ventilloches sind wichtige Dichtzonen und müssen bei der Montage des Ventils daher frei von Schmutz oder Rost und ohne Beschädigungen sein. Auch Gummiventile altern. Das zeigt sich an zunehmender Rißbildung im Ventilkörper, ein gefährlicher Zustand. Bei schneller Fahrt verbiegen nämlich enor-

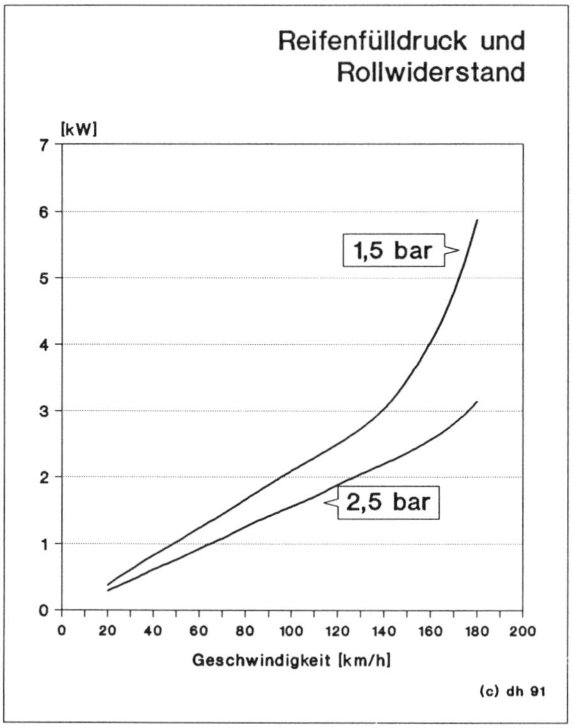

Walkarbeit: Zu wenig Luft im Reifen kostet beim Abrollen Kraft. Der Kraftstoffverbrauch steigt.

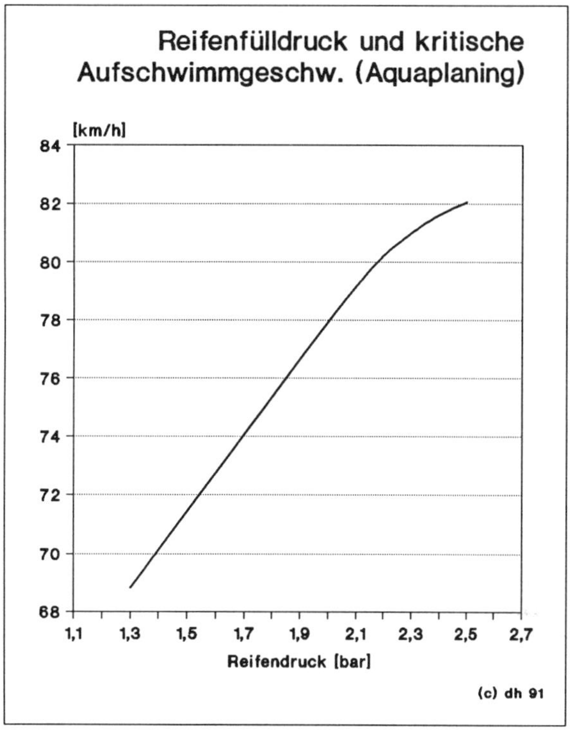

Wasserglätte: Je geringer der Reifenfülldruck, desto eher schwimmt der Pneu auf.

Ungesund: Starker Luftverlust während der Fahrt bedeutet meist das Aus für jeden Reifen. Nur spezielle Rad-/Reifen-Systeme bringen in diesem Fall noch Sicherheit und gewisse Notlaufeigenschaften.

Dehnungsübung: Bei Tempo 200 zerrt am Ventil eine enorme Fliehkraft. Altersschwache Gummiventile sind dieser Belastung mitunter nicht mehr gewachsen. Die Folgen sind Ventilabriß und schlagartiger Luftverlust.

me Fliehkräfte das Ventil. Die Folge: Druckverlust. Rund 10 Gramm wiegt so ein Gummiventil, bei über 200 km/h aber zerren siebeneinhalb Kilo daran. Ventilabstützungen an Felgen schneller Fahrzeuge sind daher keine Seltenheit. Unter dem Einfluß der Fliehkraft darf sich der Ventilwinkel nicht mehr als 25° verändern, sonst sind Abstützungen anzubringen oder Einschraubventile mit Metallfuß zu verwenden (sogenannte Clamp-in-Ventile). Beim Reifentausch erneuert man generell auch das Ventil, bei Kosten von ein bis zwei Mark pro Stück ist dies wahrlich billig erkaufte Sicherheit. Schmutz, Staub und Feuchtigkeit können im Fahrbetrieb dem feinen Innenleben des Ventils schnell zusetzen; das Ventilkäppchen hat daher durchaus einen technischen Sinn und sollte immer fest aufgeschraubt sein.
Auf breiter Basis gibt es für die regelmäßige Reifendruckkontrolle keine Alternative. Elektronische Überwachungssysteme sind enorm aufwendig und entsprechend teuer (siehe Kapitel »Markt und Trends«). Mechanische Anzeigen, die statt der Ventilkäppchen aufgeschraubt werden, können bei Fahrten im Gelände oder rauhen Parkmanövern am Bordstein

Einfluß des Reifendruckes

auf \ Druck	zu niedrig	korrekt	0,2 bar höher	zu hoch
Lebensdauer	− −	+	++	−
Abnützung	− −	+	+	− −
Hochgeschwindigkeitsfestigkeit	− −	+	++	++
Tragfähigkeit	− −	+	++	++
Rollwiderstand	− −	+	++	++
Komfort	++	+	−	− −
Aquaplaning	−	+	+	+
Fahrstabilität	− −	+	++	−

(c) dh 91

leicht beschädigt werden, was ebenfalls zum Druckverlust führt. Selbst Contis chemische Lösung des Problems, das makromolekulare AirSafe-Gas, konnte sich nicht durchsetzen. Es diffundiert zwar nicht mehr durch die Gummiwand des Reifens und kann so prinzipiell den einmal korrekt eingestellten Fülldruck für gut ein Jahr halten. Gegen Beschädigungen an Pneu oder Ventil ist damit aber keine Sicherheit geboten. Zudem – wer bezahlt schon gerne nur für einen vollen Reifen? Die herkömmliche Methode der Drucküberwachung ist daher fraglos die beste und billigste. Kostenpunkt: vier Kniebeugen nach dem Tanken. Denn Luft ist noch gratis, die richtige Füllung aber entscheidend für Sicherheit und mit spürbarer Auswirkung auf die Reifenkosten.
Auch wenn es Umstände macht, sollte hin und wieder das Ersatzrad mit in die Druckprüfung einbezogen werden. Hier füllt man einen um 0,5 bar höheren Druck ein, als es maximal am Fahrzeug erforderlich ist. So kann beim Einsatz der Fülldruck leicht auf den jeweils benötigten Wert abgesenkt werden. Das nachträgliche Aufpumpen ist im Pannenfall ja meist nicht so problemlos möglich.

Bei sinkendem Reifendruck steigt der Abrieb.

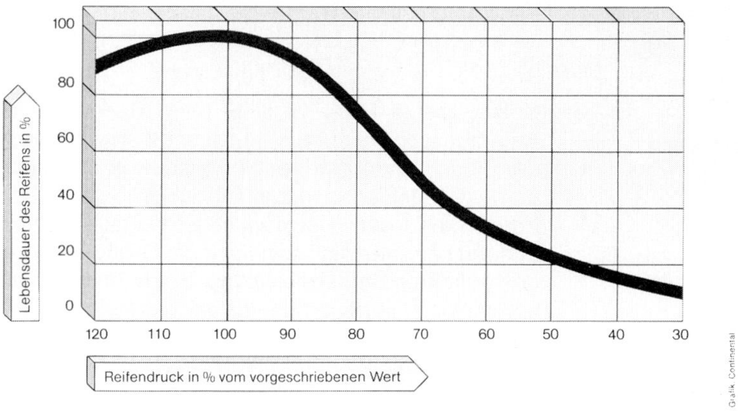

Sicherheitselement: Die Luftdruckkontrolle an der Tankstelle soll regelmäßig durchgeführt werden. Die vorgeschriebenen Werte stehen in der Betriebsanleitung des Fahrzeuges.

Rang und Namen – die Angaben auf der Reifenflanke

Neben Marke und Typ muß beim Reifenkauf das Angebot nach weiteren Kriterien sondiert werden. Auf der Reifenflanke sind dazu wichtige Informationen dargestellt, leider aber zum Teil nur in verschlüsselter Form. Die in der Praxis wichtigsten Reifenbezeichnungen beziehen sich dabei auf die Größe der Pneus und auf deren Betriebskennung. Beide Angaben sollten nämlich mit denen der bislang gefahrenen Pneus übereinstimmen, auf jeden Fall aber den Angaben in den Fahrzeugpapieren gerecht werden.

Die Reifengröße läßt sich noch recht einfach aufschlüsseln. Dazu ein praktisches Beispiel: in der Größenbezeichnung »185/65 R 15 87H« steht »185/65« für die Reifenbreite in mm und ein Höhen-/Breitenverhältnis von 65 Prozent. Je kleiner diese Verhältniszahl, desto flacher und breiter ist ein Reifen (siehe Kapitel »Räderumrüstungen«). Nur bei Reifen mit dem Standardquerschnitt von 80 Prozent (genaugenommen 82) entfällt diese Angabe bislang. Sie soll aber in absehbarer Zeit auch für diese Kategorie eingeführt werden. Das folgende »R« kennzeichnet die Radial-Bauart heute üblicher Gürtelreifen, gefolgt vom Reifeninnendurchmesser im Zoll-Maß – hier 15 Zoll.

Die sich anschließende Betriebskennung setzt sich aus einer Zahl und einem Kennbuchstaben zusammen. Die meist zweistellige Zahl gibt Auskunft über die Tragfähigkeit (den Load-Index) des Reifens, wobei höhere Werte auch eine höhere Tragfähigkeit beziffern. Zwar können geringere Tragfähigkeiten prinzipiell mit einem erhöhten Fülldruck ausgeglichen werden, jedoch ist es sinnvoller, gleich beim Reifenkauf die richtige Tragfähigkeit zu beachten.

In Sachen Geschwindigkeitsklasse dürfen auf keinen Fall Zugeständnisse gemacht werden. Reifen müssen – einmal abgesehen von Winterpneus – auf die erreichbare Höchstgeschwindigkeit abgestimmt sein; auch hierzu stehen Hinweise in den Fahrzeugpapieren. Natürlich ist es unproblematisch, Reifen einer höheren Geschwindigkeitsklasse als gefordert zu montieren – V-Reifen (bis 240 km/h) statt H-Reifen (bis 210 km/h) beispielsweise. Die Grenzgeschwin-

Ersatzbedarf: Reifen sind aufs Fahrzeug abgestimmt. Außer der richtigen Größe müssen Geschwindigkeitsklassen und die Tragfähigkeit beachtet werden. Alle Angaben stehen auf der Reifenflanke.

Genormte und gesetzliche Seitenwand-Kennzeichnung für PKW-Reifen

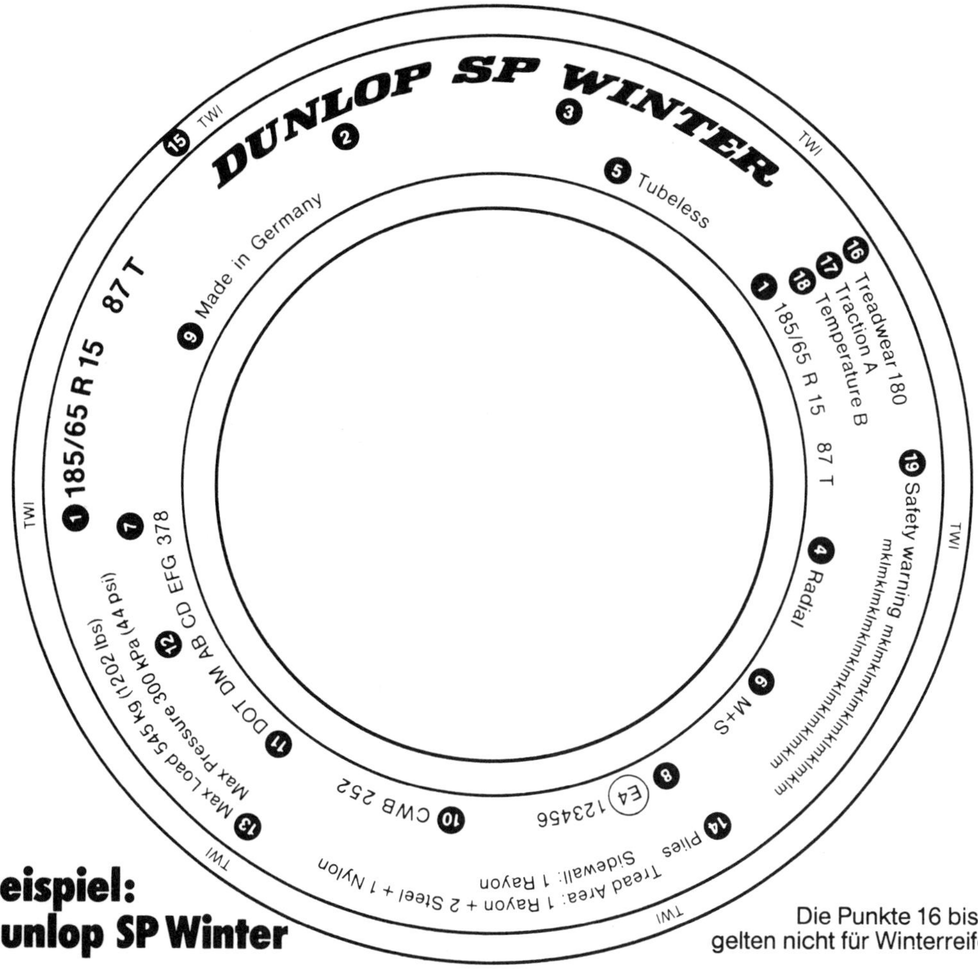

Beispiel: Dunlop SP Winter

Die Punkte 16 bis 19 gelten nicht für Winterreifen.

Für Europa gültig

① Größenbezeichnung (185/65 R 15 87T)
185 = Reifennennbreite in mm
65 = Verhältnis von Reifen-Querschnittshöhe zu Reifenbreite in Prozent
R = Radial-Bauweise
15 = Felgendurchmesser-Bezeichnung in Zoll
87 = Tragfähigkeits-Kennzahl (Load Index) für 545 kg
T = Geschwindigkeits-Symbol für maximal 190 km/h

② Hersteller (Handelsname)

③ Profilbezeichnung

④ Radial-Bauweise (Radialer Fadenverlauf in der Karkasse)

⑤ Kennzeichnung für schlauchlose Reifen

⑥ Hinweis für die besondere Eignung für den Wintereinsatz

⑦ Herstelldatum, hier 37. Produktionswoche 1988

⑧ E-Nummer = Genehmigungszeichen. Reifen erfüllt die europäischen Richtlinien von ECE-R30.

⑨ Herstellungsland (in Deutschland hergestellt)

⑩ Interner Profilcode von Dunlop

Für Nord-Amerika zusätzlich erforderlich

⑪ DOT-Zeichen. Der Reifen erfüllt die Richtlinien der amerikanischen Verkehrsbehörden (Department of Transportation).

⑫ DOT-Code. Identifizierungs-Nummer für Herstellwerk, Reifengröße und Reifenausführung

⑬ Angaben der für Nordamerika gültigen maximal zulässigen Last und des dort zulässigen maximalen Luftdruckes.

⑭ Anzahl und Material der Lagen in der Laufflächenmitte und in der Seitenwand.

⑮ Hinweis für die Position der 6 Abnutzungsanzeiger (Tread Wear Indicator). Höhe 1,6 mm.

⑯ Relative Lebenserwartung (Abriebfestigkeit) bezogen auf einen US-spezifischen Standardtest. 180 = 180 %.

⑰ Bewertung des Naßbremsvermögens (A, B oder C) nach US-spezifischem Test.

⑱ Bewertung der Temperaturfestigkeit bei höheren Geschwindigkeiten (A, B, oder C) nach US-spezifischem Test.

⑲ Safety Warning. Sicherheits-Hinweise für Gebrauch und Montage des Reifens.

Klassenbild: Reifengröße, Bauart und Betriebskennung sind zusammengefaßt. Hier ein Pneu mit 185 mm Breite der 65er-Serie, in Radialbauart und mit 15 Zoll Durchmesser, mit der Tragfähigkeit 87 (entspricht 545 kg) und dem Geschwindigkeitssymbol H (zulässig bis 210 km/h).

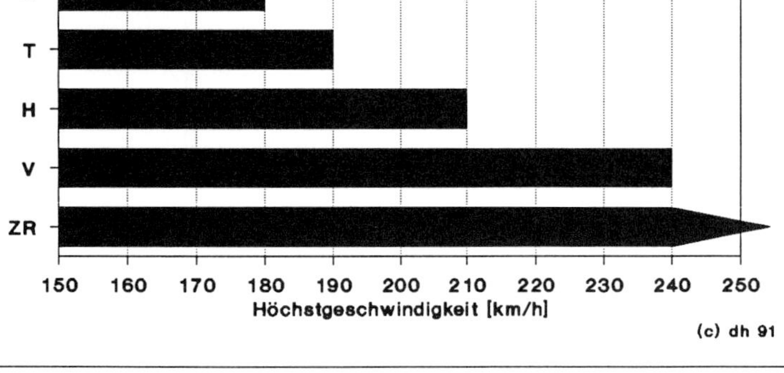

schwindigkeiten mit dem jeweils zugehörigen Speed-Index haben wir im Diagramm dargestellt.

Wichtig ist in diesem Zusammenhang, daß die für Personenwagen angegebene Tragfähigkeit nur in einem Geschwindigkeitsbereich von 160 km/h bis Tempo 210 gilt und nur, wenn der Sturzwinkel kleiner oder gleich 2 Grad ist. Bei abweichenden Gegebenheiten ist die Tragfähigkeit der Pneus eingeschränkt. Wir haben die gültigen Werte zusammengefaßt (im dazwischenliegenden Bereich darf linear interpoliert werden):

Tragfähigkeit von Pkw-Reifen			
Höchstgeschwindigkeit	**Reduzierte Tragfähigkeit bei Sturzwerten von**		
	2° auf	**3° auf**	**4° auf**
210 km/h	**100%**	**95%**	**90%**
220 km/h	**97%**	**92%**	**87,5%**
230 km/h	**94%**	**89,5%**	**84,5%**
240 km/h	**91%**	**86,5%**	**82%**

Quelle: Fulda

Ein ähnlicher Sachverhalt gilt auch in der ZR-Klasse (über 240 km/h); hier sind die tatsächlichen, gewissermaßen geschwindigkeitsabhängigen Tragfähigkeiten beim jeweiligen Reifenhersteller zu erfragen.

Besondere Größenkennzeichnungen

- Bei PKW-Reifen nach amerikanischer Norm wird der eigentlichen Größenbezeichnung noch ein zusätzliches »P« für »Passenger« vorangestellt. Beispiel: »P 295/50 R15«.
- Bei Geländereifen ist die gesamte Größenbezeichnung bisweilen ausschließlich in Zollmaßen angegeben, wobei mitunter sogar noch vorneweg der Außendurchmesser gefolgt von einem »x« mitgenannt wird. Etwa: »30 x 9,5 R 15 104N«, das heißt, 30 Zoll Außendurchmesser, 9,5 Zoll Reifenbreite, Radialbauweise, 15 Zoll Felgendurchmesser, Tragfähigkeit 104 = 900 kg, Geschwindigkeitsklasse N bis 140 km/h.
- Bei Spezial- und Sicherheitsreifen, etwa von Michelin oder Dunlop (TRX, TDX, TD, siehe Kapitel »Rad-/Reifen-Systeme«), die nicht auf normale Felgen montiert werden können, sind Dimensionen teils in Millimeter (Breite und Felgendurchmesser) angegeben und mit einer Systemkennung vor der Größenbezeichnung versehen. Beispiel: »TD 200/60 R 365«, Dunlop TD-Bereifung mit 365 mm Innendurchmesser.

Verstärkung bitte – Reifen mit höherer Tragfähigkeit

Bei schweren Personenwagen, Wohnmobilen und Transportern sind häufig Reifen montiert, die nach der Größenangabe noch den Zusatz »reinforced« (verstärkt) oder »C« (für Commercial) tragen. Beide Kennungen deuten auf eine erhöhte Tragfähigkeit hin, wobei speziell C-Reifen für leichte Nutzfahrzeuge konzipiert wurden. Ihr Nachteil: niedrigere Geschwindigkeitsklassen. Genaue Informationen liefert hierzu die schon erwähnte Betriebskennung. Es gilt: je höher die Tragfähigkeit, desto geringer die Geschwindigkeitsklasse – und umgekehrt.
C-Reifen dürfen meist nur bis Tempo 140, Geschwindigkeitsklasse N, gefahren werden. Fahrzeuge, die höhere Endgeschwindigkeiten erreichen, müssen daher speziell gekennzeichnete C-Reifen mit höherem Speed-Index oder Pkw-Reifen montieren. Dann aber ist gerade der Tragfähigkeit besonderes Augenmerk zu schenken. Pkw-Reifen gleichen Typs und mit identischen Abmessungen werden nämlich durchaus in unterschiedlicher Tragfähigkeit angeboten. Ein »185 R 14 90S« (90S entspricht 600 kg und 180 km/h) darf beispielsweise nicht so hoch belastet, aber schneller gefahren werden als die gleiche Dimension »185 R 14 reinforced 94R« (94R für 670 kg und 170 km/h).
Leider muß sich der reifenbewußte Wohnmobilist oder Transporterfahrer in häufigen Fällen noch mit der alten Tragfähigkeitskennung »PR« für Ply rating auseinandersetzen. 8 PR entsprach früher acht Lagen Baumwollcord im Reifenunterbau. Heute wird damit lediglich eine Festigkeit definiert, die mit acht Lagen erreichbar wäre. Im Reifenbau jedenfalls ist Baumwollcord längst kein Thema mehr; bleibt zu hoffen, daß auch die PR-Angabe auf den Reifenflanken bald überflüssig wird.

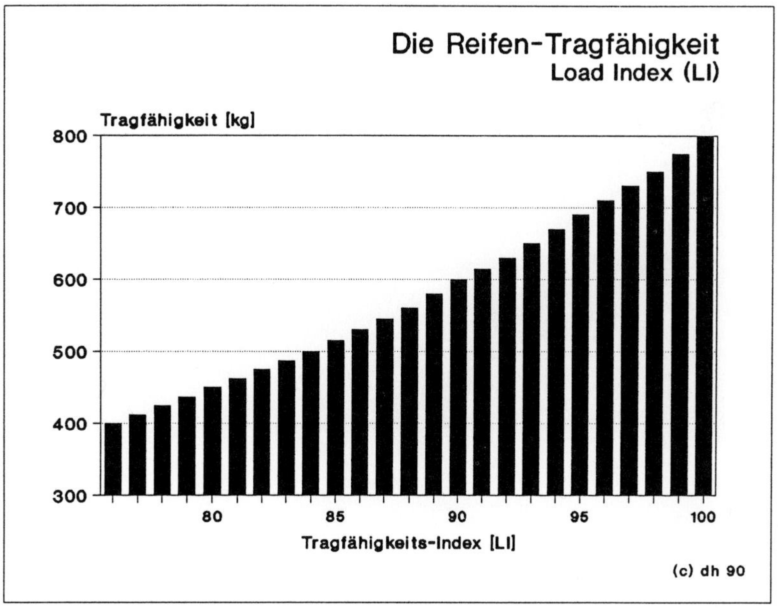

Altersfrage – die DOT-Nummer gibt Auskunft

Es ist sicher nicht ganz uninteressant zu wissen, wie alt ein zum Kauf offerierter Pneu denn eigentlich ist. Auch hier geben die Flankenangaben Auskunft. Das Produktionsdatum verbirgt sich in der DOT-Nummer (DOT = Departement of Transportation), deren letzte drei Ziffern Woche und Jahr nennen, wann ein Reifen hergestellt wurde. »329« kennzeichnet beispielsweise einen nicht mehr ganz taufrischen Pneu aus der 32. Woche 1989. Die namhaften Reifenhersteller markieren ihre aktuelle Produktion zudem mit einem kleinen Dreieck hinter der Jahres-Ziffer, um sie von Altsohlen aus den Achtzigern zu unterscheiden. Denn auch an Reifen nagt der Zahn der Zeit, selbst wenn sie nicht gefahren werden. Der unwissenden Kundschaft werden leider vereinzelt selbst stark überalterte Exemplare offeriert; rund und schwarz sind sie ja schließlich alle.

Von einiger Wichtigkeit dürfte auch das auf der Reifenflanke genannte Herstellungsland sein (Stichwort: Made in Germany). Denn Reifen ist nicht gleich Reifen – selbst wenn klingende Namen dahinter stehen. Immerhin wies Goodyear ausdrücklich darauf hin, daß auf dem deutschen Markt aufgetauchte »Goodyear Ducaro«-Reifen nicht in Europa hergestellt werden und »mit Rücksicht auf die anspruchsvollen europäischen Einsatzbedingungen auch nicht zur Verwendung in Europa bestimmt« sind.

Der Verbraucher muß wissen: Andere Länder – andere Reifen, wenigstens was deren Eigenschaften und Qualität angeht.

Frischesiegel: Die letzten drei Ziffern der DOT-Nummer geben Auskunft über das Produktionsdatum. Hier 161, das heißt 16. Woche 1991. Das winzige Dreieck dahinter unterscheidet aktuelle Pneus von jenen aus den achtziger Jahren.

Sportskerl: Immer mehr leistungsstarke Fahrzeuge dürfen laut Hersteller nur mit speziellen Reifentypen und -fabrikaten gefahren werden.

Fabrikatsbindungen – Reifenkauf mit Hindernissen

Was bei Motorrädern schon länger Praxis ist, setzt sich zunehmend auch im Pkw-Bereich durch: in den Fahrzeugpapieren namentlich aufgeführte Reifenfabrikate und Reifentypen. Das bedeutet, daß der Fahrzeugeigner bei der Ersatzbeschaffung ausschließlich die genannten Reifen verwenden darf, andere sind nicht zulässig. Meist handelt es sich bei den betroffenen Automobilen um stärker motorisierte oder reifentechnisch sehr anspruchsvolle Modelle.

Wir haben (mit Stand Ende '91) eine Reihe von Automobilherstellern zu diesem Thema befragt und um eine Stellungnahme gebeten. Hier das Ergebnis in alphabetischer Reihenfolge:

- Audi – Vorgaben beim Coupé S2, V8 und Audi S4 sowie bei einer Sonderausstattung des Audi 80 (B3 bis August '91). Grund: Bei Fahrzeugen mit mehr als 231 km/h Höchstgeschwindigkeit werden ZR-Reifen verwendet (zugelassen für über 240 km/h). Diese Reifen verlangen eine genauere technische Definition. Beim Audi 80 geht es indes um die Abmessungen der Reifen, die genau eingehalten werden müssen.
- BMW – Vorgaben bei 325i, 535i, 735i, 750i und 850i. Es werden nur die zulässigen Reifenfabrikate genannt (keine Reifentypen). Grund: Genaue technische Definition von ZR-Reifen zwischen Fahrzeug- und Reifenhersteller. Nur bei speziellen Konstruktionen (TRX oder TD) ist auch der Reifentyp vorgeschrieben, weil eben nur dieser Typ auf eine entsprechende Felge montiert werden darf.
- Ford – Vorgaben nur beim Sierra Cosworth 4x4.
- Honda – Vorgaben nur beim Sportwagen NSX.
- Mitsubishi – Vorgaben nur beim Pajero ab Modelljahr '91 und Space Wagon Allrad in Verbindung mit M+S-Bereifungen. Grund: Freigabe des jeweiligen Reifenherstellers für die technischen Gegebenheiten in Bezug auf Achslasten und Höchstgeschwindigkeit.
- Nissan – Vorgaben bei 200 SX, Maxima, 300 ZX Twin Turbo, Patrol GR, Patrol GR Station, Terrano V6. Grund: Bei den Geländewagen werden Reifendimensionen verwendet, die nicht in europäischen oder deutschen Normen vorhanden sind (US-Größen). Beim 300 ZX Twin Turbo geht es um die genaue technische Definition der ZR-Reifen. Bei 200 SX und Maxima sind Reifen der Kategorie V (bis 240 km/h) montiert. Da die Höchstgeschwindigkeit dieser Modelle bis zu 230 km/h betragen kann, hält es Nissan aus Sicherheitsgründen für erforderlich, die Verwendung bestimmter (ausgesuchter) Reifenfabrikate festzulegen.
- Opel – Vorgaben für Senator und Omega 3000 mit C 30 SE-Motor (3 Liter 24V). Grund: Genaue technische Definition der ZR-Reifen. Bei Modelljahr '91 nur Uniroyal-Reifen freigegeben, ab Modelljahr '92 Erweiterung auf alle dem WdK (Wirtschaftsverband der Kautschukindustrie in Deutschland) angeschlossenen Firmen in der Größe 205/65 ZR 15.
- Mercedes-Benz – Vorgaben (ausschließlich Fabrikate) nur für Modelle mit mehr als 200 km/h Höchstgeschwindigkeit. Grund: Bei ZR-Reifen die notwendige technische Definition zwischen Reifen- und Fahrzeughersteller.

● Renault – Vorgaben für Alpine und Renault 21 ab 2 Liter Turbo. Grund: Technische Definition der verfügbaren Reifen.
● Toyota – Vorgaben für den Sportwagen Supra und den Lexus LS 400. Grund: Bei umfangreichen Reifentests während der Entwicklungszeit stellte sich heraus, daß die in den Papieren angegebenen Reifen das Optimum bei Fahrverhalten, Sicherheit und Komfort darstellen.
● Volkswagen – keine Vorgaben für Reifenfabrikate in den Fahrzeugpapieren im laufenden Modellprogramm.
Die Antwort von Toyota trifft wohl den Nagel genau auf den Kopf. Sämtliche Fahrzeughersteller unternehmen selbstverständlich Freigabe-Vergleichstests mit Reifen und wählen dann die Fabrikate und Typen aus, die den eigenen Vorstellungen in allen Eigenschaften am besten entsprechen. Mitunter und oft genug werden dabei bestehende Typen von der Reifenindustrie sogar technisch abgeändert, um die Fahreigenschaften eines bestimmten Fahrzeugmodells noch besser zu unterstützen. Bei der Ersatzbeschaffung freilich ist es bislang nur in Ausnahmefällen möglich, dann den gleichen Reifen wie in der Erstausrüstung zu erhalten. Dazu dient bei Porsche zusätzlich die Reifen-Kennzeichnung N0, bei BMW beispielsweise ein Stern. Ein bislang noch weitgehend ungelöstes Problem, denn es gibt heute Reifen eines Typs und in einer Größe nach den (unterschiedlichen) Maßstäben verschiedener Fahrzeughersteller und ohne eine vom Laien erkennbare Kennzeichnung. Auf Nummer sicher jedenfalls geht der Autofahrer, der sich bei seinem Automobilhersteller vor dem Reifenkauf nach den momentan freigegebenen Fabrikaten und Typen erkundigt.
Alle befragten Autofirmen stellen fest, daß die eingetragenen Reifenfabrikate langfristig erhältlich sind. Sollte der eine oder andere Reifen schließlich nicht mehr produziert und angeboten werden, dann wird eine Anfrage im Werk (Kundendienst) empfohlen. Dort sind Ersatzlösungen abrufbar, möglicherweise wird dafür eine Unbedenklichkeitsbescheinigung zum zusätzlichen Eintrag (beim TÜV) in die Fahrzeugpapiere ausgestellt.

Sternstunde: Spezielle Kennzeichnungen auf der Reifenflanke (hier ein Stern) sind typisch für Modell-spezifische Pneus, gefertigt nach Vorgaben eines Automobilherstellers. Obacht bei der Ersatzbeschaffung.

Eigenbrötler: Statt nur eines universellen Hochleistungsreifen hat die Industrie heute unterschiedlichsten Anforderungen gerecht zu werden. Aus dem Eagle-ZR wurde der GSA für den Ferrari F40, der GSC für die Corvette, und der GSD für Lotus und Porsche abgeleitet. Der GSN mit neutralem, nicht laufrichtungsgebundenen Profil ist für die Großserienfertigung, beispielsweise bei BMW, gedacht.

Reifenkauf – worauf es ankommt

Wer neue Reifen nach Größe und sogar Betriebskennung auswählt, kann bei der Ersatzbeschaffung kaum etwas falsch machen. Detaillierte Hinweise dazu haben wir ja in diesem Kapitel geliefert. Natürlich richtet sich der kompetente Fachhändler nach all diesen Vorgaben; er fragt in aller Regel sogar nach dem Fahrzeugschein, um beispielsweise Fabrikatsvorgaben abzuchecken. Auch ist hier die Gefahr, altbackene Sohlen statt Reifen aktueller Produktion aufgezogen zu bekommen, relativ gering. Trotzdem – ein kontrollierender Blick auf die DOT-Kennzeichnung aller vier »Neureifen« hat noch nie geschadet. Wer seine Reifen im »Hinterhof«, im Supermarkt oder gar über die Gebrauchtinserate in der Zeitung ordert, ein problematisches Unterfangen, muß zwangsläufig ein entsprechend höheres Maß an Eigeninitiative entwickeln, will er Fehlkäufe vermeiden.
Im Kapitel »Fahrpraxis« sind wir schon auf die Problematik der Mischbereifung eingegangen, speziell auf deren Auswirkungen auf die Fahrsicherheit. Leider ist dieses Bewußtsein bei der Ersatzbeschaffung nicht immer sehr ausgeprägt; und auch Reifenhändler finden – wie ein Beispiel aus jüngster Vergangenheit zeigt – nichts dabei, dem Kunden auch nur drei Neureifen aufzuziehen, damit das jahrealte Ersatzrad nun endlich zum Zuge kommt. Dabei unterliegen Reifen vielfach einer permanenten Weiterentwicklung in Gummimischung und Konstruktion, selbst wenn Profilbild und Handelsbezeichnung unverändert beibehalten werden. Natürlich – wer seinen schwachmotorisierten Zweitwagen auf diese sparsame Weise wieder mit gut profilierten Pneus versieht und ihn nur im Stadtverkehr einsetzt, hat sicher wenig zu befürchten.
Vielfahrer aber, die auch mal zügig auf der Autobahn unterwegs sind, sollten von jeglicher Mischbereifung Abstand nehmen, denn in Notsituationen, beim scharfen Bremsen auf nasser Fahrbahn etwa, kann das Fahrzeug dann durchaus instabil reagieren. Nur Reifen gleicher Bauart und mit gleichem Profil bieten optimale Sicherheit unter allen Bedingungen.

Ressourcenschonung – runderneuerte Reifen

Durchaus vergleichbare Einschränkungen wie bei der Mischbereifung können auch bei runderneuerten Reifen geltend gemacht werden. Eine aktuelle Betriebsanleitung von BMW dazu: »Die Verwendung runderneuerter Reifen wird abgelehnt, da aufgrund der möglichen unterschiedlichen Reifenunterbauten und deren zum Teil weit fortgeschrittenen Alterung Verschlechterungen in der Haltbarkeit und damit unter Umständen im Fahrverhalten und der Fahrsicherheit auftreten können.« Wichtig: Runderneuerte Reifen müssen in jedem Fall als solche gekennzeichnet werden, und zwar durch ein stilisiertes »R« auf der Seitenwand.

Die großen Runderneuerer versichern zwar, daß bei der Runderneuerung in ihren Betrieben darauf geachtet wird, innerhalb einer Reifengröße nur karkassengleiche Reifen eines Fabrikats aufzubereiten. Zitat Gummi-Mayer: »Unter einem Michelin-Profil befindet sich immer die zum Profil gehörende original Michelin-Karkasse.« So wird es bei Gummi-Mayer möglich, sogar Runderneuerte in der Geschwindigkeitsklasse H (bis 210 km/h) anzubieten, die ausschließlich aus V-Reifen (bis 240 km/h) aufbereitet werden. Trotzdem beziffert man hier den Preisvorteil gegenüber einem Neureifen auf etwa 40 Prozent, da die Kosten für den Aufbau der Karkasse eingespart werden. Automobil- und Reifenfachleute indes sind sich weitgehend darüber einig, daß runderneuerte Reifen aus Sicherheitsgründen allenfalls bis zur Geschwindigkeitsklasse T (190 km/h) verwendet werden sollten.

Voraussetzung für eine qualitativ hochwertige Runderneuerung ist die Prüfung des Ausgangsmaterials auf Beschädigungen. Bordsteinrempeleien oder das Fahren mit zu geringem Luftdruck können den Reifenunterbau bekanntlich stark in Mitleidenschaft zie-

Who is who: Runderneuerte Reifen müssen als solche gekennzeichnet sein. Entweder im Klartext oder durch ein stilisiertes »R« auf der Flanke.

hen (siehe Kapitel »Fahrpraxis« und »Defekte und Probleme«). Derart vorbelastete Pneus aus dem angelieferten Altmaterial auszufiltern, ist aber nur mit einigem technischen Aufwand möglich. Bandag prüft die Karkassen per Ultraschall, bei Gummi-Mayer und Vergölst wird Laser-Holografie und -Shearografie eingesetzt.
Inwieweit derart strenge Anforderungen auch von Kleinbetrieben erfüllt werden können, bleibt zumindest fraglich. Kritik kommt durchaus aus eigenen Reihen: »Leider tummeln sich auf diesem Marktsegment auch einige schwarze Schafe, die mit mangelhafter Vulkanisiertechnik werkeln und ihre Billigstprodukte über nicht autorisierte Händler an den Mann oder die Frau bringen wollen. Sie gilt es,« so Vergölst, »zu meiden«. Dem bleibt eigentlich nichts mehr hinzuzufügen.

Links – Reihenuntersuchung: Die Kandidaten zur Runderneuerung werden mit hohem technischen Aufwand auf Schäden im Unterbau abgeklopft. Die Lauffläche ist hier bereits entfernt.

Rechts – Griffgünstig: Auch Winterprofile werden bei der Runderneuerung verwendet.

Gelungener Wechsel – richtig montieren

Die Reifenmontage im Do-it-yourself-Verfahren gehört der Vergangenheit an – außer vielleicht, wenn ausgerechnet beim Wüstentrip, abseits jeglicher Zivilisation eine Panne eintritt. Expeditionsteilnehmer sind aber in aller Regel mit entsprechenden Kenntnissen und Montierhilfen ausgerüstet. Im normalen Fahralltag braucht der Autofahrer indes nur wenige Montagehinweise zu beachten.

Laufrichtungsgebundene und asymmetrische Reifen

Auf den Ersatzmarkt setzten sich speziell bei Breit- und Tuningreifen verstärkt asymmetrische Profile und laufrichtungsgebundene Konstruktionen durch. Tatsächlich lassen sich mit derartigen Reifen einige Vorteile erringen. Beim Aquaplaningverhalten und der Geräuschentwicklung etwa.
Man unterscheidet seitengebundene Profile (Beispiel: Pirelli P Zero), bei denen eben die eine Reifenseite immer nach außen zeigen muß, oder Reifen mit Laufrichtungsvorgabe, bei denen die Abrollrichtung definiert ist. Laufrichtungsgebundene Reifen sind auf der Flanke mit Richtungspfeilen entsprechend gekennzeichnet. Eine Falschmontage hat in beiden Fällen nicht nur erhebliche negative Auswirkungen auf das Fahrverhalten, sondern auch auf die Fahrsicherheit.

Aufgepaßt: Seiten- oder laufrichtungsgebundene Profile müssen entsprechend der Vorgaben am Fahrzeug montiert werden.

Feinarbeit: Auf stationäres Auswuchten sollte beim Reifenkauf nicht verzichtet werden. Weitere Maßnahmen sind indes nur in Problemfällen erforderlich.

Ausgleichsmaßnahme: Je nach Felgentyp sollen Klemm- oder Klebegewichte zum Auswuchten eingesetzt werden.

Auswuchten, matchen, harmonisieren

Eine Unwucht am Reifen von 10 Gramm wirkt durch die Fliehkraft im Fahrbetrieb bei 100 km/h immerhin wie 2,5 Kilogramm. Bei 200 km/h jedoch beanspruchen dann beachtliche 10 Kilogramm Reifen, Radlager und Radaufhängung übermäßig. Auf eine sorgfältige Auswuchtung sollte nach der Reifenmontage nicht verzichtet werden; elektronisches Auswuchten am Fahrzeug ist indes nicht unbedingt notwendig. Nur wenn nach dem Auswuchten immer noch Schwingungen auftreten oder das Lenkrad wackelt, dann muß möglicherweise neu gewuchtet werden. Aber Obacht: Räder an der angetriebenen Achse müssen beim Feinwuchten beidseitig angehoben und durch den Fahrzeugmotor beschleunigt werden. Der Antrieb nur eines Rades mittels Elektromotor der Wuchtmaschine kann Schäden am Ausgleichgetriebe verursachen. Aber: Es gibt Rundlauf-Toleranzen bei Reifen und Rädern, und treffen zwei Spitzen zufällig direkt aufeinander, dann kann sogenanntes »Matchen« helfen. Dabei wird, nach dem Ablassen der Luft, der Reifen auf der Felge um jeweils eine Viertelumdrehung weitergezogen, bis Seiten- oder Höhenschlag (Abweichungen vom Rundlauf in horizontaler oder vertikaler Richtung) minimiert sind. Nur in ganz schlimmen Fällen von Höhenschlag (der Reifen hat eine Art »Ei-Spitze«, sie sollten bei heutigen Produkten eigentlich nicht mehr vorkommen) ist Harmonisieren notwendig. Dabei wird mit einer speziellen Maschine der Höhenschlag durch Abfräsen von Laufflächengummi verringert oder ganz beseitigt.

Anzugsmomente

Es wird immer wieder beobachtet, daß Radschrauben und -muttern nach dem Motto »Sicher ist sicher!« viel zu fest angezogen werden. Dabei kann zu starkes oder ungleichmäßiges Festziehen der Radschrauben zu Verformungen an der Bremsscheibe führen mit negativen Auswirkungen auf Bremswirkung und Reifenverschleiß. Richtig festgezogen werden Schrauben oder Muttern über Kreuz und mit einem Drehmomentschlüssel. Nicht selten ist man überrascht, wie wenig Kraft dazu nur aufgebracht werden muß. Anzugsmomente für Stahl- und Leichtmetallfelgen sind nicht bei allen Fahrzeugen gleich hoch; detaillierte Informationen liefern meist die Bedienungsanleitungen oder die Fahrzeughersteller (siehe auch Anzugsmomente im Tabellenteil). Radbefestigungen sollten in jedem Fall nach einer gewissen Fahrstrecke nachgezogen werden, empfohlen werden 100 bis 500 km. Auch dann aber, bitteschön, mit dem richtigen Drehmoment arbeiten. Spezielle Drehmomentschlüssel mit werksseitig voreingestelltem Anzugsmoment sind im Autozubehör schon recht preiswert zu erwerben, die einstellbaren Versionen dagegen sind spürbar teurer. Meist kostenlos ist der kurze Abstecher zur Stammwerkstatt und die freundlich vorgetragene Bitte nach einer kurzzeitigen Überlassung des entsprechenden Werkzeuges.

Breitformate – Sinn und Nutzen

Maßgebliche Änderungen, Umrüstungen und Modifikationen, die nachträglich am Fahrzeug durchgeführt werden, müssen nach § 19 (2) der Straßenverkehrs-Zulassungs-Ordnung von einer Technischen Prüfstelle für den Kraftfahrzeugverkehr, in der Regel also vom TÜV, begutachtet werden. Geht es dabei nach den Statistiken, so führen Reifen und Felgen die Hitliste der nachträglichen Umrüstungen mit deutlichem Vorsprung an. Tatsächlich bezifferte der TÜV Rheinland unlängst die Quote in diesem Segment mit 57 %, gefolgt von Sonderlenkrädern (23 %) und Fahrwerksveränderungen (22 %). Die ganz offensichtliche Popularität neuer Räder in einer vom Serienformat abweichenden Dimension ist leicht erklärbar: Sonderräder in schickem Design – in der Regel werden gleichzeitig Breitreifen aufgezogen – verleihen selbst braven Alltagsautos eine individuelle Optik, wobei die Umrüstung – zumindest bei etwas zurückhaltender Dimensionswahl – nur minimalen Montageaufwand erfordert und zudem durchaus positiven Einfluß auf die Fahreigenschaften haben kann.
In den Kapiteln über »Fahrphysik« und »Fahrpraxis« haben wir die Hintergründe ja aufgezeigt, die für die breiten Sohlen sprechen. Die geringere Bodenpressung in der Aufstandsfläche beispielsweise läßt höhere Reibwerte zu, es kann bei Kurvenfahrt mehr Seitenkraft aufgebaut werden und auch die Bremswege geraten kürzer. Ferner verbessern die bei Breitreifen niedrigen Reifenflanken mit entsprechend kurzen Verformungswegen die Lenkpräzision. Breitreifen haben so gesehen sicher nicht nur im Rennsport eine Berechtigung, sondern tatsächlich auch unter Alltagsbedingungen. Besonders leistungsstarke Automobile kommen heutzutage ohnehin bereits serienmäßig mit Breitreifen in extrem niedrigen Querschnitt daher. Aufwendige Umrüstaktionen bleiben freilich auch in dieser Fahrzeugkategorie nicht aus. Oft genug werden sie als komplette Rad-/Reifenkombination von sogenannten Auto-Veredlern, Tunern oder auch vom Fachhandel angeboten. Vorteil: TÜV-Probleme sind hierbei in der Regel nicht zu befürchten oder werden von den Firmen erledigt. Eine Garantie für die Verbesserung der Fahreigenschaften allerdings liefern diese Angebote keineswegs.

Allzeit breit: Füllige Rad- und Reifendimensionen in der automobilen Oberklasse und als Umrüstmaßnahme Nummer eins in der TÜV-Statistik.

Wer die nachträgliche Montage von Breitreifen vorsieht, muß sich allerdings auch über mögliche kritische Aspekte im klaren sein. Breitreifen erhöhten in aller Regel das Aquaplaningrisiko – insbesondere, wenn sie schon einiges an Profil eingebüßt haben. Hier kehrt sich der auf trockener Piste sicherheitssteigernde Bonus der breiten Lösungen schnell ins Negative um; ebenfalls nachzulesen im Kapitel »Fahrpraxis«. Breitreifen auf üppigen Felgen können aber auch nachhaltig das Fahrverhalten beeinflussen. Unharmonische (weil im Einzelfall zu breite) Kombinationen können beim Frontriebler unter Umständen selbst bei flotter Gangart die in Kurven hilfreichen Lastwechselreaktionen praktisch völlig unterdrücken, der Wagen wird zum aufdringlichen Untersteurer. Auch sind mitunter drastische Auswirkungen auf den Geradeauslauf zu verzeichnen, permanente Lenkkorrekturen werden dem Fahrer abverlangt und das breitbeinige Gefährt rennt schon bei geringem Tempo jeder Fahrbahnlängsrille nach.

Auch wer auf die letzten km/h Spitzengeschwindigkeit gesteigerten Wert legt, kann nach der Montage von satten Breitreifen unangenehme Überraschungen erleben. Von den Autoren im Rahmen eines Formatvergleichs durchgeführte Messungen mit einem Golf GTI 16V erbrachten nach dem Wechsel vom Serienformat (185/60 R 14 auf 6 J x 14-Felge) auf die Dimension 205/50 R 15 auf 7 J x 15-Felge eine Höchstgeschwindigkeitseinbuße von glatten 10 km/h! In erster Linie spielt hier der durch die breiten Pneus hervorgerufene höhere Luftwiderstand eine

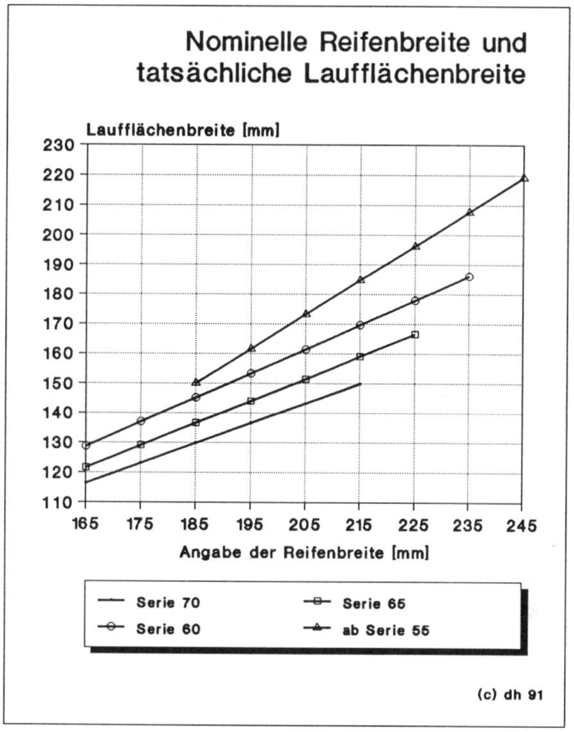

Wunsch und Wirklichkeit: Konstruktionsbedingt fällt die Breite der Lauffläche schmaler aus, als es die Dimensionsbezeichnung vorgibt.

Breitreifen: Optisch und fahrtechnisch starke Lösung – nicht in allen Bereichen aber von Vorteil.

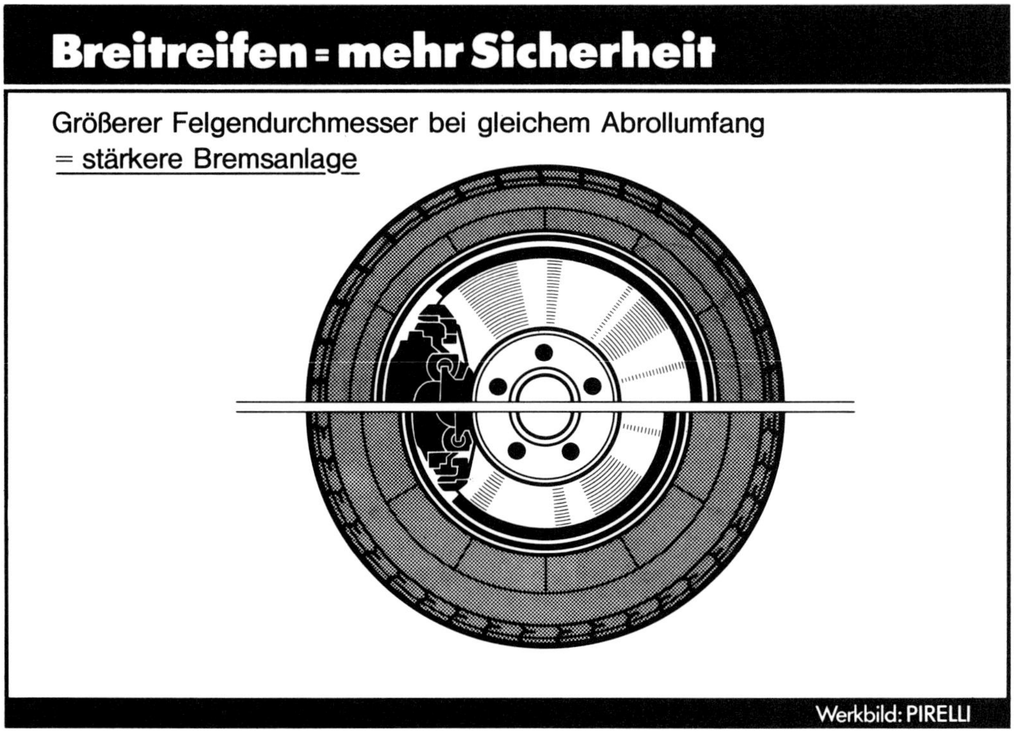

Konstruktionsvorgabe: Hohe Motorleistungen bringen hohe Geschwindigkeiten. Dafür muß die Bremsanlage ausgelegt sein. Große Raddurchmesser schaffen hierfür den nötigen Platz.

Rolle, der mit steigender Geschwindigkeit sogar überproportional (nämlich in quadratischer Funktion) ansteigt. Nicht zu vernachlässigen ist die Auswirkung einer Räderumrüstung auf die Strukturfestigkeit einzelner Fahrwerkskomponenten. Da können beispielsweise Achslager vorzeitig in Mitleidenschaft gezogen werden und quittieren eine zwar optisch gelungene Räderalternative mit deutlich verminderter Lebensdauer. Ein Grund, weshalb sich viele Fahrzeughersteller mit der Freigabe allzu ausladender Formate eher bedeckt halten.

Zudem teilen sich die Reifen mit Fahrwerkselementen und den Sitzen wichtige Federungsaufgaben. Speziell Reifen mit geringer Flankenhöhe, mit geringem Höhen-/Breiten-Verhältnis, mindern oft spürbar den Fahrkomfort. Und – auch die nach einer Umrüstung höheren Lenkkräfte trainieren bei jedem Rangiermanöver die Armmuskulatur weit mehr, als dem Lenker oft lieb ist. Wohl dem, der vorsorglich eine Servolenkung geordert hat.

Und ein letzter Aspekt, den es vor einer geplanten Räderumrüstung zu beachten gilt: Breitreifen stehen nicht immer in einer oftmals völlig ausreichenden, niedrigen Geschwindigkeitsklasse zur Disposition. Viel eher sind sie auf Höchstgeschwindigkeiten potenter Renner zugeschnitten. Dabei ist der Bauaufwand für einen Reifen in V- (bis 240 km/h) oder gar ZR-Kategorie (über 240 km/h) zwangsläufig um einiges größer als bei einem T-Reifen, der nominell bis 190 km/h ausgelegt ist. Höherer Bauaufwand und hochfestes Material im Reifenunterbau aber schlagen sich spürbar im Preis nieder. Einzige Ausnahme: der Vredestein Quatrac T 50, der speziell für Fahrzeuge bis 190 km/h entwickelt wurde und zunächst in 195/50 R 15 T und 205/50 R 15 T als vergleichsweise preisgünstige Breitreifen-Alternative auf den Markt kam. Auf exotische Billigprodukte im Breitformat auszuweichen, ist allerdings falsch verstandene Sparsamkeit – wird in der Praxis leider aber immer wieder beobachtet. Wer allein auf Breitreifen-Optik setzt und hier glaubt, sparen zu können, erntet in Sachen Fahrsicherheit nur wenige Pluspunkte. Wenn schon Breitreifen, dann aber – bitteschön – Qualitätsprodukte namhafter Hersteller.

Breitreifen-Umrüstung – was ist zulässig?

Es ist unbedingt sinnvoll, jeglichen Umrüstaktionen eine Phase umfassender Informationsbeschaffung vorausgehen zu lassen. Denn was nützt schon der günstigste Räderkauf, wenn sich erst hinterher herausstellt, daß die erworbene Dimension just beim eigenen Auto nicht oder nur unter erheblichen Auflagen gefahren werden darf. Frühzeitige Information spart Ärger – und Geld. Erste Infoquelle ist dabei immer der Fahrzeugschein. Hier sind bisweilen schon Radalternativen aufgelistet; auch geht hervor, um welchen Fahrzeugtyp es sich genau handelt.

Der Wechsel auf bereits im Schein verzeichnete Alternativen geht praktisch ohne Probleme über die Bühne – vorausgesetzt es werden auch passende, das heißt ebenfalls notierte Original-Felgen vom Fahrzeughersteller montiert. Das können sowohl Stahl-, als auch Leichtmetallräder sein. Etwas attraktiver ist jedoch für viele der Griff zur schicken Leichtmetallfelge aus dem Autozubehörhandel. Design-Gründe spielen hier sicher die Hauptrolle, wenngleich auch praktische Argumente für die Alus sprechen. Leichtmetallfelgen werden beispielsweise abgedreht. Aus dieser »Nachbearbeitung« resultiert ein optimaler Rundlauf. Auch ist durch die prinzipielle Verringerung der ungefederten Massen ein Plus an Fahrpräzision erreichbar. Näheres dazu im Kapitel über »Räder und Reifen«. Und sie sind robuster als Stahlfelgen, was ihren Einsatz im harten Rallyegeschäft erklärt.

Leichtmetallräder aus dem Zubehörregal werden durch die Allgemeine Betriebserlaubnis (ABE) des Autos in aller Regel nicht mehr abgedeckt und dürfen daher auch nicht ohne spezielle Prüfung und Freigabe montiert werden. Selbst wenn es sich um Felgen einer im Fahrzeugschein gelisteten und prinzipiell zulässigen Dimension handelt. Nun ist die komplette Prüfung eines Felgentyps im Einzelfall eine recht aufwendige Sache. Es gilt unter anderem, nicht nur Maßvorgaben zu beachten, auch die Festigkeit, speziell die Tragfähigkeit, muß auf den jeweiligen Fahrzeugtyp abgestimmt sein. Es ist heute üblich, daß der Felgenhersteller diese Prüfungen durchführen läßt, und zwar beispielhaft für alle Fahrzeugtypen, für die er sein Rad anbieten will. Das geprüfte Rad erhält in

Sonderwunsch: Bisweilen werden Breitreifen-Alternativen bereits ab Werk offeriert.

erster Stufe ein Prüfgutachten, kann in den Handel gebracht und vom Käufer montiert werden. Allerdings – der Kunde muß die Felgenumrüstung noch bei TÜV und Zulassungsstelle in seine Fahrzeugpapiere nachtragen lassen. Ein noch recht aufwendiges Unterfangen, für das zudem Gebühren anfallen. Einfacher geht es, wenn der Felgenproduzent – in zweiter Stufe – für sein Rad ebenfalls eine Allgemeine Betriebserlaubnis, die sogenannte Fahrzeugteile-ABE, beim Kraftfahrt-Bundes-Amt (KBA) in Flensburg beantragt und erteilt bekommt. Räder mit ABE sind immer mit einer KBA-Nummer verstehen und die beigefügte Kopie der ABE bestätigt die Verwendbarkeit. Kurzum: Leichtmetallräder mit KBA-Nummer und beigefügter ABE dürfen ohne weitere Prüfung durch den TÜV am Fahrzeug montiert werden. Es sei denn, in der Felgen-ABE sind noch Auflagen und Einschränkungen verzeichnet, etwa daß die Räder ausreichend abgedeckt sein müssen oder vor der Montage gar Umbauten an Karosserieteilen durchzuführen sind. Auch wenn gleichzeitig eine Reifendimension aufgezogen wird, die noch nicht im Fahrzeugschein aufgeführt ist, muß in jedem Fall eine Umrüstprüfung nach den Richtlinien § 19 (2) der StVZO durchgeführt werden.

Abgesegnet: Räder- und Reifen-Umrüstungen müssen in aller Regel von einer Prüfstelle begutachtet und in die Fahrzeugpapiere nachgetragen werden.

Zusammengefaßt

- Bei jedem Fahrzeug werden in der Fahrzeug-ABE und ihren Nachträgen die serienmäßigen und freigegebenen Rad- und Reifengrößen erfaßt.
- Eine Umrüstung der Räder und Reifen auf freigegebene und im Fahrzeugschein gelistete Dimensionen kann meist ohne weitere Prüfung durchgeführt werden.
- Außerhalb der in der Fahrzeug-ABE erfaßten Rad-/Reifendimensionen nennen die Fahrzeughersteller freigegebene Alternativen, die nach einer § 19 (2) StVZO-Begutachtung (mit entsprechendem Nachtrag in den Papieren) gefahren werden dürfen.
- Felgenhersteller lassen beim TÜV-Bayern Rad-/Reifenkombinationen auf ihre Verwendbarkeit für unterschiedliche Fahrzeugmodelle und auf Dauerfestigkeit prüfen und beantragen eine Fahrzeugteile-ABE, erkennbar an der im Rad eingegossenen KBA-Nummer des Kraftfahrtbundesamts.
- Werden Sonderräder mit KBA-Nummer und Allgemeiner Betriebserlaubnis montiert, die keinerlei Umbauten am Fahrzeug erfordern, ist auch keine Begutachtung nach § 19 (2) nötig.
- Fahrwerk und Bremsanlage des Fahrzeugs muß in diesem Fall aber dem Serienzustand entsprechen. Zusätzliche Veränderungen – durch Tieferlegen etwa – sind entweder durch Angaben im Prüfbericht oder durch Freigängigkeits- und Fahrversuche zu klären. Eine TÜV-Begutachtung ist nicht vermeidbar.
- Wird eine Reifengröße aufgezogen, die noch nicht in den Fahrzeugpapieren enthalten ist, wird – selbst in Kombination mit einer freigegebenen und mit ABE versehenen Felge – eine Begutachtung bei einer Technischen Prüfstelle für den Kraftfahrzeugverkehr mit dem Eintrag der neuen Größe in den Kraftfahrzeugbrief erforderlich. Anschließend ist auf der Zulassungsstelle eine neue Betriebserlaubnis zu beantragen (Änderung des Fahrzeugscheins).
- Alle Eintragungen erfolgen gegen Gebühr.

Räderumrüstung – Information vorausgesetzt

Der in den letzten Jahren zu verzeichnende Run auf Leichtmetallräder und Breitreifen verspricht für die Anbieter ein lukratives Geschäft. Entsprechend zahlreich sind die Offerten. Allein der vom TÜV Bayern aufgelegte und ständig aktualisierte »Räderkatalog«, der auf engbedrucktem Papier verbindlich Auskunft gibt, welche Kombinationen, von welchem Hersteller und unter welchen Bedingungen für alle gehandelten Fahrzeuge zulässig sind, bringt derzeit satte fünf Kilogramm auf die Waage. Und auch die Umrüsthandbücher der Reifenproduzenten erreichen trotz meist gestrafften Inhalts beeindruckende Umfänge. Der Autofahrer ist bei seinem Bestreben, brave Serienräder gegen optisch ansprechende Breitversionen zu tauschen, heute auf informelle Unterstützung angewiesen. Leider ist selbst der Fachhandel nicht immer allen Detailfragen gewachsen, abgesehen vielleicht, wenn der Wunsch nach »Allerweltsgrößen« auftaucht. Wird indes nach Umrüstvarianten für ein nicht ganz so weit verbreitetes Fahrzeug gefragt, oder steht eine eher exotische Felge ganz oben auf dem Wunschzettel, kann guter Rat teuer sein. Tatsächlich stellt sich so mancher günstige Felgenkauf hinterher als glatte Fehlinvestition heraus. Ausschlaggebend sind oft wenig beachtete Punkte, fließend in die Fahrzeugproduktion eingegangene technische Änderungen, etwa am Fahrwerk, wodurch die Freigängigkeit eingeschränkt wird. Und schon ist das in teure Alus investierte Geld glattweg in den Sand gesetzt.

Sachliche Information, um die richtige Wahl zu treffen, ist eminent wichtig, leider aber nicht immer einfach zu beschaffen. Zwei Punkte sind zu klären:

- Welchen Fahrzeugtyp genau fahre ich?
- Welche Rad-/Reifenkombination soll (und darf) montiert werden?

Über Punkt eins geben die Wagenpapiere und das Typenschild, sowie die Motornummer im Fahrzeug

Vorarbeit: Vor der nachträglichen Umrüstung sollten Informationen über Freigaben und den eigenen Fahrzeugtyp eingeholt werden.

Alles Angabe: Die ABE-Nummer am Typenschild im Motorraum gibt klare Auskunft.

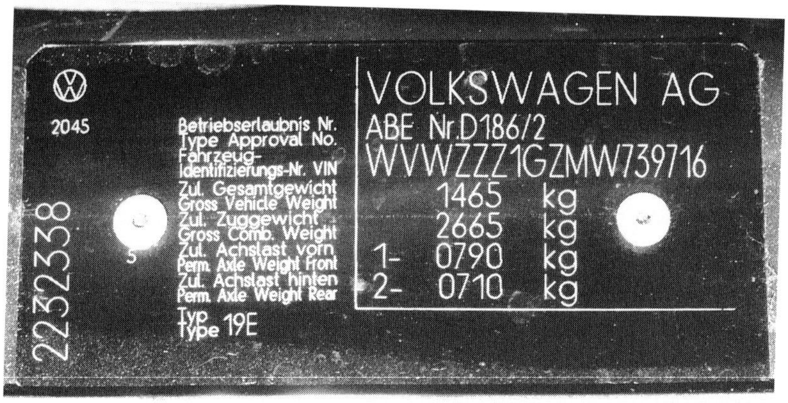

Schwarz auf weiß: Auch der Fahrzeugbrief liefert entsprechende Informationen.

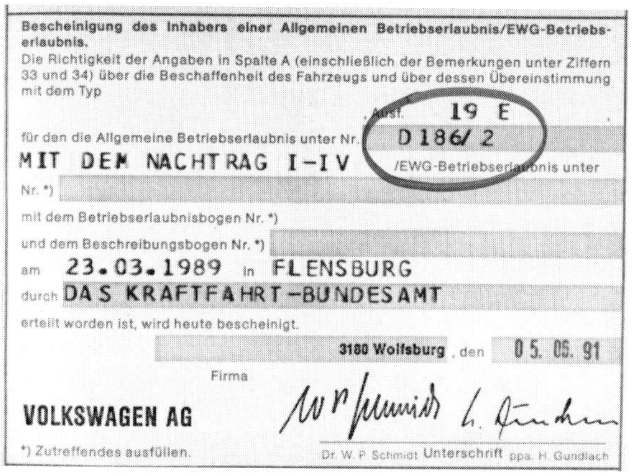

Bescheinigung des Inhabers einer Allgemeinen Betriebserlaubnis/EWG-Betriebserlaubnis.

Die Richtigkeit der Angaben in Spalte A (einschließlich der Bemerkungen unter Ziffern 33 und 34) über die Beschaffenheit des Fahrzeugs und über dessen Übereinstimmung mit dem Typ

Ausf. 19 E

für den die Allgemeine Betriebserlaubnis unter Nr. D 186/ 2

MIT DEM NACHTRAG I-IV /EWG-Betriebserlaubnis unter

Nr. *)

mit dem Betriebserlaubnisbogen Nr. *)

und dem Beschreibungsbogen Nr. *)

am 23.03.1989 in FLENSBURG

durch DAS KRAFTFAHRT-BUNDESAMT

erteilt worden ist, wird heute bescheinigt.

3180 Wolfsburg, den 05. 06. 91

Firma

VOLKSWAGEN AG

*) Zutreffendes ausfüllen.

Dr. W. P. Schmidt Unterschrift ppa. H. Gundlach

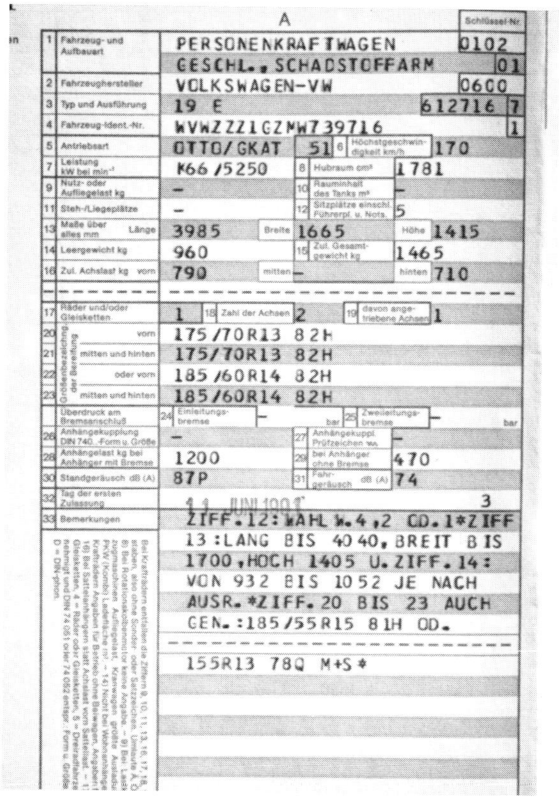

	A			Schlüssel-Nr.
1 Fahrzeug- und Aufbauart	PERSONENKRAFTWAGEN			0102
	GESCHL. SCHADSTOFFARM			01
2 Fahrzeughersteller	VOLKSWAGEN-VW			0600
3 Typ und Ausführung	19 E			612716 7
4 Fahrzeug-Ident.-Nr.	WVWZZZ1GZMW739716			1
5 Antriebsart	OTTO/GKAT 51	6 Höchstgeschwindigkeit km/h	170	
7 Leistung kW bei min⁻¹	K66 /5250	8 Hubraum cm³	1781	
9 Nutz- oder Aufliegelast kg	–	10 Rauminhalt des Tanks m³	–	
11 Steh-/Liegeplätze	–	12 Sitzplätze einschl. Führerpl. u. Nots.	5	
13 Maße über alles mm Länge	3985	Breite 1665	Höhe	1415
14 Leergewicht kg	960	15 Zul. Gesamtgewicht kg	1465	
16 Zul. Achslast kg vorn	790	mitten –	hinten	710
17 Räder und/oder Gleisketten	1	18 Zahl der Achsen 2	19 davon angetriebene Achsen	1
20 Größenbezeichnung der Bereifung vorn	175/70R13 82H			
21 mitten und hinten	175/70R13 82H			
22 oder vorn	185/60R14 82H			
23 mitten und hinten	185/60R14 82H			
Überdruck am Bremsanschluß	24 Einleitungsbremse – bar	25 Zweileitungsbremse – bar		
26 Anhängekupplung DIN 740 Form u. Größe	–	27 Anhängekuppl. Prüfzeichen	–	
28 Anhängelast kg bei Anhänger mit Bremse	1200	29 bei Anhänger ohne Bremse	470	
30 Standgeräusch dB (A)	87P	31 Fahrgeräusch dB (A)	74	
32 Tag der ersten Zulassung	[illegible] JUNI 1991			3
33 Bemerkungen	ZIFF.12: WAHLW.4,2 OD.1*ZIFF 13:LANG BIS 4040, BREIT BIS 1700, HOCH 1405 U.ZIFF.14: VON 932 BIS 1052 JE NACH AUSR.*ZIFF.20 BIS 23 AUCH GEN.:185/55R15 81H OD.			
	155R13 78Q M+S*			

Reichhaltig: Der Fahrzeugschein hält wichtige Fahrzeugdaten und Hinweise auf bereits zulässige Rad-/Reifen-Kombinationen parat.

Auskunft. Versuchen Sie, alle wichtigen Angaben aufzulisten; unser hier abgedruckter »Infozettel« mag hierbei als Richtlinie dienen. Denn nur mit vollständigen Fahrzeugdaten läßt sich das Informationsknäuel etwa einer Felgen-ABE aufdröseln. Immerhin 64 Seiten mit 42 Tabellen und reichlich »Kleingedrucktem« zählt solch ein Papier beispielsweise für eine heute gängige Zubehörfelge.

Alle Angaben zum Fahrzeug finden sich im Kraftfahrzeugschein, im Fahrzeugbrief, auf dem Typenschild am Fahrzeug und am Motorblock. Auch zum Fahrzeug gehörende Serviceunterlagen liefern bisweilen entsprechende Auskünfte; das aber ist von Hersteller zu Hersteller unterschiedlich. Neben den Schlüsselnummern für den Fahrzeugtyp – der nicht unbedingt mit der Typbezeichnung am Wagenheck identisch sein muß – sind Angaben über das Fahrzeugalter wichtig. Der Tag der ersten Zulassung (Kraftfahrzeugschein Ziffer 32) gibt einen ersten Anhaltspunkt, genauer ist das Produktionsdatum in der Fahrgestellnummer, behördlich: Fahrzeug-Ident-Nummer (Fahrzeugschein Ziffer 4), verschlüsselt. Gerade bei technischen Änderungen, die im Verlauf der Produktion einflossen, kann nur diese Kennung exakten Aufschluß geben.

Unterschiedlich stark motorisierte Modelle ein und desselben Fahrzeugtyps können teils erhebliche Unterschiede in ihrer Konstruktion aufweisen, bei den Bremsen etwa oder bei werksseitig tiefergelegten Fahrwerken. Nicht jede Umrüstkombination ist daher allgemein zulässig. In diversen Unterlagen (Teile-ABE, etc.) werden daher Angaben zur Motorisierung gemacht; Angaben über die Motorleistung oder gar den Motorkennbuchstaben. Auch diese Informationen sind wichtig. Leider ist die Motornummer mit den vorangestellten Kennbuchstaben heute nicht mehr im Fahrzeugschein aufgeführt; geht aus den Serviceunterlagen (Inspektionsheft) nichts hervor, muß man zwangsläufig im Motorraum nach der in den Motorblock eingeschlagen Kombination suchen.

Infozettel zur Räderumrüstung

1 ____________________

Fahrzeughersteller
(Ziffer 2, Fahrzeugschein)

2 ____________________

Typ und Ausführung
(Ziffer 3, Fahrzeugschein)

3 ____________________

Typ-Nummer
(Schlüsselnummer zu Ziffer 3 im Fahrzeugschein)

4 ____________________

Fahrzeug-ABE-Nummer
(Kasten im Fahrzeugbrief oder Typenschild im Fahrzeug)

5 ____________________

Motorleistung
(Ziffer 7 im Fahrzeugschein)

6 ____________________

Motorkennbuchstaben
(Eingeschlagene Kombination im Motorblock)

7 ____________________

Fahrgestell-Nummer (Fahrzeug-Ident-Nr.)
(Ziffer 4 im Fahrzeugschein)

8 ____________________

Tag der ersten Zulassung
(Vermerk in Ziffer 32 Fahrzeugschein)

9 ____________________

Bereits eingetragene Reifendimensionen
(Ziffern 20 bis 23 und Bemerkungen 33)

10 ____________________

Bereits eingetragene Felgendimensionen
(Ziffern 20 bis 23 und Bemerkungen 33)

Gut gerüstet mit allen Fahrzeugdaten bereitet der zweite Punkt, die Auswahl einer freigegebenen Rad-/Reifenkombination, keine unüberwindlichen Schwierigkeiten mehr. Man kann sich in Dimensionsfragen an die Empfehlungen des Fahrzeugherstellers halten, die teils sogar schon im Fahrzeugschein aufgelistet (Ziffern 20 bis 23 und bei den Bemerkungen, Ziffer 33) oder in einer Freigaben-Übersicht zusammengefaßt sind. In der Regel liegen den Begutachtungsstellen, dem TÜV also, Unbedenklichkeitsbescheinigungen oder Umrüsttabellen des Fahrzeugherstellers, beziehungsweise -importeurs für die freigegebenen Größen vor, womit ein Eintrag recht problemlos über die Bühne geht. Auskünfte erteilen hierzu auch die jeweiligen Fahrzeughändler oder der Hersteller/Importeur selbst.
Haben die TÜV-Stellen für die gewünschte Breitreifengröße keine näheren Informationen vorliegen, besteht die Möglichkeit, diese beim Hersteller/Importeur unter genauer Auflistung der Fahrzeugdaten und der gewünschten Felgendimension anzufordern. Wir haben die Adressen im Anhang aufgelistet. Ansprechpartner sind entweder die Kundendienst- oder auch die Sportabteilungen, die sich im Zusammenhang mit Homologationsfragen zwangsläufig mit Reifen- und Felgenfreigaben beschäftigen. Bei vom Fahrzeughersteller freigegebenen Alternativen kann man sichergehen, daß ein Wechsel auf andere Dimensionen mit ausgiebigen Fahrversuchen abgecheckt wurde und sich weder das Fahrverhalten drastisch verschlechtert, noch eine spürbare Einschränkung der Lebensdauer von Fahrwerkskomponenten einstellt. Eine Umrüstung nach Werksfreigaben ist deshalb unter allen Umständen unproblematisch und empfehlenswert.
Bei darüber hinausgehenden Freigaben, die von der Zubehörindustrie oder von Tuningbetrieben initiiert werden (Rad-ABE oder Rad-Gutachten), ist dies nicht immer so klar der Fall. Daher muß sich der Kunde gerade bei den üppig ausfallenden Formaten mit einem Wust an Einschränkungen und Vorgaben plagen. Speziell hierfür jedoch ist exakte Detailkenntnis über den gefahrenen Wagentyp unerläßlich.
Mit fundiertem Rat stehen auch gute Reifenfachhändler dem Umrüstwilligen zur Seite. In ausführlichen Handbüchern der Fabrikanten sind mögliche Felgen-/Reifenkombinationen aufgeführt, bisweilen sind sogar detaillierte Angaben zu notwendigen Modifikationen am Fahrzeug zu finden, in jedem Fall aber kann hier sogleich die Frage geklärt werden, ob ein Reifen auch in der für die Umrüstung gewünschten Dimension zur Verfügung steht. Bei Pirelli betreibt man in dieser Sparte einen derzeit einzigartigen Aufwand: Alle verfügbaren Umrüstdaten sind in der hauseigenen Umrüstdatenbank erfaßt, die praktisch täglich aktualisiert wird und die jederzeit vom Reifenhändler per Telefon abgefragt werden kann. Auch hier sind aber genaueste Fahrzeugdaten die Voraussetzung für eine schnelle und sachgerechte Auskunft. Andere Reifenhersteller bieten einen ähnlichen Service.

Tuningobjekt: Das Angebot an Rad-/Reifen-Alternativen für den Golf GTI ist besonders reichhaltig, die Zahl der zulässigen Leichtmetallfelgen nahezu unüberschaubar.

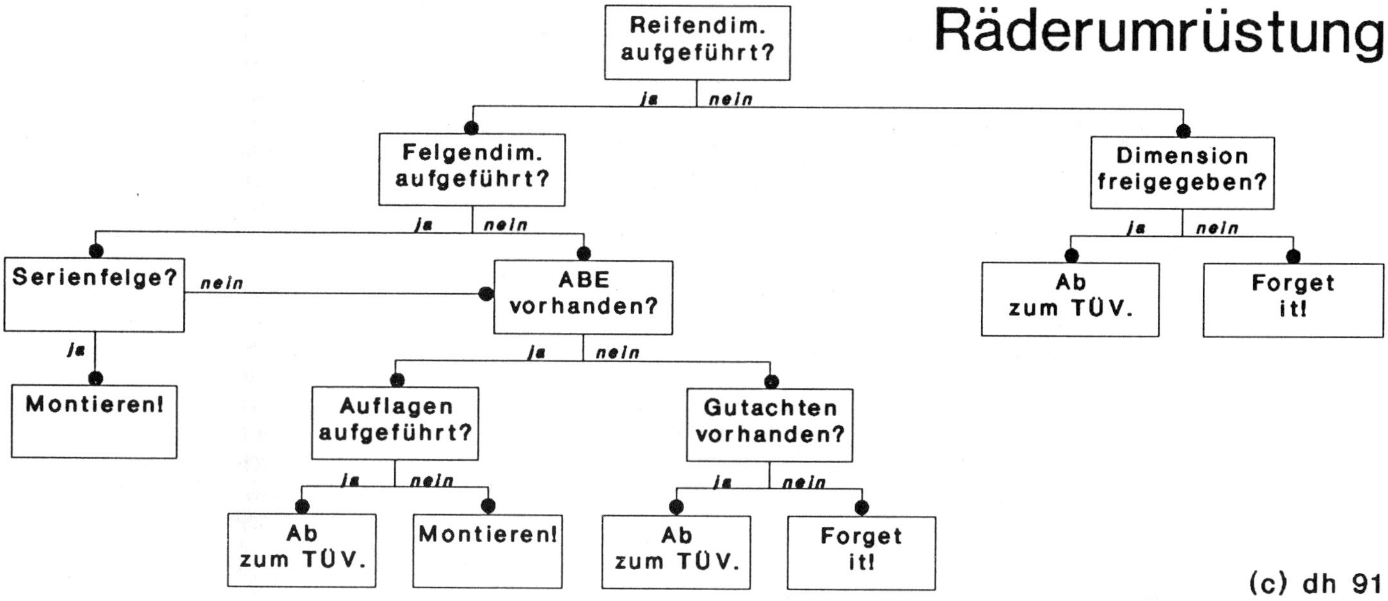

Ablaufplan: Leitfaden zur Räderumrüstung. Schrittweises Vorgehen im Planspiel führt schon vor dem Kauf zum Ziel – oder in die Sackgasse.

Rädergutachten und ABE – Vorgaben und Einschränkungen

Bei jeder Rad-/Reifenumrüstung gilt die Faustregel: Je stärker die Dimensionen von Felge und Reifen von der Seriengröße abweichen, desto umfangreicher ist die Liste der vom TÜV geforderten Vorgaben und Einschränkungen. Alle kritischen Punkte sind beispielsweise im Anhang einer Rad-ABE aufgelistet und können sich schon mal über acht Seiten hinziehen. Anhand der bereits zusammengetragenen Fahrzeugdaten ist zu klären, ob und welche Einschränkungen aus der gesamten Liste jeweils individuell in Frage kommen. Auf die wichtigsten wollen wir hier etwas näher eingehen.

Abrollumfang

Die Größenangabe des Raddurchmessers bezieht sich bei Felgen immer aufs Außenmaß, bei Reifen dementsprechend aufs Innenmaß. Der tatsächliche Außendurchmesser eines Reifens wird in der Größenbezeichnung auf der Flanke jedoch nicht beziffert. Er ergibt sich aus dem Höhen-/Breitenverhältnis, der Querschnittszahl hinter der angegeben Reifenbreite. Fehlt eine Angabe des Querschnittsverhältnisses, handelt es sich um Reifen der Serie 80 (exakt: Serie 82). Das heißt, die Flankenhöhe mißt 80 Prozent der Reifenbreite. Je breiter nun ein Pneu ausfällt, desto größer wird (bei gleichem Höhen-/Breitenverhältnis) auch sein Außendurchmesser und damit der Abrollumfang.

Größere Räder drehen sich aber bei gleicher Fahrgeschwindigkeit langsamer als Räder mit kleinerem Abrollumfang. Und davon hängen nun wiederum Anzeige und Genauigkeit von Tachometer und Wegstrekkenzähler ab. Es ist einleuchtend, daß auch nach einer Räderumrüstung die gefahrene Geschwindig-

Breite Palette: Bei annähernd gleichbleibendem Abrollumfang - aber zunehmend größerem Felgendurchmesser – muß die Flankenhöhe abnehmen.

Vergleichbarer Abrollumfang

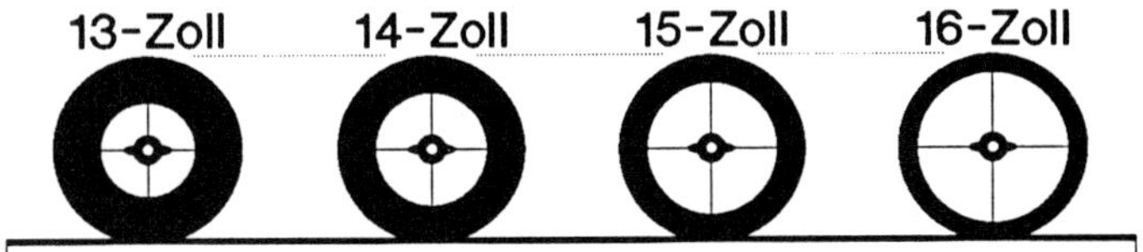

alternative Reifendimensionen

155-13	*	*	*
175/70-13	175/65-14	*	*
*	175/60-14	*	*
*	185/60-14	185/55-15	*
*	*	195/50-15	*
205/60-13	*	205/50-15	*
*	*	215/45-15	215/40-16

(c) dh 91

keit im Rahmen der Toleranz noch genau angezeigt werden muß. Konsequenz: Die Abrollumfänge unterschiedlich breiter Reifen dürfen nicht allzu sehr differieren. Das bedeutet in der Praxis, daß mit zunehmender Reifenbreite der Reifenquerschnitt immer geringer werden muß – eventuell sogar ein Wechsel auf im Durchmesser größere Felgen nötig wird.
Wir haben in unserem Schaubild einmal Räder- und Reifenkombinationen mit vergleichbarem Abrollumfang zusammengestellt, vom schmalbrüstigen 155 R 13 bis hin zur breiten Sohle mit 215 mm Breite, einem 40er-Querschnitt und 16 Zoll Raddurchmesser. Will man indes partout auf eine Kombination umschwenken, die den vom Abrollumfang gesetzten Rahmen sprengt, ist – laut ABE-Richtlinien – »der Nachweis zu erbringen, daß die Geschwindigkeitsanzeige und die Wegstreckenmessung innerhalb der zulässigen Toleranzen liegen. Sofern eine Angleichung durchgeführt wird, ist diese Rad-Reifen-Kombination in die Fahrzeugpapiere einzutragen; bereits in den Fahrzeugpapieren enthaltene Rad-Reifen-Kombinationen sind zu streichen«.
Im Klartext: Der Tacho muß speziell für die neuen Räder geeicht werden, wozu meist das Übersetzungsverhältnis, die Wegdrehzahl, des Instruments dauerhaft verändert wird. Ein teils recht aufwendiges Unterfangen, das zudem nur in speziellen Fachwerkstätten des Instrumentenherstellers, wo auch Fahrtenschreiber installiert werden, durchführbar ist. Und – bisherige Rad-Dimensionen werden in den Fahrzeugpapieren gestrichen, was die Weiterverwendung bereits vorhandener Räder, etwa von Winterreifen in der alten Größe, verbietet. Der Wechsel auf ein Format mit stark abweichendem Abrollumfang empfiehlt sich unter dieser Betrachtungsweise heutzutage nicht mehr; Räder und Reifen in passenden Dimensionen stehen schließlich in reicher Zahl zur Disposition.

Radabdeckungen

Wie beeindruckend eine Breitreifenumrüstung auch ausfallen mag, so richtig herzeigen darf man sie hierzulande nicht. Denn auch die neuen Räder müssen brav unter der Karosserie verschwinden. In der ABE heißt es dazu meist lapidar: »Gegebenenfalls ist durch den Anbau geeigneter Teile oder durch andere geeignete Maßnahmen eine ausreichende Abdekkung der Reifenlaufflächen herzustellen.« Was nun »geeignet« ist, prüft im Einzelfall wieder der TÜV, und da liegt eine Abnahme der neuen Größe durchaus auch etwas im Ermessensspielraum des »Begutachtenden«. Immerhin haben unterschiedliche Reifenfabrikate gleicher Dimension geringfügig unterschiedlich breite Laufflächen, mal mögen serienmäßig installierte Radhausverbreiterungen ausreichen, mal werden Anbauteile aus dem Autozubehör verlangt. Aber auch Schmutzfänger können insbesondere am Heck als geeignete Methode zur Radabdeckung eingesetzt werden. Als Faustregel gilt: Die Lauffläche soll bis herab auf 15 cm über der Nabenmitte komplett abgedeckt sein.

Abstand bitte: Weder bei forcierter Kurvenfahrt, noch unter voller Auslastung des Fahrzeuges dürfen breitere Räder und Reifen der Karosserie oder Fahrwerksteilen zu nahe kommen.

Freigängigkeit

Etwas kritischer – und meist auch spürbar teurer – wird eine Räderumrüstung, wenn Probleme mit der Freigängigkeit zu erwarten sind. Hier ist tatsächlich der genaue Bauzustand des Fahrzeugs von größter Bedeutung. Teils gelten Einschränkungen nur für Modelle ab einer bestimmten, in der ABE genannten Fahrgestellnummer. Die Reifen und Felgen dürfen weder der Karosserie zu nahe kommen, noch an Fahrwerkskomponenten wie Bremsen oder Spurstangen streifen. Im Einzelfall etwa ist der Lenkeinschlag zu begrenzen, die Bördelkanten in den Radhäusern sind umzulegen oder abzutrennen, Kunststoff-Innenkotflügel sind zu entfernen oder nachzuarbeiten. Doch Obacht: Beim VW Golf II beispielsweise dient im vorderen rechten Radhaus der Innenkotflügel gleichzeitig als Spritzschutz für den Ansaugtrakt. Entfernt man sorglos das Plastikteil, um Freiraum für die breiten Pneus zu schaffen, setzt sich bei Regenwetter blitzschnell der Luftfilter zu. Und wenn Radhäuser aufgeschnitten werden müssen, ist mit einer Festigkeitsminderung zu rechnen, wodurch manche Fahrzeuge nicht mehr als Zugwagen für Anhänger eingesetzt werden dürfen. Es sei denn, es wird durch zusätzliche Maßnahmen die ursprüngliche Festigkeit der Radhäuser wieder hergestellt. Auch hier ist eine Begutachtung durch die Prüfstelle unumgänglich. Nacharbeiten an den Radhäusern können in der Praxis recht umfangreich ausfallen, zumal wenn der Korrosionsschutz fachgerecht aufrechterhalten werden soll. Solche Arbeiten erfordern – sollen sie in Eigenregie ausgeführt werden – schon eine gehörige Portion Können und Fachwissen; besser ist es, sie der Werkstatt zu überlassen. Gleiches gilt für Änderungen an Lenkung und Bremsanlage, die mitunter ebenfalls Voraussetzung für den Rädertausch sind. Vor allem aber: derartige Karosserieänderungen sind ausgesprochen teuer.

Skepsis ist geboten, wenn in den Einschränkungen der ABE Formulierungen auftauchen, die sich in allgemeiner Form auf die Bindung an Reifenfabrikate beziehen. Wenn etwa nur solche Typen zulässig sind, »die zwischen Reifenschulter und Fahrwerkskomponenten einen Freiraum von mindestens 5 mm bieten«. Eine solche Bedingung kann schließlich nur mit bereits aufgezogenen Pneus nachgeprüft werden. Wird die Vorgabe verfehlt, ist die Rückgabe des »ungeeigneten Fabrikats« an den Reifenhändler wohl kaum möglich. Hier ist es ratsam, grundsätzlich auf ein etwas kleineres und unproblematischeres Format auszuweichen.

Sonstige Einschränkungen

Fabrikatsbindungen, wenn also nur eines oder mehrere namentlich im Fahrzeugschein aufgelistete Reifenfabrikate freigegeben werden, können einerseits – wie gesagt – auf zu geringe Freigängigkeit zurückzuführen sein, aber auch in der unterschiedlichen Tragfähigkeit der Pneus ihre Ursache haben. Im Einzelfall, sollte auf ein davon abweichendes Fabrikat gewechselt werden, ist vom Reifenhersteller eine Bestätigung anzufordern, die eine mögliche Verwendbarkeit bescheinigt.

Unter Umständen wird die Umrüstung auch erst abgenommen, wenn die zulässigen Radlasten reduziert werden. Einschränkungen betreffen häufig auch Wintereinsätze. Sei es, daß in der vorgegebenen Dimension keine M+S-Reifen montiert werden dürfen oder die Verwendung von Schneeketten technisch nicht mehr realisierbar ist, weil im satt ausgefüllten Radhaus kein ausreichender Platz mehr zur Verfügung steht.

Selbst fahrzeugspezifische Ausstattungen spielen bei der Räderumrüstung eine wichtige Rolle. Da darf im Einzelfall keine Klimaanlage installiert sein oder es wird für die gewünschte Dimension eine Servolenkung gefordert; nicht allein weil damit die Lenkkräfte im Rahmen bleiben, sondern weil bei Modellen mit Lenkhilfe konstruktiv häufig andere Fahrwerkseinstellungen vorgegeben sind – ein etwas größerer Nachlauf etwa für besseren Geradeauslauf. Natürlich darf der Wechsel auf Breitreifen die Funktion von Anti-Blockiersystemen (ABS) und Antischlupfregelungen (ASR) nicht beeinträchtigen. Auch hierzu finden sich klare Einschränkungen in Gutachten und ABE der Sonderräder.

Montageeinschränkungen schreiben häufig allein die Verwendung von Klebegewichten zum Auswuchten der Felgen vor, oder sie beziehen sich auf spezielle, verformungsfeste Ventiltypen (Metallventile). Reifen mit laufrichtungs- oder seitengebundenen Profilen, wie sie bei sogenannten Tuning-Pneus immer verbreiteter werden, dürfen nicht beliebig auf die Felgen gezogen werden; hier ist der spätere Montageplatz am Fahrzeug zu beachten. Und daß für die Sonderräder auch passende Radschrauben oder -muttern benutzt werden, müßte eigentlich selbstverständlich sein. Gerade Leichtmetallräder brauchen in dieser Hinsicht häufig Sonderformen mit speziellem Sitz und ausreichender Länge. Mindestens fünf bis sechs Gewindegänge sollen tragen; andererseits können zu lange Radschrauben auf der Innenseite überstehen, dort festrosten oder gar an anderen Teilen streifen. Radschrauben und -muttern sind mit dem vom Fahrzeughersteller oder vom Radhersteller für Leichtmetallräder vorgeschriebenen Anzugsdrehmoment festzuziehen (siehe Tabelle im Anhang). Das geschieht über Kreuz und mit einem geeigneten Drehmomentschlüssel. Auch ist es dringend empfehlenswert, die Befestigungsteile nach etwa 100 bis 500 km Fahrtstrecke nochmals mit dem vorgeschriebenen Drehmoment nachzuziehen. Und – vergessen Sie nicht einen Satz Originalschrauben oder -muttern im Fahrzeug mitzuführen, falls im Pannenfall das Ersatzrad montiert werden muß.

Ausnahmeregelung: Bisweilen bestehen je nach Fahrzeugausstattung, Motorleistung und Antriebsart Einschränkungen bei der Räderumrüstung. Genaue Angaben sind der Rad-ABE zu entnehmen.

Drucksache – der Fülldruck bei Breitreifen

Viele Breitreifen-Umrüster sind sich nicht genau im klaren, welcher Luftdruck denn eigentlich bei den breiten Pneus eingestellt werden muß. Reifenexperten haben zwar die Faustformel parat, nach der Reifen mit gleichem Luftvolumen auch gleichen Luftdruck benötigen. Ein breiterer Reifen mit niedrigerem Querschnitt und auf größerer Felge montiert kann so gesehen durchaus das gleiche Luftvolumen besitzen, wie ein schmaler Serienpneu mit großer Flankenhöhe, montiert auf einer Felge mit kleinerem Durchmesser. Anhaltspunkt für Fülldruckwerte sind in diesem Fall die Angaben des Fahrzeugherstellers. Herrscht jedoch keine Klarheit, helfen auch die Angaben auf der Reifenflanke weiter. Maßgebend dabei ist die Kennzahl der Reifentragfähigkeit (der Loadindex, LI) hinter der Größenangabe des Pneus. Decken sich die Ziffern der Tragfähigkeitszahl von der bisherigen Dimension mit jenen der neuen Reifen, können auch die bisherigen Luftdruckwerte beibehalten werden. Weist der Breitpneu indes eine geringere Tragfähigkeitszahl auf, muß der Fülldruck gesteigert werden. Man geht davon aus, daß pro abnehmender Kennzahlstufe – Beispiel 81 statt 82 – der Druck um jeweils 0,1 bar erhöht werden soll.
Eine Druckminderung im ungekehrten Fall wäre zwar theoretisch möglich, empfiehlt sich für die Praxis im Sinne der Fahrsicherheit jedoch nicht; bei höherem Load-Index der breiten Sohlen, Serienfülldruck beibehalten.
Die detaillierten Fülldruckangaben in den Umrüsthandbüchern der Reifenhersteller beziehen sich immer auf die hauseigenen Fabrikate (und deren Tragfähigkeit), wobei – zumindest rechnerisch – auch die maximalen Belastungen und Geschwindigkeiten, sowie der Radsturz des Serienfahrzeuges Beachtung finden. In der Regel wird dabei auch die vom Fahrzeughersteller empfohlene Druckdifferenz zwischen Vorder- und Hinterachse beibehalten, denn gerade sie bestimmt nachdrücklich das Fahrverhalten. Aussagen, ob diese Luftdruckbestimmung in der Praxis dann in allen Fällen auch optimal ist, können in dieser allgemeinen Form allerdings nicht getroffen werden. Bei Pirelli geht man seit jüngster Zeit aber auch in dieser Hinsicht einen Schritt weiter: Die Fachhändler sind mit geeigneten Rechnern ausgestattet, die mit entsprechenden Daten gefüttert eine individuelle Ermittlung des korrekten Reifenfülldrucks erlauben. Ein Abstecher zum kompetenten Reifenfachhändler dürfte sich lohnen. Immerhin beeinflußt der Reifenfülldruck – wie im Kapitel »Fahrpraxis« dargelegt – gleichermaßen Fahrsicherheit, Laufleistung und Spritverbrauch.

10 Punkte zur Räder- und Reifenumrüstung

1. **Fahrzeugtyp feststellen** (siehe Infozettel).
2. **Bereits im Fahrzeugschein gelistete Alternativgrößen bereiten weniger Probleme; Felgen müssen aber geprüft sein** (Allgemeine Betrieberlaubnis – ABE – ist Voraussetzung).
3. **Zulässige Alternativ-Dimensionen für Räder und Reifen auswählen.** Auskünfte liefern Fahrzeughersteller, Räder- und Reifenhersteller und kompetente Fachhändler (siehe auch Tabellenteil).
4. **Stark vom Serienrad abweichende Reifenabrollumfänge vermeiden** (Tachoumbau).
5. **Räder mit Prüfgutachten, aber ohne ABE, müssen IMMER beim TÜV geprüft und in die Fahrzeugpapiere eingetragen werden.**
6. **Räder mit ABE und KBA-Prüfnummer dürfen problemlos montiert werden.** Es sei denn, es werden in der ABE Auflagen gemacht (vor dem Kauf überprüfen).
7. **Reifengrößen, die nicht in den Papieren stehen, müssen IMMER geprüft und eingetragen werden** – auch wenn die Felge ohne Prüfung montiert werden dürfte.
8. **Vorgaben und Einschränkungen in ABE und Rad-Gutachten beachten.** Vorgeschriebene Modifikationen am Fahrzeug ausführen (beispielsweise Radhausverbreiterungen montieren).
9. **Je breiter die Rad-/Reifenkombination, desto mehr Auflagen werden in der Regel gemacht.**
10. **Fahrwerk und Bremsanlage müssen im Serienzustand sein**, sonst wird eine TÜV-Prüfung der Räderumrüstung meist unumgänglich.

Reifenschäden – Pleiten, Pech und Pannen

Der Ersatz verschlissener Reifen ist so unausweichlich wie unbeliebt. Manche Zeitgenossen zögern diesen Vorgang denn auch so weit hinaus, bis ihre Reifen den berühmt-berüchtigten »Glatzkopf« zeigen – sie sind profillos. Ein äußerst gefährliches Unterfangen und auf Nässe gar ein Spiel mit dem Tod. Gefürchtet indes ist die Reifenpanne, auch sie enthält tatsächlich ein hohes Gefahrenpotential, Autobahnunfälle, insbesondere in der sommerlichen Hauptreisezeit, beweisen es leider oft genug. Dabei trifft den Autofahrer laut Statistik eine Reifenpanne durchschnittlich nur alle zehn Jahre oder im Abstand von etwa 150000 km.

Aber: Nach einer polizeilichen Untersuchung wurde 1990 jeder zwanzigste Unfall auf den Autobahnen rund um Hannover durch geplatzte Reifen verursacht. Dabei gab es vier Tote und über 20 Schwerverletzte. Mehr als 85 Prozent der unfallverursachenden Reifenschäden betrafen die Fahrzeughinterachse (Autoclub KVDB). Nach einer Meldung der Deutschen Verkehrswacht starb 1988 durchschnittlich jede Woche ein Kraftfahrer, weil die Bereifung seines Fahrzeugs Mängel aufwies. Bei neun von zehn dieser Reifen-Unfälle haben die Autofahrer selbst Schuld am schlechten oder schadhaften Zustand der Reifen. Eine noch ältere, aber sicher nach wie vor aktuelle Meldung des TÜV Rheinland stellt fest, daß 1985 »70 Tote, 946 Schwer- und 2031 Leichtverletzte auf das Konto mangelhafter Bereifung« gingen. Diese Ergebnisse unterstreichen auch eine Untersuchung der DEKRA an 2100 Unfallfahrzeugen 1989, bei der Reifenschäden unter den technisch bedingten Unfallursachen einen Anteil von 40 Prozent hatten. Kommentar: »Für die unfallträchtigen Defekte zeichnet meist der Autofahrer verantwortlich.«

Im Conti-Konzern hat man das Thema Reifenpannen systematisch untersucht und ist dabei zu folgenden Erkenntnissen gekommen:

49 Prozent der Pannen entstanden durch Einfahrverletzungen der Lauffläche (Fremdkörper auf der Fahrbahn).

20 Prozent der Pannen hatten Reifenbeschädigungen am Bordstein als Ursache (Seitenwandbereich).

8 Prozent der Pannen traten bei plötzlichem Luftver-

Reifenpanne: Meist eine Folge von Unwissenheit, falscher Behandlung und vernachlässigten Reifen. Beschädigte Pneus vom Fachmann prüfen lassen, Reparaturen sind nur in Ausnahmefällen möglich und empfehlenswert.

Zehn Todsünden beim Umgang mit Reifen

1. Luftdruck zu niedrig:
Reifen wird ungleichmäßig abgefahren, Gefahr der Gürtelablösung, Reifenplatzer!

2. Luftdruck zu hoch:
Starker Mittelabrieb am Reifen, hoher Verschleiß!

3. Nachlässige Reifenkontrolle:
Fahrzeugreifen müssen mindestens alle 14 Tage genau geprüft werden. Dabei Lauffläche auf falschen Abrieb oder Fremdkörper kontrollieren. Luftdruck bei kaltem Reifen kontrollieren! Verliert der Reifen Luft, unbedingt vom Fachmann prüfen lassen!

4. Überfahren von Bordsteinen im spitzen Winkel:
Der Reifen wird unter Umständen an der Flanke geklemmt und dabei zerstört! Reifenplatzer sind vorprogrammiert!

5. Schnelles Überfahren von hochstehenden Kanaldeckeln:
Reifen werden geklemmt und dabei zerstört. Außerdem sind Brüche im Unterbau des Reifens möglich. Folge: Reifenplatzer!

6. Fahren mit schlechten Stoßdämpfern:
Deutlich erhöhter Verschleiß.

7. Fahren mit falsch eingesteller Vorspur:
Deutlich erhöhter Verschleiß.

8. Sturz einseitig verstellt:
Deutlich erhöhter Verschleiß.

9. Blockierbremsungen:
Reifen bekommen mehr oder minder starke "Bremsplatten", die nicht reparabel sind! Komfort wird gestört, unter Umständen sind die Reifen nicht mehr fahrbar.

10. Reinigen eines Reifens mit Hochdruck-Dampfstrahler:
Reifen wird selbst bei Benutzung kalten Wassers bei zu geringem Abstand innerhalb von wenigen Sekunden stark beschädigt und zerstört!

Quelle: Michelin Reifenwerke KGaA, Karlsruhe

Reifen-Streß: Hohe Temperaturen, hohe Geschwindigkeiten und volle Beladung – wenn der Luftdruck nicht angepaßt ist, droht der Reifen-Defekt.

lust auf (weshalb?) und die restlichen 23 Prozent hatten verschiedene Ursachen, vor allem zu geringen Luftdruck und altersbedingte Reifenermüdung.

Von Pannen aufgrund eines Produktionsfehlers ist hier nicht die Rede – bei Autofahrern die meistvermutete Ursache. Tatsächlich läßt sich dazu feststellen, daß die namhaften Reifenhersteller inzwischen weitgehend automatisierte Produktionsanlagen und einen derart hohen Qualitätsstandard besitzen, daß fehlerhafte Produkte kaum noch anfallen. Vor allem aber werden sie bei der scharfen Endkontrolle aussortiert. Das alles schließt Ausreißer, die in den Handel kommen, natürlich nicht gänzlich aus, ein Restrisiko bleibt. Tatsache freilich ist, daß Reifenpannen vor allem durch Mißhandlungen im Fahrbetrieb auftreten.

Als Pannenorte hat die Conti-Untersuchung herausgefunden: 30 Prozent in Ortschaften, 27 Prozent Landstraßen, 20 Prozent Bundesstraßen und 16 Prozent Autobahnen (Rest ohne Angaben), knapp 10 Prozent der Autofahrer befand sich dabei im Ausland. Etwa 70 Prozent der Reifenpannen, so hat Conti weiter ermittelt, ereignen sich zwischen 7 und 19 Uhr, nur 30 Prozent demnach über Nacht. Immerhin 4 Prozent der Reifenpannen führten zu einem schweren Unfall, bei weiteren 4 Prozent gab es Blechschaden.

Reifenpannen und die daraus entstehenden Unfälle haben Ursachen, die meist mit einem vernünftigen Reifenbewußtsein und etwas Aufmerksamkeit vermeidbar wären. Die Liste der läßlichen Reifensünden ist umfangreich, die häufigsten und wichtigsten sind:

- zu geringer Luftdruck
- Beschädigungen durch Hindernisse (Bordsteine)
- Beschädigungen durch Fremdkörper
- Beschädigungen durch Hochdruck-Reiniger
- Beschädigungen durch Öl und Kraftstoff
- Beschädigungen durch Prüfstände
- Montagefehler
- Überalterung

Ursachen-Forschung: Der Reifen wird mitunter zum Unfall-Auslöser, die Ursache aber ist überwiegend Gleichgültigkeit oder Unwissenheit des Autofahrers.

Reifen-Luftdruck

Die meisten Reifenschäden werden durch zu geringen Fülldruck verursacht oder verschlimmert. Wobei zu berücksichtigen ist, daß der Reifenluftdruck auch das Fahrverhalten des Autos (gilt selbstverständlich ebenso für Anhänger, Wohnwagen und Motorräder) erheblich beeinflußt und schon deshalb unfallverursachend sein kann. Überdies werden bei einem zu geringen Luftdruck die Reifenschultern erheblich stärker beansprucht, der Verschleiß ist ungleichmäßig und zu hoch. Auch der Rollwiderstand der Reifen wird, aufgrund der druckabhängigen Walkarbeit, vom Fülldruck beeinflußt. Zu geringer Luftdruck hat damit spürbare Auswirkungen auf den Kraftstoffverbrauch. Zahlreiche Untersuchungen haben bewiesen, daß die Mehrzahl unserer Autos mit zu geringem Reifendruck unterwegs ist. Dabei genügt ein Blick in die Betriebsanleitung, um Bescheid zu wissen, und der kostenlose Griff zum Füllgerät an der Tankstelle. Die Genauigkeit dieser Füllgeräte übrigens ist meist besser als erwartet, sie werden regelmäßig überprüft. Besondere Brisanz gewinnt der Fülldruck, wenn unterschiedliche Werte bei wechselnder Beladung oder Geschwindigkeit vorgeschrieben sind. Das ist überwiegend, aber nicht nur, bei schnellen Automobilen der Fall. Im Zweifelsfall ist es kein Fehler, den höheren der vorgesehenen Luftdruckwerte auch auf Dauer zu fahren. Die Folge ist meist ein geringfügiger Komfortverlust, in seltenen Fällen kann es zu einem ungleich-

Sündenfall: Bei zu geringem Luftdruck wird der Reifen überlastet, Teile der Lauffläche und der Gürtelkonstruktion haben sich gelöst.

Druckkontrolle: Die fahrzeugbezogenen Werte finden sich meist am Auto, sicher aber in der Betriebsanleitung. Im Abstand von zwei Wochen prüfen!

mäßigen Verschleißbild kommen, dabei wird die Laufflächenmitte höher beansprucht. Und: Bei Winterreifen empfiehlt sich in der Regel eine Erhöhung des Luftdruckes um 0,2 bar gegenüber dem Wert des Sommerreifens, Ausnahmen stehen in der Betriebsanleitung. Auch die Kundendienst-Abteilung der Fahrzeughersteller gibt jederzeit und konkret Auskunft zum diesem Thema.

Die Kontrolle des Reifenluftdrucks sollte im Abstand von etwa 14 Tagen erfolgen, wobei die Reifen kalt sein müssen. Die während der Fahrt immer entstehende Erwärmung erhöht auch den Fülldruck, der keinesfalls vermindert werden darf. Auch das Reserverad ist gelegentlich in diese Kontrolle miteinzubeziehen, hier sollte der Fülldruck um 0,5 bar höher liegen als bei der Fahrbereifung maximal gefordert – Luft ablassen ist im Ernstfall kein Problem. Nicht vergessen werden dürfen dabei die Ventilkäppchen. Sie halten das Ventil frei von Staub, Schmutz und Wasser, es bleibt länger dicht. Und wenn sich bei den Druckkontrollen ständig deutliche Differenzen der Werte ergeben, möglicherweise auch nur an einem Reifen, dann ist etwas faul. In diesem Fall ist es ratsam, unbedingt einen Reifenfachmann aufzusuchen, es besteht der Verdacht auf Beschädigungen am Reifen, am Ventil oder an der Felge.

Umrechnung Reifendruck
psi <--> bar

1 psi = 1 lbf/in²
(psi: pound-force per square inch)

1 psi = 0,0689 bar
1 bar = 14,5037 psi

(c) dh 91

Bei sinkendem Reifendruck steigt der Verbrauch.

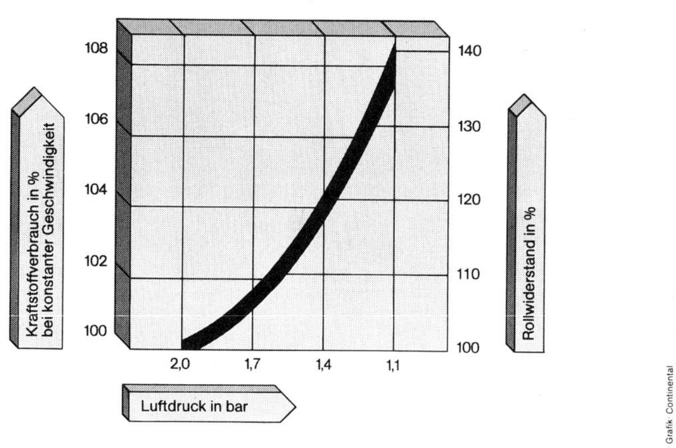

Der vom Fahrzeughersteller vorgeschriebene Luftdruck ist das Ergebnis intensiver Untersuchungen und Tests. Dabei wird zunächst die vom Reifen (Konstruktion/Größe) und vom Fülldruck bestimmte Tragfähigkeit berücksichtigt. Danach erfolgt die Feinarbeit der Luftdruckbestimmung, um bei einem ausreichenden Fahrkomfort ein Höchstmaß an Fahrsicherheit und Fahrverhalten zu gewährleisten. Tatsache ist, daß weniger der Reifen das Fahrzeug trägt, sondern die mit Überdruck eingepumpte Luft. Zu geringer Fülldruck bedeutet übermäßige Verformung des Reifens, die zu viel Walkarbeit zur Folge hat und die wiederum führt zu einer übermäßigen Erhitzung. Erkenntnis: Hitze ist des Reifen Tod.

Schon eine Absenkung des Luftdrucks um 0,3 bar hat nach wenigen Minuten forcierter Fahrt auf der Autobahn gefährliche Temperaturen im Reifen zur Folge. Ein zusätzlich vollgeladenes Fahrzeug und hohe Außentemperaturen sind weitere Streßfaktoren, die einen Totaldefekt verursachen können. Wobei dieser Defekt nicht sofort auftreten muß, sondern irgendwann später zuschlägt. Erkenntnis: Reifen haben ein Gedächtnis.

Die in der Betriebsanleitung (auch Tankklappe, Handschuhfach, Türpfosten) aufgeführten Luftdruckwerte gelten nur für die vom Fahrzeughersteller gelieferte oder angebotene Bereifung. Übergrößen (Breitreifen) erfordern möglicherweise andere (höhere) Werte, Informationen dazu sind bei der Kundendienst-Abteilung des jeweiligen Reifen-Herstellers erhältlich. Geringere Werte als vom Fahrzeughersteller festgelegt, verbessern zwar scheinbar den Abrollkomfort, aber diese Manipulation ist unzulässig und birgt die oben genannten Gefahren. Extrem hohe Fülldruckwerte sind ebenso vom Übel. Das vermeintlich sportliche Fahrverhalten enthält mitunter kräftige Überraschungseffekte (im Grenzbereich). Der Reifen springt und tanzt zudem auf unebener Straße, ein recht problematischer Fahrzustand, und der Verschleiß in Laufflächenmitte nimmt drastisch zu.

Anprallverletzungen

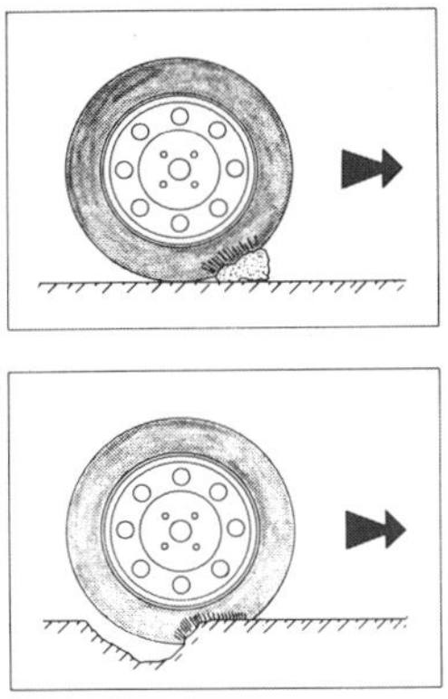

Anprall der Lauffläche

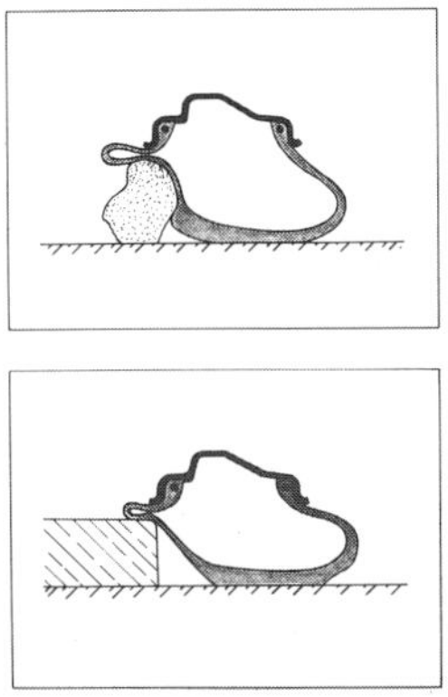

Klemmschock der Flanke

Bordsteinparken

Eine beliebte Praxis im innerstädtischen Bereich, bei mangelndem Parkraum. Wenn es denn schon nötig ist, einen Bordstein zu überfahren, dann keinesfalls im spitzen sondern im möglichst stumpfen (rechten) Winkel und – ganz langsam, im Zeitlupentempo. Reifenflanken sind äußerst empfindlich. Wenn sie zwischen Bordsteinen oder ähnlichen Hindernissen und der Felge gequetscht werden, besteht die Gefahr von Beschädigungen der Karkasse, des tragenden Reifen-Unterbaus. Auch Ablösungen von Gürtelkanten sind möglich. Beschädigte oder gerissene Karkassenfäden sind die Programmierung für einen kapitalen Reifendefekt. Auch tiefe Schlaglöcher, hochstehende Kanaldeckel und dergleichen sind nur sehr langsam zu passieren, damit der Reifen nicht bis zur Felge durchschlägt. Entstandene Strukturschäden sind meist von außen nicht erkennbar, wenn sich aber irgendwann an der Reifenflanke Beulen oder Risse zeigen, dann ist es höchste Zeit, den Reifenfachmann aufzusuchen – ein Reifenaustausch dürfte unumgänglich sein.

Gefahr im Verzug: Der Reifen wird zwischen Bordstein und Felge eingeklemmt und kann irreparabel beschädigt werden. Bordsteine extrem langsam und im stumpfen Winkel überfahren.

Beschädigungen durch Fremdkörper

Zwar hat die Anzahl herumliegender Hufeisen-Nägel in den letzten Jahren beträchtlich abgenommen, aber andere Metall-Gegenstände oder zerbrochene Flaschen machen dem Reifen mitunter den Garaus. Ein Schnitt, eine Beschädigung mag noch so harmlos erscheinen, dennoch ist äußerste Vorsicht geboten. Schon das Eindringen eines Nagels in die Lauffläche führt (bei schlauchlosen Reifen) zu schleichendem Luftverlust. Vor allem aber kann Feuchtigkeit bis zum Gürtel vordringen, und der ist aus Stahl. Er fängt an zu rosten, Gürtelfäden und Gummi lösen sich, der Reifen wird zu einer Art Zeitbombe. Die Cordfäden der Karkasse können zwar nicht rosten, aber die geringste Beschädigung schwächt den festen Verbund und führt zum Defekt.

Tiefgehende Beschädigungen müssen demnach ernst genommen werden. Wenn der Reifen die Luft nicht mehr hält, ist dies ein deutliches Zeichen, daß die abdichtende Innenseele des Reifens durchstochen wurde. Dann bleibt im Grunde nur der Austausch des Reifens. Denn die Reparatur mit Gummistücken (einsetzen oder einvulkanisieren) ist nur beim Fachmann möglich und allenfalls bei Reifen bis zur Kategorie S (180 km/h maximal).

Das Einlegen eines Schlauches als Reparaturmaßnahme zum Abdichten des schlauchlosen Reifens ist grundsätzlich verboten, selbst als Notbehelf. Es gibt auch noch Pannensprays, die den Reifen bei geringfügigen Beschädigungen abdichten, aber sie dürfen wirklich nur als kurzfristige Helfer in der Not dienen, sie sind keinesfalls eine Dauerlösung. Erkenntnis: Es ist leichtsinnig und außerordentlich gefährlich, Beschädigungen am Reifen schlicht zu ignorieren.

Fremdkörper: Laufstreifen, Gürtel und Karkasse sind beschädigt, der Reifen muß unbedingt ausgemustert werden.

Montagefehler

Es versteht sich eigentlich von selbst, daß hochwertige und teure Reifen nicht im Do-it-yourself-Verfahren auf die Felge gewürgt werden sollten. Auch in der Reifenwerkstatt ist es durchaus angebracht, sich die Montagemaschine etwas genauer zu betrachten (Ausland, Hinterhofbetrieb). Denn schon bei der Montage sind irreparable Beschädigungen der Reifenstruktur möglich, etwa mit ungeeigneten Montiereisen. Überdies ist bei der Montage zu beachten, daß ein neuer Schlauch eingezogen wird (bei Schlauchreifen = Tube Type) oder bei schlauchlosen Reifen (= tubeless) ein neues Ventil zur Verwendung kommt.

Alte Schläuche sind ausgedehnt und können sich nach der Wiedermontage in Falten legen. Das führt zu Unwuchterscheinungen, vor allem aber scheuert der Schlauch im Faltenbereich, bis zum schlagartigen Luftverlust. Gummi-Ventile unterliegen im Fahrbetrieb einer hohen Biegebeanspruchung durch die erheblichen Fliehkräfte und sie altern natürlich. Bei Hochgeschwindigkeitsreifen sind deshalb auch Abstützungen für Gummiventile vorgeschrieben (kleine Blechlaschen an der Felge) oder, noch besser, Metallventile.

Nach der Reifenmontage sollte immer eine sorgfältige Auswuchtung vorgenommen werden. Das allenthalben angebotene elektronische Auswuchten am Fahrzeug ist dabei nicht unbedingt notwendig. Denn wenn die grundsätzliche Arbeit an der Wuchtmaschine ordentlich erledigt wird, wird das elektronische Feinwuchten – bis auf Ausnahmen – überflüssig.

Reifen sollten grundsätzlich nicht auf stark angerosteten Stahlfelgen oder beschädigten, verformten Felgen montiert werden.

Rost schwächt die Felgenstruktur, der sichere Sitz des Reifens ist nicht mehr gewährleistet und die Abdichtung auch nicht, das führt zu schleichendem Luftverlust.

Folgeschaden: Der Gürtel aus Stahldraht war beschädigt, ist angerostet und gebrochen. Jede tiefgehende Verletzung des Laufstreifens birgt diese Gefahr.

Beschädigungen durch Hochdruck-Reiniger

Hochdruck-Reinigungsgeräte zur Fahrzeugwäsche sind, eine weithin unbekannte Tatsache, für Reifen unzuträglich. Beim Reinigen mit Flachstrahldüse oder dem sogenannten Dreckfräser ist ein Mindestabstand von 20 cm einzuhalten. Vor allem mit der noch härter wirkenden Rundstrahldüse kann ein Reifen irreparabel beschädigt werden. Es empfiehlt sich grundsätzlich, den Reinigungsstrahl nicht direkt, nicht im stumpfen Winkel und vor allem nicht zu nahe auf den Reifen zu halten. Darüber hinaus sollten die Reifen nach einer Wäsche mit Hochdruck-Reinigungsgeräten generell einer genauen Sichtkontrolle unterzogen werden.

Beschädigungen durch Prüfstände

Fahrzeugprüfstände – sei es für Leistungs- oder Bremsmessungen – verfügen über Rollen, die das Rad antreiben oder vom Rad angetrieben werden. Insbesondere bei längerdauernden Leistungsmessungen werden die Reifen extrem beansprucht. Zum einen ist es die Rollenkrümmung, zum anderen der auftretende Hitzestau. Sichtbare und unsichtbare Reifenschäden mit Langzeitwirkung können die Folge sein.

Michelin empfiehlt, grundsätzlich spezielle Prüfreifen zu montieren, die später nicht im normalen Fahrbetrieb eingesetzt werden. Wenn dies nicht möglich ist, sollten folgende Punkte beachtet werden:

- Rollendurchmesser nicht kleiner als 200 mm;
- Reifenfülldruck 2,5–3,0 bar;
- Unbeladenes Fahrzeug;
- Möglichst kurze Prüfdauer;
- Möglichst nur einen Prüflauf durchführen, ist ein zweiter Test notwendig, Abkühlpause von einer Stunde einhalten.

Empfehlung: Reifen nicht nur nach der Montage sondern auch nach einigen tausend Kilometern auswuchten lassen.

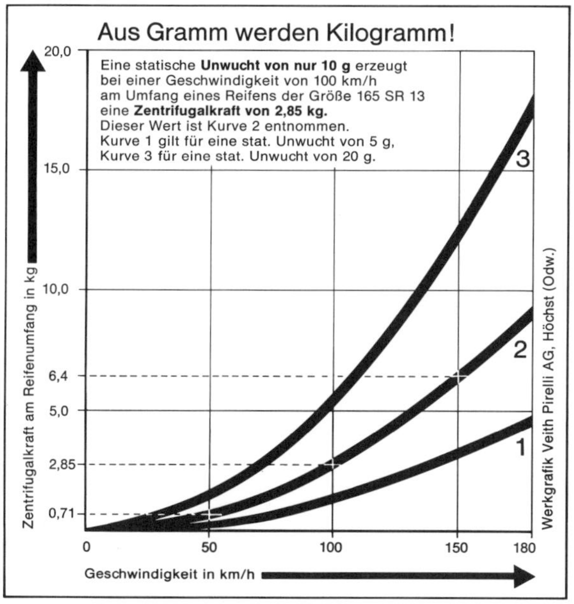

Rollenprüfstand: Insbesondere Leistungsprüfstände belasten die Reifen extrem, vor allem durch übermäßige Erhitzung.

Beschädigungen durch Öl und Kraftstoff

Wenn Reifengummi ständig der Einwirkung von Öl, Kraftstoff, Fetten oder Chemikalien ausgesetzt ist, verändert es seine Eigenschaften. Entweder wird es brüchig und wasserdurchlässig oder es wird weich und löst sich auf. Ein durch Öleinfluß gequollener Reifen nimmt fatalerweise seine ursprüngliche Form und Gestalt wieder an, sobald die flüchtigen Bestandteile verflogen sind. Der Reifen hat aber einen gefährlichen Schaden, der durch Augenschein nicht sofort erkennbar ist, auch deshalb Hände weg von Gebrauchtreifen unbekannter Herkunft.
Eine Beschädigung tritt nur bei längerer Einwirkung auf, nicht nach einigen Spritzern Benzin beim Tanken. Dieses Problem stellt sich deshalb vor allem bei der Reifenlagerung, die eben nicht in der Nähe derartiger Substanzen erfolgen darf. Reifen sollten kühl, trocken, dunkel und in mäßig belüfteten Räumen gelagert werden. Montierte Räder können gestapelt werden, Luftdruckerhöhung auf maximal 3,0 bar ist ratsam. Unmontierte Reifen werden besser senkrecht gestellt, beim Stapeln können sie sich verformen.

Benzinschaden: Der Reifen stand längere Zeit in einer Kraftstoffpfütze, die Aufquellung geht zurück, der Schaden wird unsichtbar.

Fehlerhafte Radgeometrie: Einseitig abgefahrene Reifenschultern lassen auf falsche Radeinstellung schließen.

Klemmschock: Bruch der Karkasse durch Quetschung des Reifens. Der Schaden ist gefährlich und meist erst nach längerer Zeit sichtbar.

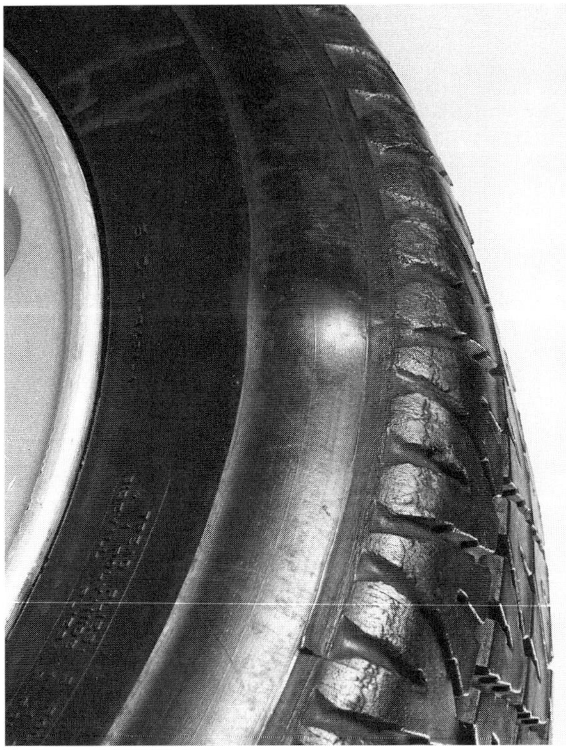

Bremsplatte: Lange Bremsungen aus hoher Geschwindigkeit und mit blockierten Rädern können die Lauffläche bis zum Gürtel durchschmelzen.

Reifen-Praxis: Unkorrekte Radeinstellung, defekte Stoßdämpfer und zu geringer Luftdruck sorgen für frühzeitigen Verschleiß.

Reifen-Verschleiß

Reifen halten nicht ewig, sie sind Verschleißartikel. Ihre konstruktiv vorgegebene Lebensdauer ist zum einen von der Reifen-Alterung begrenzt, zum anderen vom Fahrbetrieb abhängig. Während heutige Gebrauchsreifen der namhaften Reifenhersteller durchweg recht hohe Kilometerleistungen erreichen, sind Hochgeschwindigkeitsreifen schon aufgrund ihrer extremen Beanspruchung nicht unbedingt Langläufer. Grundsätzlich freilich bestimmen der Fahrstil, die Beladung des Fahrzeugs, die Streckenverhältnisse und die Pflege (Luftdruck!) die Reifenhaltbarkeit. Bei gleichem Fahrzeug- und Reifentyp sind deshalb Laufleistungs-Differenzen von einigen zigtausend Kilometern durchaus möglich.

Der mitunter auch heute noch verbreitete Rat, Neureifen vor dem Gebrauch erst einmal monatelang abzulagern, ist barer Unsinn. Damit sollte der »weiche« Neureifen »aushärten«, was den Verschleiß günstig beeinflussen würde. Tatsächlich sollte ein neuer Reifen auch wirklich neu sein, das heißt, nicht ein jahrelang zurückliegendes Produktionsdatum tragen (DOT-Kennzeichnung). Reifen altern (siehe oben) und bei Winterreifen besteht die Vermutung, daß sie aufgrund ihrer speziellen Gummimischung mit zunehmendem Alter deutlich an Wintertauglichkeit verlieren. Richtig dagegen ist, daß die Laufflächen von Neureifen für die Vulkanisation mit einer Trennschicht behaftet sind, die im Fahrbetrieb erst abgerieben werden muß. Es empfiehlt sich deshalb, auf den ersten 200 bis 300 Kilometern eine betont vorsichtige Fahrweise zu pflegen – insbesondere bei

Profiltiefe: Gesetzlich vorgeschriebenes Mindestmaß sind 1,6 mm. Das ist für sicheren Fahrbetrieb (Winter, Aquaplaning) allerdings zu wenig.

Nässe oder im Winter – bis diese Schicht verschwunden ist und die Pneus angerauht sind. Dieser Einfahrvorgang gilt für alle Reifenkategorien.

Ungewöhnliche Verschleißmerkmale deuten auf Mängel hin, am Reifen oder am Fahrzeug, die unbedingt abgestellt werden sollten. Etwa kleine Abplattungen rund um die Lauffläche – defekte Stoßdämpfer sind die wahrscheinliche Ursache. Übermäßiger Verschleiß der Laufflächenmitte deutet auf zu hohen Luftdruck, bei stark abgefahrenen Reifenschultern ist zu geringer Fülldruck die Ursache. Einseitig abgefahrene Schultern lassen Fehler in der Radgeometrie vermuten, Veränderungen, die das Bordsteinparken beispielsweise mit sich bringt. In diesem Fall muß das Fahrwerk vermessen und eingestellt werden (Spur, Sturz, Nachlauf, Spreizung). Bei längeren Blockierbremsungen dagegen wird die Lauffläche an einer Stelle abradiert, die entstehende Platte (auch wenn sie kaum zu sehen ist) beeinträchtigt den Rundlauf. Im Zweifelsfall muß der Reifen ausgetauscht werden, Reparatur ist nicht möglich.

Abplattungen übrigens gibt es mitunter auch bei längerer Standzeit des Fahrzeugs, sie beziehen sich auf die gesamte Reifenstruktur im Latsch, der Aufstandsfläche. Meist läßt sich dieser Mangel beim Warmfahren der Reifen wieder beheben. Auf jeden Fall sollte ein Auto nicht über Monate auf der Fahrbereifung stillstehen, das kann zu bleibenden Verformungen führen. Zumindest ein deutlich höherer Luftdruck (bis maximal 3,0 bar) ist vor dem Abstellen zu empfehlen. Besser noch wäre die Montage einer »Standbereifung«. Das allenthalben empfohlene Hochbocken des Fahrzeugs mit frei hängenden Rädern ist weniger vorteilhaft: Die ausgefahrenen Kolbenstangen der Stoßdämpfer können Flugrost ansetzen, das zerstört die Dichtungen, die Dämpfer werden unbrauchbar.

Als durchaus normale Verschleißerscheinung gilt die Tatsache, daß der Reifen im Fahrbetrieb ungleichmäßig beansprucht wird, sein Rundlauf leidet. Entsprechende Erscheinungen sind meist im Lenkrad zu spüren. Abhilfe schafft allenfalls das neu vorgenommene Auswuchten. Keinesfalls üblich ist die mitunter auftretende Sägezahnbildung an den Querrillen des

Aufbewahrung: Bei falscher Behandlung können sich die Reifen dauerhaft verformen. Öl, Benzin, Fette und Chemikalien dürfen nicht mit den Reifen in Berührung kommen. Der Raum sollte dunkel, trocken und zugfrei sein.

Reifenprofils. Sie ist vom Reifentyp abhängig, von der Achskonstruktion und -Geometrie und auch vom Fahrstil. Wenn die Achsgeometrie stimmt, hilft meist nur das Austauschen der Reifen über Kreuz, wobei die Laufrichtung der Pneus geändert wird. Die Sägezahnbildung verschwindet dann allmählich und auch das damit verbundene Geräusch.

Beim regelmäßigem Rädertausch (etwa im Abstand von 10000 km) wird gleichmäßiger Verschleiß aller Reifen erreicht, dabei sollte aber nur ein seitengleicher Wechsel (links vorn/links hinten usw.) vorgenommen werden. Bei laufrichtungsgebundenen Reifen ist dies zwingend, bei Normalreifen oder asymmetrischen Profilen (Michelin XAS, Pirelli P Zero) empfehlenswert. Nach dem Räderwechsel müssen die Radschrauben oder -muttern über Kreuz angezogen werden, sanft zunächst. Danach sollte ein Drehmomentschlüssel in Aktion treten, der genau auf den vom Fahrzeughersteller vorgeschriebene Drehmomentwert eingestellt ist. Zu kräftiges Anziehen kann Radschrauben, -muttern, Felgen und Radträger beschädigen, zu leichtes Anziehen kann zum Lösen der Radbefestigung führen, beides ist vom Übel.

In Deutschland und den EG-Ländern gilt ab 1. Januar 1992 für sämtliche Reifen eine neue Mindestprofiltiefe: 1,6 mm. Das ist für Sommerreifen aus Sicherheitsgründen immer noch zu wenig, bei Breitreifen absolut unakzeptabel. Bei dieser Profiltiefe nützen auch die besten konstruktiven Vorsorgen gegen Aquaplaning nichts, der Reifen schwimmt auf regennasser Fahrbahn sehr früh auf. Aus Sicherheitsgründen sollten Sommerreifen spätestens bei 2 mm Profiltiefe ausgetauscht werden.

Gebrauchtreifen: Zumindest bei unbekannter Herkunft ist vom Kauf abzuraten – Vorschäden sind möglich, ein Risiko.

Winterreifen dagegen verlieren spätestens bei 4 mm Profiltiefe ihre gewohnten Fahreigenschaften auf Schnee. In Österreich gar gibt es Bergstrecken, auf denen Winterreifen nur bis 4,5 mm Profiltiefe zulässig

Wulstschaden: Nur bei genauer Kontrolle lassen sich derartige Schäden entdekken, der Reifen ist unbrauchbar.

sind. Derart untaugliche Winterreifen lassen einen eingeschränkten Fahrbetrieb bis in den Sommer hinein zu. Wobei mit steigenden Temperaturen der Verschleiß erheblich zunimmt. Ideal ist diese Methode freilich nicht – die Fahreigenschaften von Winterspezialisten lassen unter Sommerbedingungen sehr zu wünschen übrig.
Abschließend noch einige fachkundige Bemerkungen zum Thema Pleiten, Pech und Pannen aus der Vergangenheit: »Ist ein Vorderreifen geplatzt, so merkt man die Unsicherheit der Lenkung, während man Defekte des Hinterreifens an hartem, stoßenden Fahren erkennt. Man muß dann sofort anhalten und die Decke des betreffenden Reifens herunternehmen. Es empfiehlt sich, eine Anzahl Reserveschläuche mitzunehmen, damit man auf der Landstraße nicht zu flicken braucht. Die Pneumatikbereifung der Räder ist nächst dem Benzinverbrauch das Kostspieligste des Wagens, in den meisten Fällen übersteigt sogar der Preis für Ersatz des Gummis den des Benzinverbrauchs, und deshalb ist auf gute Instandhaltung und Schonung der Bereifung allergrößtes Gewicht zu legen!
Die Reifen leiden am meisten durch Überlastung, zu scharfes Anfahren und Bremsen und durch die schlechte Angewohnheit vieler Fahrer, scharfe Kurven zu schnell zu befahren. Wenn ein Pneumatikreifen bald hinter einer Kurve platzt oder die Wulst einreißt, so kann man fast gewiß sein, daß die Ursache die vorher zu schnell umfahrene Kurve gewesen ist. Man muß sich vergegenwärtigen, daß in der Kurve, wenn sie zu schnell umfahren wird, fast das gesamte Gewicht des Wagens nur auf zwei Rädern ruht, und hierzu kommt der durch die Fliehkraft erzeugte seitliche Druck, welcher das Wagengewicht noch übersteigen kann.
Man gewöhne sich an, vor jedem Aufsteigen auf den Wagen und nach jedem Absteigen von dem Wagen die Reifen zu beobachten und achte während der Fahrt noch genau auf den regelrechten Lauf des Wagens.
Meistens sind die Reifen zu wenig aufgepumpt (daran hat sich seit 1913 offensichtlich nichts geändert, d. Verf.). Der Luftdruck soll 5–8 Atmosphären, je nach Größe des Reifens, betragen.«
(Autotechnische Bibliothek, Band 47, Chauffeurkursus – Gemeinverständliches Lehrbuch nebst Fragen und Antworten für die Prüfung der Kraftwagenbesitzer und -Führer von AD. König; Verlag Richard Carl Schmidt & Co., Berlin, 1913)

Sicher ist sicher: Reifenflickzeug und mehrere Ersatzräder gehörten früher zur Standardausrüstung des Automobilisten.

Überalterung

Alle Reifen altern aufgrund physikalischer und chemischer Prozesse, wodurch ihre Funktionstüchtigkeit beeinträchtigt wird. Das gilt besonders für nicht oder wenig gefahrene Reifen. Sie verspröden im Gegensatz zu ständig benutzten Reifen vorzeitig, weil nur im Fahrbetrieb Weichmacher in der Gummimischung aktiviert werden.
Wann Reifen gänzlich auszumustern sind, darüber bestehen bei den Fachleuten etwas unterschiedliche Ansichten. Michelin beispielsweise garantiert gewissermaßen die Gebrauchstüchtigkeit für zehn Jahre. Andere Reifenhersteller und die Autoindustrie setzen das Limit bei sechs Jahren – immer vorausgesetzt, die Reifen haben keine Vorschäden der oben angeführten Art. Wichtig ist darüber hinaus die Unterscheidung nach Reifenkategorie. Es versteht sich von selbst, daß ein Pneu der ZR-Klasse (über 240 km/h) im normalen Fahrbetrieb entschieden höheren Beanspruchungen ausgesetzt ist, als ein S-Reifen (bis 180 km/h). Das heißt, daß Hochgeschwindigkeitsreifen ab Kategorie H (bis 210 km/h) aus Sicherheitsgründen nicht länger als maximal sechs Jahre in Gebrauch sein sollten. Auch Wohnwagenreifen (sie stehen viel, oft mit zu geringem Luftdruck, und haben geringe Jahreskilometerleistungen also guterhaltene Profile) sollte man nach sechs, spätestens nach acht Jahren

ausmustern. Dieser Rat gilt grundsätzlich auch dann, wenn das Profil noch akzeptabel ist.
Die Bestimmung des Reifenalters ist problemlos möglich (siehe auch Kapitel »Reifenkauf«). Entscheidend dafür ist der an einer Reifenflanke vorhandene DOT-Stempel. Zwar ist dringend davon abzuraten, gebrauchte Reifen zu kaufen, aber im Notfall kann mit der DOT-Kennzeichnung zumindest deren Alter bestimmt werden. Gebrauchtreifen geben keine Auskunft darüber, wie sie behandelt und gelagert wurden, welche Vorschäden sie haben, ein hohes Risiko.
Erlebnis in der Praxis: In einer italienischen Autowerkstatt wurde bei einem Audi 100 ein Reifen montiert, der zuvor – möglicherweise jahrelang – als Gewicht für eine Abdeckplane im Hof diente, das im Reifen schwappende Regenwasser hat man natürlich vorher entfernt. Für die ahnungslose Autofahrerin ein zwar preisgünstiger, aber äußerst problematischer Einkauf, sie wäre besser mit dem montierten Notrad weitergefahren.

Reifendefekt: Ruhe bewahren, keine hektischen Lenk- oder Bremsmanöver einleiten. Fahrzeug nach Möglichkeit ausrollen lassen. Schlagartige Druckverluste sind selten, meist kündigen sich Defekte durch schwammiges Fahrverhalten und abplatzende Profilstücke an.

Verhalten bei Reifenpannen

Was tun bei einer Reifenpanne? Das richtet sich natürlich zunächst nach der jeweiligen Situation. Qualitativ hochwertige Gürtelreifen sind konstruktiv so ausgelegt, daß sich der Defekt ankündigt und nicht sofort eintritt – Profilblöcke knallen in das Radhaus, das Fahrverhalten wird schwammig. Bei einem Reifendefekt während der Fahrt, insbesondere bei schlagartigem Luftverlust, sind hektische Aktionen immer vom Übel. Auf keinen Fall sollte der Versuch unternommen werden, das Fahrzeug brutal abzubremsen. Vielmehr gilt es, das Auto auf der Straße zu halten, gefühlvolles Gegenlenken ist gefragt.
Besonders dramatisch wird die Situation, wenn ein Hinterreifen plötzlich den Geist aufgibt, denn die Hinterachse stabilisiert das Fahrzeug. Das Auto wird meist sofort instabil und versucht sich zu drehen, harte Bremsversuche beschleunigen diese Bewegung noch. Sofern Platz vorhanden ist, sollte man das Fahrzeug in ausgekuppeltem Zustand ausrollen lassen, eventuell sanft abbremsen. Bei einem geplatzten Vorderreifen genügt in der Regel das Gegenlenken.

Nach dem Stillstand des Autos Warnblinkanlage einschalten und Warndreieck aufstellen. In Engpässen, Tunneln und ähnlich problematischen Situationen sollte versucht werden, das Auto langsam weiterrollen zu lassen, bis ein günstigerer Standplatz vorhanden ist. Der Reifen ist ohnehin hinüber, die Felge allerdings kann bei dieser Weiterfahrt ebenfalls vollständig unbrauchbar werden.

Es folgt der Griff zum Bordwerkzeug, Wagenheber und Radschlüssel, und zum Reserverad – falls vorhanden. Die Erfahrung zeigt, daß dieses Werkzeug oft in einem erbarmungswürdigen und weitgehend unbrauchbaren Zustand ist (ein sogenanntes Radkreuz wäre zu empfehlen). Festsitzende Radschrauben oder -muttern lassen sich vorsichtig und mit wenig Kraftaufwand mit dem Wagenheber lösen, der unter das Montierwerkzeug gestellt und langsam hochgedreht wird. Deshalb empfiehlt es sich, erst den Sitz der Radbefestigung zu prüfen, bevor der Wagenheber in Aktion tritt.

Dem Reserverad mangelt es meist deutlich an Luftdruck. Denn: Wenn schon der Fahrbereifung wenig Aufmerksamkeit und Luftdruckkontrolle zuteil wird, dann fällt das Reserverad völliger Vergessenheit anheim. Es gilt also, mit einem derart minderbemittelten Rad äußerst vorsichtig und langsam, aber auf dem kürzesten Weg zur nächsten Tankstelle oder Werkstatt zu fahren, um den Luftdruck korrekt einzustellen. Eine gesetzgeberische Vorschrift für Reserveräder übrigens gibt es nicht. Das heißt, daß nach einer Panne auch der schon erwähnte abgefahrene und profillose Reifen benutzt werden darf. Aber: Nur auf dem kürzesten Weg zum Reifenhändler oder zur Werkstatt, beim kleinsten Umweg erlischt – so die Rechtsprechung – die Betriebserlaubnis des Fahrzeugs, es ist nicht mehr versichert.

Platzsparendes Notrad: Im Vergleich zur Serienbereifung recht kümmerlich. Im Pannenfall aber ist die Weiterfahrt mit eingeschränkter Geschwindigkeit (maximal 80 km/h) möglich.

Noträder

Die allenthalben angebotenen Noträder, bei uns unbeliebt (in den USA Standard), aber gewichts- und platzsparend, dürfen zwar bis nach Hause gefahren werden, aber nur mit eingeschränkter Geschwindigkeit, meist 80 km/h maximal. Diese Beschränkung ist vor allem deshalb sinnvoll, weil das Fahrverhalten eines Autos mit Notrad nicht mehr das gewohnte Niveau hat, die Übertragung von Brems-, Beschleunigungs- und Seitenkräften gelingt nur unvollkommen.

Es gibt zwei Sorten von Noträdern, die schmalen Typen, meist auch kleiner als die Fahrbereifung und die Falträder, die vor Gebrauch mit einem Kompressor aufzublasen sind. Die Laufleistung beider Typenist sehr beschränkt, sie liegt in der Gegend von 3000 bis 5000 km.

Während schmale Noträder nicht selten als Gürtelreifen gefertigt werden, gibt es Falträder nur als Diagonalreifen. Wenn das Format des Notrades kleiner ist als die Fahrbereifung, ist bei der Montage auf eine Antriebsachse durch den ständigen Drehzahlunterschied links/rechts von einer Belastung des Achsdifferentials auszugehen. Auch deswegen empfiehlt sich nur kurzzeitige Benutzung und – wenn möglich – die Montage auf einer nicht angetriebenen Achse.

Vorschriften: Beim Gebrauch von Noträdern sollten die Anweisungen strikt eingehalten werden. Vorsicht in Kurven und bei Nässe, das Fahrverhalten hat sich geändert.

Kunststoff-Notrad: Diese Goodrich-Entwicklung konnte sich bei uns bislang nicht durchsetzen.

Faltrad: Bei Audi und Porsche im Gebrauch. Zum Aufpumpen wird ein bordeigener Kompressor benötigt.

Felgen – Stahl und Leichtmetall

Zierat: Leichtmetallräder am Auto wirken attraktiv und sorgen für eine individuelle Note. Andererseits sind sie mit mehr oder minder hohen Investitionen verbunden und verlangen Pflege.

Das Rad als Träger des Reifens dient der Verbindung mit dem Fahrzeug. Räder haben demnach eine zunächst technische Funktion, die aber – der Leichtmetallräder-Markt zeigt es – recht attraktiv gestaltet werden kann. Historisch gesehen, war es ein ziemlich weiter und beschwerlicher Weg bis zu den heute verwendeten Stahl- und Leichtmetallrädern. Erfinder Dunlop noch verband Reifen und Felge zu einer festen Einheit. Ein Verfahren das etliche Jahre in Gebrauch war, bis Michelin und Goodyear trennbare Konstruktionen entwickelten. Im Pkw-Bereich sind heute sogenannte Tiefbettfelgen allgemein üblich, die Standardisierung hat – glücklicherweise – längst Einzug gehalten.

Dabei sollten einige Begriffsverwirrungen geklärt werden. Tiefbettfelgen (siehe Zeichnung) sind konstruktiv klar definierte Formen mit einem tiefliegenden Felgenboden, der seinerseits mit der Radschüssel oder dem Felgenstern verbunden ist. Die allenthalben als »Tiefbettfelgen« angebotenen Leichtmetallräder mit breitem Außenrand verdienen deshalb diesen Namen eigentlich nicht. Sie könnten beispielsweise als Breitschulterfelgen bezeichnet werden. Auch der Begriff Felge betrifft eigentlich nur den Teil des Rades, auf dem der Reifen sitzt. Der Terminus Felge für das ganze Rad hat sich jedoch durchgesetzt, ist zu einer zwar im Grunde unkorrekten, aber allgemeinen Bezeichnung geworden, auch wir verwenden ihn.

Stahlblech-Scheibenräder bestehen aus der eigentlichen Felge und der meist eingeschweißten Radscheibe (Radschüssel), mit der die Räder am Radträger festgeschraubt werden. Leichtmetallräder sind in

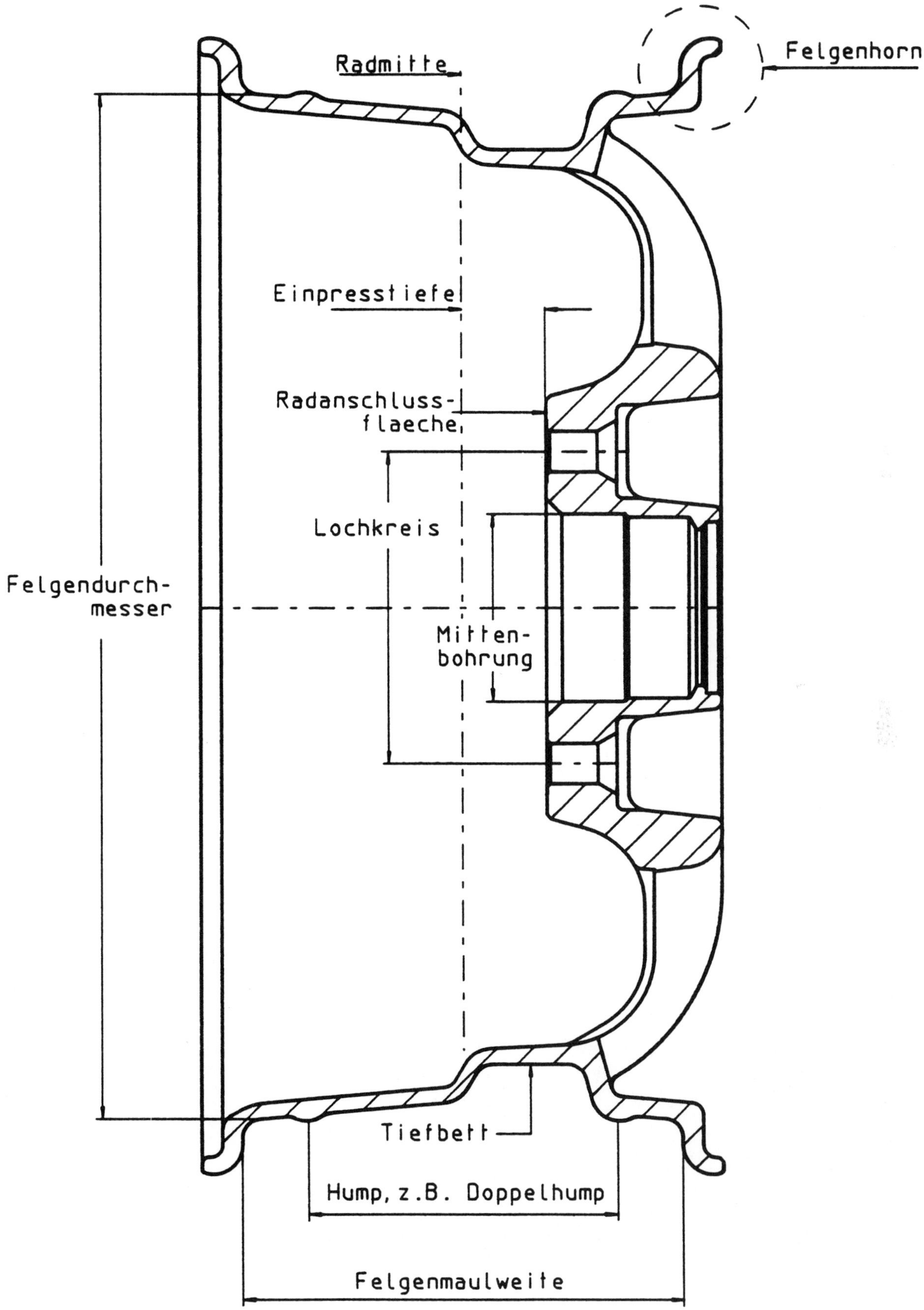

Radaufbau: Wichtig für Felgenkäufer sind vor allem Durchmesser, Breite (Maulweite), Einpreßtiefe und Lochkreis. Zudem ist das Felgen-Tiefbett sichtbar, nicht zu verwechseln mit dem heutzutage fälschlicherweise verwendeten Begriff für Räder mit zurückgesetztem Felgenstern und breitem Felgenbett.

Superlative: Ein dreiteilige LM-Rad vom Feinsten, mit geschmiedetem Magnesiumstern, gewalztem Alu-Felgenbett und Titan-Bolzen. Der Preis liegt mit deutlich über 2000 Mark entsprechend hoch – pro Stück, versteht sich.

der Regel aus einem Stück gefertigt. Die ganz sportlichen (und teuren) LM-Räder gibt es heutzutage allerdings auch mehrteilig. BBS war dabei Vorreiter, aufgrund einschlägiger Erfahrungen aus dem Rennsport. Äußerst selten und allenfalls bei Oldies im Gebrauch sind Speichenräder. Festigkeit und Gebrauchseigenschaften dieser Konstruktion – sie ist beim Fahrrad ganz ähnlich – lassen sehr zu wünschen übrig, beispielsweise durch Lockerung der Speichen. Sie sind für moderne Automobile nicht mehr zulässig, aber sie gehören unbedingt zu den Automobil-Klassikern. Ein Jaguar XK 140, ein Triumph TR 3 oder ein MGA sind ohne Speichenräder kaum denkbar.

Leichtmetallräder werden aus einer Metall-Legierung hergestellt, die in der Hauptsache Aluminium enthält. Die Legierungen differieren bei den verschiedenen Herstellern, genaue Daten fallen unter das Betriebsgeheimnis. Bedeutung hat vor allem der weitere Produktionsprozeß. Schon bei den Gußfelgen, der am weitesten verbreiteten Art, sind Unterschiede vorhanden. Wenngleich der früher übliche Sandguß heute kaum mehr in Frage kommt, der Qualität wegen. Üblich ist der Kokillenguß in eine feste Form. Geschmiedete Felgen sind besonders hochwertig, zäh und belastbar. Als bekannteste Vertreter dieser Spezies gelten die Fuchs-Felgen von Porsche.

Speichen-Felge: Für gewisse Automobil-Oldies und -Klassiker eigentlich unverzichtbar. Dieses Jaguar-Rad verfügt zudem über einen Zentralverschluß.

Der Felgen-Rohling könnte Risse aufweisen oder Lunker enthalten (Lufteinschlüsse), deshalb wird er geröntgt, danach erfolgt die Weiterverarbeitung auf einer Drehmaschine. Hochmoderne Gußverfahren und die Tatsache des Abdrehens der Felge sind der Grundstein für den hervorragenden Rundlauf und die Maßgenauigkeit von LM-Rädern. Sie sind, bei gleicher Größe, nicht nur leichter als Stahlräder, sondern auch exakter gefertigt, Höhen- oder Seitenschläge treten bei LM-Rädern kaum auf. Nach dem Bohren der Löcher für die Radschrauben, dem Reinigen und Entgraten wird die Felge auf Dichtheit und Rundlauf geprüft. Zum Schluß erfolgt das Entfetten, Grundieren, Lackieren und Einbrennen. Ein recht umfangreicher Fertigungsprozeß, der bei den großen Herstellern so oder ähnlich abläuft. Während früher Produktqualität und Fertigungsgenauigkeit der aufwendigen Schmiedefelgen allen Gußfelgen weit überlegen waren, kommen die gegossenen Produkte namhafter Räderhersteller heute den Vorgaben von geschmiedeten Rädern schon sehr nahe. Dafür sorgen auch die hohen Qualitätsanforderungen der Automobilhersteller, die ihre Serien-Leichtmetallräder nicht selten von den Anbietern auf dem Nachrüstmarkt fertigen lassen.
Aber die Verarbeitungsqualität gleichartiger LM-Räder weist durchaus Unterschiede auf. Wenn etwa die

Leichtmetallräder-Herstellung: Jeder Produzent verwendet für den Guß eine eigene Leichtmetall-Legierung. Hier das aufwendige Gegendruck-Gießverfahren.

Felgen-Qualität: Das Abdrehen der gegossenen Felge sorgt für Maßhaltigkeit und einwandfreien Rundlauf.

Qualitäts-Kontrolle: Sämtliche Räder durchlaufen eine Reihe von Kontrollstationen, die sogenannte 3D-Meßmaschine erfaßt alle Abweichungen.

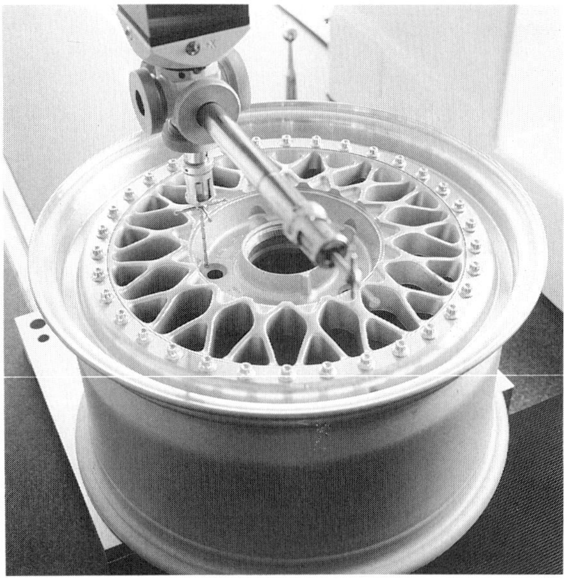

Lackierung nicht gründlich erfolgte (Chromatisierung, Pulverbeschichtung, Farblack, Klarlack) oder die verwendeten Materialien minderwertig sind. Ein gewisser Zusammenhang zwischen Felgenpreis und Felgenqualität (wie beim Reifen) jedenfalls ist schon vorhanden, deshalb Vorsicht bei Billig-Angeboten. Nach dem ersten Winter sorgen Salz- und Splitt-Beschuß für Erkenntnis darüber, ob man gut und richtig eingekauft hat – Design ist nicht alles.
Beim TÜV Bayern in München gibt es eine Räderprüfstelle, die praktisch alle angebotenen LM-Räder genau unter die Lupe nimmt. Erst wenn diese recht umfangreichen Prüfungen bestanden sind, erhält ein Rad die Allgemeine Betriebserlaubnis (ABE) und kann auf den Markt kommen. In dieser ABE sind, für die jeweils betroffenen Radtypen und Automodelle, sämtliche Auflagen für Montage und Gebrauch der Felge enthalten (siehe Kapitel »Räderumrüstung«).
Es gibt Räderproduzenten wie BBS, die diese TÜV-Prüfung für zu lasch halten und härtere Bedingungen fordern (das würde einige Billig-Anbieter in arge Bedrängnis bringen). Andererseits gibt der Segen der Räderprüfstelle in München die Gewähr, daß keine LM-Räder auf den deutschen Markt kommen, die so miserabel sind, daß sie ein Sicherheitsrisiko darstellen.
Rein technisch gesehen, haben Leichtmetallräder gegenüber Stahlfelgen einen Gewichtsvorteil und sie sind im Ernstfall haltbarer. Den Beweis dafür haben in

Felgen-Prüfung: Bei der oberflächentechnischen Untersuchung – hier der Salzsprühnebeltest – wird die Qualität der Beschichtung geprüft.

den vergangenen Jahren spektakuläre Aktionen bei etlichen Rallyeveranstaltungen geliefert. Es ist oft genug vorgekommen, daß während einer Wertungsprüfung Plattfüße auftraten, die Piloten aber fuhren unbeirrt weiter bis zum Ziel. In nicht wenigen Fällen retteten sie damit ihre gute Plazierung, ein Radwechsel hätte zu viel Zeit gekostet oder war mangels Masse gar nicht mehr möglich. Die Leichtmetallräder hielten meist weitgehend durch, nachdem sich der Reifen längst aufgelöst hatte. Mit Stahlrädern sind derlei Notprogramme nicht durchführbar, sie verformen sich rascher und stärker.
Reinigungsmittel zur Pflege von LM-Rädern sollten nach Möglichkeit speziell dafür abgestimmt sein. Es gibt Produkte von den Räderherstellern selbst, aber nachgewiesenermaßen auch sehr gute Mittel anderer Pflegemittelanbieter, etwa von Dr. Wack-Chemie in Ingolstadt. Sie sind nicht säurehaltig und garantieren schonende Reinigung. Diese ist natürlich notwendig, um an den teuren Stücken über Jahre Freude zu haben. Wobei übrigens das Problem Bremsstaub mit weißen Bremsbelägen nicht zu verhindern ist. Wenig taugen auch Kunstoff-Abdeckungen, die hinter der Felge aufgesetzt und mit den Radschrauben befestigt werden. Der Bremsstaub wird zwar weniger, dafür gerät die Bremsbelüftung mangelhaft. Automobilhersteller wie VW haben entsprechende Fahrversuche unternommen, die Temperatur der Scheibenbremsen stieg erheblich – abgelehnt.

Pflege-Aufwand: Ein flächiges und geschlossenes Felgen-Design vereinfacht Reinigung und Pflege.

Sport-Räder: Bei Rennen und Rallyes haben sich Leichtmetallräder längst durchgesetzt. Die Zähigkeit gegen Verformung ist im Gelände besonders willkommen.

Breitbettfelge: Dieses Rad mit 9½ Zoll Breite hat offensichtlich ein ausgesprochen breites Felgen-Außenbett, dennoch wird dafür meist der Begriff Tiefbettfelge verwendet.

Felgenbezeichnungen

Wie beim Reifen haben sich auch bei Rädern international gebräuchliche Bezeichnungen gebildet. Sie beziehen sich vor allem auf die Größe, den Raddurchmesser und die Breite. Ein Rad mit dem Kürzel 7 J x 15 hat eine Maulweite von 7 Zoll (Breite von Felgenhorn zu Felgenhorn, innen) und einen Durchmesser von 15 Zoll, gemessen am Eckpunkt von Felgenhorn und Felgenschulter. Dort exakt sitzt der Reifenwulst, demnach gilt bei einem 15 Zoll-Reifen diese Bezeichnung für den Innendurchmesser (nicht für die Lauffläche). Breite und Durchmesser werden also in Zoll angegeben, mit Ausnahme spezieller Rad-/Reifensysteme, etwa Michelin TRX oder TD (Dunlop und Michelin), dort sind Millimeter-Angaben üblich (zur Unterscheidung). Nachstehend die gebräuchlichen Felgendurchmesser in Zoll mit Millimetervergleich:

10 Zoll = 254,0 mm
12 Zoll = 304,8 mm
13 Zoll = 330,2 mm
14 Zoll = 355,6 mm
15 Zoll = 381,0 mm
16 Zoll = 406,4 mm
17 Zoll = 431,8 mm
18 Zoll = 457,2 mm
19 Zoll = 482,6 mm

Die Größenbezeichnungen für Räder in Zoll hat historische Gründe und dient heute nur nach als Nennbezeichnung. Exakte Felgenabmessungen sind beispielsweise in DIN-Normen festgelegt. Der Buchstabe »J« in der Felgenbezeichnung steht für die Felgenkontur (Höhe, Breite und Radius des Felgenhorns). Bei einigen englischen Automobilen sind JK-Felgen üblich, während die J-Felge sich bei uns weitgehend durchgesetzt hat. Es gibt eine Unmenge von Felgenformen, symmetrische und unsymmetrische Tiefbettfelgen (die bei unseren Pkw üblichen Ausführungen), Steilschulter- und Schrägschulterfelgen und so weiter, sie sind hier freilich unwichtig.

Ein wichtiger Bestandteil moderner Räder dagegen ist der Hump (sprich »Hamp«), ein an der Felgenschulter rundumlaufender Höcker. Meist sind auf der Felgenkontur zwei Humps vorhanden (Rad-Innenseite und -Außenseite). Sie sollen dafür sorgen, daß der Reifenwulst bei Querbelastung und zu geringem Luftdruck nicht in das Felgenbett springt. Das hätte bei einem schlauchlosen Reifen den schlagartigen Luftverlust zur Folge. Die verschiedenen Hump-Formen werden der Felgenbezeichnung beigefügt, sie sind aber für die Praxis von untergeordnetem Interesse. Üblich ist, um bei unserem Beispiel zu bleiben, 7 J x 14 H2. Mit H2 sind die beiden beschriebenen Humps gemeint (Doppelhump).

Sehr viel mehr Bedeutung beim Felgenkauf hat das Kürzel ET 25 beispielsweise. ET steht für Einpreßtiefe, die Zahl gibt das Maß in mm an. Die Einpreßtiefe (siehe Zeichnung) bezeichnet den Abstand zwischen Radmitte und Radanschlußfläche, die Auflage am Radträger. Bei gegebenen Maßen und Verhältnissen

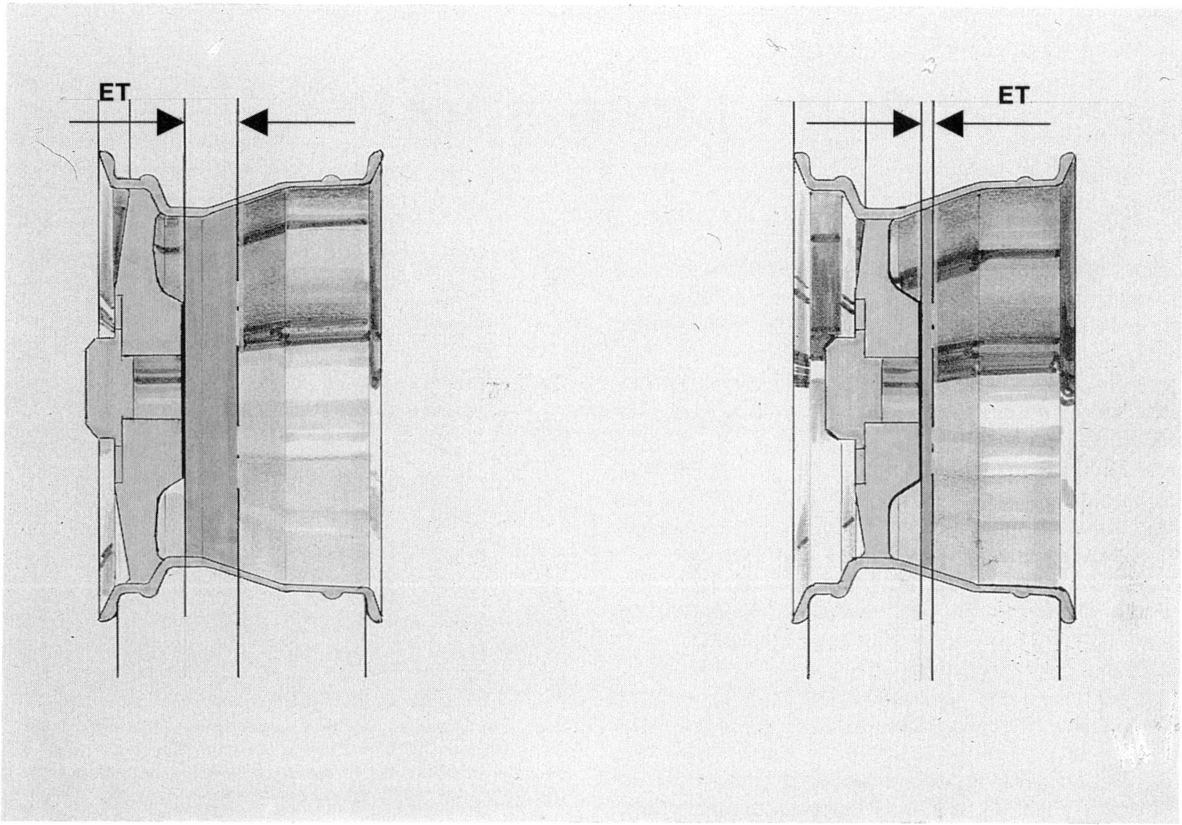

Einpreßtiefe: Die Millimeter-Angaben beziehen sich auf das Maß von Felgenmitte bis zur inneren Anlagefläche des Felgensterns. Bei gleichen Vorgaben wandert die Felge mit geringerer ET nach außen.

wandert ein Rad mit schwindender Einpreßtiefe nach außen. Hat die Serienfelge zum Beispiel ET 30, das nachgekaufte LM-Rad aber ET 25, so hat man sich eine (prinzipiell vorteilhafte) Spurverbreiterung eingehandelt.

Zu den wichtigen Maßen eines Rades zählt überdies der Lochkreisdurchmesser. Die vier oder fünf Löcher oder Stehbolzen zur Befestigung des Rades sind bekanntlich kreisförmig angeordnet. Darauf muß die Felge – unterschiedlich bei den Fahrzeugen – mit dem Lochkreisdurchmesser zwangsläufig abgestimmt sein. Selbst wenn Felgenbezeichnung und Einpreßtiefe stimmen, der Lochkreisdurchmesser macht oft den Unterschied. So haben etwa VW und Audi oft identische Felgenmaße, nur die Lochkreisdurchmesser dieser Fabrikate differieren.

Rad und Reifen bilden eine Einheit, sie sind auch maßlich abhängig voneinander. So läßt sich das Reifenformat 205/50 R 15 zwar ohne weiteres auf eine Felge in 5 1/2 J x 15 quetschen (das ist bei dieser Größe die sogenannte Meßfelge für Maßangaben zum Reifen) oder auf die Radgröße 8 J x 15 hieven, aber sinnvoll für den Fahrbetrieb ist das keinesfalls. Sehr viel besser fährt sich diese Reifengröße auf einem Rad in 7 J x 15. Die Bandbreite der zulässigen Reifen- und Felgen-Kombinationen ist enorm, wobei im Sinne guter Fahreigenschaften nicht nur vorteilhafte Alternativen angeboten werden. Etwas Vernunft und Überlegung gehören deshalb vor dem Kauf schon dazu. Vielleicht auch die Beratung von einer der Automobilzeitschriften oder einem offensichtlich kompetenten Reifenhändler. Auskünfte erteilen zudem die Kundendienstabteilungen der Automobil- und Reifenhersteller.

Felgen-Palette: Verschiedene Hersteller offerieren identische Räder in verschiedenen Ausführungen, mehrfarbig, silber poliert (mit Klarlack überzogen) oder Kombinationen davon.

Schnelle Jungs – die Reifen im Motorsport

Im Motorsport ist die Frage der Reifenwahl eminent wichtig, riskant und oft genug entscheidend über Sieg oder Niederlage. Nicht von ungefähr ist in diesem Zusammenhang immer wieder die Rede vom »Reifenpoker«. Nur – gemischt wird im Rennsport offen, allein welche Karten letztlich die besten sind, ist vor einem Rennen nicht immer absehbar.

Der zweifellos größte Zielkonflikt der Rennreifenkonstrukteure spitzt sich auf Fragen der Bodenhaftung und auf die Haltbarkeit der Pneus zu. Beides diametrale Forderungen. Wie weit das jeweilige Optimum auseinanderliegt, zeigt die Tatsache, daß beispielsweise in der Formel 1 ohne bestes Reifenmaterial keine Chance auf einen günstiger Startplatz in den vorderen Reihen besteht. Denn die hierfür maßgebliche schnelle Trainingsrunde schaffen die Piloten nur mit sogenannten »Qualifiers«, das sind superweiche Reifen, mit denen die Qualifikation eben leichter über die Bühne geht. Qualifiers kleben förmlich auf der Strecke, erlauben immense Beschleunigungen und Kurvengeschwindigkeiten, sind höchst kostspielig

Vorglühen: Aufheizen der Rennreifen vor dem Start. Nicht nur die Gummimischung muß auf Temperatur gebracht werden, auch die Innenluft. Nur so halten sich temperaturbedingte Druckänderungen während des Rennens im Rahmen.

Trockenspezialisten: Rennslicks auf dem Formel-1-Boliden, individuell auf die Strecke abgestimmt.

und – meist bereits nach einer schnellen Runde am Ende.
Gerade Formel-1-Reifen sind für extremste Belastungen ausgelegt, was sich auch in den gefahrenen Dimensionen ausdrückt. Immerhin erwärmen sich die an der Hinterachse gut einen halben Meter breiten Slicks auf über 100 Grad Celsius, wobei die Superwalzen nur mit vergleichsweise geringen Fülldrücken gefahren werden (um 1 bis 1,5 bar). Vor diesem Hintergrund bekommt die Behauptung mancher Rennreifentechniker, daß das wichtigste an einen Rennreifen die Luft sei, tatsächlich Gewicht. Temperaturänderungen während des Einsatzes bedeuten nämlich immer auch Druckänderungen im Pneu. Und schon geringste Abweichungen beeinflussen das Fahrverhalten der Boliden nachhaltig und häufig rennentscheidend. Mit ein Grund, weshalb die Haftsohlen vor dem Start heute vorgewärmt werden.
Um eine optimale Abstimmung zwischen Reifen und Rennfahrzeug zu finden, ist eine intensive Zusammenarbeit zwischen Reifeningenieuren auf der einen Seite sowie Fahrzeugkonstrukteure und den Piloten andererseits erforderlich. In gleichermaßen aufwendigen wie ausgiebigen Testfahrten wird minutiös untersucht, wie sich neue Materialien, ein modifizierter Reifenaufbau oder ein auch nur geringfügig anderes Mischungsverhältnis mit einem womöglich weiterentwickelten Fahrwerk vertragen. Und natürlich gehört auch die verschärfte Dauererprobung der Reifen über die volle Renndistanz mit zum Versuchsprogramm.

Bandbreite: Die glatten Slicks für optimalen Grip auf trockener Fahrbahn und die von Hand profilierten Regenreifen.

Materialschlacht: Auch in der Deutschen Tourenwagenmeisterschaft (DTM) ist die richtige Reifenwahl von entscheidender Bedeutung. Der Meister 91, Frank Biela, mit dem Audi V8 quattro auf Dunlop unterwegs.

Handarbeit: Regenreifen werden häufig manuell profiliert. Die Arbeit mit dem beheizten Schneidemesser, dem Groover, erfordert jahrelange Erfahrung und ein Höchstmaß an Präzision.

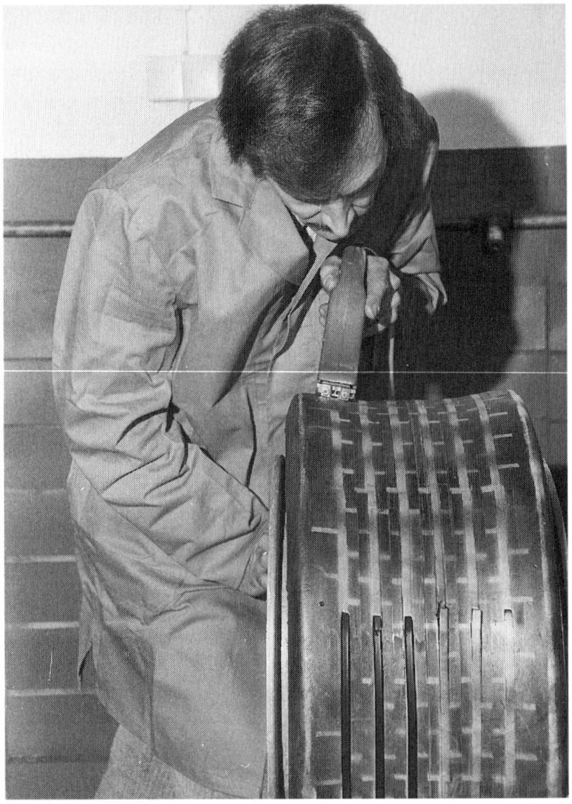

Wechselspiel: Bei Witterungsänderungen ist im Rundstreckenrennsport der blitzschnelle Reifentausch angesagt.

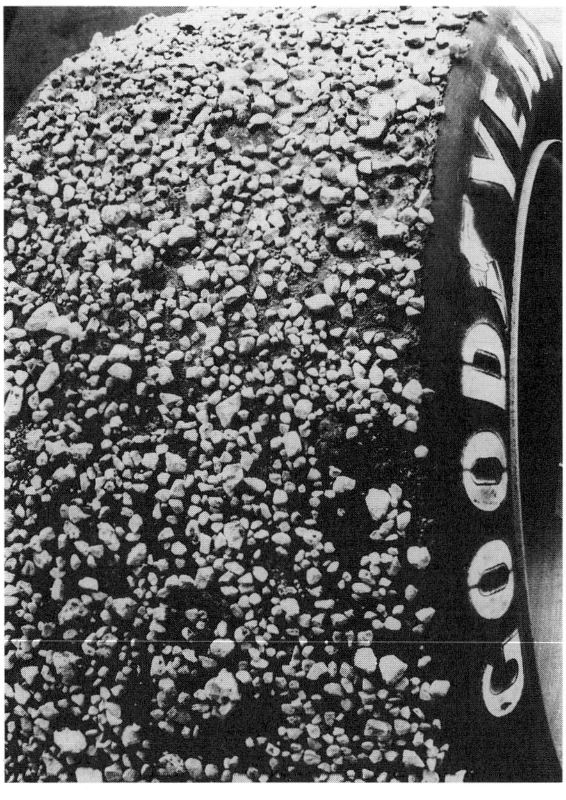

Haftfähig: Wie weich die Lauffläche eines Slicks im Verlauf des Rennens wird, zeigt sich nach einem Ausritt – Schmutz und Steine kleben sofort im Gummi fest.

Es geht im Motorsport schließlich um Sekundenbruchteile – die Bereifung spielt dabei eine entscheidende Rolle.
Schon im Vorfeld der Rennreifen-Entwicklung gilt es, das Reglement der Sportbehörden zu beachten, das beispielsweise die später erlaubten Dimensionen festschreibt, aber auch der jeweilige Fahrzeugtyp mit seinen Eckdaten für Leistung, Gewicht, Aerodynamik, Fahrwerkskonstruktion und Antriebskonzept bestimmt die Zielrichtung. Das gilt für die Rundstreckenhatz ebenso wie auf Rallyepisten. Natürlich wird in den Reifenschmieden mit modernsten Methoden gearbeitet, mit Computerunterstützung bei Forschung, Fertigung, Simulation und in der Praxiserprobung. Immer aber ist die individuelle Beurteilung des Fahrers in der Praxis maßgebend, der nicht allein über ein entsprechendes Feeling verfügen muß, sondern seine Streckenerfahrung auch zielsicher zu artikulieren hat. Eine Gabe, die beileibe nicht jeder Rennfahrer so weltmeisterlich beherrscht wie beispielsweise ein Lauda oder ein Röhrl.
Schon bei nationalen Wettbewerben wie der Deutschen Tourenwagen Meisterschaft (DTM) ist der Aufwand der Rennreifen-Anbieter immens. Dazu Dunlop-Renndienstleiter Gerhard Weber: »Im Normalfall stehen jedem Dunlop-Partner an einem DTM-Wochenende pro Auto drei bis vier Satz Slicks, zwei bis drei Satz Regenreifen und zwei Satz Intermediates (Mischreifen) zur Verfügung – je nach Witterung also etwa 20 bis 50 Reifen pro Fahrzeug. Bei zehn Autos

sind das bis zu 500 Reifen, die auf- und abmontiert sowie ausgewuchtet werden müssen.« Formel-1-Ausstatter Goodyear rollt zum Grand Prix in der Regel gleich mit mehreren tausend Pneus an.
Besonders viel Arbeit steckt in den Regenreifen, die generell von Hand profiliert und den jeweiligen Verhältnissen angepaßt werden. Bis zu einer Stunde benötigt ein erfahrener Monteur für einen Regenreifen, der manchmal in kürzester Frist ruiniert wird. Eine Massenfertigung im Sinne kontinuierlicher Produktionsverfahren ist bei Rennreifen mit Rücksicht auf die relativ geringen Stückzahlen und wegen der fortlaufenden Optimierung – praktisch von Rennen zu Rennen – wirtschaftlich unvertretbar. Im ungeschnittenen Zustand ist ein Regenreifen vom profillosen Slick allenfalls durch seine einvulkanisierte Code-Nummer zu unterscheiden. Aber – seine Laufflächendicke fällt mit etwa 7 mm höher als beim Slick aus (rund 4 mm). Das Regenprofil, häufig laufrichtungsgebunden, um bei den hohen gefahrenen Geschwindigkeiten das Aquaplaningproblem besser in Griff zu bekommen, wird mit einer Schablone aufgesprüht und mit einem auf 250 Grad Celsius vorgeheizten Messer, dem »Groover«, mit äußerster Sorgfalt ausgeschnitten. Die Endkontrolle zeigt, ob noch überall unter den Profilrillen die zum Schutz der Karkasse vorhandene Restgummistärke vorhanden ist.
Recht reichhaltig ist auch das Kontingent bei international ausgetragenen Rallyes. 600 Reifen pro Team sind da keine Seltenheit, wovon allerdings die meisten im Verlauf der Veranstaltung dann doch nicht gebraucht werden. Fällt die »Monte« trocken aus, bleiben die Schnee- und Eis-Spezialisten im Tieflader; eine verregnete »Safari« indes schont spürbar den Bestand an profillosen Rallye-Slicks. Es gilt halt, für alle Eventualitäten gewappnet zu sein.

Klassiker: Der Porsche 911 in den Seealpen bei der »Monte« 1969. Der damalige Sieger Björn Waldegaard war noch recht schmalspurig unterwegs, der Reifenaufwand eher bescheiden.

Für jeden etwas: Der zu erwartende Fahrbahnzustand bestimmt die Reifenwahl vor einer Rallye-Sonderprüfung. Die Bandbreite reicht vom dichtbespikten Eisspezialisten bis zum breiten Slick für trockenen Asphalt.

Winter Rallye | **Winter 700** | **Intermediate Spikes** | **Rain** | **Intermediate** | **Slick**

Hopp: Loser Untergrund auf Rallye-Etappen stellt besondere Anforderungen an die Pneus. Robustheit und Traktion müssen sichergestellt sein.

Motorradreifen – High-Tech auf zwei Rädern

Noch vor wenigen Jahren waren bei Motorrädern Diagonalreifen üblich, inzwischen haben sich auch hier Gürtelkonstruktionen durchgesetzt. Ihr Vorteil: weniger Rollwiderstand, geringeres Gewicht, verminderte Wärmeentwicklung und damit höhere Lebensdauer. Dunlops »Red Arrow« war seinerzeit der erste Motoradreifen in Gürtelbauweise.
Insgesamt bezeichnen die Reifenhersteller den Zweiradmarkt aus ihrer Sicht als »sehr schwierig«. Denn zum einen wechseln – trotz spürbarer Zurückhaltung der Motorradhersteller – neue Modelle noch immer schneller als beim Automobil, zum anderen laufen die Einsatzgebiete moderner Bikes heute weiter auseinander: Da werden Hochgeschwindigkeits-Maschinen auch zur gemütlichen Fahrt in den Urlaub genutzt, da soll der Reifen beim Wochenendtrip und auf freier Strecke beinahe sportlichen Anforderungen gerecht werden, sich im Alltag aber durch Zuverlässigkeit und vor allem hohe Lebensdauer auszeichnen.
Insbesondere die Entwicklung von Niederquerschnittsreifen (Serie 70 und geringer) brachte spürbare Verbesserungen für Fahrstabilität und in Sachen

Aufbau von Diagonal- und Radial-Motorradreifen (Michelin)

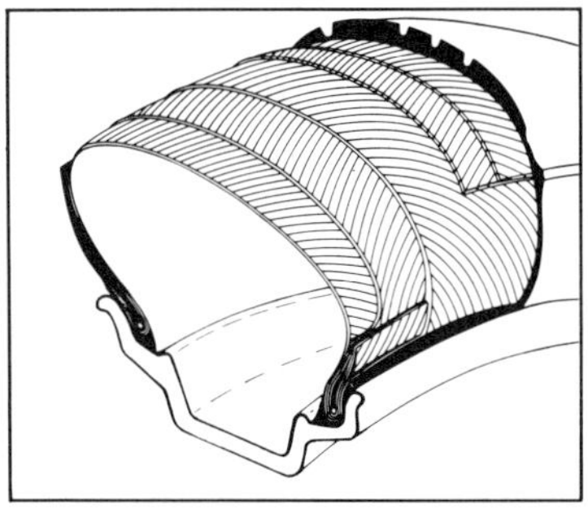

Herkömmlicher Diagonalreifen mit 5 Lagen: (H:B = 90)
viel Reibungswärme, hohes Gewicht, großer Rollwiderstand

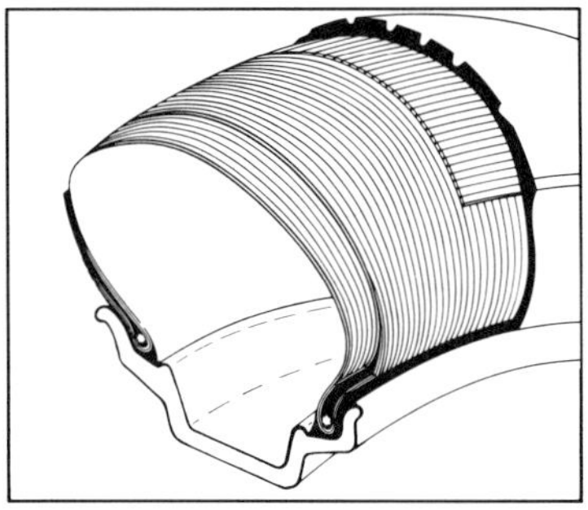

Michelin-Radialreifen mit 3 Lagen: (H:B = 60)
weniger Reibung und dadurch geringere Wärmeentwicklung

Schräglage: Höchste Anforderungen an Zweiradpneus bei Rundstreckenrennen. Aber auch im »zivilen« Bereich werden zunehmend High-Tech-Produkte verlangt.

Verschleißfestigkeit. Aber auch auf der Produktionsseite waren in jüngster Vergangenheit Fortschritte zu verzeichnen, durch verringerten Materialeinsatz; möglich durch die Verwendung hochwertiger Stoffe wie Kevlar, Rayon und hochfestem Nylon.
Bei Dunlop beispielsweise fertigt man heute Motorradpneus im wesentlichen nach drei Konstruktionsprinzipien, die abhängig sind vom an den Reifen gestellten Anforderungsprofil:

- Beim sogenannten C-Faltgürtel ist ein in leichtem Winkel zur Laufrichtung angeordneter Gürtel in Längsrichtung an beiden Seiten so gefaltet, daß im Querschnitt eben die Form eines »C« entsteht. Dazwischen ist ein zweiter Gürtel angeordnet und der nach oben offen Falz wird zur Lauffläche hin mit einer Null-Grad-Abdeckung versehen.
- Zwei unter Winkel geschnittene Gürtel kennzeichnen die zweite Ausführung, die vor allem im Straßenrennsport verwendet wird.
- Die technologisch modernste Variante stellt der JLB-Gürtelreifen dar. JLB steht für »Jointless-Belt« (endloser Gürtel). Statt der auf Länge geschnittenen Gürtellagen, die stumpf aneinanderstoßen, wird bei der JLB-Technik ein schmales Kevlarband praktisch endlos – Windung neben Windung – um die Nylonkarkasse gewickelt. Jointless-Belt-Reifen zeigen bei hohen Geschwindigkeiten und unter den daraus resultierenden Zentrifugalkräften ein nur sehr geringes Wachstum. Dynamisches Wachstum kann nämlich mit herkömmlichen Radialreifen bei 250 km/h durchaus 10 mm ausmachen, was die Aufstandsfläche vermindert und so die Fahrstabilität beeinträchtigt. Eine Gürteltechnik übrigens, die bei Pkw-Hochleistungsreifen schon seit geraumer Zeit in Produktion ist.

Bei Zweirädern haben sich in der Vergangenheit zwei unterschiedliche Felgensysteme etabliert. Zum einen die WM-Felge für Reifen mit Schlauch, zum anderen die MT-H2-Felge mit Doppelhump für schlauchlose Motorradpneus. In der Regel können Reifen in Schlauchausführung sowohl auf WM- als auch auf MT-H2-Felgen gefahren werden; schlauchlose Reifen (Bezeichnung: TL für »tubeless«) dürfen indes nur auf WM-Felgen montiert werden, wenn zuvor zusätzlich ein passender Schlauch eingezogen wird. Bei Niederquerschnittsreifen ist immer auf die richtige Schlauchausführung zu achten – eine entsprechende Kennzeichnung ist aufgedruckt. Im Zweifelsfall liefern Motorrad- und Reifenhersteller genaue Informationen.
Häufig bestehen für Motorradreifen in den Fahrzeugpapieren gelistete Fabrikatsbindungen, die es zu beachten gilt (siehe Kapitel »Reifenkauf«). Oft sind auch nur speziell aufeinander abgestimmte Pneus für Vorder- und Hinterrad nur eines Herstellers und einer Geschwindigkeitsklasse zulässig, die zudem laufrichtungsgebunden sein können (Montagevorgaben beachten!). »Wilde« Kombinationen sind weder zulässig, noch empfehlenswert und im Interesse der Fahrsicherheit zu vermeiden.

Motorrad-Radialreifen

Ausführung: C-Falt-Gürtel

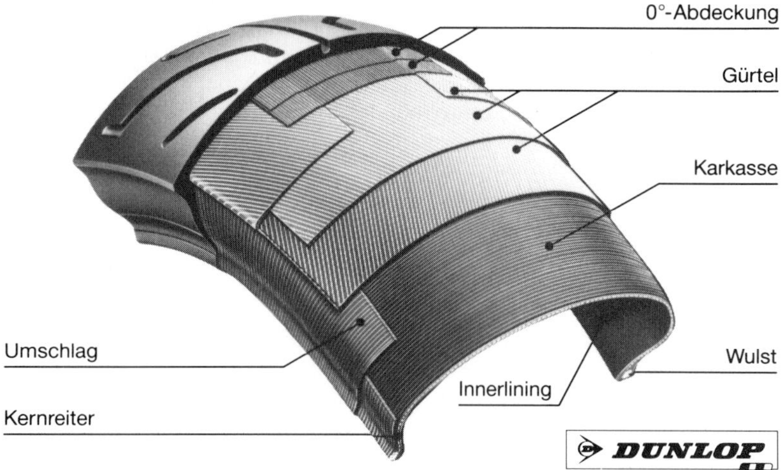

DUNLOP MOTORRADREIFEN

Motorrad-Radialreifen

Ausführung: geschnittener Gürtel

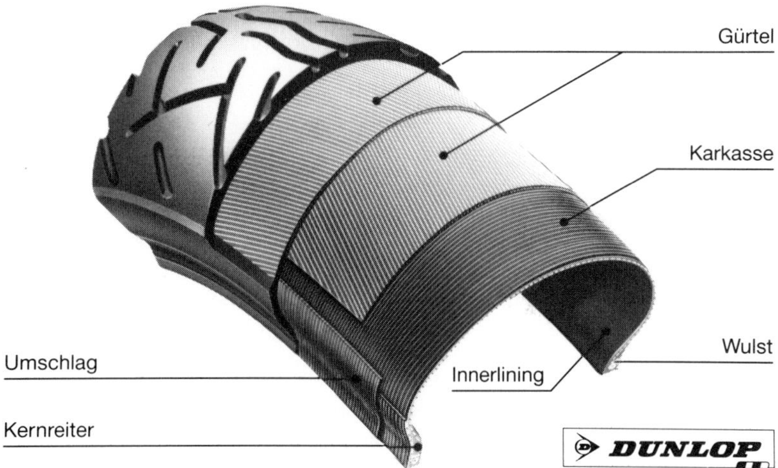

DUNLOP MOTORRADREIFEN

Motorrad-Radialreifen

JLB

Ausführung: Jointless Belt/gewickelter Gürtel

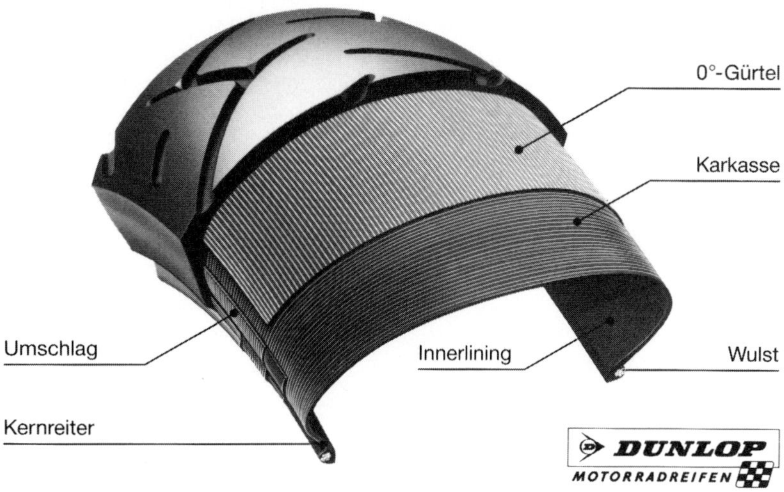

DUNLOP MOTORRADREIFEN

Für Motorradreifen gelten im wesentlichen dieselben Betriebskennungen wie für Autoreifen; auch in dieser Hinsicht ist bei der Ersatzbeschaffung ein wenig Augenmerk nötig. Leider hat sich eine einheitlich (klare) Kennzeichnung noch nicht allgemein durchgesetzt. Die früher gängige (und bisweilen noch angetroffene) Reifenkennzeichnung nennt Zollmaße, während die neuere Bezeichnungsnorm nach ETRTO (European Tyre and RIM Technical Organisation) und JATMA (Japan Automobile Tyre Manufacturers) ähnlich wie bei Pkw-Reifen angelegt ist. Dazu einige Beispiele:

Kombinations-Präparat: In Dimension, Aufbau und Profilierung speziell aufeinander abgestimmte Motorad-Gürtelreifen für vorn und hinten.

Alte Norm

In »3.50-18 4PR« bedeuten »3.50« die Reifenbreite in Zoll (hier 3,5 Zoll), »18« der Reifeninnendurchmesser, zugleich Felgendurchmesser in Zoll und »4PR« die Reifentragfähigkeit.

In »4.25/85 H 18« bedeuten »4.25« die Reifenbreite in Zoll (hier 4,25 Zoll), »85« das Querschnittsverhältnis in Prozent von Querschnittshöhe zu Querschnittsbreite (hier 85 Prozent, Niederquerschnittsreifen), »H« den Geschwindigkeitsindex (hier bis 210 km/h, siehe Tabellenteil) und »18« steht wiederum für den Felgendurchmesser im Zollmaß.

Neue Norm

In »130/90-16 67H« bedeuten »130/90« die Reifenbreite in mm (hier 130 mm) und das Querschnittsverhältnis (hier 90 Prozent), »16« der Felgendurchmesser in Zoll (hier 16 Zoll) gefolgt von der Betriebskennung »67H« mit der Tragfähigkeitszahl (67 für 307 kg) und dem Geschwindigkeitssymbol (H für 210 km/h).

In »150/70 VR 18 Radial V-260 TL« bedeuten »150/70« die Reifenbreite in mm (hier 150 mm) und das Querschnittsverhältnis (hier 70 Prozent), »V« die Geschwindigkeitskennung (hier über 210 km/h), »R« und »Radial« für die Konstruktion (Radialbauweise), »18« der Felgendurchmesser in Zoll (hier 18 Zoll), »V-260« die Sonderkennung für die maximal zulässige Höchstgeschwindigkeit (hier bis 260 km/h) und »TL« für tubeless (schlauchlose Ausführung).

In »170/60 ZR 18 V-280« bedeuten »170/60« die Reifenbreite in mm (hier 170 mm) und das Querschnittsverhältnis (hier 60 Prozent), »ZR« die Geschwindigkeitskennung (hier über 240 km/h), »18« der Felgendurchmesser in Zoll (hier 18 Zoll), »V-280« die Sonderkennung für die maximal zulässigen Höchstgeschwindigkeit (hier bis 280 km/h).

Nähere Angaben zu Tragfähigkeiten (Load-Index) und Geschwindigkeitskennungen (Speed-Index) finden sich im Tabellenteil.

Zeitdokument: Werner Haas auf dünnen Rädern – unterwegs mit einer 125 cm^3 NSU Rennfox.

Geländewagenreifen – für Schlamm und Show

Geländefahrzeuge haben sich im Laufe der Zeit einen festen Platz im Verkehrsbild gesichert. Off-Road-Autos drücken dabei wohl in erster Linie eine Art Lebensgefühl aus, wird der Großteil zumindest hierzulande doch in der Hauptsache »on Road« bewegt. Lagen die Reifentrends in der Vergangenheit klar auf der Hand – gefragt war die Umrüstung auf extreme Breitformate – so scheint sich momentan eine Wende abzuzeichnen, hin zum etwas schmaleren Rad mit größerem Durchmesser. Tatsache ist, bald jeder zweite Geländewagen-Freak wechselt spätestens beim ersten fälligen Reifentausch auch auf eine andere Dimension. Aber gerade unter dem Aspekt der vielseitigen Einsatzmöglichkeiten gerät beim Geländeauto speziell die Ersatzbeschaffung passender Pneus nicht immer leicht. Das Angebot ist reichhaltiger den je – und entsprechend unübersichtlich.
Doch Obacht: Von der Seriengröße abweichende Räder- und Reifenformate müssen für den jeweiligen Fahrzeugtyp auch freigegeben sein. Völlig problemlos ist diese Umrüstaktion nur, wenn die gewünschte Alternative bereits im Fahrzeug-Schein aufgelistet ist. Sonst prüft der TÜV Größen, Tragfähigkeit und Geschwindigkeitsklasse der Reifen und trägt die Umrüstung in die Fahrzeugpapiere nach (siehe Kapitel »Reifenkauf« und »Räderumrüstung«).
Die Wahl des Reifentyps sollte im Idealfall einzig vom geplanten Einsatzzweck bestimmt sein. Es ist dabei klar, daß an den Geländepneu, der sich in Wüste und Geröll bewähren soll, andere Konstruktionsmaßstäbe

Wahlprogramm: Die Off-Road-Reifenpalette hält für die unterschiedlichsten Fahrzeugtypen und Einsatzzwecke zahlreiche Dimensionen und Profil-Varianten parat.

Dreckfink: Auf verschlammter Piste wird dem Profil ein gutes Selbstreinigungsvermögen abverlangt.

Robuster Aufbau: Stabiler Unterbau und verstärkte Flanken für den harten Einsatz.

Am Ende der Welt: Härteprüfung für Mensch und Material (auch für die Michelin-Reifen) bei der Camel Trophy.

angelegt werden als an den Allrounder für den Einsatz auf Asphalt und auf überwiegend festem Untergrund. Diese Bandbreite zeigt schon, daß es auch in diesem Segment den Alleskönner, den idealen Geländewagenreifen, nicht geben kann.

Ein offenes Profil mit gutem Selbstreinigungsvermögen bringt Griffigkeit in tiefem Gelände, starke Flanken bieten Sicherheit vor Durchschlägen und Pannen beim herzhaften Kontakt mit Felsbrocken. Auf der Straße aber sind diese Vorsorgen weder für Abrollkomfort, Laufgeräusch noch Lenkpräzision förderlich. Wer nur selten abseits befestigter Trassen unterwegs ist, kommt daher mit einem eher geschlossenen Profil weitaus besser zurecht.

Für den Einsatz in Schnee und Eis haben sich ebenfalls weitgehend geschlossene Lamellen-Profile und eine selbst bei tiefen Temperaturen haftfähige Gummimischung durchgesetzt. Solche Geländereifen tragen dann wie die Pkw-Winterreifen eine M+S-Kennzeichnung. Schließlich soll beim Reifenkauf auch die Optik nicht ganz außen vor bleiben: Ein Geländepneu mit weißer Typenaufschrift sieht zugegebenermaßen einfach stark aus.

Das breitgefächerte Angebot an Spezialreifen in diesem Segment und die Vielzahl der offerierten Dimensionen lassen vor Umrüstaktionen und Ersatzbeschaffung eine gezielte Analyse sinnvoll erscheinen. Hilfen bieten der qualifizierte Reifenfachhandel, Fachzeitschriften sowie die Hersteller und Importeure von Pneus und Gelände-Fahrzeugen. Mit der gehörigen Portion Eigeninitative lassen sich dann durchaus individuell optimale Lösungen finden.

Der Greifer: Traktionsstarker G-Reifen mit guten Allroundeigenschaften.

Mischling: Wintertauglicher Geländepneu mit Schwerpunkt Straßeneinsatz.

Freizeitvergnügen: Der Geländewagen als Mittel zum Zweck. Die individuelle Reifenwahl hat besonderen Einfluß auf Fahrleistung und Fahrvergnügen.

Schwere Jungs – die Lastkraftwagen-Reifen

Reifen für Nutzfahrzeuge sind nicht etwa nur größer dimensionierte Personenwagen-Reifen, sie unterscheiden sich vielmehr von dieser Klasse stark in Aufbau und Konstruktion und das an sie gestellte Anforderungsprofil. Neben der Sicherheit nimmt hier besonders der Aspekt der Wirtschaftlichkeit einen besonders hohen Stellenwert ein. Wirtschaftlichkeit, das sind in erster Linie hohe Laufleistungen. Aber auch ein geringer Rollwiderstand zahlt sich im Liefer- und Fernverkehr mit barer Münze aus. Denn der Rollwiderstand mit Auswirkung auf den Kraftstoffverbrauch hat beim Lastkraftwagen einen weit höheren Anteil an der Summe aller Fahrwiderstände, als dies beim Personenwagen der Fall ist, wo – geschwindigkeitsbedingt – der Luftwiderstand dominiert.

Hohe Laufleistungen werden bei Lkw-Reifen einerseits durch abriebfeste Gummimischungen erzielt (worunter allerdings die Nässeeigenschaften leiden), wie durch die Möglichkeit, das Profil nachzuschneiden. Brummi-Pneus haben dazu in der Regel eine großzügig dimensionierte Gummilage zwischen Profilgrund und dem Karkassenmaterial, den »Grundgummi«. Sie können daher im Gegensatz zu Pkw-Reifen bedenkenlos nachgeschnitten werden. Nachgeschnitten wird um etwa 4 mm, wenn das Originalprofil auf cirka zwei bis drei Millimeter abgefahren wurde. Die so zusätzlich gewonnene Profiltiefe, steigert die Laufleistung um 20 bis 40 Prozent. Bei Pkw-Reifen ist Nachschneiden auf keinen Fall erlaubt!

Andererseits ist Runderneuerung ein probates Mittel, Fuhrparkkassen und Ressourcen gleichermaßen zu schonen. Immerhin hat ein abgefahrener Laster- oder Busreifen erst 15 Prozent seines Gewicht eingebüßt, die restlichen 85 Prozent des Pneus sind meist noch voll funktionstüchtig. Sogar ein mehrmaliges Runderneuern wird praktiziert, zumindest wenn die Karkasse noch strukturelle Reserven bietet. Michelin beispielsweise ist darüberhinaus in der Lage, bei der hauseigenen Runderneuerung von Lkw-Sohlen einzelne Gürtellagen oder sogar das komplette Gürtelpaket auszutauschen. Für den Einsatz im Fernverkehr al-

Kostenfaktor: Lange Lebensdauer, geringer Rollwiderstand und die Möglichkeit des Nachschneidens und der Runderneuerung kennzeichnen das Anforderungsprofil von Nutzfahrzeug-Pneus.

lerdings wird nur eine einmalige Auffrischung empfohlen und zwar – aus Gründen der Sicherheit – nur für Reifen an der Antriebsachse nicht für die Kandidaten an der Vorderachse.
Auch bei den Lastwagen beginnen sich »Breitreifen« zu etablieren. Kompaktreifen in 80er-Querschnitten und darunter erlauben dank geringerem Gewicht mehr Nutzlast und bewirken durch die niedrigere Flanke eine Schwerpunktabsenkung. Auch ganzjahrestaugliche Profile und Mischungen sowie regelrechte Winterreifen mit M+S-Kennzeichnung gibt es für die dicken Brocken. Spezifiziert wird bei der Lkw-Reifenwahl nach Straßen-, Gelände- oder gemischtem Einsatz, nach besonders traktionsstarken Typen für Spezialfahrzeuge von der Feuerwehr bis hin zum Kranentransporter. Gefahren wird mit auf den Einsatz abgestimmtem Fülldruck, die Spanne reicht von unter 1 bar für Grip auf Sand bis über 9 bar, wenn hohe Lasten aufliegen.
Die jeweilige Tragfähigkeit eines Lkw-Reifens richtet sich stark nach den gefahrenen Höchstgeschwindigkeiten. Wobei der in der Betriebskennung dokumentierte Load-Index (siehe Kapitel »Reifenkauf«) immer für die Nenngeschwindigkeit gilt. Rollt das schwere Gerät nur langsam, verkraftet der Pneu wesentlich mehr Last. So gilt bei einem Kranreifen beispielsweise für 80 km/h ein Limit von sechs Tonnen, im Kriechgang aber verträgt er bis zu zwanzig Tonnen. Speziell bei Erdbewegungsmaschinen darf es auch ein bißchen mehr sein: Die stattliche Dimension 40.00 R 57 X mit einer Breite von 1,22 m, einem Außendurchmesser von gerade mal 3 Meter und 76 cm bringt es bei 8 bar Fülldruck locker auf eine Tragfähigkeit von 105 Tonnen. Pro Reifen versteht sich. Allein die Luft in solch einem Giganten wiegt über einen Zentner!

Tempo: Moderne Leichttransporter brauchen tragfähige Spezialreifen auch in den höheren Geschwindigkeitsklassen.

Sicherheit: Bei Reisemobilen müssen die Reifendaten beachtet werden, Tragfähigkeit und Fülldruck sind auf die Gewichtsklasse abzustimmen.

Alte Kameraden – Oldie-Reifen für Sammlerstücke

Besitzer von Oldtimern haben immer Schwierigkeiten mit dem Ersatzteilnachschub für ihr teures Stück. Während solide Mechanik eher Verschleißerscheinungen bei regelmäßiger Benutzung zeigt, unterliegen die Reifen immerzu einem fortschreitenden Alterungsprozeß. Der Gummi wird spröde und rissig, die »Pneumatiks« sind einer Ausfahrt nach ein paar Dutzend Jahren praktisch nicht mehr so recht gewachsen. Von der Fahrsicherheit ganz zu schweigen.

Im Prinzip stehen auch die Eigner von noch nicht einmal ganz so alten Vehikeln vor ähnlichen Problemen. Die Klassiker, vielleicht aus den sechziger Jahren, stehen überwiegend in der Garage, werden sorgsam gehegt und gepflegt, an den Reifen bilden sich aber unmerklich und unweigerlich Abplattungen, erste Alterungserscheinungen zeigen sich.

Nun lassen sich vorgegebene Reifen – zumindest in passendem Format oder in alternativen Dimensionen – noch eine ganze Zeit nach dem werksseitigen Produktionsstopp des Fahrzeugs ordern. Einmal aber läuft auch bei der Reifenindustrie die Produktion eines in die Jahre gekommenen Typs aus. Als Alternative einen aktuellen Pneu in einigermaßen passender Dimension aufzuziehen, ist mitunter zwar möglich, unter echten Fans klassischer Automobile aber schlichtweg verpönt. Wer sich aus Überzeugung weigert, am eigenen Oldie auch nur eine Kreuzschlitzschraube einzudrehen, zieht im Ernstfall schon gar keinen modernen Hochleistungsreifen auf die Felge. Es gilt, den Originalzustand so weit als möglich beizubehalten.

Die breiteste Palette an stilechten Pneumatiks und

Stilecht: Die Industrie legt bisweilen Oldtimer-Reifen in Kleinserie auf, das Material entspricht sogar neuester Erkenntnis.

Klassiker-Bereifungen hält Michelin parat. Nicht permanent zwar, aber selbst die dünnen Reifen aus der Frühzeit der Motorkutschen werden hin und wieder aufgelegt. Rechtzeitige Order ist für den Sammler daher unabdingbar.
Der Gag dabei ist, daß die Oldie-Sohlen in Aussehen, Kennzeichnung und Dimension prinzipiell den historischen Vorlagen entsprechen, in Materialwahl und Chemie indes »modernisiert« sind. Ein Spezialkatalog nennt die lieferbaren Versionen und Größen, vom 1920er »Roulage Universel«, über den »Super Confort Stop S« von 1935, Weißwandtypen aus den Fünfzigern, bis hin zum »XWX« des Jahres 1970. Der bisweilen mit etwas Häme geäußerte Vorschlag, zur Ersatzbeschaffung halt nach Toresschluß ins Automobilmuseum einzusteigen, ist – so gesehen – wirklich nicht nötig. Informationen zur Reifenbeschaffung liefern allenthalben auch die rührigen Oldtimer- oder Markenclubs.

Altersfrage: Umwelteinflüsse und Sonnenlicht setzen den Pneus zu. Unbenutzte Oldiereifen sind häufig nicht mehr belastbar.

Nachschubproblem: Klassiker verlangen nach zeitgemäßer Bereifung, funktionstüchtige »Originale« sind oft nur mühsam zu beschaffen.

ACT
ACT – Auto Cycle Trading
Benzstraße 12
6805 Heddesheim

ALFA ROMEO
Alfa Romeo Vertriebsgesellschaft mbH
Lärchenstraße 110
6230 Frankfurt-Griesheim

ALPINA
Alpina Burkard Bovensiepen GmbH + Co
Alpenstraße 35
8938 Buchloe

ALUETT
Aluett
In den Birkenwiesen 6
6745 Offenbach

ALULINE
Aluline Leichtmetallräder GmbH
Industriestraße 55
6802 Ladenburg

AMG
AMG Motorenbau GmbH
Daimlerstraße 1
7151 Affalterbach

ARC
ARC/RIAL Leichtmetallfelgen GmbH
Industriestraße 1
6701 Fußgönheim

ARMSTRONG siehe **PIRELLI**

ATEV
ATEV Leichtmetallräder GmbH
von-Siemensstraße 1
6148 Heppenheim/Bergstr.

ATIWE
ATIWE Manfred Heinz
Talstraße 1
6330 Wetzlar 22

ATS
ATS Leichtmetallräder GmbH
Industriegebiet
6702 Bad Dürkheim

AUDI
Audi AG
Postfach 220
8070 Ingolstadt

AVON
Avon Reifen (Deutschland) GmbH
Postfach 320127
4000 Düsseldorf 30

BBS
BBS-Kfz-Technik AG
Am Hohenstein 113a
7622 Schiltach/Schwarzwald

BITTER
Bitter & Co Automobile GmbH
Berliner Straße 57
5830 Schwelm

BMW
Bayerische Motoren Werke AG
Postfach 400240
8000 München 40

BORBET
Borbet Metallgießerei
Hauptstraße
5789 Hallenberg 3/Hesborn

BRABUS
Brabus-Autosport
Kirchhellener Str. 246
4250 Bottrop

BRIDGESTONE
Bridgestone Reifen GmbH
Postfach 740240
2000 Hamburg 74

CENTRA
CENTRA Leichtmetallräder GmbH
Daimlerstraße 6
6733 Haßloch/Pfalz

CHRYSLER
Chrysler Import Deutschland GmbH
Postfach 250145
6500 Mainz 25/Mombach

CITROEN
Citroen Deutschland AG
Postfach 903080
5000 Köln 90

CONTI
Continental AG
Postfach 169
3000 Hannover 1

DAF
DAF Deutschland GmbH
Lise-Meitner-Str. 9
4018 Langenfeld

DAIHATSU
Daihatsu Deutschland GmbH
Postfach 1163
4154 Tönisvorst 1

DATSUN siehe **NISSAN**

DUNLOP
SP Reifenwerke GmbH
Postfach 2251
6450 Hanau

ENKEI siehe **MEYER LISSENDORF**

ETA-BETA siehe **KING**

EXIP
Fleischmann und Wacker GmbH+Co. KG
Am Mantel 8
7520 Bruchsal 1

FERRARI
Ferrari Deutschland GmbH
Lärchenstraße 110
6230 Frankfurt 80/Griesheim

FIAT
Fiat Automobil AG
Postfach 1763
7100 Heilbronn

FIRESTONE
Firestone Deutschland GmbH
Postfach 1463
6380 Bad Homburg

FOMB siehe **KING**

FONDMETAL siehe **MEYER LISSENDORF**

FORD
Ford-Werke AG
Postfach 604002
5000 Köln 60/Niehl

FULDA
Gummiwerke Fulda GmbH
Postfach 440
6400 Fulda

GENERAL TIRE siehe **HASENKRUG**

GISLAVED
Gislaved Reifen GmbH
Neumann-Reichardt-Str. 27-33
2000 Hamburg 70

GM
General Motors, GM Service GmbH
Eisenstr. 2
6090 Rüsselsheim

GOODRICH siehe **MEYER LISSENDORF**

GOODYEAR
Deutsche Goodyear GmbH
Xantener Straße 105
5000 Köln 60

GUMMI-MAYER
Gummi-Mayer
Postfach 1360
6740 Landau/Pfalz

HARTGE
Hartge GmbH
An der B 51
6645 Beckingen

HASENKRUG
Gummi Hasenkrug GmbH
Postfach 100406
2850 Bremerhaven 1

HONDA
Honda Deutschland GmbH
Sprendlinger Landstr. 166
6050 Offenbach

INTERPNEU
Interpneu-Handels-GmbH
Postfach 3406
7500 Karlsruhe 41

INTRA siehe **EXIP**

ISUZU
Isuzu Auto (Deutschland) GmbH
Grauwallring 1
2850 Bremerhaven

IVECO
Iveco Magirus AG
Postfach 1246
8044 Unterschleißheim

JAGUAR
Jaguar Deutschland GmbH
Postfach 1233
6242 Kronberg/Ts.

KING
Heyking
Eichenhainstraße 1+2
8562 Hersbruck

KLEBER
Kléber Reifen AG
Postfach 1560
6670 St. Ingbert

LADA
Deutsche Lada Automobil GmbH
Postfach 1206
2153 Neu-Wulmstorf

LANCIA
Lancia/Fiat Automobil AG
Postfach 1763
7100 Heilbronn

LEMMERZ
Lemmerz Werke KGaA
Postfach 1120
5330 Königswinter

LORINSER
Lorinser Sportservice GmbH
Kleine Röte 2
7050 Waiblingen

LOTUS
Lotus Sportwagen Import GmbH
Täleswiesenstraße
7410 Reutlingen 11

MAV siehe **MEYER-LISSENDORF**

MAZDA
Mazda Motors (Deutschland) GmbH
Postfach 100960
5090 Leverkusen 1/Hitdorf

MELBER siehe **KING**

MERCEDES-BENZ
Mercedes-Benz AG
Postfach 202
7000 Stuttgart 60

METZELER
Metzeler GmbH
Gneisenaustraße 15
8000 München 50

MEYER LISSENDORF
Meyer Lissendorf Alurad GmbH & Co.
Burgstraße 30
5534 Lissendorf

MICHELIN
Michelin Reifenwerke KGaA
Postfach 210953
7500 Karlsruhe 21

MIM
Felgen Winter GmbH
Voltastraße 12
6457 Maintal

MITSUBISHI
MMC Auto Deutschland GmbH
Hessenauer Str. 2
6097 Trebur 2/Geinsheim

MOMO
Zender Produkte GmbH
Gewerbegebiet 2733
Tarmstedt

NISSAN
Nissan Motor Deutschland GmbH
Nissanstr. 1
4040 Neuss 1

NOKIA
Nokia Reifen GmbH
Petersbrunner Str. 8a
8130 Starnberg

OPEL
Adam Opel AG
Postfach 1710
6090 Rüsselsheim

OZ siehe **KING**

PEUGEOT
Peugeot Talbot Deutschland GmbH
Postfach 537
6600 Saarbrücken

PIRELLI
Pirelli Reifenwerke GmbH
Postfach 20
6128 Höchst

PLATIN siehe **INTERPNEU**

PNEUMANT
Pneumant Reifenwerke Fürstenwalde AG
Tränkeweg
O-1240 Fürstenwalde/Spree

PORSCHE
Dr. Ing. h.c. F. Porsche AG
Postfach 400640
7000 Stuttgart-Zuffenhausen

REMOTEC
Remotec Dieter Wipperfürth GmbH
Industriestraße 55
6802 Ladenburg

RENAULT
Deutsche Renault AG
Kölner Weg 6–10
5040 Brühl

RH ALURAD
RH Alurad Höffken GmbH
Finnentroper Straße 93
5952 Attendorn

RIAL siehe **ARC**

RIKEN siehe **MEYER LISSENDORF**

RONAL
Ronal GmbH
Werner-von-Siemens-Straße
7529 Forst

ROVER
Rover Deutschland GmbH
Postfach 100361
4040 Neuss 1

SAAB
Saab Deutschland GmbH
Berner Straße 89
6000 Frankfurt 56

SCHNITZER
AC Schnitzer Automobile Technik
Neuenhofstraße 160
5100 Aachen

SEAT
Seat Deutschland GmbH
Postfach 1355
6082 Mörfelden-Walldorf

SEMPERIT
Deutsche Semperit GmbH
Triebstraße 39
8000 München 50

SKODA
Skoda Automobile Deutschland/Semex GmbH
Dr.-Georg-Schäfer-Str. 17
8492 Furth i. W.

STEYR-DAIMLER-PUCH
Steyr-Daimler-Puch Fahrzeugtechnik GmbH
Liebenauer Hauptstraße 317
A-8041 Graz

STRATO siehe **ALUETT**

SUBARU
Subaru Deutschland GmbH
Postfach 100909
6360 Friedberg

SUZUKI
Suzuki Auto GmbH
Mittenheimer Str. 60
8042 Oberschleißheim

TOYO
Toyo-Reifen GmbH
Wiesenstraße 21a
4000 Düsseldorf 11

TOYOTA
Toyota Deutschland GmbH
Bachemer Landstr. 2
5000 Köln 40/Marsdorf

UNIROYAL
Uniroyal Englebert Reifen GmbH
Postfach 410
5100 Aachen-Rothe Erde 1

VERGÖLST
Vergölst GmbH
Postfach 1120
6350 Bad Nauheim

VIKING siehe **MEYER LISS**

VOLVO
Volvo Deutschland GmbH
Postfach 2006
6057 Dietzenbach-Steinberg

VREDESTEIN
Vredestein GmbH
August-Horch-Straße 7
5400 Koblenz-Wallersheim

VW
Volkswagen AG
Postfach
3180 Wolfsburg 1

VW Motorsport
VW Motorsport
Ikarusallee 7 A
3000 Hannover 1

WOLFRACE
Cw-Fahrzeugtechnik
Holzwiesenstraße 1
8000 München 83

YOKOHAMA
Yokohama Reifen GmbH
Hansaallee 201
4000 Düsseldorf 11

YUGO
Yugo Automobile Deutschland GmbH
Postfach 1248
6083 Biebesheim/Rhein

ZENDER
Zender GmbH
Florinstraße/Gewerbegebiet
5403 Mülheim/Kärlich

Tragfähigkeitskennzahlen

(Load-Index, LI) und die maximalen Tragfähigkeiten in kg

LI	kg		LI	kg		LI	kg
50	190		70	335		90	600
51	195		71	345		91	615
52	200		72	355		92	630
53	206		73	365		93	650
54	212		74	375		94	670
55	218		75	387		95	690
56	224		76	400		96	710
57	230		77	412		97	730
58	236		78	425		98	750
59	243		79	437		99	775
60	250		80	450		100	800
61	257		81	462		101	825
62	265		82	475		102	850
63	272		83	487		103	875
64	280		84	500		104	900
65	290		85	515		105	925
66	300		86	530		106	950
67	307		87	545		107	975
68	315		88	560		108	1000
69	325		89	580		109	1030

Nach ECE-Regelung wird in der Reifengröße auch eine Betriebskennung mit angegeben. Sie besteht aus der Tragfähigkeitskennzahl, dem Load-Index LI, und dem Geschwindigkeitssymbol (Speed-Index SI). Beispiel: Bei einem Reifen der Dimension 175/70 R 13 82H entspricht der Load-Index 82 einer maximalen Tragfähigkeit von 475 kg.

Geschwindigkeitssymbole

(Speed-Index, SI) und die maximalen Geschwindigkeiten in km/h

SI	km/h	SI	km/h
A1	5	J	100
A2	10	K	110
A3	15	L	120
A4	20	M	130
A5	25	N	140
A6	30	P	150
A7	35	Q	160
A8	40	R	170
B	50	S	180
C	60	T	190
D	65	U	200
E	70	H	210
F	80	V	240
G	90	ZR	über 240

Nach ECE-Regelung wird in der Reifengröße auch eine Betriebskennung mit angegeben. Sie besteht aus der Tragfähigkeitskennzahl (Load-Index LI) und dem Geschwindigkeitssymbol, dem Speed-Index SI. Beispiel: Bei einem Reifen der Dimension 175/70 R 13 82H entspricht der Speed-Index H einer maximalen Geschwindigkeit von 210 km/h.

Quelle: WdK-Leitlinie 105

Umrüstdimensionen für AUDI 80, 90 / TYP: 89 / ABE-NR.: E251/1

Felgen-dimension	Reifen-dimension	Art	Ein-schränkungen
14-Zoll-Felgen			
5,5x14	175/70R14	S	X
5,5x14	185/70R14	S	X
5,5x14	195/60R14	S	X
6x14	175/70R14	S	X
6x14	175/70R14	R	D
6x14	185/60R14	R	C X
6x14	185/65R14	R	C I X
6x14	185/70R14	R	C X
6x14	195/60R14	S	X
6x14	195/60R14	R	C D Q X
6,5x14	175/70R14	R	L
6,5x14	175/70R14 M+S	R	L
6,5x14	185/60R14	R	
6,5x14	185/65R14	R	
6,5x14	185/70R14	R	
6,5x14	195/60R14	R	L
15-Zoll-Felgen			
5,5x15	185/55R15 M+S	S	X
5,5x15	185/65R15 M+S	S	X
5,5x15	195/55R15 M+S	S	X
5,5x15	205/60R15	S	X
6x15	185/65R15 M+S	S	X
6x15	195/50R15	R	K
6x15	195/55R15	R	
6x15	205/50R15	S	X
6x15	205/50R15	R	
6x15	205/60R15	S	X
6x15	215/45R15	R	K L
6,5x15	195/50R15	R	C K
6,5x15	195/55R15	R	
6,5x15	195/60R15	R	C E
6,5x15	205/50R15	R	C E
6,5x15	205/55R15	R	C E
6,5x15	215/50R15	R	C E
6,5x15	225/50R15	R	C E K

Felgen-dimension	Reifen-dimension	Art	Ein-schränkungen
15-Zoll-Felgen			
7x15	195/50R15	R	C K
7x15	195/55R15	R	
7x15	195/60R15	R	C E
7x15	205/50R15	S	
7x15	205/50R15	R	C D E L X
7x15	205/55R15	R	C E I X
7x15	205/60R15	S	X
7x15	215/50R15	R	C D E V
7x15	225/50R15	R	C D E K V
7,5x15	205/50R15	R	X
7,5x15	205/55R15	R	X
7,5x15	205/60R15	R	X
7,5x15	215/50R15	R	X
7,5x15	225/50R15	R	C K
16-Zoll-Felgen			
7x16	195/50R16	R	E
7x16	205/45R16	R	E L
7x16	205/50R16	R	L
7x16	205/55R16	R	L
7x16	215/40R16	R	E K L
7x16	225/45R16	R	E F I L
7x16	225/50R16	R	L
7,5x16	195/50R16	R	L
7,5x16	205/45R16	R	L
7,5x16	205/50R16	R	L
7,5x16	205/55R16	R	L X
7,5x16	225/45R16	R	L
7,5x16	225/50R16	R	E F L X

Umrüstdimensionen für AUDI 100 / TYP: C 4 / ABE-NR.: F619

Felgen-dimension	Reifen-dimension	Art	Ein-schränkungen
15-Zoll-Felgen			
6x15	195/65R15	S	D
6x15	205/60R15	S	D
7x15	195/65R15	S	D
7x15	195/65R15	R	
7x15	205/60R15	S	D
7x15	205/60R15	R	
7x15	215/60R15	S	D
7x15	215/60R15	R	
7x15	225/55R15	R	C E G
7x15	225/60R15	R	C E G
7,5x15	195/65R15	R	L
7,5x15	205/60R15	R	
7,5x15	215/60R15	R	
16-Zoll-Felgen			
7,5x16	205/55R16	R	
7,5x16	215/55R16	R	E F G L
7,5x16	225/50R16	R	E F G L
7,5x16	235/50R16	R	E F G L
8x16	225/50R16	R	F L
8x16	235/50R16	R	F L
8x16	245/45R16	R	F L
17-Zoll-Felgen			
7,5x17	205/50R17	R	L X
7,5x17	215/50R17	R	E F
7,5x17	225/45R17	R	E F

Umrüstdimensionen für BMW 3er-Reihe / TYP: 3/1 / ABE-NR.: 9637/4

Felgen-dimension	Reifen-dimension	Art	Ein-schränkungen
14-Zoll-Felgen			
5,5x14	175/70R14	S	D
5,5x14	175/70R14 M+S	S	D
5,5x14	195/65R14	S	D L
5,5x14	195/65R14 M+S	S	D
6x14	195/65R14	S	D L
6x14	195/65R14	R	
6x14	195/65R14 M+S	S	D
6x14	195/65R14 M+S	R	
6x14	205/60R14	R	C D F I N Q
6,5x14	195/65R14	S	D L
6,5x14	195/65R14	R	
6,5x14	195/65R14 M+S	S	D
6,5x14	195/65R14 M+S	R	C D N
6,5x14	205/60R14	R	I
7x14	195/65R14	R	D E L N
7x14	195/65R14 M+S	R	D E
7x14	205/60R14	R	C D E G N
15-Zoll-Felgen			
6x15	195/55R15	R	D Q
6x15	195/60R15	R	D
6x15	205/50R15	R	C D K N
6x15	205/55R15	R	L
6,5x15	195/55R15	R	
6,5x15	205/50R15	R	C K
6,5x15	205/55R15	R	D L
7x15	195/55R15	R	D E F I N Q
7x15	195/60R15	R	D E F N
7x15	205/50R15	R	C D E F L
7x15	205/55R15	S	D L
7x15	205/55R15	R	D E F L
7x15	215/50R15	R	C D E F I L M N Q
7,5x15	205/50R15	R	D E F K
7,5x15	205/55R15	R	D E F L

Felgen-dimension	Reifen-dimension	Art	Ein-schränkungen
16-Zoll-Felgen			
7x16	195/50R16	R	D I L M N
7x16	205/50R16	R	C E I
7x16	225/45R16	R	E F I L M
7,5x16	195/50R16	R	L
7,5x16	205/50R16	R	D E F L M
7,5x16	225/45R16	R	E L M

Umrüstdimensionen für BMW 325i
TYP: 3C / ABE-NR.: F547

Felgen-dimension	Reifen-dimension	Art	Ein-schränkungen
15-Zoll-Felgen			
6x15	185/65R5	S	D
6x15	185/65R5 M+S	S	D
6,5x15	205/60R5	S	D
6,5x15	205/60R5 M+S	S	D
6,5x15	225/55R5	S	D
7x15	185/65R5	R	L
7x15	195/60R5	R	
7x15	205/55R5	R	
7x15	205/60R5	R	
7x15	205/60R5	S	L D
7x15	205/60R5 M+S	S	D
7x15	225/50R5	R	C E
7x15	225/55R5	R	C E I
7x15	225/55R5	S	D L
7,5x15	195/60R5	R	L
7,5x15	195/65R5	R	L
7,5x15	205/55R5	R	
7,5x15	205/60R5	R	L
7,5x15	225/50R5	R	C E L
7,5x15	225/55R5	R	C E L
16-Zoll-Felgen			
7x16	205/55R6	R	L M
7x16	225/50R6	R	E L M
7,5x16	205/55R6	R	L M
7,5x16	225/45R6	R	L
7,5x16	225/50R6	R	E F L M
8x16	205/55R6	R	L
8x16	225/45R6	R	
8x16	225/50R6	R	E F
8x16	245/45R6	R	E F I L
17-Zoll-Felgen			
8x17	205/50R7	R	I L
8x17	215/45R7	R	L
8x17	225/45R7	R	L
8x17	235/40R7	R	F L M
8x17	245/40R7	R	F L M

Umrüstdimensionen für BMW 5er-Reihe
TYP: 5/H / ABE-NR.: E700

Felgen-dimension	Reifen-dimension	Art	Ein-schränkungen
15-Zoll-Felgen			
6x15	195/65R15	S	D
6,5x15	195/65R15	S	D L
6,5x15	195/65R15 M+S	S	D
6,5x15	205/65R15	S	D L
6,5x15	205/65R15 M+S	S	D
6,5x15	225/60R15	S	D L
6,5x15	225/60R15 M+S	S	D
7x15	195/65R15	R	D L
7x15	205/65R15	S	D L
7x15	205/65R15	R	D L
7x15	205/65R15 M+S	S	D
7x15	205/65R15 M+S	R	D
7x15	215/60R15	R	B D
7x15	225/60R15	S	D L
7x15	225/60R15	R	C D L N
7x15	225/60R15 M+S	S	D
7x15	225/60R15 M+S	R	D L N
7,5x15	195/65R15	R	D L N
7,5x15	205/65R15	R	D L N
7,5x15	205/65R15 M+S	R	D L N
7,5x15	225/60R15	R	C D E L N
7,5x15	235/55R15	R	C D E L N
8x15	225/60R15	R	D L

Umrüstdimensionen für BMW 5er-Reihe / TYP: 5/H / ABE-NR.: E700

Felgen-dimension	Reifen-dimension	Art	Ein-schränkungen
16-Zoll-Felgen			
7x16	205/55R16	R	D L M N S
7x16 HA: 8x16	205/55R16 HA: 225/50R16	R	L M
7x16 HA: 8x16	205/55R16 HA: 245/45R16	R	L M
7x16	225/50R16	R	C D L M N
7x16 HA: 8x16	225/50R16 HA: 225/50R16	R	L M
7x16 HA: 8x16	225/50R16 HA: 245/45R16	R	L M
7,5x16	205/55R16	R	D G I L M N
7,5x16 HA: 9x16	205/55R16 HA: 225/50R16	R	L
7,5x16 HA: 9x16	205/55R16 HA: 245/45R16	R	L
7,5x16	225/50R16	R	D G L M N
7,5x16 HA: 9x16	225/50R16 HA: 225/50R16	R	L
7,5x16 HA: 9x16	225/50R16 HA: 245/45R16	R	L
7,5x16	245/45R16	R	D E I L M N
8x16	205/55R16	R	D E I L M N
8x16	225/50R16	R	D E L M N
8x16 HA: 9x16	225/50R16 HA: 225/50R16	R	E L
8x16 HA: 9x16	225/50R16 HA: 225/55R16	R	E I L
8x16 HA: 9x16	225/50R16 HA: 235/50R16	R	E I L
8x16 HA: 9x16	225/50R16 HA: 245/45R16	R	E L
8x16	245/45R16	R	C D E F G I L M N
8,5x16	225/50R16	R	D I L M
8,5x16 HA: 9,5x16	225/50R16 HA: 245/45R16	R	L
8,5x16	225/55R16	R	D G I L
8,5x16	245/45R16	R	D G L M
9x16	225/50R16	R	D E F G L M N
9x16	245/45R16	R	D E L M N

Felgen-dimension	Reifen-dimension	Art	Ein-schränkungen
17-Zoll-Felgen			
7x17	215/50R17 R		
8x17	235/45R17	R	D G L
8x17 HA: 9x17	235/45R17 HA: 255/40R17	R	L
8x17 HA: 9x17	235/45R17 HA: 265/40R17	R	E F L
8x17	255/40R17	R	D G I L M N
8,5x17	225/45R17	R	I L
8,5x17 HA: 10x17	225/45R17 HA: 255/40R17	R	L
8,5x17 HA: 10x17	225/45R17 HA: 265/40R17	R	G L
8,5x17	235/45R17	R	D E F G L M N
8,5x17 HA: 10x17	235/45R17 HA: 255/40R17	R	F G L
8,5x17 HA: 10x17	235/45R17 HA: 265/40R17	R	F G L
8,5x17 HA: 9,5x17	235/45R17 HA: 235/45R17	R	E F G I L
8,5x17 HA: 9,5x17	235/45R17 HA: 255/40R17	R	D E F G L M
8,5x17 HA: 9,5x17	235/45R17 HA: 265/40R17	R	D E F G L M
8,5x17	255/40R17	R	D E G L M
8,5x17	265/40R17	R	E G I L M
9x17	235/45R17	R	I L
9x17 HA: 10x17	235/45R17 HA: 255/40R17	R	L
9x17 HA: 10x17	235/45R17 HA: 265/40R17	R	L
9x17	255/40R17	R	F G L M
9x17	265/40R17	R	D E I L M N

Umrüstdimensionen für BMW 7er-Reihe / TYP: 7/1 / ABE-NR.: E296/1

Felgen-dimension	Reifen-dimension	Art	Ein-schränkungen
15-Zoll-Felgen			
6,5x15	205/65R15	S	D
6,5x15	205/65R15 M+S	S	D
6,5x15	225/60R15	S	D
6,5x15	225/60R15 M+S	S	D
7x15	205/65R15	S	D
7x15	205/65R15	R	L
7x15	205/65R15 M+S	R	
7x15	205/65R15 M+S	S	D
7x15	215/60R15	R	H
7x15	225/60R15	S	D L
7x15	225/60R15	R	C D E L
7x15	225/60R15 M+S	S	D
7x15	225/60R15 M+S	R	C E
7,5x15	205/65R15	R	
7,5x15	205/65R15 M+S	R	
7,5x15	225/60R15	R	
7,5x15	225/60R15 M+S	R	
7,5x15	235/55R15	R	C E L
16-Zoll-Felgen			
7x16	205/55R16	R	L
7x16	225/50R16	R	L
8x16	205/55R16	R	I M
8x16	225/50R16	R	L
8x16 HA: 9x16	225/50R16 HA: 225/50R16	R	L
8x16 HA: 9x16	225/50R16 HA: 225/55R16	R	I L
8x16 HA: 9x16	225/50R16 HA: 235/50R16	R	I L
8x16 HA: 9x16	225/50R16 HA: 245/45R16	R	L
8x16	225/55R16	R	L
8x16	245/45R16	R	L M
8,5x16	225/50R16	R	F L
8,5x16 HA: 9,5x16	225/50R16 HA: 245/45R16	R	L
8,5x16	225/55R16	R	F L
8,5x16	245/45R16	R	L W
9x16	225/50R16	R	L
9x16	235/50R16	R	L
9x16	245/45R16	R	G L M

Felgen-dimension	Reifen-dimension	Art	Ein-schränkungen
17-Zoll-Felgen			
8x17	235/45R17	R	L
8x17 HA: 9x17	235/45R17 HA: 255/40R17	R	F G L
8x17 HA: 9x17	235/45R17 HA: 265/40R17	R	E F L
8,5x17	235/45R17	R	E G L M
8,5x17 HA: 10x17	235/45R17 HA: 255/40R17	R	F G L
8,5x17 HA: 10x17	235/45R17 HA: 265/40R17	R	F G L
8,5x17 HA: 9,5x17	235/45R17 HA: 255/40R17	R	E G L
8,5x17 HA: 9,5x17	235/45R17 HA: 265/40R17	R	E G L
8,5x17	255/40R17	R	E L M
8,5x17	265/40R17	R	E I L M
9x17	235/45R17	R	G L
9x17 HA: 10x17	235/45R17 HA: 255/40R17	R	L
9x17 HA: 10x17	235/45R17 HA: 265/17R17	R	L
9x17	255/40R17	R	L M
9x17	265/40R17	R	L M

Umrüstdimensionen für FORD Escort
TYP: ALL / ABE-NR.: F538

Felgen-dimension	Reifen-dimension	Art	Ein-schränkungen
13-Zoll-Felgen			
5x13	175/70R13	S	D
5,5x13	175/70R13	R	
5,5x13	185/65R13	R	
6x13	175/70R13	R	
6x13	185/65R13	R	
14-Zoll-Felgen			
6x14	185/60R14	R	
6x14	185/60R14	S	D
6,5x14	185/60R14	R	
15-Zoll-Felgen			
7x15	185/55R15	R	I L
7x15	195/50R15	R	
7x15	205/50R15	R	E F
7x15	215/45R15	R	F L

Umrüstdimensionen für HONDA Civic CRX
TYP: ED 9 / ABE-NR.: E715

Felgen-dimension	Reifen-dimension	Art	Ein-schränkungen
13-Zoll-Felgen			
5x13	155R13 M+S	S	
14-Zoll-Felgen			
5x14	185/60R14	S	
5,5x14	185/60R14	R	D
5,5x14	195/60R14	R	C D K
5,5x14	205/55R14	R	C D E L
6x14	185/60R14	R	C D E N
6x14	195/60R14	R	C D E K
6x14	205/55R14	R	C D E I L N
6,5x14	185/60R14	R	
6,5x14	195/60R14	R	C K
6,5x14	205/55R14	R	C E L
15-Zoll-Felgen			
6x15	185/55R15	R	D I N
6x15	195/50R15	R	D F
6,5x15	185/55R15	R	
6,5x15	195/50R15	R	C L
6,5x15	215/45R15	R	C G L
7x15	185/55R15	R	D E F I L
7x15	195/50R15	R	D E F G L N Q

Umrüstdimensionen für MERCEDES 190er-Reihe / TYP: 201 / ABE-NR.: C750/3

Felgen-dimension	Reifen-dimension	Art	Ein-schränkungen
15-Zoll-Felgen			
6 x 15	185/65 R 15	S	A L
6 x 15	185/65 R 15 M+S	S	
7 x 15	185/65 R 15	R	L
7 x 15	185/65 R 15 M+S	R	L
7 x 15	195/50 R 15	R	C K
7 x 15	195/55 R 15	R	F
7 x 15	195/60 R 15	R	F
7 x 15	205/50 R 15	R	C K
7 x 15	205/55 R 15	R	C E F L
7 x 15	205/55 R 15	S	A L
7 x 15	205/55 R 15 M+S	S	
7 x 15	225/50 R 15	R	C E F G
16-Zoll-Felgen			
7 x 16	195/50 R 16	R	E F
7 x 16	205/45 R 16	R	E F K
7 x 16	205/50 R 16	R	E F M
7 x 16	225/45 R 16	R	E L M
7,5 x 16	205/55 R 16	R	K L
7,5 x 16	225/45 R 16	R	L
17-Zoll-Felgen			
7,5 x 17	215/40 R 17	R	
7,5 x 17	215/45 R 17	R	K

Umrüstdimensionen für MERCEDES 200er-Reihe / TYP: 124 / ABE-NR.: D700/2

Felgen-dimension	Reifen-dimension	Art	Ein-schränkungen
15-Zoll-Felgen			
6x15	185/65R15	S	A
6x15	185/65R15 M+S	S	
6,5x15	185/65R15	R	
6,5x15	195/55R15	R	L
6,5x15	195/65R15	S	A L X
6,5x15	195/65R15	R	
6,5x15	195/65R15 M+S	S	
6,5x15	195/65R15 M+S	R	
6,5x15	205/55R15	R	C F
6,5x15	205/60R15	R	C F L
6,5x15	205/65R15	S	X
6,5x15	215/60R15	R	C E F
6,5x15	225/50R15	R	C E F K
7x15	185/65R15	R	D E L M V X
7x15	185/65R15 M+S	R	D E I L M Q V X
7x15	195/65R15	R	A D E F L M Q
7x15	195/65R15 M+S	R	D E I
7x15	205/55R15	R	C D E F I K M X
7x15	205/60R15	S	A L
7x15	205/60R15	R	C D E F L M Q V X
7x15	215/60R15	R	C D F I L M Q V
7x15	225/50R15	R	C D E F I K M Q V
7,5x15	205/60R15	R	D E L M
7,5x15	215/60R15	R	D E M
7,5x15	225/50R15	R	D K M Q V

Felgen-dimension	Reifen-dimension	Art	Ein-schränkungen
16-Zoll-Felgen			
7x16	205/55R16	R	D E F L
7x16	215/55R16	R	I L
7x16	225/45R16	R	D E K L V
7x16	225/50R16	R	E L M X
7,5x16	205/55R16	R	D E F L
7,5x16	215/55R16	R	I L
7,5x16	225/45R16	R	K L X
7,5x16	225/50R16	R	L M X
8x16	205/55R16	R	D E F L M X
8x16	225/45R16	R	E F G K L
8x16	225/50R16	R	E F G L
8x16	225/55R16	S	L
8x16	225/55R16 M+S	S	
17-Zoll-Felgen			
7x17	215/50R17	R	
7x17 HA: 8x17	215/50R17 HA: 235/45R17	R	M
7,5x17	205/50R17	R	L
7,5x17	215/50R17	R	L
8x17	235/45R17	R	
8,5x17	235/45R17	R	L

Umrüstdimensionen für OPEL Kadett / TYP: Kadett-E-CC / ABE-NR.: D559/2

Felgen-dimension	Reifen-dimension	Art	Ein-schränkungen
13-Zoll-Felgen			
5x13	155R13	S	K X
5x13	155R13 M+S	S	K
5x13	165R13	S	K X
5,5x13	155R13	S	I K
5,5x13	155R13 M+S	S	K
5,5x13	165R13	S	G K
5,5x13	175/70R13	S	E K
5,5x13	185/60R13	S	E
5,5x13	185/65R13	S	E
5,5x13	195/60R13	S	D E F Q
5,5x13	205/60R13	S	D E K V
6x13	175/70R13	S	
6x13	185/60R13	S	C E K
6x13	195/60R13	S	C E
6x13	205/60R13	S	C D E K N
14-Zoll-Felgen			
5,5x14	175/65R14	S	D K N V X
5,5x14	185/60R14	S	C E K X
5,5x14	185/65R14	S	C E K X
5,5x14	195/60R14	S	C E I
6x14	175/65R14	S	D E F K X
6x14	185/60R14	S	C D E F I K N V X
6x14	185/65R14	S	C D E F K L V X
6x14	195/60R14	S	C D E I K N V
6,5x14	175/65R14	S	D I L
6,5x14	185/60R14	S	C D E I K L
6,5x14	185/65R14	S	C D E K L
15-Zoll-Felgen			
6x15	185/55R15	S	D I K N
6x15	195/50R15	S	D E F K
6x15	205/50R15	S	D E I
6x15	205/55R15	S	C D E I K L N
7x15	185/55R15	S	D E F I K L
7x15	195/50R15	S	
7x15	205/50R15	S	B D E K
7x15	215/45R15	S	B C D E F I K N Q V

Umrüstdimensionen für OPEL Vectra / TYP: Vectra-A-CC / ABE-NR.: E948

Felgen-dimension	Reifen-dimension	Art	Ein-schränkungen
13-Zoll-Felgen			
5,5x13	165R13	R	I
5,5x13	165R13	S	D
5,5x13	165R13 M+S	S	D V
5,5x13	185/70R13	R	D I K N Q V
5,5x13	185/70R13	S	D
5,5x13	185/70R13 M+S	S	D V
6x13	185/70R13	R	D K V
14-Zoll-Felgen			
5,5x14	175/65R14	R	K
5,5x14	175/70R14	S	D V
5,5x14	175/70R14 M+S	S	D
5,5x14	195/60R14	S	D V
5,5x14	195/60R14	R	
6x14	175/70R14	R	D G I
6x14	185/65R14	R	C D G I K N V
6x14	195/60R14	R	C D G I K N V
6x14	195/65R14	R	C D E G I K V
6x14	205/55R14	R	C D E F G K
6x14	205/60R14	R	C D F G K N V
6,5x14	175/70R14	R	D I K L
6,5x14	185/65R14	R	D K
6,5x14	195/60R14	R	
6,5x14	195/65R14	R	C D G N
6,5x14	205/55R14	R	C D G K
6,5x14	205/60R14	R	C D G

Felgen-dimension	Reifen-dimension	Art	Ein-schränkungen
15-Zoll-Felgen			
6x15	195/50R15	R	C D G I
6x15	195/55R15	R	D G I N
6x15	195/60R15	S	D
6x15	195/60R15	R	C D N
6x15	205/50R15	R	C D E F G I K N
6x15	205/55R15	R	C D F G I N
7x15	195/50R15	R	C D E F I K N
7x15	195/55R15	R	D E G
7x15	195/60R15	R	D E G
7x15	205/50R15	R	C D E F K
7x15	205/55R15	R	C D E F G N
7x15	215/45R15	R	C D E F G I K V
7x15	225/50R15	R	C D E F G I M N Q V
7,5x15	195/60R15	R	F L
7,5x15	205/50R15	R	F K
7,5x15	205/55R15	R	F G
7,5x15	215/45R15	R	F K L
16-Zoll-Felgen			
7x16	195/50R16	R	D E F G L N
7x16	205/45R16	R	L
7x16	205/50R16	R	E L

Umrüstdimensionen für OPEL Calibra / TYP: Calibra-A / ABE-NR.: F406

Felgendimension	Reifendimension	Art	Einschränkungen
14-Zoll-Felgen			
5,5x14	175/70R14 M+S	S	D
5,5x14	175/70R14 M+S	R	
5,5x14	195/60R14	S	D
5,5x14	195/60R14	R	
6x14	175/70R14 M+S	R	D I
6x14	195/60R14	S	D
6x14	195/60R14	R	I
6x14	195/65R14	R	I
6x14	205/55R14	S	D
6x14	205/60R14	R	D I
6,5x14	195/65R14	R	
6,5x14	205/60R14	R	
15-Zoll-Felgen			
6x15	195/60R15	R	
6x15	205/55R15	R	D
7x15	195/55R15	R	I
7x15	195/60R15	R	C D E
7x15	205/50R15	R	C E F K
7x15	205/55R15	R	C D E F
7x15 HA: 7x15	205/55R15 HA: 225/50R15	R	C D E F
7x15	215/45R15	R	C D E F K L M
7x15	215/50R15	R	C E F I
7x15	225/50R15	R	C D E F G M
7,5x15	195/60R15	R	E K L
7,5x15	205/50R15	R	K
7,5x15	205/55R15	R	E
7,5x15	215/45R15	R	L
16-Zoll-Felgen			
7x16	195/50R16	R	
7x16	205/45R16	R	K L
7x16	205/50R16	R	
7x16	215/40R16	R	K L

Umrüstdimensionen für PORSCHE 944 / TYP: 944 / ABE-NR.: C697/1

Felgen-dimension	Reifen-dimension	Art	Ein-schränkungen
15-Zoll-Felgen			
7x15	195/65R15	S	L M X
7x15	195/65R15 M+S	S	L M X
7x15	215/60R15	S	D L M X
7x15	215/60R15 M+S	S	D L M X
16-Zoll-Felgen			
7x16	205/55R16	S	D L M
HA: 8x16	HA: 225/50R16		
7x16	205/55R16 M+S	S	D L M
HA: 8x16	HA: 225/50R16 M+S		
7,5x16	225/50R16	S	D L X
HA: 7x16	HA: 225/50R16		
8x16	225/50R16	S	D L M X
HA: 9x16	HA: 245/45R16		

Umrüstdimensionen für PORSCHE 944 Turbo / TYP: 944 Turbo / ABE-NR.: D778/1

Felgen-dimension	Reifen-dimension	Art	Ein-schränkungen
16-Zoll-Felgen			
7x16	205/55R16 M+S	S	D I M
7x16	205/55R16 M+S	S	D L M
HA: 8x16	HA: 205/55R16 M+S		
7x16	205/55R16	S	D L M X
HA: 8x16	HA: 225/50R16		
7x16	205/55R16 M+S	S	D L M X
HA: 8x16	HA: 225/50R16 M+S		
7x16	225/50R16	S	D L M X
HA: 8x16	HA: 225/50R16		
7x16	225/50R16 M+S	S	D L M X
HA: 8x16	HA: 225/50R16 M+S		
7x16	225/50R16	S	D L M X
HA: 9x16	HA: 245/45R16		
7,5x16	205/55R16 M+S	S	D L M
HA: 8x16	HA: 205/55R16 M+S		
7,5x16	205/55R16	S	D L M
HA: 8x16	HA: 225/50R16		
7,5x16	225/50R16	S	D L M
HA: 9x16	HA: 245/45R16		
8x16	205/55R16 M+S	S	D L M
8x16	225/50R16 M+S	S	D L M
8x16	225/50R16	S	D L M X
HA: 9x16	HA: 245/45R16		

Umrüstdimensionen für TOYOTA Celica / TYP: T 18 (Vierloch) / ABE-NR.: F411

Felgen-dimension	Reifen-dimension	Art	Ein-schränkungen
13-Zoll-Felgen			
5x13	165R13	S	D
5,5x13	165R13	R	
5,5x13	185/70R13	R	
5,5x13	185/70R13	S	D
6x13	185/70R13	R	
14-Zoll-Felgen			
6x14	175/70R14 M+S	R	D N
6x14	185/65R14	R	
6x14	205/60R14	R	

Umrüstdimensionen für TOYOTA Celica / TYP: T 18 (Fünfloch) / ABE-NR.: F41

Felgen-dimension	Reifen-dimension	Art	Ein-schränkungen
14-Zoll-Felgen			
6x14	175/70R14 M+S	S	D
6x14	185/65R14 M+S	S	D
6x14	205/60R14	S	D X
15-Zoll-Felgen			
6,5x15	215/50R15	S	D X

Umrüstdimensionen für VW Golf, Jetta / TYP: 19 E / ABE-NR.: D186/2

Felgendimension	Reifendimension	Art	Einschränkungen
13-Zoll-Felgen			
5x13	155R13	S	X
5x13	155R13 M+S	S	X
5x13	175/70R13	S	X
5,5x13	155R13	S	X
5,5x13	155R13	R	
5,5x13	155R13 M+S	S	X
5,5x13	155R13 M+S	R	C
5,5x13	175/70R13	S	X
5,5x13	175/70R13	R	
5,5x13	185/65R13	R	D
5,5x13	185/70R13	R	C D K
5,5x13	205/60R13	R	C D F Q
6x13	175/70R13	R	D
6x13	185/60R13	R	C D I K
6x13	185/65R13	R	
6x13	185/70R13	R	C D I K
6x13	205/60R13	R	C D E F V
14-Zoll-Felgen			
6x14	175/65R14	R	D
6x14	185/60R14	S	L
6x14	185/60R14	R	C D F L N
6x14	195/60R14	R	C D E F I K V
6x14	205/55R14	R	C D E F G I L N Q V
6,5x14	175/65R14	R	D N V
6,5x14	185/60R14	R	C D E F L
6,5x14	195/60R14	R	C E F K
6,5x14	205/55R14	R	C E F
7x14	185/60R14	R	D E F L
7x14	195/60R14	R	C D E F
7x14	205/55R14	R	D E F I

Felgendimension	Reifendimension	Art	Einschränkungen
15-Zoll-Felgen			
5,5x15	185/55R15	R	D L
5,5x15	195/50R15	R	D
6x15	185/55R15	S	D L
6x15	185/55R15	R	C D E L
6x15	195/50R15	R	C D E F N
6x15	205/50R15	R	C D E F I L
6x15	215/45R15	R	C E F L N
6,25x15	185/55R15	R	D F
6,25x15	195/50R15	R	D F
6,25x15	205/50R15	R	D E F
6,5x15	185/55R15	R	D E F L
6,5x15	195/50R15	S	D E
6,5x15	195/50R15	R	D E F L
6,5x15	205/50R15	R	E F
6,5x15	215/45R15	R	E F L
7x15	185/55R15	R	C D E F L N
7x15	195/50R15	R	D E F M
7x15	205/50R15	R	
7x15	215/45R15	R	D E F L M N Q V
16-Zoll-Felgen			
7x16	195/50R16	R	D E F L
7x16	205/45R16	R	D E F I
7x16	215/40R16	R	I L
7,5x16	195/50R16	R	
7,5x16	205/45R16	R	I L

Umrüstdimensionen für VW Corrado / TYP: 53 I / ABE-NR.: E664

Felgen-dimension	Reifen-dimension	Art	Ein-schränkungen
14-Zoll-Felgen			
6x14	185/60R14	S	D
6x14	185/60R14	R	
6x14	205/55R14	R	I
6,5x14	185/60R14	R	D V
15-Zoll-Felgen			
6x15	185/55R15	S	D
6x15	185/55R15	R	D N Q
6x15	185/55R15 M+S	S	D
6x15	185/55R15 M+S	R	D N
6x15	195/50R15	R	N
6x15	195/55R15	R	C D E I N
6x15	205/50R15	R	C D E F I N
6,5x15	185/55R15	R	D
6,5x15	195/50R15	S	D
6,5x15	195/50R15	R	D
6,5x15	195/55R15	R	
6,5x15	205/50R15	R	
6,5x15	215/45R15	R	D L
7x15	185/55R15	R	D E L N
7x15	195/50R15	R	D E F
7x15	195/55R15	R	D E F L V
7x15	205/50R15	R	D E F
7x15	215/45R15	R	D E F L N Q
16-Zoll-Felgen			
7x16	195/50R16	R	D E F I L
7x16	205/45R16	R	L
7x16	215/40R16	R	I L
7,5x16	195/50R16	R	I L
7,5x16	205/45R16	R	L

Erläuterungen zur Umrüstübersicht

Wir haben hier eine Auswahl der gängisten – möglichst aktuellen – Fahrzeugmodelle mit ihren prinzipiell zulässigen Rad-/Reifen-Kombinationen zusammengestellt. Näheres im Kapitel »Räderumrüstung«.
Neben dem genauen Fahrzeugtyp ist die jeweils angegebene ABE-Nummer entscheidend. Auf Fahrzeuge mit einer von dieser Übersicht abweichenden ABE-Nummer sind die hier gelisteten Angaben nicht übertragbar.
Die Übersicht ist wie folgt gegliedert:

Felgendimension	gibt die Felgendimension in Zoll an HA: Dimension für Hinterachse
Reifendimension	nennt die möglichen Reifendimensionen (Geschwindigkeitsklassen und Tragfähigkeitsklassen sind gesondert zu beachten) HA: Dimension für Hinterachse M+S: Winterbereifung
Art	Freigabeart S = Serienfreigabe vom Fahrzeughersteller R = Radgutachten oder Rad-ABE vom Felgenhersteller
Einschränkungen	listet die wichtigsten Bedingungen, die bei einer geplanten Umrüstung zu beachten sind
A	Fahrwerk und/oder Bremsen müssen im Serienzustand sein
B	Gutachten des TÜV Pfalz, Einschränkungen siehe Prüfbericht
C	eventuell TÜV-Prüfung erforderlich
D	Schneekettenverwendung eingeschränkt oder nicht möglich
E	Radhäuser müssen in der Regel nachgearbeitet werden
F	Räder müssen ausreichend abgedeckt sein, eventuell Karosserieanbauteile erforderlich
G	Fahrwerksänderungen erforderlich
H	vorn und hinten nur identisches Reifenfabrikat zulässig
I	nur für bereits eingetragene Reifengrößen zulässig
K	Tachometerangleichung erforderlich
L	je nach Motorisierung sind bei der Reifenwahl Fabrikatsbindungen und Freigaben der Hersteller zu beachten
M	Einschränkungen für Fahrzeuge mit ABS und/oder ASR
N	spezielle Montageauflagen beachten, Radbefestigungen, Klebegewichte, etc.
O	Laufrichtung beachten
P	es dürfen Felgen von nur einem Hersteller montiert werden
Q	Radlasten beachten, werden eventuell eingeschränkt
R	kein Anhängerbetrieb mehr möglich
S	nur an der Vorderachse zulässig
T	nur an der Hinterachse zulässig
U	keine Winterreifen zulässig
V	Bauart der Bremsanlage hat Einfluß
W	Reifengröße nur für Hinterachse
X	Einschränkungen je nach Fahrzeugart, Motorisierung und Antriebsart

Alle Angaben dienen nur als Anhaltspunkt, und können nicht verbindlich sein. Ausschlaggebend sind im Zweifelsfall die im Radgutachten, beziehungsweise im Anhang der Allgemeinen Betriebserlaubnis ABE gelisteten Einschränkungen und Bedingungen.

Quelle: Räderkatalog, TÜV Bayern

Anzugsmomente Radschrauben/Radmuttern

		Stahlfelge	LM-Felge
Alfa Romeo			
33	Nm	88–107	88–107
75	Nm	98	98
164	Nm	95–105	95–105
Spider	Nm	98	98
SZ-Zagato	Nm	88–107	88–107
Alpina			
Alle Modelle	Nm	100±10	100±10
Audi			
Alle Modelle	Nm	110	110
BMW			
Alle Modelle	Nm	100±10	100±10
Chrysler			
Alle Jeep-Modelle	Nm	110	110
Alle Personenwagen	Nm	130	130
Citroen			
Alle Modelle	Nm	80	90
Daihatsu			
Applause	Nm	90–120	100
Charade	Nm	90–120	100
Cuore	Nm	100–120	100
Feroza	Nm	90–120	100
Rocky	Nm	90–120	100
Ferrari			
348 tb/tl	Nm		100
F 40	Nm		650
Mondial t	Nm		100
Testarossa/Fünfloch	Nm		100
Testarossa/Zentralverschluß	Nm		450
Fiat			
Croma	Nm	98	98
Ducato	Nm	160	
Fiorino Pick-up	Nm	86	86
Panda	Nm	86	86
Talento	Nm	160	
Tempra	Nm	86	86
Tipo	Nm	86	86
Uno	Nm	86	86

		Stahlfelge	LM-Felge
Ford			
Econovan	Nm	88–117	
Escort	Nm	70–110	70–110
Fiesta	Nm	70–110	
Orion	Nm	70–110	70–110
Probe	Nm	88–118	88–118
Scorpio	Nm	70–110	70–110
Sierra	Nm	100	100
Transit/Fünfloch	Nm	75–95	
Transit/Sechsloch	Nm	155–180	
Honda			
Alle Modelle	Nm	110	110
Isuzu			
Alle Modelle	Nm	90	90
Jaguar			
Alle Modelle	Nm	85	102
Lada			
Niva	Nm	70–90	100
Nova	Nm	70	90
Samara	Nm	85–90	90
Lancia			
Alle Modelle (o. Thema)	Nm	88	88
Thema	Nm	98	98
Mazda			
Alle Modelle	Nm	90–120	90–120
Mercedes Benz			
Alle Geländewagen	Nm		190
Alle Personenwagen	Nm	110	110
Mitsubishi			
Alle Personenwagen	Nm	90–110	90–110
L 300	Nm	120–140	120–140
Pajero	Nm	100–120	100–120

		Stahlfelge	LM-Felge
Nissan			
200 SX	Nm		100–120
300 ZX Twin Turbo	Nm		100–120
Maxima	Nm		100–120
Micra	Nm	80–100	
Patrol	Nm	120–150	
Pick-Up	Nm	120–150	
Prairie Pro	Nm	100–120	
Primera	Nm	80–100	80–100
Sunny	Nm	80–100	
Terrano	Nm	120–150	120–150
Urvan	Nm	100–120	
Vanette Bus/Transporter	Nm	100–120	
Opel			
Alle Modelle	Nm	90	90
Peugeot			
J5	Nm	180	180
Serie 205 bis 505	Nm	85	85
Serie 605	Nm	90	90
Porsche			
Alle Modelle	Nm	130	130
Renault			
5	Nm	80	80
19	Nm	80	80
21	Nm	90	90
21/6½-Zoll-Felgen	Nm	100	100
25	Nm	90	90
Alpine	Nm	90	90
Clio	Nm	80–90	80–90
Espace	Nm	90	90
Master	Nm	160	160
Trafic	Nm	120	120
Rover			
Discovery	Nm	129	129
Maestro 1,3/1,6/2,0	Nm	72	72
Maestro Lieferwagen	Nm	80	80
Mini	Nm	63	50
Montego	Nm	72	72
Range Rover	Nm	102–105	122–129
Serie 100	Nm	70	70
Serie 200 und 400	Nm	100	100
Serie 800	Nm	110	110

		Stahlfelge	LM-Felge
Saab			
Alle Modelle	Nm	105–125	105–125
Seat			
Ibiza	Nm	86	79
Malaga	Nm	86	79
Marbella	Nm	86	
Terra	Nm	86	
Toledo	Nm	110	110
Skoda			
Favorit	Nm	60–70	50–60
Subaru			
Alle Modelle	Nm	78–98	78–98
Suzuki			
Alle Personenwagen	Nm	50–70	100
Super Carry	Nm	50–80	
Vitara/Samurai	Nm	50–80	110
Toyota			
4-Runner	Nm	103	103
Alle Personenwagen	Nm	103	103
HiAce	Nm	157	157
HiLux	Nm	103	103
LandCruiser	Nm	157	157
LiteAce	Nm	103	103
Volkswagen			
Alle Personenwagen	Nm	110	110
Bus, Typ 2	Nm	160	160
LT/Einfachbereifung	Nm	200	
LT/Zwillingsbereifung	Nm	320	
Volvo			
Serie 200	Nm	115	115
Serie 300	Nm	115	115
Serie 400	Nm	110	110
Serie 700	Nm	85	85
Serie 900	Nm	85	85
Yugo			
Alle Modelle	Nm	90	90

Stand: Herbst 1991

Reifengrößen und Reifenmaße Pkw-Radial-Reifen (Serie 82 und 80)

Reifengröße	Zulässige Felgen (von/bis) Zoll	Meßfelge Zoll	Konstruktionsmerkmale Querschnitts-breite	Konstruktionsmerkmale Außen-durch-messer	Betriebsmaße Betriebs-breite max.	Betriebsmaße Außen-durchmesser max.	Statischer Halb-messer 2%	Abroll-umfang- +1,5% −2,5%	Trag-fähigkeits-kennzahl	Reifen-tragfähigkeit kg	Luftdruck bar
125 R 12	3.00 4.00	3.50	127	510	132	518	232	1555	62	265	2,2
135 R 12	3.50 4.50	4.00	137	522	142	531	237	1590	65	290	2,2
135 R 13	3½/3.50 4½/4.50	4	137	548	142	557	250	1670	69	325	2,3
145 R 10	3.50 5.00	4.00	147	492	153	501	220	1500	68	315	2,2
145 R 12	3.50 5.00	4.00	147	542	153	551	245	1655	72 73	355 365	2,2 2,3
145 R 13	3½/3.50 5/5.00	4	147	566	153	575	257	1725	74 75	375 387	2,2 2,3
145 R 14	3½/3.50 5/5.00	4	147	590	153	599	269	1800	76	400	2,2
155 R 12	4.00 5.00	4.50	157	550	163	560	248	1680	76 77	400 412	2,2 2,3
155 R 13	4/4.00 5½/5.50	4½	157	578	163	588	262	1765	78 79	425 437	2,2 2,3
155 R 14	4/4.00 5/5.00	4½	157	604	163	614	275	1840	80	450	2,2
155 R 15	4 5	4½	157	630	163	640	288	1920	82	475	2,2
165 R 13	4/4.00 5½/5.50	4½	167	596	174	607	269	1820	82	475	2,3
165 R 14	4 5½	4½	167	622	174	633	282	1895	84	500	2,3
175 R 13	4½/4.50 6/6.00	5	178	608	185	619	273	1855	86	530	2,3
175 R 14	4½ 6	5	178	634	185	645	286	1935	88	560	2,3
185 R 14	4½ 6	5½	188	650	196	662	293	1985	90	600	2,3
185 R 14 reinforced	4½ 6	5½	188	650	196	662	293	1985	94	670	3,0
185 R 15	4½ 6	5½	188	674	196	686	305	2055	91	615	2,3
195 R 15	5 6½	5½	198	690	206	702	311	2105	94	670	2,3
205 R 15	5 7	6	208	710	216	723	319	2165	97	730	2,3
205 R 16 reinforced	5 7	6	208	736	216	749	332	2245	104	900	3,0
215 R 15	5½ 7	6	218	724	227	738	324	2210	100	800	2,3
215/80 R 16 reinforced	6 7½	6	216	750	225	764	337	2290	107	975	2,9
225 R 15	6 7½	6½	228	738	237	752	330	2250	103	875	2,4

Reifenmaße in mm

Quelle: DUNLOP Technischer Diens

Reifengrößen und Reifenmaße – Pkw-Radial-Reifen (Serie 75 und 70)

Reifengröße	Zulässige Felgen (von/bis) Zoll	Meßfelge Zoll	Konstruktionsmerkmale Quer-schnitts-breite	Konstruktionsmerkmale Außen-durch-messer	Betriebsmaße Betriebs-breite max.	Betriebsmaße Außen-durchmesser max.	Statischer Halb-messer 2%	Abroll-umfang- +1,5% −2,5%	Trag-fähigkeits-kennzahl	Reifen-tragfähigkeit kg	Luftdruck bar
145/70 R 12	4.00 5.00	4.00	145	509	150	520	232	1550	69	325	2,5
145/70 R 13	4/4.00 5/5.00	4.00	145	534	150	546	245	1630	71	345	2,5
155/70 R 12	4.00 5.50	4.50	157	523	162	533	238	1595	73	365	2,5
155/70 R 13	4½/4.00 5½/5.50	4½	157	548	162	559	250	1670	75	387	2,5
165/70 R 10	4.50 5.50	4.50	165	486	172	504	217	1480	69 72	325 355	2,3 2,5
165/70 R 12	4.50 6.00	4.50	165	537	172	554	243	1640	77	412	2,5
165/70 R 13	4½/4.50 6/6.00	4½	165	562	172	578	255	1715	79	437	2,5
165/70 R 14	4½/4.00 6/5.50	4½	165	588	172	602	268	1795	80 81	450 462	2,5 2,5
175/70 R 13	5/5.00 6/5.50	5	177	576	183	590	261	1755	82	475	2,5
175/70 R 14	5/5.00 6/5.50	5	177	602	183	616	274	1835	84 85	500 515	2,5 2,5
175/70 R 15	5 6	5	177	627	183	642	286	1910	84 86	500 530	2,4 2,5
185/70 R 13	5/5.00 6½/6.00	5	184	590	193	609	266	1800	85 86	515 530	2,4 2,5
185/70 R 14	5 6½	5	184	616	193	635	279	1880	86 88	530 560	2,4 2,5
185/70 R 15	5 6½	5	184	641	193	659	292	1955	89	580	2,5
195/70 R 13	5½/5.50 7/6.00	5½	196	604	205	619	272	1840	89	580	2,5
195/70 R 14	5½ 7	5½	196	630	205	647	285	1920	91	615	2,5
195/70 R 15 reinforced	5½ 7	5½	196	655	204	666	297	2000	97	730	3,0
205/70 R 14	5½ 7½	5½	203	644	211	656	290	1965	93 95	650 690	2,4 2,5
205/70 R 15	5½ 7½	5½	203	669	211	681	303	2040	95	690	2,5
215/70 R 15	6 7½	6	216	683	225	695	308	2085	97	730	2,5
235/70 R 15	6½ 8½	6½	235	711	245	725	319	2170	101 103	825 875	2,5 2,5
265/75 R 15	7 9½	7½	267	779	278	795	346	2375	112	1120	2,5

Reifenmaße in mm

Quelle: DUNLOP Technischer Dienst

Reifengrößen und Reifenmaße – Pkw-Radial-Reifen (Serie 65 und 60)

Reifengröße	Zulässige Felgen (von/bis) Zoll	Meßfelge Zoll	Konstruktionsmerkmale Quer-schnitts-breite	Konstruktionsmerkmale Außen-durch-messer	Betriebsmaße Betriebs-breite max.	Betriebsmaße Außen-durchmesser max.	Statischer Halb-messer 2%	Abroll-umfang +1,5% −2,5%	Trag-fähigkeits-kennzahl	Reifen-tragfähigkeit kg	Luftdruck bar
165/65 R 13	4½/4.50 6/6.00	4½	165	544	172	553	248	1660	76	400	2,5
165/65 R 14	4½/4.50 6/5.50	4½	165	570	172	579	261	1740	78	425	2,5
175/65 R 14	5/5.00 6/5.50	5	177	584	184	593	267	1780	82	475	2,5
185/65 R 14	5 6½	5	184	596	191	606	272	1820	85 86	515 530	2,5 2,5
185/65 R 15	5 6½	5	184	621	191	631	284	1895	87	545	2,5
195/65 R 14	5½ 7	5½	196	610	204	620	277	1860	89 90	580 600	2,5 2,5
195/65 R 15	5½ 7	5½	196	635	204	645	290	1935	91	615	2,5
205/65 R 15	5½ 7½	5½	203	647	211	658	294	1975	94	670	2,5
205/65 R 15 reinforced	5½ 7½	5½	203	647	211	658	294	1975	98	750	3,0
215/65 R 15	6 7½	6	216	661	225	672	300	2015	96	710	2,5
Pkw-Radial-Reifen (Serie 60)											
165/60 R 13	4½/4.50 6/6.00	4½	165	528	172	536	242	1610	72 73	355 365	2,4 2,5
175/60 R 13	5/5.00 6/6.00	5	177	540	184	548	247	1645	76	400	2,5
175/60 R 14	5 6	5	177	566	184	574	260	1725	78	425	2,5
185/60 R 13	5/5.00 6½/6.00	5	184	552	191	561	252	1685	80	450	2,5
185/60 R 14	5 6½	5	184	578	191	587	265	1765	82	475	2,5
195/60 R 14	5½ 7	5½	196	590	204	599	269	1800	85	515	2,5
195/60 R 15	5½ 7	5½	196	615	204	624	282	1875	87	545	2,5
205/60 R 13	5½/5.50 7½/6.00	5½	203	576	211	586	261	1755	86	530	2,5
205/60 R 14	5½ 7	5½	203	602	211	612	274	1835	88	560	2,5
205/60 R 15	5½ 7	5½	203	627	211	637	286	1910	91	615	2,5
215/60 R 15	6 7½	6	216	639	225	649	291	1950	93	650	2,5
225/60 R 14	6 8	6	223	626	232	637	283	1910	94	670	2,5
225/60 R 15	6 8	6	223	651	232	662	296	1985	95	690	2,5
225/60 R 16	6 8	6	223	676	232	687	308	2060	97	730	2,5
235/60 R 16	6½ 8½	6½	235	688	244	699	313	2100	100	800	2,5

Reifenmaße in mm

Quelle: DUNLOP Technischer Dienst

Reifengrößen und Reifenmaße – Pkw-Radial-Reifen (Serie 55 und 50)

Reifengröße	Zulässige Felgen (von/bis) Zoll	Meßfelge Zoll	Konstruktionsmerkmale Quer-schnitts-breite	Konstruktionsmerkmale Außen-durch-messer	Betriebsmaße Betriebs-breite max.	Betriebsmaße Außen-durchmesser max.	Statischer Halb-messer 2%	Abroll-umfang- +1,5% −2,5%	Trag-fähigkeits-kennzahl	Reifen-tragfähigkeit kg	Luftdruck bar
185/50 R 14	5 6½	5	184	542	191	549	251	1655	77	412	2,5
185/55 R 13	5/5.00 6½/6.00	5	184	534	191	542	245	1630	77	412	2,5
185/55 R 15	5 6½	5	184	585	191	593	270	1785	81	462	2,5
185/55 R 15 reinforced	5 6½	5	184	585	191	593	270	1785	85	515	3,0
195/50 R 15	5½ 7	5½	196	577	204	585	267	1760	82	475	2,5
195/50 R 16	5½ 7	5½	196	602	204	610	279	1835	83	487	2,5
195/55 R 15	5½ 7	5½	196	595	204	604	274	1815	84 85	500 515	2,5 2,5
205/50 R 15	5½ 7½	5½	203	587	211	595	271	1790	85 86	515 530	2,5 2,5
205/50 R 16	5½ 7½	5½	203	612	211	620	283	1865	86	530	2,5
205/50 R 17	5½ 7½	5½	203	638	211	646	296	1945	89	580	2,5
205/55 R 15	5½ 7½	5½	203	607	211	616	279	1850	87	545	2,5
205/55 R 16	5½ 8	5½	203	632	211	641	291	1930	89	580	2,5
215/50 R 15	6 7½	6	216	597	225	605	275	1820	88	560	2,5
215/50 R 17	6 7½	6	216	648	225	656	300	1975	90	600	2,5
225/50 R 15	6 8	6	223	607	232	616	279	1850	90	600	2,5
225/50 R 16	6 8	6	223	632	232	641	291	1930	92	630	2,5
225/55 R 16	6 8	6	223	654	232	664	300	1995	94 95	670 690	2,5 2,5
235/55 R 15	6½ 8½	6½	235	639	244	649	291	1950	95	690	2,5

Reifenmaße in mm

Quelle: DUNLOP Technischer Dienst

Reifengrößen und Reifenmaße – Pkw-Radial-Reifen (Serie 45, 40 und 35)

Reifengröße	Zulässige Felgen (von/bis) Zoll	Meßfelge Zoll	Konstruktionsmerkmale Querschnitts-breite	Konstruktionsmerkmale Außen-durch-messer	Betriebsmaße Betriebs-breite max.	Betriebsmaße Außen-durchmesser max.	Statischer Halb-messer 2%	Abroll-umfang- +1,5% −2,5%	Trag-fähigkeits-kennzahl	Reifen-tragfähigkeit kg	Luftdruck bar
195/45 R 15	6½ 7½	6½	195	557	203	564	259	1700	76	400	2,5
205/45 R 16	7 8	7	206	590	214	598	275	1800	83	487	2,5
215/40 R 16	7 8½	7	213	578	222	585	270	1765	82	475	2,5
215/40 R 17	7 8½	7	213	604	222	611	283	1840	83	487	2,5
215/45 R 15	6½ 8½	7	213	575	222	583	266	1755	82	475	2,5
215/45 R 17	7 8½	7	213	626	222	634	292	1910	87 88	545 560	2,5 2,5
225/45 R 16	7½ 9	7½	225	608	234	616	282	1855	89	580	2,5
225/45 R 17	7½ 9	7½	225	633	234	641	295	1935	90	600	2,5
235/40 R 17	8 9½	8	236	620	245	628	289	1890	90	600	2,5
235/45 R 17	8 9½	8	236	644	245	652	299	1965	93	650	2,5
245/35 R 17	8 9½	8	243	604	253	611	283	1840	87	545	2,5
245/40 R 17	8 9½	8	243	628	255	636	292	1915	91	615	2,5
245/40 R 18	8 9½	8	243	653	253	661	305	1990	92	630	2,5
245/45 R 16	8 9½	8	243	626	253	634	289	1910	94	670	2,5
245/45 R 17	8 9½	8	243	652	253	661	302	1990	95	690	2,5
255/40 R 17	8½ 10	8½	255	636	265	644	296	1940	94	670	2,5
255/40 R 19	8½ 10	8½	255	687	265	695	321	2095	96	710	2,5
265/40 R 17	9 10½	9	266	644	279	653	299	1965	96	710	2,5
275/35 R 18	9 10½	9	273	649	284	658	303	1980	95	690	2,5
275/40 R 17	9 11	9	273	652	284	661	302	1990	98	750	2,5
295/35 R 19	10 11½	10	296	689	308	697	322	2100	100	800	2,5

Reifenmaße in mm

Quelle: DUNLOP Technischer Dienst

Reifengrößen und Reifenmaße – Diverse Reifen

Reifengröße	Zulässige Felgen (von/bis) Zoll	Meßfelge Zoll	Konstruktionsmerkmale Quer-schnitts-breite	Konstruktionsmerkmale Außen-durch-messer	Betriebsmaße Betriebs-breite max.	Betriebsmaße Außen-durchmesser max.	Statischer Halb-messer 2%	Abroll-umfang- +1,5% −2,5%	Trag-fähigkeits-kennzahl	Reifen-tragfähigkeit kg	Luftdruck bar
Amerikanische Größen											
P 225/75 R 15	6 8	6	223	719	241	739	322	2195	102	850	2,4
P 235/75 R 15	6 8½	6½	235	733	254	755	328	2235	105	925	2,4
P 255/70 R 15	6½ 9	7	255	739	275	761	330	2255	108	1000	2,4
P 255/60 R 15	6½ 10	7	255	687	275	707	310	2095	102	850	2,4
P 275/60 R 15	7 11	7½	274	711	296	731	319	2170	107	975	2,4
P 295/50 R 15	7½ 11	8	294	677	318	697	306	2065	105	925	2,4
Lkw-Geländereifen											
215 R 15 C 8 PR	5½ 6	6	216	725	227	739	347	2210	113/111	1150/1090	4,5
205 R 16 C 8 PR	5½ 6½	6	208	736	225	752	335	2230	110/108	1060/1000	4,5
9 R 15	7 8	8	254	744	274	767	345	2270	104	900	3,5
10 R 15	7 8½	8	264	773	285	796	357	2360	109	1030	3,5
30x9.50 R 15	6½ 8½	7½	240	750	260	771	347	2290	104 105	900 925	3,5 3,5
30x10.50 R 15	7 9½	8½	268	775	289	797	358	2365	109	1030	3,5
Pkw-Radial-Denloc-Reifen											
DL 215/45 R 17	7 DL 8½ DL	7 DL	213	626	222	634	292	1910	87	545	2,5
DL 235/45 R 17	8 DL 9½ DL	8 DL	236	644	245	652	299	1965	93	650	2,5
DL 235/40 R 17	8 DL 9½ DL	8 DL	236	620	245	628	289	1890	90	600	2,5
DL 255/40 R 17	8½ DL 10 DL	8½ DL	255	636	265	644	296	1940	94	670	2,5

Reifengröße	Zulässige Felgen (von/bis) mm	Meßfelge mm	Konstruktionsmerkmale Quer-schnitts-breite	Konstruktionsmerkmale Außen-durch-messer	Betriebsmaße Betriebs-breite max.	Betriebsmaße Außen-durchmesser max.	Statischer Halb-messer 2%	Abroll-umfang- +1,5% −2,5%	Trag-fähigkeits-kennzahl	Reifen-tragfähigkeit kg	Luftdruck bar
Pkw-Radial-TD-Reifen											
TD 160/65 R 315	95 135	105	157	523	163	531	239	1595	73	365	2,5
TD 180/65 R 365	105 150	120	178	599	185	608	274	1825	84	500	2,5
TD 200/60 R 365	120 165	135	198	605	206	615	276	1845	88	560	2,5
TD 220/65 R 390	135 180	150	218	676	227	687	307	2060	97	730	2,5
TD 230/55 R 390	150 195	165	232	644	241	654	294	1965	95	690	2,5
TD 230/55 R 390 reinforced	150 195	165	232	644	241	654	294	1965	102	850	3,0

Reifenmaße in mm

Quelle: DUNLOP Technischer Dienst

Quellenverzeichnis

ADAC, München
Alfa Romeo, Frankfurt-Griesheim
Alpina, Buchloe
ATE-Teves, Frankfurt
atiwe Leichtmetallräder, Wetzlar
Audi AG, Ingolstadt
Automobilclub KVDB, Bad Windsheim
BBS, Schiltach
Bilstein, Ennepetal
BMW, München
Robert Bosch GmbH, Stuttgart
Bosch-Kraftfahrtechnisches Taschenbuch, VDI-Verlag, Düsseldorf
Chrysler, Mainz
Citroen, Köln
Continental, Hannover
DAF, Langenfeld
Daihatsu, Tönisvorst
DEKRA, Stuttgart
Deutsche Goodyear, Köln
Deutsche Verkehrswacht, Bonn
Erlau AG, Aalen
Ferrari, Frankfurt
FIAT, Heilbronn
Fichtel & Sachs AG, Schweinfurt
Filius: Die Kunst des Fahrens, 4. Auflage, Kommissionsverlag F. Beck, Wien 1926
Ford, Köln
General Motors, Rüsselsheim
Gummibereifung, Bielefeld
Gummiwerke Fulda, Fulda
Hans Herrmann Autotechnik, Sindelfingen
Honda, Offenbach
Intra/Exip, Bruchsal
Jaguar, Kronberg/Ts.
JJD S.A., Genf
Jörnsen Reimpell/Peter Sponagel, Fahrwerktechnik: Reifen und Räder, Vogel-Buchverlag, Würzburg
Kléber, St. Ingbert
Lada, Neu-Wulmstorf
Lancia, Heilbronn
Liermann/Stegen, Das Fachlexikon für die Reifen- und Kfz-Branche, Verlag Heinrich Vogel, München
LIM Kunststoff-Technologie GmbH, Kittsee/Österreich
Mazda, Leverkusen
Mercedes-Benz AG, Stuttgart
Michelin Reifenwerke, Karlsruhe
Mitsubishi, Trebur
mot, Die Autozeitschrift, Vereinigte Motorverlage, Stuttgart
Motorbericht DDD, Herrenberg
Neue Reifenzeitung, Stade
Nissan, Neuss
Olaf von Fersen (Hrsg.), Ein Jahrhundert Automobiltechnik/Personenwagen, VDI-Verlag, Düsseldorf
Opel, Rüsselsheim
Peter Norden, Männer, Mächte und Konzerne, Verlag Bastei-Lübbe, Bergisch Gladbach
Peugeot, Saarbrücken
Pirelli Reifenwerke, Höchst
Porsche, Stuttgart
Renault, Brühl
Rover, Neuss
RUD, Aalen-Unterkochen
Saab, Frankfurt
Seat, Mörfelden-Walldorf
Semperit, München/Wien
Skoda, Furth i. W.
SP Reifenwerke (Dunlop), Hanau
Subaru, Friedberg
Suzuki, Oberschleißheim
Toyota, Köln
TÜV Bayern, München
TÜV Rheinland, Köln
Uniroyal-Englebert, Aachen
VDI-Berichte 650 und 778/Reifen, Fahrwerk, Fahrbahn, VDI-Verlag, Düsseldorf
Verband der Automobilindustrie VDA, Frankfurt
Volkswagen Motorsport, Hannover
Volkswagen, Wolfsburg
Volvo, Dietzenbach-Steinberg
Vredestein-Reifenwerke, Koblenz/Enschede
Prof. Dr.-Ing. R. Weber, Hannover (Vorträge)
Wirtschaftsverband der deutschen Kautschukindustrie WdK, Frankfurt
Yugo, Biebesheim/Rhein

Stichwortverzeichnis